नक्षत्र-फल

लेखक :

के० टी० शुभाकरन्

सागर पब्लिकेशन्स
72, जनपथ वेद मेन्शन, नई दिल्ली-110 001
दूरभाष : 23320648

प्रथम संस्करण मार्च-2004

प्रकाशक :
सागर पब्लिकेशन्स
72, जनपथ वेद मेन्शन,
नई दिल्ली-110 001

लेजर टाइपसैट : मैगासॉफ्ट

सागर पब्लिकेशन्स के लिए श्री सौरभ सागर द्वारा प्रकाशित

मुद्रक : जे० के० ऑफसेट प्रिन्टर्स

नक्षत्रों के आधार पर भविष्यवाणी

गजाननं भूतगणादि-सेविदं कपित्व-जम्बू फल सार भक्षणम्।
उमासुतं शोकविनाशकारणं नमामि विघ्नेश्वरा पादपंकजम॥

मैं, शुभाकरण, उमा (पार्वती) पुत्र भगवान गणेश के चरण कमलों में साष्टांग प्रणाम करता हूँ।

ऊँ सूर्य सुन्दरलोकनाथमामृतम वेदान्तसारं शिवं
ज्ञानं ब्रह्ममयं सुरेशममलं लोकैकचित्तं स्वयं।
इन्द्रादित्य-नराधिपं सुरगुरूं त्रैलोक्य-चूड़ामणिं
ब्रह्मा-विष्णु-शिव-स्वरूपहृदयं वन्दे सदा भास्करम्॥

अर्थ– अब असीम आकाश के मूर्तिमान, सूर्य जिसमें ब्रह्मा, विष्णु और महेश संयुक्त होते हैं, मैं साष्टांग प्रणाम करता हूँ। मैं हमेशा सूर्य देव की आराधना करता हूँ। क्योंकि वही जगत का रचयिता, विध्वंसक तथा पालन करने वाला है। जो आज है और जो आगे आने वाला है ये सब उसकी अभिव्यक्ति है। उसके बिना कुछ भी नहीं है। उसके हजारों शीर्ष है, हजारों नेत्र हैं तथा हजारों कल्पनाओं की उड़ाने हैं। उसके बिना पृथ्वी पर कोई भी गतिविधि सम्भव नहीं है।

प्रस्तावना

ज्योतिष शात्र जगत को प्रकाशवान करने वाले सूर्य की एक किरण कहते हैं। सूर्य ऋतुओं तथा पवन का निर्माता और विश्व को नियन्त्रित करने वाला देवता है। ज्योतिष है ज्योतिस अथवा प्रकाश या मण्डल ये सूर्य के छः अंगों में से एक है। ये सूर्य की दो आँखें भी मानी जाती है।

विष्णु भगवान ने ब्रह्मा को ज्योतिष शास्त्र का ज्ञान दिया था। इस ज्ञान को भगवान ब्रह्मा ने ऋषियों को प्रदान किया। जिन महा ऋषियों को ज्योतिष का यह ज्ञान प्रदान किया गया उनमें से महर्षि गर्ग प्रमुख थे।

नक्षत्रों पर आधारित भविष्यवाणी का उद्‌गम वैदिक काल में हुआ था, तब इसे "वेदान्त ज्योतिष" कहते थे। नक्षत्र शब्द संस्कृत से उत्पन्न हुआ हैं एक विचार के अनुसार इसका अर्थ (नक्ष = प्रवेश) + (त्र = रक्षा करने वाला) है। अतः कुल मिलाकर प्रत्येक नक्षत्र 28 देवताओं में से प्रत्येक का घर अथवा निवास होता है, जो नक्षत्रीय तथा सौर विकास का रक्षा तथा संचालन करते हैं।

राशिचक्र वृत की 360 डिग्री से बना है। इन्हें सुविधा के लिए 30-30 डिग्री के 12 भागों में बांटा गया है। इन्हीं को फिर से 13.20 डिग्री के 27 खण्डों में विभाजित किया गया है। ऐसे प्रत्येक खण्ड को नक्षत्र अथवा तारामण्डल अथवा Asterisms अथवा Star अथवा Lunar mansion अथवा Sieu कहते हैं। पूर्ण नक्षत्रमण्डल को 27 नक्षत्र समूहों (तारासमूह) में विभक्त किया गया है और ये सिर्फ विभिन्न नक्षत्र समूहों के प्रमुख सदस्य हैं। दूसरे शब्दों में अश्विनी को प्रथम समूह के प्रमुख माना जाता है, जहां से नक्षत्रों का प्रारम्भ होता है।

दूसरी विधि के अनुसार नक्षत्र मण्डल को 12.51.3/7 डिग्री के 28 खण्डों में विभक्त किया गया है। उत्तर-आषाढ़ तथा श्रवण नक्षत्रों के बीच एक अतिरिक्त नक्षत्र की धारणा की गई है, जिसे **अभिजीत** कहा गया है। नक्षत्रों की श्रंख्ला में अभिजीत 22वें क्रम पर आता है और इसके बाद वाले नक्षत्रों को एक-एक स्थान आगे खिसका दिया गया है। इस प्रकार आरम्भ में रेवती नक्षत्र 27वें स्थान पर था, अभिजीत के सम्मिलत करने पर इसका क्रम 28वां हो गया।

एक तीसरे विचार के अनुसार अभिजीत उत्तर आषाढ़ तथा श्रवण नक्षत्रों के बीच स्थापित है तथा इस स्थान राशिचक्र में 276.40 डिग्री से 280.54.13 डिग्री तक है, जो उत्तर-आषाढ़ नक्षत्र को 13.20 डिग्री से घटा कर 10.00 डिग्री का तथा श्रवण नक्षत्र को 13.20 डिग्री से 12.25.47 तक का कर देते हैं। इसका अर्थ हुआ कि राशिचक्र में उत्तर-आषाढ़, अभिजीत तथा श्रवण नक्षत्रों को छोड़कर अन्य नक्षत्रों के अक्षांश क्षेत्र में कोई कमी नहीं हुई है तथा इन सभी का क्षेत्र 13.20 डिग्री निश्चित है।

नक्षत्र अंतरिक्ष को मापने की एक इकाई है। सूर्य अपने कान्तिवृत पर सवा दो नक्षत्रों के खण्ड का क्षेत्र घेरता है। नक्षत्र मंडल का प्रत्येक भाग अथवा **'पद'** एक राशि का **नवमास** होता है। नक्षत्र मंडल को 28 भागों में विभाजित किये जाने के कारण, चन्द्रमा प्रत्येक नक्षत्र से होकर गुजर्णा पड़ता है। जन्म के समय चन्द्रमा जिस नक्षत्र तथा डिग्री पर स्थित होता है, वह समय उसका जन्म-नक्षत्र या जन्मराशि मानी जाती है।

द्रव पदार्थ भरा हुए शिशु के फेफडे में जीवन के पाँचवे तत्व "वायु" के प्रवेश करने से उत्पन्न दर्द के कारण शिशु अपना प्रथम रोदन करता है और वही उसका जन्म समय माना जाता है।

इस पुस्तक में जन्म-नक्षत्रों पर आधारित भविष्यवाणी की गई है अर्थात जन्म के समय किसी विशेष नक्षत्र में चन्द्रमा की स्थिति के आधार पर।

वास्तव में किसी जन्म कुण्डली को जांचने के लिए समय की न्यूनतम इकाई की आवश्यकता है। **'सिद्धान्त सिरोमणी'** के अनुसार एक **तत्तपरा** समय की न्यूतम इकाई है। एक तत्तपरा 1/33750 सैकिंड के बराबर माना गया है। यदि जन्म कुण्डली को तत्तपरा इकाई के आधार पर जांचा जाये तो ज्योतिष के लिए किसी अन्य विद्या की भागीदारी की आवश्यकता नहीं है। मैं विश्वास के साथ ज्योतिषशास्त्र के छात्रों तथा शोधकर्त्ताओं से निवेदन करूंगा कि वे इस क्षेत्र में ओ अनुसंधान करने में अपना समय लगाये। निसन्देह यह काम अल्यन्त कठिन तथा लम्बा है, जिसमें हजारों ग्रन्थों को तैयार करना होगा, जो तभी संभव है यदि कोई अपना सम्पूर्ण जीवन ज्योतिष के इस क्षेत्र में समर्पित करे।

मेरे विचार में आज का ज्योतिष विज्ञान केवल संक्षिप्त रूप में है। यदि भविष्यवाणी में सूक्ष्मतम विश्लेषणात्मक प्रणाली न होती तो **सिद्धान्त सिरोमणी** में तत्तपरा का उल्लेख नहीं होता। इस पर भी सिद्धान्त-शिरोमणी केवल परिमाप की एक इकाई प्रदान करता है। इसमें समय को मापने की एक सूक्ष्मत्तम इकाई का उद्देश्य नहीं बताया गया है। इससे परोक्ष रूप से संकेत मिलता है कि सिद्धान्त-शिरोमणी के काल में भविष्यवाणी के लिए समय को मापने की सूक्ष्मतम इकाई का उद्देश्य नहीं बताया गया है। इससे परोक्ष रूप से संकेत मिलता है कि सिद्धान्त-शिरोमणी के काल में भविष्यवाणी के लिए समय को मापने की सूक्ष्मतम इकाई को प्रयुक्त करने की प्रणाली को धीरे-धीरे भुला दिया गया।

प्रत्येक नक्षत्र के लिए अलग अध्याय दिया गया है, जिसमें पाठकों को जन्म नक्षत्र पर आधारित भविष्यवाणी को समझने में आसानी रहेगी तथा विविध अध्यायों में दिये उपचारों को अपना कर नक्षत्रों की अनिष्टताओं को दूर करने में उन्हें सहायता मिलेगी।

इस पुस्तक का उद्देश्य यही है कि पाठक उपचारों के द्वारा नक्षत्रों की अनिष्टताओं को दूर कर सके। पहले हम चन्द्रमा के द्वारा प्रभावित होते हैं इस के बाद सूर्य के द्वारा प्रभावित होता है।

नक्षत्रों पर आधारित भविष्यवाणी का मुख्य आधार जन्म-नक्षत्र अर्थात जन्म के समय एक विशेष नक्षत्र में चन्द्रमा की स्थिति है। प्रस्तुत पुस्तक के आगे अध्ययन से पूर्व निम्नलिखित जानकारी/आंकड़े उपलब्ध होना आवश्यक है—

1. जिस वर्ष में जातक का जन्म हुआ है उस वर्ष का ज्योतिष पंचाग।
2. जन्म स्थान के अक्षांश तथा रेखांश का निर्धारण करना।
3. जातक के जन्म का ठीक समय, दिन, मास तथा वर्ष का निर्धारण यदि जन्म समय किसी देश के निर्धारित समय के अनुसार है तो अक्षांश के आधार पर जन्म का स्थानीय समय भी जानना आवश्यक है। स्थानीय समय निकालने का सूत्र इस प्रकार **है :** यदि मैरिडियन के पूर्व में स्थित स्थान पर जन्म हुआ है तो अक्षांश की प्रत्येक डिग्री पर उस देश के निर्धारित समय में 4 मिनट जोड़े और यदि जन्मस्थान मैरिडियन के

पश्चिम में स्थित है तो अंक्षाश की प्रत्येक डिग्री पर निर्धारित समय से 4 मिनट घटायें।

4. ठीक स्थानीय समय ज्ञात करने के बाद, उस वर्ष का पंचाग लें और ज्ञात किये गये समय-दिन तथा मास के पृष्ठ पर ग्रहीथ स्थिति दी गयी है। प्रायः आधुनिक पंचाग उस दिन के प्रातः 5.30 बजे ग्रहीय स्थिति दर्शाते हैं। यहां से सूर्य, चन्द्रमा तथा अन्य ग्रहों की ठीक डिग्री लिख लें, जिन पर कि वो स्थित हैं।

5. उपरोक्त प्रणाली से आपको चन्द्रमा की सही स्थिति का पता चल जायेगा। अब चन्द्रमा की डिग्री के आधार पर स्थिति से नक्षत्र का पता करें। जन्म के समय जिस नक्षत्र में चन्द्रमा स्थित है, वही जन्म नक्षत्र है।

6. चन्द्रमा की भान्ति अन्य ग्रहों की स्थिति भी डिग्रियों (अक्षाशों) के आधार पर निकाले और ग्रहों की स्थिति किस नक्षत्र में हैं पता लगाए।

7. अब जातक का लग्न मालूम करें।

शुभाकरन्

विषय-सूची

प्राक्कथन

सूर्यदेवता और गणपति की आशीर्वाद से मैं "नक्षत्र आधारित भविष्यवाणियों" की यह विनम्र भेंट प्रस्तुत करता हूँ, जो कि मेरे विचार में अपने प्रकार का प्रथम प्रयास है।

प्रस्तुत पुस्तक, "नक्षत्रों और उनके मानव जीवन पर प्रभाव होने वाले महत्व के बारे में मेरे वर्षों के अध्ययन का परिणाम है। अब निर्णय पाठकों के हाथों में हैं कि मैं अपने इस प्रयास में कहां तक सफल हुआ हूँ। मैंने प्रत्येक नक्षत्र के बारे में अधिकतम संभव जानकारी देने का प्रयास किया है। ज्योतिष क्षेत्र के पाठक जन्मकुण्डलियों की विस्तृत में गये बिना इस पुस्तक से नक्षत्रों के विषय में यथेष्ट जानकारी प्राप्त कर सकते हैं।"

इस पुस्तक में जो तरीका अपनाया गया है वह विभिन्न प्रणालियों पर आधारित है जैसे– हिन्दुओं के "नक्षत्र", पश्चिमी देशों के "Asterism or Constellation", तथा अरबों की "Manzil" और चीनियों की "Sieu".

इस पुस्तक में प्रत्येक नक्षत्र के विस्तार क्षेत्र के साथ उसके हिन्दू विचार-धारा के साथ-साथ अन्य विचारधाराओं–ग्रीक, अरबी, चीनी में नाम तथा पहचान भी दिये गये हैं। जिनसे जाना जा सकता है कि केवल हिन्दू नक्षत्रों के पर्याय भिन्न है और नक्षत्रमंडल का सारांश, प्रणाली तथा विभाजन आदि प्रायः एक सी ही है, जिससे यह धारणा और भी पुष्ट हो जाती है कि नक्षत्रों का विभाजन प्रत्येक विचार धारा में एक ही मूल से ग्रहण किया गया है।

समय के बीतने के साथ, विश्व के हर भाग में ज्योतिषी अपने-अपने मतानुसार अथवा धर्म की या समाज की आवश्यकतानुसार इस प्राचीन ज्योतिष प्रणाली में परिवर्तन करते रहे। एक उदाहरण के रूप में– राशिमण्डल को 28 नक्षत्रों से 27 नक्षत्रों में परिवर्तित किया गया। इसमें कोई मतभेद नहीं है कि पूर्ण राशिफल वृत की 360 डिग्री में समाहित है। फिर भी विभिन्न नक्षत्रों में राशिचक्र की डिग्रियों के विभाजन में मतभेद हो सकता है। मेरे अनुसार राशिचक्र को 28 से 27 नक्षत्रों में राशिचक्र को ठीक प्रकार से विभाजित करने में जटिलता आती थी। अतः इस जटिलता को दूर करने के लिए एक

नक्षत्र को परोक्ष में रखकर राशिचक्र की डिग्रियों को 27 नक्षत्रों में आसानी से बांटा जा सकता था। अथवा यह भी हो सकता है कि प्राचीन समय में माप की कोई आसान इकाई हो, जो बाद में समय के बीतने के साथ लुप्त हो गई हो, तथा कालांतर में 360 डिग्री में 28 नक्षत्रों का विभाजन असंगत प्रतीत हुआ हो।

ऋगवेद में 27 या 28 नक्षत्रों के अतिरिक्त उत्तरी और दक्षिणी आकाश में विद्यमान कुछ अन्य नक्षत्रों का भी उल्लेख है, जिनमें उत्तरी ध्रुवीय नक्षत्र Great Bear (सप्तर्षि) तथा Little Bear (लघु सप्तर्षि), दो आकाशीय पिंड (Heavenly Dogs) अथवा Canis Major (कैनिस मेजर) तथा Canis Minor (कैनिस माइनर) तथा दिव्य नौका जो नेविस (Navis) कहलाती है, सम्मलित है। इन अतिरिक्त नक्षत्रों में Great Bear (सप्तर्षि) नक्षत्र को सात ऋषियों के नक्षत्र के नाम से भी जाना जाता है।

सम्पूर्ण राशिचक्र (Zodiac) का विभाजन इस प्रकार किया गया है कि राशिचक्र का कोई भी स्थान ठीक प्रकार से ज्ञात हो सके। चाहे इसे बारह राशियों के घर में मेष से मीन तक अथवा 27 या 28 नक्षत्रों में अश्विनी से रेवती तक विभाजित किया गया हो, यह इस बात का प्रतीक है कि यह विभाजन एक निश्चित लय तथा रिद्म में किया गया है। अब हमें यह सिद्ध करना है कि हमारे प्राचीन ऋषिगण इस प्रकार की शब्दावली क्यों प्रयोग करते थे कि "सूर्य, चन्द्रमा, मंगल आदि परिक्रमा करते हुए अमुक नक्षत्र अथवा घर में पहुँचते है तो इसके अमुक परिणाम होते हैं" हम यह क्यों नहीं कहते कि "सूर्य, चन्द्रमा, मंगल आदि परिक्रमा करते हुए राशिचक्र के अमुक-अमुक अक्षांश पर यानि प्रथम डिग्री या 101वीं डिग्री या 303.5 डिग्री (काल्पनिक अक्षांश) में पहुंचते हैं तो इसके अमुक परिणाम होते हैं" इस प्रकार की भ्रामक शब्दावली से केवल यही लाभ हो सकता है कि हम राशिचक्र की विषयवस्तु से परिचित हो जायें। अन्यथा समय के बीतने के साथ राशिचक्र में इतने अधिक सितारों का अस्तित्व विस्मृति के गर्त में खो चुका होता।

वाराहमिहिर के **'पंञ्च-सिद्धान्तिका'** के अनुसार, "वशिष्ट सिद्धान्त" के लेखक मुनि वशिष्ट ने कान्तिकृत में 27 या 28 नक्षत्रों के विभाजन को 12 वर्गों में परिवर्तित किया जिन्हें 'चिन्ह' या राशि (Sign) कहा जाता था। इससे

पुनः यह सिद्ध होता है कि मूल ज्योतिष में नक्षत्रों के विभाजन को माना जाता था, न कि राशि या चिन्ह को नक्षत्र काल्पनिक पिंड नहीं है जबकि राशि (signs) पूर्णाता काल्पनिक हैं। अतः इन राशियों के काल्पनिक या कपोलकल्पित होने में सन्देह करने का प्रश्न ही नहीं उठता। ये राशियां तो आसान गणना, सम्प्रेषण तथा समझने के लिए एक इकाई मात्र है।

मैं सागर पब्लिकेशंस के श्री नरेन्द्र सागर के सहयोग के बिना यह पुस्तक पूरी नहीं कर पाता। ईश्वर उन्हें दीर्घजीवन तथा सम्पन्नता प्रदान करें।

ईश्वर सदैव हम पर दयावान रहे।

शुभाकरन्

परिशिष्ट-1

प्रत्येक नक्षत्र का एक विशेष अभिष्ठाता देवता होता है। मानवों की तरह, नक्षत्र भी विभिन्न जातियों में विभाजित किये गये हैं। प्रत्येक नक्षत्र का प्रतीक चिह्न, अधिष्ठाता देवता, जाति तथा पहचान निम्न तालिका में दी गयी है :

क्रम सं.	नक्षत्र	चिह्न	अधिष्ठाता देवता	जाति	पहचान/प्रतीक
1.	अश्विनी	घोड़े का सिर	दो अश्विन्	वैश्य	घोड़े के मुख के आकार के तीन सितारें
2.	भरणी	स्त्री की योनि	यम	शूद्र	अश्विनी के पूर्व में स्त्री-योनि के आकार में सितारों का समूह
3.	कृतिका	चाकू/ उस्तरा	अग्नि	ब्राह्मण	छुरे अथवा चाकू के आकार में छः सितारों का समूह। स्वर्ग की सेनाओं का अधिपति
4.	रोहिणी	रथ	ब्रह्मा	शूद्र	रथ के आकार में 5 सितारों का समूह
5.	मृगशीर्ष	हिरण का सिर	चन्द्रमा	सेवक जाति	हिरण के सिर के आकार के 3 सितारें
6.	आर्द्रा	मनुष्य का सिर	रूद्र	कसाई जाति	लाल रंग का। सिर के आकार का एक सितारा
7.	पुनर्वसु	धनुष (तीरकमान)	अदिति	वैश्य	मकान के आकार के 5 सितारें।
8.	पुष्य	एक फूल; एक वृत; एक तीर	बृहस्पति	क्षत्रिय	तीर के आकार के 3 सितारें।
9.	अश्लेष	सर्प	नागदेवता	शूद्र	6 सितारों का समूह जो सर्प के आकार में बना है।

क्रम सं.	नक्षत्र	चिह्न	अधिष्ठाता देवता	जाति	पहचान/प्रतीक
10	माघ	पालकी	पितृगण	शूद्र	पालकी के आकार में 6 सितारों का समूह
11	पूर्वफालगुनी	पलंग/ हवन कुण्ड	भग	ब्राह्मण	वर्ग के प्रत्येक तरफ दो-दो सितारे अर्थात पलंग के पायों के आकार में वर्ग के कोनों में चार सितारे।
12.	उत्तर फाल्गुनी	छोटी पलंग	आर्यमान	क्षत्रिय	यथा
13.	हस्त	हथेली	आदित्य	वैश्य	हथेली के आकार के 5 सितारें।
14.	चित्र	एक मोती	त्वष्ठाव	सेवक जाति	मोती के आकार का एक सितारा।
15.	स्वाति	मूंगा	वायु	कसाई जाति	लाल रंग का– नीलमणि के आकार का एक सितारा।
16.	विशाख	कुम्हार का चाक	इन्द्राग्नि	शूद्र	कुम्हार के चाक के आकार में तीन सितारे।
17.	अनुराध	कमल का फूल	मित्र	शूद्र	कमल अथवा छतरी के आकार के तीन सितारे।
18.	ज्येष्ठ	कान का बाला	इन्द्र	सेवक जाति	लाल रंग के तीन सितारे जो देखने में एक छतरी के आकार में होते हैं।
19.	मूल	शेर की पूंछ अथवा हाथी का अंकुश	निरिती	कसाई जाति	हाथी के अंकुश के आकार में 6 सितारें।

क्रम सं.	नक्षत्र	चिह्न	अधिष्ठाता देवता	जाति	पहचान/प्रतीक
20.	पूर्व आषाढ़	हाथी की सूंड	वरूण	ब्राह्मण	4 सितारों का वर्गाकार समूह
21.	उत्तर-आषाढ़	रक्टोला	विश्वदेव	क्षत्रिय	लाल रंग के 4 सितारों, जो देखने में वर्गाकार जैसा–
22.	अभिजीत	तिकोन/ पान	बृह्मा	वैश्य	वेगा (Vega) अथवा लीरे (Lyre) के नाम से बोले जाने वाले, सबसे चमकदार 31 सितारों का समूह।
23.	श्रवण	तीर/ कान	विष्णु	शूद्र	तीर के जैसे और कभी कभी मानव कान के आकार में तीन सितारें।
24.	श्रविष्ठा (घनिष्ठा)	ढोल/	अष्टवसु	सेवक जाति	ढोल अथवा मृदंग के आकार में चार सितारों का समूह
25.	शताभिषज	100 पुष्पों का गुच्छा	वरूण	कसाई जाति	100 सितारों के एक समूह जो एक फूल की जैसे दिखते हैं
26.	पूर्व-भाद्रपद	तलवार	अजयकापत	ब्राह्मण	तलवार के आकार में 2 सितारें।
27.	उत्तर भाद्रपद	जुड़वां	अहिर बुद्धन्य	क्षत्रिय	वर्गाकार में चार सितारें के समूह में से दो सितारें पूर्व में
28.	रेवती	मछली	पूष्वाव्	शूद्र	मछली के आकार में तीन सितारें।

परिशिष्ट-2

प्रत्येक ग्रह कुछ नक्षत्रों का अधिपति होता है। नक्षत्रानुसार अधिपति ग्रह इस प्रकार है :

	नक्षत्र	अधिपति
1.	अश्विनी, माध और मूल	केतू
2.	भरणी, पूर्व-फाल्गुनी और पूर्व-आषाढ़	शुक्र
3.	कृतिका, उत्तर-फाल्गुनी, उत्तार– आषाढ़ की 10.00 डिग्री (परिक्रमा कक्षा की 266.40 डिग्री से 276.40 डिग्री तक) तथा अभिजीत की 4.14.13 डिग्री (परिक्रमा कक्षा की 276.40 डिग्री से 280.54-13 डिग्री) तक	सूर्य
4.	रोहिणी, हस्ता और श्रवण	चन्द्रमा
5.	मृगशीर्ष, चित्र तथा श्रविष्ठा	मंगल
6.	आर्द्रा, स्वाति तथा शताभिषज	राहू
7.	पुनर्वसु, विशाखा तथा पूर्व-भाद्रमद	बृहस्पति
8.	पौष, अनुराधा तथा उत्तर भाद्रपद	शनि
9.	अश्लेष, ज्येष्ठा तथा रेवती	बुद्ध

परिशिष्ट-3

'साख्य-पतांजली' प्रणाली के अनुसार विभिन्न ग्रह प्रत्येक नक्षत्र में स्थित होने के अनुसार कुछ प्रत्येक गुण अथवा प्रभाव ग्रहण करते हैं। यह गुण अथवा प्रभाव सम्बन्धित घर को प्रभावित करते हैं। प्रत्येक नक्षत्र इन ग्रहों को अपनी-अपनी स्थिति के अनुसार शक्तियां तथा गुण प्रदान करते हैं। ये गुण तीन प्रकार के होते हैं : तामस (निष्क्रिय) 2. राजस (अशान्त) 3. सात्व (सत्य)।

प्रत्येक ग्रह विभिन्न नक्षत्रों में अपनी स्थिति के अनुसार निम्नलिखित गुण/प्रभाव उत्पन्न करते हैं :

तामसिक गुण (निष्क्रिय)	**राजसिक गुण (अशान्त)**	**सात्व गुण (सत्य)**
अश्विनी, आर्द्रा	भरणी, कृतिका,	पुर्नवसु, अश्लेष,
मृगशीर्ष, पौष,	रोहिणी, पूर्व-फाल्गुनी,	विशाखा,
माघ, चित्रा, स्वाति	उत्तर-फाल्गुनी,	ज्येष्ठा,
अनुराधा, मूल,	हस्त, पूर्वाषाढा,	पूर्व-भाद्रपद
अभिजीत, शताभिषज	उत्तरषाढ़ा, श्रवण	रेवती
श्रविष्ठा, उत्तर-भाद्रपद		

उपरोक्त तीनों गुण परस्पर सम्बन्धित हैं। प्रत्येक व्यक्ति में ये तीनों गुण अर्थात निष्क्रियता, अशान्ति तथा सत्यता निहित होते हैं। केवल अन्तर यह होता हैं कि किसी में एक गुण ज्यादा मात्रा में पाया जाता है।

एक व्यक्ति उपरोक्त गुणों वाले किसी नक्षत्र में उत्पन्न होता है तो उसमें उसी नक्षत्र वाले गुणों की अधिकता पायी जाती है। जैसे अश्विनी नक्षत्र में तामसिक गुणों का प्रभाव होता है, इस नक्षत्र में उत्पन्न व्यक्ति में तामसिक गुण अधिक पाये जाते हैं। उसके व्यवहार में तामसिक गुण अधिक मात्रा में प्रतिरोधक होते हैं। इस समूह के व्यक्तियों में किसी भी बात को चाहे वो सही हो अथवा गलत विरोध करने की आदत होती है। जिसकारण परिवार में तथा समाज में उस व्यक्ति को टकराव का सामना करना पड़ता है। उसकी

आन्तरिक शक्ति तो सकारात्मक विचार देती है, जबकि उसकी बाह्य शक्ति में नकारात्मक विचार होते हैं। दूसरे शब्दों में ऐसे व्यक्ति मन से बुरे नहीं होते, लेकिन उनमें अर्न्तनिहित गुण शक्ति उन्हें तामसिक विचार प्रकट करने को बाध्य करती है। मनन या प्रार्थना के द्वारा इस अंसगति को कम किया जा सकता है। तामसिक गुणों वाली स्त्रियां 45 वर्ष की आयु में तथा पुरुष 40 वर्ष की आयु में अपने में असंगतिपूर्ण रिक्तता को विजित करने में सफल होते हैं।

राजसिक गुणों के लोग अशान्त जीवन जीते हैं। वे एक ही समय में बहुत से काम करना चाहते हैं, लेकिन ऐसे लोग व्यस्त दिखने का ढोंग करते हैं मगर करते कुछ नहीं। धन और सम्पत्ती प्राप्तं करना उनका प्रबल लक्ष्य होता है। उनकी आन्तरिक और बाह्य शक्तियां नकारात्मक होती हैं। वे स्वार्थी होते हैं। वे इस कहावत पर पूरे उतरते हैं–"जब एक स्त्री को पता चला कि प्रलय आने वाली है, तो उसने भगवान से प्रार्थना की हे भगवान मुझे और मेरे सुनार को प्रलय से बचा लो।" राजासिक गुणा के लोग इसी प्रवृति के होते हैं।

सात्व गुण के लोग साफ दिल वाले होंगें, वे क्रमबद्ध तथा मेहनती होते हैं। उनके प्रत्येक पग में एक विलक्षण ताल अथवा प्रभाव होता है। वे फल की चिन्ता किये बिना कर्म किये जाते हैं। जिस काम को करने की वे सोच लेते हैं उनको वे पूरा करते हैं। उनकी वाह्य अभिव्यक्ति कुछ अशिष्ठ होती है। वे चित्रकला, दस्तकारी, खेलों में असाधारण सफलता प्राप्त करते हैं।

परिशिष्ट-4

विश्व में तीन प्रकार के लिंग होते हैं–1. पुल्लिंग (पुरुष-योनि); 2. स्त्रीलिंग (स्त्री-योनि) तथा 3. नपुसंक (नपुसंक योनि)। नक्षत्र भी इन तीनों योनियों में से किसी एक में वर्गीकृत किये गये हैं। जो इस प्रकार हैं–

पुरुष-योनि–अश्विनी, पुर्नवसु, पौष हस्ता, अनुराधा, श्रवण, पूर्व-भाद्रपद तथा उत्तर-भाद्रपद।

स्त्री-योनि–भरणी, कृतिका, रोहिणी आर्द्रा, अश्लेष, माघ, पूर्वफाल्गुनी, उत्तर फाल्गुनी, चित्रा, स्वाति, विशाखा, ज्येष्ठा, पूर्व-आषाढ़, उत्तर-आषाढ़ श्रविष्ठा तथा रेवती।

नपुंसक-योनि–में मृगशीर्ष, मूल तथा शतभिषज।

विभिन्न योनियों में जन्म के परिणाम इस प्रकार हैं–

पुरुष-योनि–पुरुष-योनि में उत्पन्न जातक अच्छे वक्ता, लेखक, डॉक्टर तथा शास्त्रों में निपुण होते हैं। अपने कार्य क्षेत्र में अपनी प्रधानता सिद्ध करते हैं। वे परिस्थितियों के अनुसार चुनौतियों का स्वागत करते हैं तथा उनसे पूर्ण सफलता के साथ निपटते हैं।

इस योनि में उत्पन्न स्त्री-जातक पुरुषोचित स्वभाव की होती हैं। वे पुरुष वर्ग के प्रति सुमेद्य नहीं होती। उनमें स्वयं अर्जित करने की क्षमता होती हैं। जहां वे दिल से कमजोर होती है, वहां वे अपनी इस योनि में जन्म लेने की अर्न्तनिहित विशेषताओं के कारण आरम्भ में उद्दण्डता दिखाती हैं।

स्त्री-योनि–स्त्री-योनि में उत्पन्न नर-जातक अच्छे कार्मिक, वैज्ञानिक, शोधकर्ता, बावर्ची तथा सोना-चांदी, लोहा, धातू आदि के व्यापारी होते हैं। वे हर स्तर पर पराधीन होते हैं। देखा गया है कि वे घर में अथवा कर्मक्षेत्र में स्त्रियों से आदेश प्राप्त करते हैं। वे स्वतन्त्र विचारक नहीं होते। वे ऐसे घोड़े होते हैं, जिन्हें सवार की आवश्यकता होती हैं, अर्थात उन्हें मार्गदर्शन कराने वाला होना चाहिए।

इस योनि में उत्पन्न स्त्री-जातक कुशल प्रशासक, डॉक्टर, लैक्चरार तथा कार्मिक होती हैं। वे बच्चों के प्रति आसक्त होती हैं। उनका विवाहित जीवन उतार-चढ़ाव पूर्ण होता है। वे अपने साथी के साथ गुलाम तुल्य व्यवहार

करती हैं। प्रायः मामलों में देखा गया है कि उनकें प्रति नकारात्मक व्यवहार के कारण उनके पति या तो शराब के व्यसनी हो जाते हैं अथवा दूसरी स्त्रियों की तरफ आर्कषित हो जाते हैं।

नपुंसक-योनि–नपुसंक-योनि में उत्पन्न नर जातक योद्धा होते हैं। अर्थात वे अच्छे सैनिक और कुशल सर्जन बन सकते हैं। तथा कुछ निम्न सेवा कार्यों पर भी नियुक्त हो सकते हैं।

प्रायः उनका मिश्रित स्वभाव होता है। उनकी दिमागी क्रिया चन्द्रमा के उतार-चढ़ाव से सम्बद्ध होती है। उनका अक्खड़ व्यवहार रिश्तों में क्रोध उत्पन्न करता है। पुरुष-योनि तथा स्त्री-योनि में उत्पन्न जातकों को नपुसंक योनि में उत्पन्न व्यक्तियों से सावधानी पूर्वक व्यवहार करना चाहिए।

परिशिष्ट-5

ब्रह्माण्ड में तीन लोकों की कल्पना की गई है—

1. स्वर्ग लोक 2. पृथ्वी (मृत्यु लोक) तथा 3. नरक अथवा पाताल लोक। स्वर्ग में देवताओं का वास होता है; पृथ्वी अथवा मृत्यु लोक में मानव बसते हैं तथा पाताल में दानव या राक्षस होते हैं। इसी प्रकार तीनों वर्गों अथवा गणों के अनुसार 28 नक्षत्रों को वर्गीकृत किया गया है, जो इस प्रकार है—

देव वर्ग	**मनुष्य वर्ग**	**राक्षस वर्ग**
अश्विनी	मरणी	कृतिका
मृगशीर्ष,	रोहिणी, आर्दा,	अश्लेष,
पुर्नवसु, पौष, हस्ता,	पूर्व-फाल्गुनी, उत्तर-	माघ, चित्रा,
स्वाति, अनुराधा,	फाल्गुनी, पूर्व-आषाढ	विशाखा, ज्येष्ठा,
अभिजीत, श्रवण,	उत्तर-आषाढ़, पूर्व-	मूल, श्रविष्ठा,
रेवती।	भाद्रपद, उत्तर-	शताभिषज।
	भाद्रपद।	

परिशिष्ट-6

हमारे प्राचनी महर्षियों ने अपनी दिव्यदृष्टि तथा साधना के बल पर प्रत्येक नक्षत्र के रंग इस प्रकार बतायें हैं :

नक्षत्र	रंग
1. अशिवनी	रक्त-वर्ण
2. भरणी	रक्त-वर्ण
3. कृतिका	श्वेत
4. रोहिणी	श्वेत
5. मृगशीर्ष	हलका स्लेटी
6. आर्द्रा	हरा
7. पुर्नवसु	गहरा स्लेटी
8. पौष	लाल मिश्रित काला रंग
9. अश्लेष	लाल मिश्रित काला रंग
10. माघ	क्रीम रंग (हाथी दांत का)
11. पूर्व-फाल्गुनी	हलका भूरा
12. उत्तर-फाल्गुनी	चमकदार नीला
13. हस्ता	गहरा हरा
14. चित्रा	काला
15. स्वाति	काला
16. विशाखा	सुनहरी रंग
17. अनुराधा	लालिमा युक्त भूरा रंग
18. ज्येष्ठा	पीलापन लिए क्रीम
19. मूल	भूरापन लिए पीला
20. पूर्व-आषाढ़	काला
21. उत्तर-आषाढ़	ताम्बे जैसे रंग का

22. अभिजीत	भूरापन लिए पीला
23. श्रवण	हलका नीला
24. श्रविष्ठा	हलका स्लेटी
25. शताभिषज	एक्वामेरिन
26. पूर्वभाद्रपद	हलका स्लेटी
27. उत्तर भाद्रपद	परपल
28. रेवती	भूरा

परिशिष्ट-7

मानव शरीर के अंगों का नक्षत्रों में आवंटन

प्रत्येक नक्षत्र शरीर के कुछ अंगों को प्रभावित अथवा नियन्त्रित करते हैं। दुष्ट ग्रहों से आक्रान्त नक्षत्र शरीर के सम्बन्धित अंगों पर प्रभाव डालते हैं। अशुभ ग्रहों से प्रभावित नक्षत्रों को चार्ट में खोजें, फिर उस नक्षत्र से प्रभावित शरीर के अंग को ज्ञात करें, शरीर के उस अंग के प्रति उचित सावधानी बरतें। इनके अतिरिक्त प्रत्येक नक्षत्र में दिये गये उपायों द्वारा अनिष्टकारी ग्रहों को शान्त करने के यत्न किये जायें।

प्रत्येक नक्षत्र द्वारा शरीर के विभिन्न अंग इस प्रकार हैं–

1. पांव का ऊपरी भाग	अश्विनी
2. पांव का निचला भाग	भरणी
3. सिर	कृतिका
4. माथा	रोहिणी
5. आँखों की बरोनियां	मृगशीर्ष
6. आँखे	आर्द्रा
7. नासिका	पुर्नवसु
8. चेहरा	पोष
9. कान	अश्लेष
10. होंठ और ठोडी	माघ
11. दांया हाथ	पूर्व-फाल्गुनी
12. बायां हाथ	उत्तर-फाल्गुनी
13. हाथों की अंगुलिया	हस्ता
14. गर्दन	चित्रा
15. छाती	स्वाति
16. वक्षस्थल	विशाखा

17. पेट	अनुराधा
18. दांयी बगल	ज्येष्ठा
19. बांयी बगल	मूल
20. पीठ	पूर्व-आषाढ़
21. कमर (कटि)	उत्तर-आषाढ़
22. मस्तिष्क	अभिजीत
23. जननांग	श्रवण
24. गुदा	श्रविष्ठा
25. दांयी जांघ	शताभिषज
26. बांयी जांघ	पूर्व-भाद्रपद
27. अन्तर्जंधिकाएं	उत्तर-भाद्रपद
28. घुटने	रेवती

परिशिष्ट-8

आजकल की राजनीति की भांति, नक्षत्र भी चार प्रकार के समूहों, दलों अथवा वृतों में विभाजित हैं, जो वायु, अग्नि, इन्द्र और वरूण वर्ग कहलाते हैं। इन वर्गों में प्रत्येक नक्षत्र की स्थिति इस प्रकार है–

वायु	**अग्नि**	**इन्द्र**	**वरूण**
उत्तरफाल्गुनी	पौष	अभिजीत	रेवती
हस्ता	कृतिका	श्रवण	पूव्र-आषाढ़
चित्रा	विशाखा	श्रविष्ठा	आर्द्रा
स्वाति	भरणी	रोहिणी	अश्लेष
पुर्नवसु	माघ	ज्येष्ठा	मूल
मृगशीर्ष	पूर्व भाद्रपद	उत्तर-आषाढ़	उत्तर-भाद्रपद
अश्विनी	पूर्व-फाल्गुनी	अनुराधा	शताभिषज

मन्त्र-साधना पद्धति के लिए आवश्यक बातें

मन्त्र ऋषियों के द्वारा अनवरत तपस्या करके ईश्वर से प्राप्त शक्तिशाली शब्द या शब्दों के समूह हैं। सामान्य व्यक्ति के लिए ये दुखों व कष्टों के निवारण तथा इच्छाओं की पूर्ति का गुप्त सूत्र है। सामान्य व्यक्ति चाहे इन मन्त्रों का अर्थ न समझता हो, मन्त्रोचारण द्वारा अपने उच्चत्तम लक्ष्यों की सिद्धि प्राप्त कर लेता है। मन्त्रों का सही अर्थ न जानने के कारण उसे अभिष्ट सिद्धि प्राप्त करने में देर लगती है। इस कारण मैंने प्रत्येक मन्त्र का भावार्थ/शाब्दिक अर्थ देने का प्रयत्न किया है। हालांकि मैंने विषय से हटकर विभिन्न देवताओं, ग्रहों, सितारों तथा आवश्यकतानुसार अन्य पर्यायिक माध्यमों का विवरण अथवा पहचान देने का यत्न किया है।

मन्त्र ईश्वर का 'नाद' (वाणी) तथा 'वेद' (ज्ञान) है। ये साधक को मृत्यु के भय से मुक्त करते हैं। भक्ति के बिना मन्त्रों का उच्चारण यांत्रिक हो जाता है और परिणाम अधूरा रहता है।

मन्त्र साधना का स्थान–यदि संभव हो तो मन्त्रों का जाप एक अलग कमरे में किया जायें। कमरा साफ और साधारण हो अगर अलग कमरा संभव न हो तो मन्त्र जाप के लिए कमरे का एक कोना चुन ले। इस स्थान को नित्य साफ करें तथा इसी स्थान पर बैठ कर मन्त्रों का जाप करें।

मन्त्र साधना का समय–शक्तिशाली मन्त्रों के उच्चारण तथा साधना के लिए ब्राह्म-मुहुरत (प्रातः 4 बजे) सबसे अच्छा माना जाता है। प्रातः काल के इस समय के रहस्यमय सन्नाटे में आत्मिक मन्थन को बल मिलता है, क्योंकि इस समय में मन शान्त चित होता है और इसे एकाग्र करने के लिए ज्यादा यत्न नहीं करना पड़ता। रात को शयन पूर्व समय भी मन्त्रोच्चारण के लिए उचित है। इसी प्रकार संध्या का समय (दिन और रात का मिलन समय) भी उतना ही ठीक है। कहा जाता है कि दिन और रात के संध्या काल में (सूर्योदय तथा सूर्यास्त का समय) रहस्यमय आत्मिक शक्तियां अथवा अद्‌भुत चुम्बकीय शक्त्यिां प्रभावी होती हैं।

आसन (मुद्रा)–सर्वमान्य सिद्धान्त के अनुसार मन्त्र साधना के लिए कमल-आसन (Lotus Posture) सबसे श्रेष्ठ माना जाता है। इसके बाद

पद्मासन, वैरासन, सिद्धासन या वज्रासन आता है। यदि इन आसनों में किसी शारीरिक कष्ट के कारण कठिनाई उत्पन्न होती हो तो कोई भी आरामदायक मुद्रा भी अपनायी जा सकती है। लेकिन उसी मुद्रा में ही नित्य मन्त्र का जाप करना आवश्यक हैं। यदि एक साथ कई मन्त्रों का जाप करना हो तो अलग मंत्र के लिए अलग मुद्रा होनी चाहिए।

बैठने का स्थान–मानव शरीर करंटयुक्त होता है। पृथ्वी में चुम्बकीय अथवा गुरुत्वाकर्षण शक्ति होती है। जब हम मन्त्र साधना के लिए बैंठे तो हमारा शरीर और मन दोनो बाहरी आर्कषणों से मुक्त होना चाहिए अतः मानव शरीर में प्रवाहित करन्ट को पृथ्वी आदि के सीधे सम्पर्क से बचाने के लिए अवरोध होना चाहिए तभी उचित परिणाम प्राप्त होंगे। इस अवरोधक के रूप में शेर की खाल अथवा मृगचर्म से बना आसन शुभ व अतित्युत्तम होता है। लकड़ी की चौकी भी उपयुक्त है, जिस पर कोई मोटी चादर तह करके अथवा गद्दी बिछा ली जाये। कुरु आसन भी इस कार्य के लिए इस्तेमाल किया जा सकता है।

जपमाला (Rosary)–पवित्र मन्त्रों की साधना के लिए तुलसी, रूद्राक्ष अथवा अन्य पवित्र मनकों (संख्या में 108) की जयमाला सहायक होती है। विष्णु के मन्त्रों के लिए तुलसी माला, गणेश के मन्त्रों के लिए हाथी दान्त के मनको की माला, माता काली तथा शिव के मन्त्रों के लिए चन्दन की अथवा रूद्राक्ष की माला उपयोग की जाती है।

कालिका पुराण के अनुसार पापों के नाश के लिए कुश के बीजों की माला, बच्चों के प्रजनन के लिए पुत्रजीवा के बीजों की माला, इच्छाओं की पूर्ति के लिए मणि-माला, धन प्राप्त के लिए मूंगा-माला प्रयुक्त की जाती है। एक ही माला में विभिन्न मनके अथवा अलग-अलग तरह के बीज जपमाला तैयार की जाती हैं सनतकुमार संहिता में माला के लिए प्रयुक्त धागों तथा उनके रंगों का विवरण दिया गया है। सूत के धागे चार तरह के लक्ष्य–धर्म, अर्थ, काम (इच्छा) तथा मोक्ष–सिद्ध करते हैं। शान्ति प्राप्ति के लिए श्वेत धागा प्रयुक्त किया जाता हैं लाल धागा लोगों के वशीकरण के लिए; पीला धागा स्वार्थपरायण कार्यों के लिए, तथा काला धागा आत्मिक तथा सांसारिक संपदाओं के लिए प्रयुक्त होता है। कई बार धागों के रंगों का चुनाव वर्ण के

आधार पर अर्थात श्वेत धागा ब्राह्मणों (पूजा-पाठ) के लिए; पीला क्षत्रियों (योद्धावर्ग) तथा काला धागा वणिक वर्ग के लिए होता है। लाल रंग का धागा समाज में चारों वर्णों के लोगों के द्वारा प्रयुक्त किया जा सकता है। जपमाला को पांच पवित्र द्रव्यों दूध, शक्कर, शहद, दही तथा जल द्वारा शुद्ध किया जाता है।

यदि जपमाला गिर जाती है अथवा टूट जाती है तो वह अपवित्र हो जाती है। तब माला को शुद्ध करने के लिए ह्रीं (Hrim) का उच्चारण करे तथा 108 बार "ॐ नमः शिवाय" का जाप करें। गले में धारण की हुई माला स्वयं को तथा दूसरों को नजर नहीं आनी चाहिए (इसे साफ कपड़े, तोलिए अथवा रुमाल के द्वारा ढक कर रखने चाहिए) इस कपड़े को नित्य धोना चाहिए। जाप करते हुए माला के शीर्ष को पार नहीं करता है अर्थात एक बार मनकों की परिक्रमा पूर्ण होने पर उसको वापिस फेरना चाहिए न कि इसके सिरे को पार करके शुरू करना चाहिए। माला को दाये हाथ में तीन अंगुलियों (दूसरी, तीसरी तथा सबसे छोटी) के सहारे पकड़ें तथा मध्य अंगुली तथा अंगूठे की सहायता से मनको को एक-एक करके आगे धकेलते रहे। लेकिन ध्यान रहे प्रथम अंगुली का प्रयोग नहीं करना है, क्योंकि यह अंगुल व्यक्ति के अहंकार को प्रस्तुत करती है जो भेद उत्पन्न करती है।

मन्त्रों के जाप से पूर्व स्नान करें। मौसम अथवा अन्य कारणों से स्नान करना संभव न हो तो हाथ और पांव भी धो सकते हैं। स्वच्छ वस्त्र धारण करें। उचित मुद्रा/आसन में बैठें, धूप-अगरबत्ती जलाएं तथा आँखे बन्द करके भ्रूमध्य अथवा हृतपदमा या सहस्त्रचक्र द्वारा मन्त्र जाप करें। ज्योति अथवा नाद के द्वारा भी जाप कर सकते हैं। (मेरे अनुभव के आधार पर ज्योति पर एकाग्र होकर जाप करना सर्वश्रेष्ठ विधि है।)

एक चरण में उच्चारण के लिए मन्त्रों की संख्या–प्रत्येक मन्त्र के लिए उच्चारण करने तथा उसे दोहराने की संख्या निर्धारित की गई। सामान्यता कोई एक मन्त्र ग्यारह बार, या 108 बार अथवा 1008 बार या 10008 बार अथवा 100,008 हजार बार दोहराया जा सकता है। जब आप किसी मन्त्र का जाप करने लगते हैं तो मन्त्रों के दोहराने की संख्या कम नहीं की जा सकती, केवल सुविधानुसार बढ़ायी जा सकती है। आरम्भ में आप 15 मिनट तक जाप

के लिए बैठें धीरे-धीरे इस अवधि को 30 मिनट, एक घन्टा, दो घन्टे या अधिक तक अपनी इच्छानुसार बढ़ा सकते हैं।

उच्चारण की विधि–मन्त्र साधक अथवा इसके उच्चारण करने वाले को दिन के समय पूर्व अथवा उत्तर दिशा की ओर मुख करके बैठना चाहिए तथा रात्रि को केवल उत्तर दिशा की ओर मुख करके बैठना चाहिए।

नक्षत्रों और ग्रहों के अशुभ प्रभाव को दूर करने के उपाय

निम्नलिखित उपचारों को करने से पूर्व कम से कम एक बार गणपति देवता की स्तुति इस मन्त्र द्वारा की जानी चाहिए :

वक्रतुण्ड महाकाय सूर्यकोटि समप्रभ।
निर्विध्नां कुरू में देव सर्वकार्येषु सर्वदा।।

भावार्थ–हे गजमुखाकारी, सर्वशक्तिमान गणपति, तुम्हारा तेज करोड़ों सूर्यों के समकक्ष है, मैं अपने मांगलिक कार्यों में सभी बाधाओं को हटाने की विनति करता हूँ।

निम्नलिखित मन्त्रों का जाप, यदि सम्बद्ध मन्त्र के लिए सूचित न किया गया हो, तो इच्छानुसार बार नित्य कर सकते हैं।

1. माता गायत्री के इस मन्त्र का जाप पूर्ण श्रद्धा और भक्ति के साथ करने पर मनुष्य की सभी इच्छाओं की पूर्ति होती है तथा उसे ज्ञानोदय की प्राप्त होती है।

नमस्ते देवि गायत्री सावित्रि त्रिपदक्षरे।
अजरे अमरे मातस त्रहि माम भावसागरात।।

भावार्थ–हे, तीन अक्षरों (अ, उ म) से निर्मित देवी गायत्री, तू अजर और अमर है। हे माता मैं तुझे प्रणाम करता हूँ, मुझे इस भवसागर से पार लगा।

2. इस मन्त्र का नियमित रूप से नित्य जाप जीवन को प्रकाशवान करता है :

ॐ भद्रं कर्णभिः श्रुणुयाम देवाः
भद्रं पश्येमाक्षाभिर्जयत्रा।
स्थिरैरंगैस्तष्टुवांसस्तनुभिः
व्यशेम देविहितं यदायुः।
स्वस्ति न इन्द्रो वृद्धयवाः
स्वस्ति न पूषा विश्ववेदाः।

स्वस्ति नस्ताक्ष्यौ अरिष्टनेमिः।
स्वस्ति नो बृहस्पतिर्दधातु।
ॐ शान्तिः शान्तिः शान्तिः।

अथर्ववेद प्रश्नोपनिषद्

भावार्थ–ॐ हे परमात्मा हमारे कान मंगल-वाणी सुनें, हम मंगल ही देखें, वाणी द्वारा आपका मंगल गुणगान करें, आपके द्वारा प्रदत हमारा जीवन स्वास्थ्य और शक्ति से भरपूर हो। वेदों में इन्द्र का गुणगान हो। विश्ववेदों के ज्ञाता पूषा का गुणगान हो। सब अनिष्टताओं से बचाने वाले तारक-गणो का गुणगान हो। बृहस्पति (ब्रह्मा), जो हमारी आत्मिक आभा की रक्षा करते हैं, उन को गुणगान हो। हमें धर्मग्रन्थों के अध्ययन की सम्पन्नता तथा उनमें निहित सत्यता को प्रदान करने की कृपा करें। ॐ शान्तिः शान्तिः शान्तिः।।

यह स्तुति ईश्वर प्रदत इस जीवन में भरपूर स्वास्थ्य, शान्तिपूर्ण अस्तित्व तथा सही मार्ग दर्शन करने की प्रार्थना है। मेरे विचार में यह मन्त्र हमें अपने 100 वर्ष के जीवन में जो कुछ हमें चाहिए उसी की कामना करता है। अन्यथा रोगों से आक्रान्त इस मृत प्रायः शरीर का क्या अस्तित्व हो सकता है।

3. इस महामृत्युंजय मंत्र का जाप सभी प्रकार की मृत्यु सर्प-दंश, दुर्घटनाओं आदि का भय दूर करता है। इस मन्त्र का निष्ठापूर्वक जाप करने पर असाध्य रोग दूर होते हैं। यह मोक्ष मन्त्र भी है, जो स्वास्थ्य दीर्घजीवन धन तथा हर प्रकार की सम्पन्नता प्रदान करता है।

शिव की प्रतिमा अथवा शिवलिङ्ग किसी चौकी पर स्थापित करके पूर्व की ओर मुख करके बैठे। प्रणतबद्ध मुद्रा में दोनों हाथों में पुष्प लें तथा इस मन्त्र को कम से कम ग्यारह बार, यदि संभव हो तो 108 बार, नित्य जाप करें तथा हाथों में लिए पुष्पों को शिव-प्रतिमा अथवा शिव-लिङ्ग पर अर्पित करें। मन्त्रोच्चारण के दौरान पुष्पार्पण बार-बार करें।

त्र्यम्बकं यजामहे सुगन्धिं पुष्टिवर्धनम्।
उर्वारुकमिव बन्धनान्मृत्योर्मुक्षीय माऽमृतात्।
त्र्यम्बकं यजामहे सुगन्धिं पतिवेदनम्।
उर्वारुकमिव बन्धनादितो मुक्षीय मामुत ॥

भावार्थ– हे, त्रि नेत्रों वाले रुद्र भगवान, जो हमारे जीवन में सुगन्ध और समृद्धि फैलाने वाली हैं, आप मुझे अपनी पूजा करने की अनुमति दीजिए और मैं उस परमात्मा से विनती करता हूँ कि मेरा जीवन तब तक नहीं लिया जाए, जब तक मैं अपने जीवन का पूरा सांसारिक सुख एवं विलास को भोग न लूँ।

हे, त्रि नेत्रों वाले रुद्र भगवान, जो हमारे जीवन में सांसारिक सुख देनेवाला हैं, आप मुझे अपनी पूजा करने की अनुमति दीजिए और मैं उनसे अनुरोध करता हूँ कि मेरी आत्मा को मेरे शरीर से अलग तब तक नहीं करना जब तक मैं अपने जीवन का पूरा सांसारिक सुख एवं विलास भोग न लू, जिस प्रकार खीरा फल (Cuccumber) (मलयालम् भाषा में 'वेल्लरी' कहता है) अपनी लता से अपने आप अलग हो जाने से ज्यादा मीठा हो जाता है। "उपरोक्त मन्त्र को अपने जन्म दिन जन्म वाले मास में जन्म-नक्षत्र से प्रभावित पर एक लाख बार जाप करें।

4. ॐ नमः शिवायः॥ यह भगवान शिव का पचांक्षर मन्त्र कहलाता है।

5. ॐ नमो नारायणायः॥ यह भगवान विष्णु के नारायण रूप के लिए अष्टाक्षर मन्त्र है।

6. हरि ॐ॥ भगवान हरि को याद करने के लिए

7. हरे रामः हरे रामः रामः रामः हरे हरे।
हरे कृष्णाः हरे कृष्णाः कृष्णाः कृष्णाः हरे हरे।।
मेरे विचार में यहाँ 'हरे' के स्थान पर 'हरि' होना चाहिए जिसका अर्थ है–भगवान विष्णु अर्थात हरि ही राम है, राम ही हरि है। हरि ही कृष्ण है कृष्ण ही हरि है।

8. ॐ नमो भगवते वासुदेवाय॥ (भगवान कृष्ण के लिए।)

9. ॐ श्री हनुमते नमः॥ (भगवान हनुमान के लिए।)

10. ॐ श्री सरस्वत्यै नमः॥ (सरस्वति माता के लिए।)

11. ॐ श्री दुर्गायै नमः॥ (शिवपत्नी पार्वती के अन्य रूप माता दुर्गा की स्तुति के लिए।)

12. ॐ श्री महालक्ष्मयै नमः॥ (भगवान महाविष्णु की पत्नी माता लक्ष्मी के लिए।)

13. ॐ सोहम्॥ (वेदान्तिक मन्त्र।)

14. ॐ अहं बृहमास्मि॥ (वेदान्तिक मन्त्र।)

15. ॐ तत्वमसि॥ (वेदान्तिक मन्त्र।)

16. ॐ श्री त्रिपुरसुन्दर्यै नमः॥ (त्रिपुर सुन्दरी की स्तुति के लिए।)

17. इस मन्त्र का जाप गर्भपात की समस्याओं को हल करता है अथवा जिनके पुत्रियां ही होती हों तो पुत्र उत्पन्न करेगा अथवा इसका उलट भी इस मन्त्र के जाप द्वारा संभव होगा। दोनो पति-पत्नी को रविवार को व्रत रखना चाहिए। वे फलाहार, दूध अथवा फलों का रस ले सकते हैं और स्नान करते समय अपनी मनोकामना को मन में स्मरण करना चाहिए अर्थात यदि पुत्र प्राप्त करने की इच्छा हो तो पुत्र की कामना करे और यदि पुत्री की इच्छा हो तो पुत्री की कामना करें। साथ ही दस बार नीचे दी गयी विधि द्वारा प्राणायाम करें :

दोनों नासिकाओं द्वारा गहरा श्वास लें और श्वास को भीतर रख कर नीचे दिये अनुसार ॐ और तीन बार बीज अक्षर 'यम' के साथ गायत्री मन्त्र दोहरायें।

ॐ यम यम यम भूर भुव स्वा। ॐ तत सवितृर्वरेण्यः भर्गो देवस्य धीयो यो नः प्रचोदयात्।।

'यम' तरूण का बीज अक्षर है। वह जननांग केन्द्र का अधिष्ठाता देवता है। अतः इस मन्त्र में दम्पति के शरीर में आवश्यक परिवर्तन होता है।

अपने हाथ में चन्दन के बीजों की जयमाला ग्रहण करके गायत्री देवी को श्वेत वस्त्रधारी, कमल लिए एक बालक के रूप में स्मरण करें।

इसके बाद माता गायत्री की पके चावल, दूध, शहद के द्वारा पूजा-अर्चना करें तथा दम्पति प्रसाद रूप में पूजा के बाद इसे ग्रहण करें। चावलों में गायत्री की शक्ति होती है। प्रसाद अथवा पवित्र आहार लेने पर मनोकामना पूर्ण होती है।

18. **महालक्ष्मी गायत्री मन्त्र**–इस मन्त्र का जाप नित्य ग्यारह बार करें।

ॐ महालक्ष्मि चा विद्मह।

विष्णु पत्न्यै चा धीमहि।।
तन्नो लक्ष्मीः प्रचोदयात्।।।

अर्थ–विष्णु पत्नी लक्ष्मी का मनन करे और देवी लक्ष्मी हमें प्रबुद्ध करें।

19. बृहस्पति ग्रह को शान्त करने के लिए नीचे दिये मन्त्र (ताबीज) को 1-1/4 इंच वर्गाकार सोने अथवा चांदी के पतरे पर बनायें। इसे निम्नलिखित दोनो मन्त्रों में से किसी एक का 45 दिन के भीतर 19 हजार बार जाप करके पवित्र करें। यह मन्त्र 'मन्त्र-चिन्तामणी' से लिया गया है :

10	5	12
11	9	7
6	13	8

(क) गुरु मन्त्र पुराणों के आधार पर

ह्रीं देवानंः च ऋषीनम च।
गुरूम कांचन सन्निभम्।
बुद्ध भूतंम् त्रिलोकेशम् तम नमामि बृहस्पतिम।।।

(ख) गुरु मन्त्र तन्त्र की आधार पर
ॐ ग्रां ग्रीं ग्रौ स गुरवे नमः
इस मन्त्र का नित्य जाप करें।

20. ॐ आद्याय विद्महें।
परमेश्वराय धीमही।।
तन्नो कालि प्रचोदयात्।।।

अर्थ–हम आदिकालीन शक्ति को अनुभव करें, शिव-पत्नी परमेश्वरी का अनन करते हैं। माता देवी काली हमें प्रबुद्ध करें।

21. इस मन्त्र का नित्य ग्यारह बार जाप करें।
ॐ परमेश्वराय विद्महे।
परतत्वायः धीमहि।।
तन्नो ब्रह्मा प्रचोदयात्।।।

अर्थ–हम सर्वोच्च ईश्वर को अनुभव करें। हम श्रेष्ठ सिद्धान्त का मनन करें। ईश्वर हमें प्रबुद्ध करें।

22. इस मन्त्र का इच्छानुसार बार जाप करें। जितनी अधिक बार इसका जाप करेंगे, परिणाम उतने ही अच्छे होंगे।

ॐ ततपुरूषाय विद्महे।
महासेनाय धीमहि।।
तन्नों षणमुखा प्रचोदयात्।।

अर्थ–हम ब्रह्माण्ड पुरुष के अनुभव करें। इस देव सेनापति का मनन करें। शिव के पुत्र तथा गणपति के भाई सब दुखों वाले देवता (षण्मुख) हमें प्रबुद्ध करें।

23. इस मन्त्र का इच्छानुसार बार नित्य जाप करें :

ॐ सूर्य-पुत्राय विद्महे।
महाकालाय धीमहि।।
तन्नो यमाः प्रचोदयात्।।

अर्थ–हम सूर्य भगवान के पुत्र को अनुभव करें। हम प्रत्येक समय के संहारक महान काल का मनन करें। मृत्यु के देवता 'यम' हमें प्रबुद्ध करें।

24. इस मन्त्र का नित्य ग्यारह बार जाप करें :

(क) ॐ भास्कराय विद्महे।
दिवाकराय धीमहि।।
तन्नो सूर्याय प्रचोदयात।।।

अर्थ–हे सूर्य, आप दिव्य हैं। हम दिवाकर (सूर्य) का मनन करे। सूर्य देवता हमें प्रबुद्ध करें।

और/अथवा

(ख) इस मन्त्र का नित्य ग्यारह बार जाप करें :

ॐ दिवाकराय विद्महे।
प्रभाकराय धीमहि।।
तन्नो आदित्य प्रचोदयात्।।।

अर्थ–हे दिवाकर, आप ईश्वर का प्रकाश हैं। हम प्रभाकर का मनन करें। आदित्य हमें प्रबुद्ध करें।

और/अथवा

(ग) इस मन्त्र का नित्य ग्यारह बार जाप करे :

ॐ हिरण्मयेन पात्रेण सत्यस्यापिहितं मुखम्।

तत्वं पूषाणावृणु सत्य धर्माथ दृष्टये।।
पूषन्नेकर्षयम सूर्य प्रजापत्य वयूह रस्मीन् समूह।।।
तेजो यत्तो रूपं कल्याणतमं तत्ते पश्यामि।
योसावसो पुरुष सोहमास्मि।।

अर्थ–सत्यनिष्ठ चेहरा सुनहरे पात्र से आकृत है। हे सूर्य सत्य पर से आवरण हटाओ। हे, आकाश के अकेले यात्री, सबके निमन्त्रकर्ता, प्रजापति के पुत्र, हे सूर्य अपने प्रकाश द्वारा सबका कल्याण करें।

और/अथवा

(घ) इस मन्त्र का जाप 30 दिन के भीतर 7 हजार बार करें। एक बार आरम्भ करने के बाद हम मन्त्र के जाप में व्यवधान नहीं आना चाहिए, जब तक कि पूरे 7 हजार बार यह जपा न जाये। नित्य प्रातः काल सूर्यनमस्कार करें। पूजास्थल पर सूर्य की प्रतिमा प्रतिस्थापित करें तथा लाल पुष्पों व लाल चन्दन से सूर्य पूजा करें।

ॐ ह्राँ ह्रीं ह्रों सः सूर्याय नमः।

25. यदि किसी की जन्म-कुण्डली में सूर्य चित्रा नक्षत्र के चतुर्थ अंश में तथा स्वाति नक्षत्र के प्रथम अंश (परिक्रमा कक्षा की 183.20 डिग्री से 190.00 डिग्री) के बीच स्थित हो तो निम्नलिखित उपचारों में से कोई एक अपनाना चाहिए :

(क) वर्ष में कम से कम एक बार गरीबों में गेहूं, तांबा तथा गुड़ वितरण करें। इस दान के कारण पेट की पीड़ा तथा हृदय की समस्याएं कम हो जाती है।

(ख) अग्नि जलाने के बाद और कार्य हो जाने पर इसे दूध के द्वारा शान्त करें। प्रायः हम प्रज्जवलित अग्नि को पानी द्वारा शमन करते हैं। पानी के बजाए दूध से अग्नि-शमन करें।

(ग) मुख में मीठा रखकर पानी पियें। ऐसा नित्य प्रातःकाल निराहार अवस्था में करें।

(घ) बहते हुए पानी में ताबें का टुकड़ा (पतरा) इस प्रकार डाले कि वह पानी के साथ बह जाये। ऐसा करने पर व्यक्ति के ऊपर सूर्य की दुर्बलता के कारण दुष्प्रभाव हट जाते हैं।

26. (क) इस मन्त्र का 27 दिन के भीतर ग्यारह हजार बार जाप करें:

दधि शन्ख नुषाभम् स्त्रोदर्णव संभवं।
नमामि राशीनाम सोभम् संभूर मुकुट भूषणम्॥

अर्थ–मैं दही के समरूप, शंख और बर्फ के समान श्वेत देवता चन्द्रमा को प्रणाम करता हूँ। यह क्षीरसागर से उत्पन्न सोमरस का अधिपति तथा भगवान शिव के ललाट की शोभा है।

और/अथवा

(ख) इस मन्त्र का इच्छानुसार बार नित्य जाप करें।

ॐ क्षीर पुत्राय विद्महे।
अमृत तत्वाय धी मही॥
तन्नो चन्द्र प्रचोदयात्।।।

अर्थ–हे क्षीरसागर से उत्पन्न चन्द्रमा, हम तुम्हारा मनन करते हैं। चन्द्रमा हमें प्रबुद्ध करें।

27. मंगल के लिए मन्त्र–11 हजार बार जाप किया जाये।

धरणी गर्भ संभूटम् विद्युत कान्ति समप्रभा।
कुमार शक्ति हस्तम् च मंगल प्रणमाम्यहम्॥

अर्थ–मैं पृथ्वी माता के गर्भ से उत्पन्न मंगल ग्रह के स्वामी श्री मंगल देवता को प्रणाम करता हूँ। उसकी विद्युत के समान चमकदार आभा, हाथ में चमकती कटार लिए युवक के समान प्रतीत होती है।

और/अथवा

ॐ क्रां क्रीं क्रौं सा भौमायः नमः

इस मन्त्र का 20 दिन के भीतर दस हजार बार जाप करें तथा लाल पुष्पों व लाल चन्दन द्वारा पूजा करें।

28. **बुद्ध के लिए मन्त्र**–4 हजार बार जाप करें।

प्रियङ्गव गुलिकास्यं रूपेण प्रतिमाम्बुदम।
सौम्यं सौम्य गुणोंपेनं तं बुद्धं प्रणमाम्यहम्॥

अर्थ–मैं बुद्ध ग्रह के स्वामी बुद्ध देवता को, जिनका मुख प्रियांगु जड़ी के समान सुगंधित है और जिसकी सुन्दरता कमल के पुष्प के समान है, को प्रणाम करता हूँ। वह अति विनम्र तथा सभी गुणों का भंडार है।

और/अथवा

ॐ ब्रां ब्रीं ब्रौं सा बुद्धाय नमः

इस मन्त्र का 21 दिन के भीतर 9 हजार बार जाप करें तथा विभिन्न पुष्पों द्वारा पूजा करें।

29. **बृहस्पति के लिए मन्त्र**–19 हजार बार जाप करें।

देवानम् च ऋषीनां च गुरूं काञ्चन सन्निभं।

बुद्धि भूतं त्रिलोकेशं तं नमामि बृहस्पतम्॥

अर्थ–मैं बृहस्पति-ग्रह के स्वामी बृहस्पति देवता को प्रणाम करता हूँ। वे सभी ऋषि-गण और देवों के आध्यात्मिक गुरु हैं। उनका सुनहरी रंग है तथा बुद्धिमता से परिपूर्ण हैं। वे तीनों लोकों के अधिपति देवता हैं।

और/अथवा

ॐ झां झीं झौं सा गुरुवे नमः

इस मन्त्र का 19000 बार जाप करें तथा पीले पुष्पों से पूजा करें।

30. शुक्र के लिए मन्त्र–16 हजार बार जाप करें।

हिमकुण्ड मृणालब्नहम् दैत्यानां परमम् गुरुम्।

सर्व शास्त्र प्रवक्तरम् भार्गवम् प्रणमाम्यहम् ॥

अर्थ–मैं भृगु मुनि के वंशज, आच्छादित तालाब के समान श्वेत, शुक्र देवता को प्रणाम करता हूँ। वह देवताओं के शत्रु दैत्यों के आध्यात्मिक गुरु हैं और इन्होंने दैत्यों (दानवों) को सभी वेदों का ज्ञान दिया है।

और/अथवा

ॐ ध्रां ध्रीं ध्रूं सा शुक्रायः नमः

इस मन्त्र का 16 हजार बार जाप करें तथा श्वेत चन्दन और श्वेत पुष्पों से पूजा करें।

31. **शनि के लिए मन्त्र**–23 हजार बार जाप करें।

नीलाञ्चन समभासम् रवि-पुत्रम् यमग्रजम्।

च्छाया माण्ड संभुटम् तम् नमामि शनैश्चरम् ॥

अर्थ–मैं धीर-मन्थर गति शनि देव को, जिनका नीलांजन के समान गहरा नीला रंग है, प्रणाम करता हूँ। ये यमराज के बड़े भाई तथा सूर्य देवता और उनकी पत्नी छाया से उत्पन्न हैं।

और/अथवा

इस मन्त्र का 40 दिन के भीतर 24 हजार बार जाप करें तथा नीले पुष्पों व चन्दन से पूजा करें।

32. **राहू के लिए मन्त्र**–18 हजार बार जाप करें।

अर्धकायम् महावीरयम् चन्द्रादित्य विमर्द्धनम्।

सिंहिक गर्भ संभुटम् तम् राहुं प्रणमाप्यहम् ॥

अर्थ–मैं सिंहिका के गर्भ से उत्पन्न राहू, जिसका केवल आधा-शरीर शक्तिशाली है और सूर्य और चन्द्रमा को अभिभूत करने में समर्थ है, को मैं प्रणाम करता हूँ।

और/अथवा

ॐ भ्रं भ्रीं भ्रौं सा राहूवे नमः

इस मन्त्र का 40 दिन के भीतर 18 हजार बार रात्रि में जाप करें तथा नीले पुष्पों तथा चन्दन से राहू की पूजा करें।

33. **केतू के लिए मन्त्र**–18 हजार बार जाप करें।

(क) पलष पुष्प सङ्कासम् तरक ग्रह मस्तकम्।

रौद्रम् रौद्रात्मकम् घोरम् तम् केतुं प्रणमाम्यहम् ॥

अर्थ–मैं प्रयन्ड तथा डरावने केतू, जो भगवान शिव की शक्ति से सम्पन्न है, को प्रणाम करता हूँ। रूप में पलाश के पौधे के पुण्य के समान है, वह केतू सितारों और ग्रहों का मुखिया है

और/अथवा

ॐ प्रां प्रीं प्रौं सा केतूबे नमः

इस मन्त्र का जाप 18 हजार बार करें तथा मिश्रित पुष्पों से पूजा करें।

34. साढ़े-साति, कंटक-शनि तथा अण्टम-शनि का उपचार

सामान्य रूप से मान्य ज्योतिष-सिद्धान्त के अनुसार साढ़े-साति का समय जातक के जन्म के समय चन्द्रमा के स्थित घर से बारहवें, पहले तथा दूसरे घर से शनि के गुजरने को कहते हैं। कंटक शनि का समय जातक के जन्म के समय चन्द्रमा के स्थित घर से चौथा घर से शनि गुजरने को कहते हैं। अण्टम-शनि समय जातक के जन्म के समय चन्द्रमा के स्थित घर से आठवें घर से शनि गुजरने को कहते हैं।

मैं उपरोक्त कथन से कुछ असहमत हूँ। मेरे विचार में यथार्थ साढ़े-साति काल जातक के जन्म के समय चन्द्रमा के 330.01 डिग्री से 60.00 डिग्री आगे तक स्थित रहने को कहते हैं। उदाहरणार्थ—यदि जन्म के समय चन्द्रमा अश्विनी नक्षत्र की 11 डिग्री में स्थित है; इसमें 330.01 डिग्री जोड़ने पर राशिचक्र की 341.01 डिग्री को छूता है तो जातक पर साढ़े-साति का काल आरम्भ हो जाता है। इसी प्रकार 60.00 डिग्री को 11 डिग्री में जोड़ने पर कक्षा की 71.00 डिग्री आती है। अतः साढ़े साति काल 341.01 डिग्री से आरम्भ होकर 71.00 डिग्री पर समाप्त होता है। यही कारण है कि अधिकतर मामलों में साढ़े-साति का दुष्प्रभाव, इस काल के आरम्भ होने के काफी बाद भी अनुभव किया जाता है। इसी प्रकार शनि के दूसरे घर से गुजरने के बाद भी इसका दुष्प्रभाव जातक को महसूस होता है।

जब चन्द्रमा अश्विनी नक्षत्र की ग्यारहवीं डिग्री में होता है, तो शनि के कक्षा की 221-01 डिग्री में गुजरने से अष्टम-शनि काल आरम्भ होकर कक्षा की 251.00 डिग्री पर समाप्त होता है।

शनि की उपरोक्त दोनों दुष्प्रभावित परिक्रमाओं के अतिरिक्त शनि की एक और सबसे दुष्प्रभावित परिक्रमा कटंक-शनि है। अर्थात जातक के जन्म के समय चन्द्रमा की स्थिति से 90.01 डिग्री से 120.00 डिग्री के मध्य शनि की परिक्रमा को कहते हैं। मेरे अनुसार कटंक शनि का दुष्प्रभाव साढ़े-साति तथा अष्टम-शनि से अधिक गम्भीर होता है।

जब शनि साढ़े-साति की प्रथम 30 डिग्री से गुजरता है तो कहा जाता है कि यह जातक की आंखों और सिर से गुजरता है। इस काल में जातक

विभिन्न कष्टों तथा दुखों से पीड़ित होता हैं। राजसी वैभव में भी उत्पन्न जातक बहुत सी समस्याओं से ग्रस्त होगा।

अगली 30 डिग्री से शनि के गुजरने को जातक के दिल से गुजरना कहा जाता है, जिसके परिणामस्वरूप वह मृत्यु के भय तथा अन्य चिन्ताओं से ग्रस्त रहता है। शत्रुओं की बढ़ोतरी होती है। यदि नौकरी में होगा तो अपने वरिष्ठ अधिकारियों के कोप का शिकार बनेगा।

जब शनि साढ़े-साति के अंतिम चरण से गुजरता है तो इसे जातक के पांवों से गुजरना कहा जाता है। इस समय में उसका मन दुश्चिन्ताओं से घिरा होता है और अपनी समस्याओं के समाधान के लिए दर-दर भटकता रहता है। व्यवसाय तथा पेरो में अनापेक्षित विरोध या उलटाव (ऊबनति) सहन करता है।

अष्टम शनि के समय में जातक अपनी पत्नी और बच्चों की उपेक्षा का शिकार होगा। अपनी अन्तर्तात्मा के विरूद्ध अनैतिक कार्य करने पर मजबूर होगा जिस कारण अन्त में अपमान को प्राप्त होगा।

कटंक-शनि के समय में जातक अपनी पत्नी से उसकी मृत्यु, तलाक अथवा अन्य अप्रत्याशित कारणों से बिछुड़ेगा। सम्पत्ति की भारी हानि सहन करेगा।

जब मैं 8 वर्ष का था तो मैंने अपने पितामह को किसी से कहते सुना कि कंटक शनि के प्रभाव के समय जातक को बनवास प्राप्त होता है। लेकिन अगर कोई व्यक्ति महानगर में रहता हो तो उसके बनवासी होने के बारे में सोचा भी नहीं जा सकता। मैं अपना ही दृष्टान्त देता हूँ, मेरे पितामह का कथन बिल्कुल सही सिद्ध होता है।

"मैं 1969 से एक महानगर में रह रहा हूँ। मेरी नौकरी भी सामान्यतः स्थानान्तरणीय नहीं है। मेरे एक वरिष्ठ अधिकारी की बदली दक्षिण में एक दूरस्थ स्थान पर हो गई, साफ कहूँ तो मेरे ही प्रयासों के कारण उसकी बदली हो सकी थी। 1980 में उस अधिकारी ने पद ग्रहण करने के कुछ समय बाद अपने उस विभाग में एक प्रशासनिक और लेखा में दक्ष कार्मिक की आवश्यकता अनुभव की। उसने मेरे तत्तकाल अधिकारी से अनुरोध किया कि

यदि मैं राजी हूँ तो मेरी पोसटिंग उनके विभाग में डैपुटेशन पर कर दी जाये। साथ मुझे भी इस पोसटिंग के लिए राजी होने को कहा। मेरी पत्नी भी इसी महानगर में नौकरी युक्त है अतः हमारा दूरस्थ स्थान पर जाना संभव नहीं था इसलिए मैंने उन्हें मना कर दिया।

"लेकिन विधि को तो कुछ और ही मंजूर था। मेरे मना करने के एक सप्ताह के भीतर मेरे नौकर के पिता का पत्र आया कि नौकर को वापस भेज दिया जाये। अब हमारे बच्चों की दिन में देख-भाल करने वाला कोई नहीं था। हम दोनों पति-पत्नी नौकरी पर जाते और बच्चों को प्रातः किसी मित्र के घर में छोड़ जाते और शाम को वापिस लाते। यह मई 1981 की बात है कि हम दोनों पति-पत्नी तेज गरमी में इस प्रकार की परिस्थिति से परेशान बैठे थे कि अचानक ख्याल आया कि दूरस्थ स्थानों पर अच्छे नौकर मिल जाते हैं अतः हमने डेपुटेशन के उस प्रस्ताव को मान लेने का निर्णय किया। मैंने तत्काल उस अधिकारी को टेलीग्राम दिया कि मैं उनके विभाग में पद-ग्रहण करने को तैयार हूँ बशर्ते कि मेरी पत्नी को भी डैपुटेशन पर लिया जाये। उन्होंने मेरा प्रस्ताव मान लिया और हमें मई 81 के अन्त में स्थानान्तरण आदेश मिल गये। हमने 9 जून 81 को दूरस्थ स्थान पर नया पद ग्रहण करने के लिए महानगर छोड़ दिया जोकि शनिवार था।

"मेरे उस विभाग में पद ग्रहण करने से उस अधिकारी का काम हो गया। मगर साथ ही मैने उसके व्यवहार में कुछ बदलाव महसूस किया। मैंने अपनी तरफ से स्थिति को संभालने की पूरी चेष्टा की, मगर न जाने किसी के बहकावे से अथवा अन्य कारण से वह अधिकारी मुझसे रूष्ट रहने लगा। मेरे पदग्रहण करने के 10 दिन के भीतर ही स्थिति असहनीय हो गई। जहाँ मैं अपने विभाग में एक योग्य और कर्मठ कार्मिक जाना जाता था, अब मेरी स्थिति एक नाकारा व्यक्ति की सी हो गई थी। उस समय मैं ज्योतिष विद्या को सीख ही रहा था अतः मैं नहीं जान सका कि मेरी इस अवस्था के लिए कौन दोषी था। मैंने मन, वचन और कर्म से कभी भी कोई गलत या नियम विरूद्ध कार्य नहीं किया। मैंने अनुरोध किया कि मुझे मेरे विभाग में वापिस भेज दिया जाये। वही अधिकारी, जो पहले मुझे महानगर से यहां लाया था और मेरा प्रशंसक था, अब वही मेरा प्रबल विरोधी बन गया और मेरे अनुरोध

को जानबूझ कर रद्द करवा दिया। मुझे वहां दो वर्ष जून, 1983 तक रहना पड़ा। वापस महानगर में आने के बाद और ज्योतिष विद्या को जानने के बाद मुझे पता चला कि मेरी जन्म कुण्डली में 1981 से 1983 तक का समय कंटक-शनि का काल था।''

यह वृतान्त मैंने इसलिए दिया है कि इससे ज्योतिष की सत्यता सिद्ध हो सके।

शनि की अशुभ परिक्रमा समय में अनिष्टकर प्रभावों को दूर करने के लिए निम्नलिखित मन्त्र का 40 दिन तक नियमित जाप करें तथा भगवान रूद्र (शिव) की पूजा करें। 41वें दिन हवन करें। यह मन्त्र श्री रूद्रम से लिया गया है तथा बहुत ही शक्तिशाली है :

ज्येष्ठ्यं च मऽआधिपत्यं च मे मन्युश्च मे भामश्च मेऽमश्च
मेऽम्भश्च मे जेमा च मे महिमा च मे वरिमा च मे प्रथिमा च
मे वर्षिमा च मे द्राघिमा च मे वृद्धं च मे वृद्धिश्च मे ॥

अर्थ : हे परमेश्वर, मुझे आप की कृपा से, सेनापति का स्थान एवं दूसरों के ऊपर अधिकार एवं अभिमान, एवं प्रताप, एवं शक्ति, एवं सुरलोक से जल, एवं विजय, एवं गौरव, एवं श्रेष्ठता, एवं विशालता, एवं दीर्घायु, एवं निरन्तर बढ़ती हुई वंश, एवं धन, एवं निरन्तर उन्नति प्रधान हो।

सत्यं च मे श्रद्धा च मे जगच्च मे धनं मे वशश्च मे त्विषिश्च
मे क्रीडा च मे मोदश्च मे जातं च मे जनिष्यमाणं च मे सूक्तं
च मे सुकृतं च मे ॥

अर्थ : हे परमेश्वर, मुझे आप की कृपा से, सत्यता, एवं परिपूर्ण ईश्वर विश्वास, अचल सम्पत्ति, एवं भौतिक धन, एवं विनयग्राहि यार्या, एवं एक पुत्र वधू, एवं मनोविनोद, एवं आनन्द, एवं दीर्घायु इन्हें जो पैदा हो चुके है, और जो पैदा होनेवाले है, एवं वाक् चतुरदा, एवं अच्छे काम करने का चेष्ठता प्रधान हो।

वित्तं च मे वेद्यं च मे भूतं च मे भविष्यच्च मे सुगं च मे सुपथ्यं
च मऽऋद्धं च मऽऋद्धिश्च मे क्लृप्तं च मे क्लृप्तिश्च मे
मतिश्च मे सुमतिश्च मे ॥

अर्थ : हे परमेश्वर, मुझे आप की कृपा से, अच्छी समझ, एवं औषधियों के बारे में ज्ञान, एवं मेरा भूत और भविष्य जन्म के बारे में ज्ञान, एवं सुगम, सफल और सच्चा रास्ता, एवं उन्नति, अच्छा सम्पत्ति और अच्छी अन्तर्ज्ञान, एवं अच्छी भावना, एवं शुद्ध विचार, एवं उस शुद्ध विचार को उपयोग करने का शक्ति प्रधान करें।

और/अथवा

अग्निश्च मऽइन्द्रश्च मे सोमश्च मऽइन्द्रश्च मे सविता च मऽइन्द्रश्च
मे सरस्वती च मऽइन्द्रश्च मे पूषा च मऽइन्द्रश्च मे बृहस्पतिश्च
मऽइन्द्रश्च मे ॥

अर्थ : हे परमेश्वर, मुझे आप की कृपा से, अग्नि और इन्द्र, एवं चन्द्रमा और इन्द्र, एवं सूर्य और इन्द्र, एवं सरस्वति और इन्द्र, एवं पूष और इन्द्र, एवं बृहस्पति और इन्द्र के आर्शीवाद प्राप्त करायें।

मित्रश्च मऽइन्द्रश्च मे वरुणश्च मऽइन्द्रश्च मे धाता च मऽइन्द्रश्च
मे त्वष्टा च मऽइन्द्रश्च मे मरूतश्च मऽइन्द्रश्च मे विश्वे च मे
देवाऽइन्द्रश्च मे ॥

अर्थ : हे परमेश्वर, मुझे आप की कृपा से, मित्र और इन्द्र, एवं वरूण और इन्द्र, एवं ब्रह्मा और इन्द्र, एवं त्वष्टा और इन्द्र, एवं मरुत और इन्द्र, एवं विश्वदेव और इन्द्र, एवं अन्य देवि देवताओं और इन्द्र के आर्शीवाद प्राप्त करायें।

पृथिवी च मऽइन्द्रश्च मेऽन्तरिक्षं च मऽइन्द्रश्च मे द्यौश्च मऽइन्द्रश्च
मे समाश्च मऽइन्द्रश्च मे नक्षत्राणि च मऽइन्द्रश्च मे दिशश्च
मऽइन्द्रश्च मे ॥

अर्थ : हे परमेश्वर, मुझे आप की कृपा से, पृथिवी और इन्द्र, एवं आकाश और इन्द्र, एवं स्वर्ग और इन्द्र, एवं कालों के देवता और इन्द्र, एवं सब नक्षत्रों और इन्द्र, एवं सब दिशाओं और इन्द्र के आर्शीवाद प्राप्त करायें।

35. मणि/रत्नों द्वारा विभिन्न रोगों का इलाज

रोग (Larger Pond)	इलाज
मठिया (Aritritis)	लाल मूंगा 9 रत्ती का चान्दी की अंगूठी में जडवा कर मंगलवार को तीसरी (सूर्य) अंगुली में धारण करें। तथा नीला नीलम 5 रत्ती का सोने की अंगूठी में जड़वा कर शनिवार को चौथी (बुद्ध) अंगुली में धारण करें। अथवा लाल मूंगा 9 रत्ती का चांदी की अंगूठी में जड़वा कर मंगलवार को तीसरी (सूर्य) अंगुली में धारण करें, तथा पीला नीलम 5 रत्ती का सोने की अंगूठी में जड़वा कर बृहस्पतिवार को तीसरी अंगुली में धारण करें।
अपेन्डेसाइटिस रक्तक्षीणता (Anemia)	पुखराज 7 रत्ती का सोने की अंगूठी में जड़वा कर बृहस्पतिवार को तीसरी अंगुली में धारण करें। तथा लाल मूंगा 5 रत्ती का तांबे की अंगूठी में जड़वा कर मंगलवार को तीसरी अंगुली में धारण करें।
अस्थमा	पन्ना 6 रत्ती का सोने की अंगूठी में जड़वा कर बुद्धवार को तीसरी अंगुली में धारण करें। तथा पुखराज 7 रत्ती का सोने की अंगूठी में बृहस्पतिवार को तीसरी अंगुली में पहनें। इन दोनों रत्नों को एक ही अंगूठीं में जड़वा कर बृहस्पतिवार को धारण करें। तथा चन्द कान्त 6 रत्ती का चाँदी की अंगूठी में सोमवार को चौथी अंगुली में धारण करें।
स्तन कैंसर (Breast cancer)	लाल मूंगा 9 रत्ती का तांबे की अंगूठी में जड़वा कर मंगलवार को तीसरी अंगुली में पहने। तथा पन्ना 7 रत्ती का सोने की अंगूठी में जड़वा कर बुद्धवार को दूसरी (शनि) अंगुली में पहने। तथा जड़वा कर नीलम 5 रत्ती का पंचधातु की अंगूठी में जड़वा कर शनिवार को चौथी (बुद्ध) अंगुली में धारण करें।

मूत्राशय की सूजन या इससे सम्बन्धित अन्य समस्याऐं तथा मूत्राशय में गैस की शिकायत भी	अपेन्डेसाइटस वाला ही इलाज।
दिमागी फोड़ा (Brain Tumour)	पन्ना 7 रत्ती का सोने की अंगूठी में बुद्धवार की तीसरी अंगूली में पहने। तथा सफेद मोती 6 रत्ती का चांदी की अंगूठी में सोमवार को चौथी अंगुली में तथा नीलम 5 रत्ती का सोने की अंगूठी में शनिवार को दूसरी (शनि) अंगुली में पहने।
दमा (श्वासनली शोध) (Brochitis)	लाल मूंगा 7-½ रत्ती का तांबे की अंगूठी में जड़वाकर मंगलवार को तीसरी अंगुली में पहने। तथा पुखराज 5 रत्ती का सोने की अंगूठी में बृहस्पतिवार को तीसरी अंगुली में पहने।
मिरगी (Epilepsy)	अस्थमा वाला ही इलाज
एग्जीमा (Egzima)	सफेद मूंगा 7-½ रत्ती का सोने की अंगूठी में मंगलवार को दूसरी अंगुली में पहने। तथा पुखराज 7 रत्ती का सोने की अंगूली में बृहस्पतिवार को तीसरी अंगुली में पहने।
हरनिया	दमे वाला ही इलाज
उन्माद (पागलपन) (Insantiy)	पन्ना 7 रत्ती का सोने की अंगूठी में बुद्धवार को तीसरी अंगुली में पहने। तथा पुखराज 7 रत्ती का सोने की अंगूठी में बृहस्पतिवार को तीसरी अंगुली में पहने।
पीलिया	पुखराज 5 रत्ती का सोने की अंगूठी में बृहस्पतिवार को तीसरी अंगुली में पहनें। तथा पन्ना 7 रत्ती का सोने की अंगूठी में बुद्धवार को तीसरी अंगुली में पहने। तथा Lapiz Lazuli अथवा Tiger is eye 3 रत्ती की सोने की अंगूठी में जड़वाकर बुद्धवार को चौथी अंगुली में पहनें।

गुरदा की समस्याएं (Kidney trouble)	हरनिया वाला ही इलाज।
ब्लड कैंसर	लाल मूंगा 9 रत्ती का तांबे की अंगूठी में मंगलवार को तीसरी अंगुली में पहनें। तथा पुखराज 13 रत्ती का सोने की अंगूठी में बृहस्पतिवार को तीसरी अंगुली में पहनें। तथा Cats eye 5 रत्ती की सोने की अंगूठी में जड़वाकर बृहस्वतिवार को दूसरी अंगुली में पहनें।
फेफड़ों का कैंसर (Lung cancer)	स्तन कैंसर वाला ही इलाज।
रजोश्राव की समस्या	सफेद मोती 9 अथवा 11 रत्ती का चांदी की अंगूठी में जड़वाकर सोमवार को तीसरी अंगुली में पहने।
बवासीर (Piles)	हरनिया वाला ही इलाज।
लकवा (Paralysis)	पन्ना 7 रत्ती का सोने की अगूंठी में बुद्धवार को दूसरी अंगुली में पहने। तथा पुखराज 5 रत्ती का पंचधातू की अंगुठी में शनिवार को चौथी अंगुली में; तथा लाल मूंगा 9 रत्ती का तांबे की अगूंठी में जड़वाकर मंगलवार को तीसरी अंगुली में पहनें।
जबान, गले तथा मुख का कैंसर	पुखराज 11 रत्ती का सोने की अंगूठी में बृहस्पतिवार को तीसरी अंगुली में पहने। तथा लाल मूंगा 5 रत्ती का तांबे की अंगूठी में मंगलवार को तीसरी अंगुली में पहने। तथा Cats eye 3 रत्ती की सोने की अंगूठी में जड़वाकर बृहस्पतिवार को दूसरी अंगुली में पहने।
पित्त अशमरी (Gall bladder stone)	पन्ना 5 रत्ती का सोने की अंगूठी में बुद्धवार को तीसरी अंगूली में पहने तथा नीलम 5 रत्ती का पंच-धातु की अंगूठी में शनिवार को दूसरी अंगूली में पहनें।
पेशाब की समस्याएं	हरनिया वाला ही इलाज।

36. यह मन्त्र 'श्री रुद्रम्' से लिया गया है। मैंने इस मन्त्र का प्रयोग किया है और इससे अधिक शक्तिशाली अन्य मन्त्र नहीं पाया। इस मन्त्र से मनुष्य की सभी आवश्यकताओं की पूर्ति होती है। जाति, लिंग और धर्म के भेदभाव के बिना सभी इस मन्त्र का प्रयोग कर सकते हैं। नित्य प्रातः काल हाथ और मुख धोने के बाद पूर्व की ओर मुख करके इस मन्त्र का ग्यारह बार जाप 40 दिन तक करना चाहिए।

शं च मे मयश्च मे प्रियं च मेऽनुकामश्च मे कामश्च मे
सौमनश्च मे भगश्च मे द्रविणं च मे भद्रं च मे श्रेयश्च मे
वसीयश्च मे यशश्च मे ॥

अर्थ– हे परमेश्वर, मुझे आप की कृपा से, सुख-शान्ति, एवं आनन्द, एवं प्यार, एवं मेरा अभिलाषाओं की पूर्ति, एवं सब को प्यार देने की शक्ति, एवं शुद्ध मनोभाव, एवं सौभाग्य, एवं सदा बढ़ती हुई धन, एवं आपके आर्शीवाद, एवं निरन्तर उन्नति, एवं आकर्षण करने की शक्ति, एवं कीर्ति प्रधान कीजिए।

यन्ता च मे धर्ता च मे क्षेमश्च मे धृतिश्च मे विश्वं च मे महश्च
मे संविच्च मे ज्ञात्रं च मे सूश्च मे प्रसूश्च मे सीरं च मे लयश्च मे ॥

अर्थ– हे परमेश्वर, मुझे आप की कृपा से, शासन करने की शक्ति, एवं एक संरक्षक जो मेरी रक्षा करें, एवं शान्ति, एवं सन्तोष, एवं बुद्धि, एवं गौरव, एवं विद्या, एवं दूसरों को विद्या सिखाने की निपुणता, एवं प्रजनन की शक्ति, और संतति, एवं अच्छी शय्या, एवं मुझे आप में समाहित होने की शक्ति प्रधान करें।

ऋतं च मेऽमृतं च मेऽयक्ष्मं च मेऽनामयच्च मे जीवातुश्च मे
दीर्घायुत्वं च मऽनमित्रं चमेऽभयं च मे सुखं च मे शयनं च मे
सूषाश्च मे सुदिनं च मे ॥

अर्थ– हे परेमेश्वर, मुझे आप की कृपा से, सदाचारी बनायें, एवं शाश्वतत्व, एवं क्षय और रोग मुक्त जीवन, एवं जीवन पुष्ठि के लिये आहार, एवं दीर्घायु, एवं मित्र हीनों का अभाव का अनुभव, एवं मेरा जीवन की रक्षा, एवं हर सुख-सुविधा का अनुभव, एवं एक अच्छी शय्या, एवं अच्छी सन्तान प्रधान करें, एवं मेरा जीवन का हर दिन सुदिन हो।

प्रातःकाल तथा सायं काल की प्रार्थनाएं

इन मन्त्रों का जाप प्रातः काल अथवा सायंकाल (विशेषकर सांध्य बेला में) किया जाये तो साधक को मनोवांछित लाभ प्राप्त होंगे :

37. त्वमेव माता च पिता त्वमेव
त्वमेव बन्धुस् च सखा त्वमेव
त्वमेव विद्या द्रविनम् त्वमेव
त्वमेव सर्वं मम देव देव।

अर्थ– हे देवो के देव, तुम्ही मेरे माता और पिता भी तुम्ही हो, तुम्ही मेरा बन्धु और सखा भी तुम्ही हो, तुम्ही मेरा विद्या और धन भी तुम्ही हो, तुम्ही मेरा सर्वं हो।

38. करचरणकृतम् वाक् कायजम् कर्मजं व।
श्रवण नयनजं व मानसं व परधम्।
विहितं अविहितं व सर्वं एतत् क्षमस्व।
जय जय करुणाब्धे श्रीमहादेव शम्भो।

अर्थ–हे पूजनीय महेष, शिव-शम्भु, मेरे सभी पाप चाहे वे मेरे हाथों या पैरो के द्वारा हुए हों या वाणी के द्वारा अथवा शरीर या कर्म के द्वारा किये गये हों अथवा कोई पाप कर्म कान, आखों अथवा मन के द्वारा किये गये हो, मेरे सभी कार्यों व त्रुटियों को क्षमा करें। हे दयानिधि तेरी महिमा अपार है।

39. ॐ राजाधिराजय प्रसहयसहिने।
नमो वयं वैश्रवणाय कूर्महे।।
स मे कामन काम-कामाय महयं।
कामेश्वरो वैश्रवणो ददाधु।
कुबेरय वैश्रवणाय महाराजाय नमः॥

अर्थ–ओंम, बिना अभिप्राय के सब कुछ प्रदान करने वाले, राजाओं के राजा कुबेर को प्रणाम करें। इच्छाओं के स्वामी कुबेर मेरी मनोकामनाओं की पूर्ति करो। हे विसर्वण के पुत्र महान राजा कुबेर शत-शत प्रणाम।

40. इत्येश वनमयी पूजा श्रीमद शङ्करपदयो।

अपितं तेन देवेश प्रियतंम मे सदा-शिवा॥

अर्थ–यह वंदना और अर्चना भगवान शंकर के चरणों में अर्पित करता हूँ, जिससे देवाधिदेव शिव प्रसन्न होकर मुझ पर कृपा बनाये रखें।

नामकरण के लिए कुछ संकेत

हिन्दुओं में प्रचलित प्रणाली के अनुसार बालक का नाम उसके जन्म नक्षत्र से सम्बन्धित शब्द विशेष पर रखा जाता है। लेकिन आजकल माता-पिता बच्चों के नाम उनके जन्म के समय चन्द्रमा के स्थित नक्षत्र में सम्बन्धित शब्द नहीं रखते जिस कारण आगे चलकर उनकी जन्म कुण्डली जांचते समय कुछ भ्रम उत्पन्न हो जाता है। यदि ज्योतिष शास्त्र के सिद्धान्तों के अनुसार बच्चों के नाम रखे जाये तो, विभिन्न उद्देश्यों से (विशेषकर विवाह आदि उद्देश्यों से) जन्म कुण्डली जांचते समय ये भ्रम उत्पन्न नहीं होंगे, क्योंकि इनमें जन्म तिथि तथा समय के भूलने के अवसर कम हो जाते हैं।

प्रत्येक नक्षत्र से सम्बन्धित शब्दों में ध्वनि सूचक प्रथमाक्षरों का निर्धारण इस प्रकार किया गया है :

	नक्षत्र	**ध्वनि सूचक अक्षर**
1.	अश्विनी	चू, चे, चो, ला
2.	भरणी	ली, लु, ले, लो
3.	कृतिका	अ, ई, उ, ए
4.	रोहिणी	वो, वा, वी, वु
5.	मृगशीर्ष	वे, वो, का, की
6.	आर्द्रा	कु, घ, ङ, छ
7.	पुनर्वसु	के, को, हा, ही
8.	पौष	हू, हे, हो, डा
9.	अश्लेष	डी, डू, डे, डो
10.	माध	मा, मी, मू, मे
11.	पूर्व-फाल्गुनी	मो, टा, टी, टू
12.	उत्तर-फाल्गुनी	टे, टो, प, पी
13.	हस्ता	पु, ष, ण, रा
14.	चित्रा	पे, पो, रा, री
15.	स्वाति	रा, रे, रो, का

16.	विशाखा	री, तु, ते, तो
17.	अनुराधा	ना, नी, नु, ने
18.	ज्येष्ठ	नो, या, यि, यु
19.	मूल	ये, यो, भ, भी
20.	पूर्व-आषाढ़	बु, धा, भा, दा
21.	उत्तर-आषाढ़	बे, बो, जा, जी
22.	अभिजीत	ज्यू, जी, जू, खी
23.	श्रवण	शी, शु, श, शो
24.	श्रविष्ठा	ग, गी, गु, गे
25.	शताभिषज	गो, सा, सी, सु
26.	पूर्व-भाद्रपद	से, सो, ट, टी
27.	उत्तर-भाद्रपद	दु, था, ज्ञ, हा
28.	रेवती	दे, दो, चा, ची

अध्याय – 1
अश्विनी नक्षत्र

राशि-चक्र में 0.00 डिग्री से 13.20 डिग्री तक का विस्तार क्षेत्र अश्विनी नक्षत्र कहलाता है। हिन्दु पौराणिक कथा के अनुसार "अश्विनी" नाम, दो "अश्विन" से उत्पन्न हुआ है। ग्रीक में इसको "Castor and Pollux", अरब मंजिल (Arab Manzil) में अष-षराटण (Ash-Sharatan) और चीनियों का "Sieu" मे "Leu" जाना जाता है। 'चकलय' तथा 'खण्ड-काटक' के अनुसार अश्विनी समूह दो अश्विनियों के प्रतीक दो सितारों का समूह है। कोलब्रुक तथा बाद की धारणाओं के अनुसार अश्विनी नक्षत्र समूह दो अश्व के मुख के प्रतीक तीन सितारों का समूह है।

अश्विनी नक्षत्र का अधिष्ठाता स्वामी 'दो अश्विन' है। अश्विन् के दो भुजाएं होती हैं तथा ये सूर्य तथा सविता के वाहन हैं। एक अन्य मतानुसार ये देवताओं के चिकित्सक हैं। वेदो के अनुसार सृष्टि के आरम्भ में केवल सृष्टा था, जो प्रजा तथा पालक दोनों का पार्ट अदा करता था/अर्थात सृष्टा ही प्रजा तथा पालक दोनो रूपों में विद्यमान था और उसे उद्देश्यहीनता का सामना करना पड़ता था। अपनी इस एकान्तता की स्थिति से बचने के लिए सृष्टा ने विभिन्न रूपों की रचना की जो देवता कहलाये। इन रूपों में प्रथम कृति दो भुजाओं वाले अश्विन थी।

I अश्विनी नक्षत्र में उत्पन्न जातकों के सामान्य परिणाम

(क) पुरुष जातक

1. शारीरिक गठन–अश्विनी नक्षत्र में उत्पन्न जातक सुन्दर मुखाकृति के, चमकदार तथा बड़ी आँखों वाले, माथा चौड़ा तथा नासिका कुछ बड़ी होती है।

2. स्वभाव तथा सामान्य घटना–इस नक्षत्र में उत्पन्न जातक शान्त स्वभाव वाले होते हैं। वे अपना कार्य चुपचाप, बिना किसी को जताये, करते हैं। ये अपने निर्णयों में हट्ठी किस्म के होते हैं। विशेषकर 14 से 28 अप्रैल के बीच उत्पन्न जातकों में यह हठीलापन कुछ अधिक होता है। इस काल में सूर्य अपने उच्च स्थान में चलता रहता है तथा 14 से 28 अक्टूबर के बीच

सूर्य अपने नीच स्थान स्वाति नक्षत्र पर चलता रहता है। यह धारणा है कि मृत्यु का देवता 'यम' भी इस प्रभाव से बच्छ नहीं सकता। अन्य महीनों में अश्विनी नक्षत्र में उत्पन्न व्यक्तियों में यह हठीलापन कम मात्रा में पाया जाता है।

ये जातक अपने से प्रेम करने वालों पर सब कुछ कुर्बान कर देने वाले होते हैं। ये विपत्तियों में भी घबराने वाले नहीं होते बल्कि विपत्तियों में घिरे अन्य लोगों की मदद करते हैं। लेकिन ये अपनी विवेचना सहन नहीं कर पाते और बुरा मानते है।

ये जातक अपना कार्य अपने ढंग से, सोच विचार कर करता है तथा किसी से भी प्रभावित नहीं होता। जब वह किसी कार्य को करने की धारणा बना लेता है तो कुछ भी परिणाम निकले, वह करके रहता है।

वह भगवान में दृढ़ विश्वास रखता है लेकिन धर्मान्ध नहीं होता। वह अपने रूढ़ीवादी विचारों के प्रति आधुनिक होता है।

यद्यपि वह बुद्धिमान होता है मगर अक्सर मामलों को तूल देता है, जिस कारण वह मानसिक परेशानी में पड़ जाता है। वह सदैव अपने वातावरण को अपने अनुकूल बनाने का इच्छुक होता है।

यदि उसका जन्म अश्विनी नक्षत्र के 2.00 से 3.00 डिग्री के बीच हुआ है तो वह बिना बात के हठीला होगा और परिणामतय चोरी या तस्करी के कार्य करेगा। यदि अन्य विलय ठीक भी हो तो उसके पास धन तो होगा लेकिन वह उसका उपभोग नहीं कर सकेगा। वह अपने परिवार के लिए बदनामी का भी कारण बनेगा।

3. शिक्षा, रोजगार/आय के साधन–जातक हर काम में उस्ताद होता हैं। वह प्रायः संगीत का शौकीन तथा साहित्य प्रेमी होता है। 30 वर्ष की आयु तक उसका जीवन संघर्षपूर्ण होता है और उसे छोटी-छोटी बातो के लिए भी कठिनाइयों का सामना करना पड़ेगा। इसके बाद 55 वर्ष की आयु तक इसके जीवन में निरन्तर उन्नति होगी।

उसके स्वाभाव की एक विशेषता यह भी है कि वह कृपण होता है लेकिन अपनी शान दिखाने के लिए आय से ज्यादा खर्च कर बैठता है। वह अपनी जरूरतों को किसी भी कीमत पर पूरा करने का निरन्तर प्रयत्न करता रहता है।

4. परिवारिक जीवन–जातक अपने परिजनों से प्यार करता है, मगर अपने उत्तेजित व्यवहार के कारण वह उनकी घृणा का पात्र बन जाता है। उसे अपने पिता से वह स्नेह व देखभाल नहीं मिलती जिसका वह अधिकारी है। अर्थात उसे पिता से उपेक्षा मिलती है। उसे जो भी अवलंबन मिलता है वह मामा से ही मिलता है। अन्य बाहरी व्यक्ति भी उसकी सहायता करते हैं। प्रायः 26 से 30 वर्ष की आयु में विवाह का योग है और पुत्रों की संख्या पुत्रियों से अधिक होगी।

5. स्वास्थ्य–उसका स्वास्थ्य प्रायः ठीक रहेगा। फिर भी यदि उसका जन्म अश्विनी नक्षत्र के 2.00 से 3.00 डिग्री के मध्य हुआ है तो स्वास्थ्य में कुछ परेशानी हो सकती है। उसे सिरदर्द (मिग्रेन), हृदय रोग आदि हो सकते हैं। उपचार के लिए उसे इस अध्याय के अन्त में दिये उपायों को अपनाना चाहिए।

(ख) स्त्री जातक

इस नक्षत्र में उत्पन्न कन्याओं में भी पुरुष जातकों वाली उपरोक्त सामान्य परिणाम पाये जाते हैं। इसके अतिरिक्त निम्न विशेषताएं और मिलती हैं–

1. शारीरिक गठन–मछली के समान छोटी व चमकदार आँखे, वह आकर्षक व्यक्तित्व वाली होती है। अश्विनी नक्षत्र के प्रभाव के समय पर यदि उसमें प्रथम ऋतुश्राव के लक्षण प्रकट हो तो प्रचुर धन, वैभव और सन्तान का योग है।

2. स्वभाव तथा सामान्य घटना–अपने मधुर वचनों से वह प्रत्येक व्यक्ति की आकर्षण प्राप्त करती है। वह क्षमा बनाये रखती है तथा गहन मैथुन में मग्न रहती है। यह साफदिल होती है तथा आधुनिक समाज में रहते हुए भी बुजर्गों का सम्मान प्राचीन मान्यताओं के अनुसार करती है।

3. शिक्षा, रोजगार/आय के साधन–यदि नौकरी पर होगी तो वह 50 वर्ष की आयु के बाद अपने कार्य में रूचि नहीं लेगी अथवा वह स्वैच्छिक निवृत्ति अपना लेगी। इस अवस्था तक उसकी आर्थिक दशा अच्छी होने के कारण उसके काम न करने का कोई प्रभाव नहीं पड़ेगा। यदि अन्य सांसारिक अथवा ग्रह दशा प्रतिकूल न हों तो वह अपना समय सामाजिक

कार्यों में लगायेगी। अथवा परिवार की देखभाल करेगी। वह प्रशासनिक पदो (आई.ए.एस. सहित) के लिए विशेषता निमित है।

4. परिवारिक जीवन–प्रायः 23 से 26 वर्ष की आयु में विवाह का योग है। यदि इससे पूर्व विवाह होता भी है तो इसका परिणाम विवाह-विच्छेद अथवा लम्बा समय तक पति से दूर रहना पडेगा या पति की मृत्यु भी हो सकती है।

पुत्रियों की संख्या पुत्रों से अधिक होगी। वह अपने बच्चों की वांछित आवश्यकताओं की पूर्ति सहजता से करेगी। वह घर की देखभाल, समय रहते या तो स्वयं करेगी अथवा दूसरों से करायेगी। यदि शुक्र अश्विनी के चौथे घर में होगा तथा इस पर चन्द्रमा की दृष्टि होगी तो कई सन्तानों का योग है मगर उनमें जीवित कुछ ही रहेगी।

6. स्वास्थ्य–उसका स्वास्थ्य प्रायः ठीक, रहेगा। अनावश्यक चिंताए या मानसिक परेशानियां अवश्य थोड़ा स्वास्थ्य पर प्रभाव छोडेगी। लेकिन जब ये परेशानियां नियन्त्रण से बाहर होगी तो बड़ी अवस्था में पागलपन का कारण हो सकती है। उसे खाना पकाते समय अथवा अग्नि के समीप रहते हुए सावधानी बरतनी चाहिए। वाहन दुर्घटना भी हो सकती है।

बार-बार पेट की ऐंठन, ऊनिंद्रा रोग और ऋतुकाल की परेशानियां हो सकती हैं। उसे इस अध्याय के अन्त में दिये गये उपायों को अपनाना चाहिए। यदि शुक्र अश्विनी के चौथे भाग (10.00 से 13.20 डिग्री) में हो तथा इस पर चन्द्रमा की दृष्टि हो तो ऋतुकाल की परेशानियां प्रायः रहा करेगी।

II अश्विनी नक्षत्र में विभिन्न ग्रहों की उपस्थिति के परिणाम

सूर्य

अश्विनी नक्षत्र में स्थित सूर्य पर मंगल की दृष्टि हो तो जातक क्रूर और रक्तिम नेत्रों वाला होगा। यदि बुद्ध की दृष्टि हो तो उसका जीवन सुखमय होगा और वह अच्छे व्यक्तित्व का स्वामी होगा लेकिन आयु के चौथे दशक में धन से विहीन होगा। यदि बृहस्पति की दृष्टि हो तो वह सुहृदय होगा और राजसी शक्तियों का उपयोग करेगा। शुक्र की दृष्टि होने पर गहन गतिक्रिया में लिप्त होगा। यदि शनि की दृष्टि हो तो जातक निर्धन होगा तथा किसी कार्य में उसका मन नहीं होगा।

प्रथम भाग (0.00 डिग्री से 3.20 डिग्री)–जातक हृष्टपुष्ट शरीर वाला, वार्तालाप में वाकपटु, आत्मविश्वासी, दीर्घ जीवन, धनी, तथा सन्तानों से सुख और आनन्द प्राप्त करेगा। उसे पित्तदोष तथा रक्त की बिमारी हो सकती है।

द्वितीय भाग (3.20 डिग्री से 6.40 डिग्री)–बहुत अच्छी स्थिति नहीं है। आयु की दीर्घता संदिग्ध है। अनेक जातकों में प्रायः 8 वर्ष की आयु से पहले बालरिष्ट पाया गया है। प्रायः सूर्य की अश्विनी नक्षत्र में उपस्थिति उत्कर्ष पर मानी जाती है जो अच्छे परिणाम देती है। लेकिन मेरा अनुभव सूर्य के अश्विनी नक्षत्र के दूसरे भाग में स्थित होने की दशा में उत्पन्न जातकों के बारे में दूसरा है। इसके पीछे वैज्ञानिक कारण यह है कि इस समय में सूर्य अपने राशिचक्र में वार्षिक परिक्रमा पूर्ण करने से पूर्व विश्राम की स्थिति में होता है। इसलिए इसके अच्छे परिणाम उत्पन्न नहीं हो सकते। जब सूर्य इस सुप्त अवस्था में होता है तो दुष्ट शक्तियां प्रभावी हो जाती है। इससे जातक निर्धन अथवा भिखारी होता है। जब इस नक्षत्र में चन्द्रमा सूर्य से संयुक्त होता है तो दुष्परिणाम तब और गहन होते हैं। इसके एक अपवाद के रूप में यदि मंगल सूर्य पर प्रभाव डाले या साथ में हो तो अच्छे परिणाम हो सकते हैं।

तृतीय भाग (6.40 डिग्री से 10.00 डिग्री)–जातक धनवान हो सकता है किन्तु वह जीवन में नीचे स्थान ग्रहण करेगा। स्वास्थ्य खराब रहेगा। कभी-कभी तो यह गम्भीर बिमारी का रूप ले सकती है।

चतुर्थ भाग (10.00 डिग्री से 13.20 डिग्री)–जातक प्रसिद्ध, चतुर, धनी और नेता अथवा देश की सम्पूर्ण सेनाओं का अध्यक्ष बनेगा। धार्मिक विचारों का तथा सहृदय होगा। वह अपना कार्य ठीक प्रकार से करेगा। निरन्तर यात्राओं का योग है। जीवन के बाद वर्षों में समृद्धशाली होगा। यदि सूर्य अश्विनी नक्षत्र के 10.00 व 11.00 डिग्री के बीच की कक्षा में स्थिर होगा तो और भी सुखद परिणाम होंगे।

चन्द्रमा

अश्विनी नक्षत्र में स्थित चन्द्रमा पर सूर्य की दृष्टि होगी तो जातक उन लोगों के प्रति कृपालु होगा जो उससे सहायता की अपेक्षा करेंगे। लेकिन उसकी सामान्य मानसिकता क्रूर प्रकार की होगी। वह सरकारी शक्तियों व अधिकारों का उपभोग करेगा। यदि मंगल की दृष्टि होगी तो जातक को दांत

व कान की पीड़ा रहेगी तथा वह समाज में कुछ निश्चित वर्गों पर निर्भर रहेगा। यदि बुद्ध की दृष्टि हो तो वह प्रसिद्धि प्राप्त करेगा और जीवन के सभी सुखों का भोग करेगा। बृहस्पति की दृष्टि हो तो वह बहुत ही विद्वान होगा तथा दूसरों को ज्ञान प्रदान करेगा। यदि शुक्र की दृष्टि हो तो वह स्त्रियों की संगत में रहेगा और धनवान होगा। यदि चन्द्रमा पर शनि की दृष्टि हो तो जातक का स्वास्थ्य खराब रहेगा। वह दूसरों के प्रति कठोर होगा। वह अच्छी सन्तान पाने लायक भाग्यशाली नहीं होगा।

प्रथम भाग (0.00 डिग्री से 3.20 डिग्री)–जातक प्रसन्नकारी व्यक्तित्व होगा। शक्तियों का उपभोग करेगा तथा विद्वानों से विचार-विमर्श करेगा। किसी कम्पनी या सरकारी सेवा में अच्छे पद पर होगा। वह पित्तदोष युक्त समस्याओं से घिरा रहेगा। यदि लग्न भी इसी भाग में हो और बृहस्पति भी यहां पर स्थित हो तो उसकी आयु 83 वर्ष तक होगी।

यद्यपि वह कुशल अधिकारी होगा परन्तु उसके सहयोगी और कर्मचारी उसे पसन्द नहीं करेंगे। यदि बृहस्पति की दृष्टि होगी तो वह समाज में सर्वोच्च स्थान प्राप्त करेगा और बहुत से कर्मचारी उसके नीचे काम करेगा।

द्वितीय भाग (3.20 डिग्री से 6.40 डिग्री)–अच्छी स्थिति नहीं है। जातक चतुर, लम्बे कद का, मदिरा आदि का शौकीन होगा। यदि वह उस अध्याय के अन्त में दिये उपायों को नहीं अपनाता तो उसे स्त्रियों से पेरशानी तथा गरीबी से छुटकारा नहीं मिल सकता। वह स्वार्थी व महत्वाकांक्षी होगा। अश्विनी नक्षत्र के दूसरे भाग में यदि चन्द्रमा के विरोध में राहू व मंगल हों तो स्त्रियों को उनकी 30 वर्ष की आयु में वैधव्य का योग होगा। यदि इस स्थिति में चन्द्रमा पर शुक्र की दृष्टि हो तो जातक भाग्यशाली होगा और पुत्रों के साथ सुखी गृहस्थ जीवन व्यतीत करेगा। फिर भी यदि शनि की दृष्टि हो तो जातक ईषालू, दयनीय, अप्रसन्न तथा सुअवसरों के अभाव का सामना करेगा।

तृतीय भाग (6.40 डिग्री से 10.00 डिग्री)–अश्विनी नक्षत्र के इस खण्ड में चन्द्रमा के साथ होने पर जातक विद्वान और विभिन्न शास्त्रों व धार्मिक ग्रन्थों में प्रवीण होगा। वह कुछ अधिक चुस्त होता है। जिनको वह प्रभावित कर सकता है वे उसके अच्छे मित्र होते हैं। यदि इस अवस्था में चन्द्रमा पर मंगल की दृष्टि हो तो उसके दाँत और आँखे प्रभावित हो सकती हैं।

चतुर्थ भाग (10.00 डिग्री से 13.20 डिग्री)–यदि इस भाग में सूर्य चन्द्रमा से संयुक्त न हो तो स्थिति बहुत अच्छी होती है। जातक अपने प्रयत्नों से विभिन्न शास्त्रों में उच्च शिक्षा तथा ज्ञान प्राप्त करेगा। मुख्यतः अश्विनी के 12.00 से 13.20 डिग्री में उत्पन्न जातक प्रशासनिक सेवा के अधिकारी अथवा सरकार में उच्चतम स्थान प्राप्त व्यक्ति या डॉक्टर होंगे।

प्राचीन धारणाओं के अनुसार अश्विनी नक्षत्र का अधिष्ठाता देवता दोनों अश्विन का प्रमुख कार्य बिमारों की चिकित्सा है। अतः अश्विनी नक्षत्र के इस भाग में उत्पन्न डॉक्टर चिकित्सा के क्षेत्र में सफल होते हैं। यदि अश्विनी नक्षत्र के चौथे भाग में लग्न पड़ता हो और चन्द्रमा भी अन्य स्थान पर स्थित हो तो भी वही परिणाम होंगे। उसकी पहचान के रूप में चेहरे या सिर पर कोई दाग या अन्य निशान होते हैं।

मंगल

अश्विनी नक्षत्र में स्थित मंगल पर सूर्य की दृष्टि हो तो जातक बहुत ही विद्वान तथा माता-पिता का आज्ञाकारी होगा। यदि चन्द्रमा की दृष्टि हो तो वह दूसरी स्त्रियों में दिलचस्पी लेगा तथा क्रूर प्रवृति का होगा। कुछ मामलों में वह चोर भी बन सकता है। यदि बुद्ध की दृष्टि हो तो वह वेश्यागामी होगा और व्यर्थ का धूमधाम तथा दिखावा करेगा। यदि बृहस्पति की दृष्टि हो तो जातक धन, शक्ति तथा अधिकार से पूर्ण गृहस्वामी होगा। शुक्र की दृष्टि होने पर उसे अच्छा भोजन नसीब नहीं होगा। वह दूसरी स्त्रियों के पीछे भागेगा जिससे मुसीबत में पड़ेगा। फिर भी वह समाज के लिए अच्छे कार्य करेगा। यदि शनि की दृष्टि हो तो उसे माता का प्यार और देखभाल नहीं मिलेगी और उसे घर से निष्कासित कर दिया जायेगा?

प्रथम भाग (0.00 डिग्री से 3.20 डिग्री)–छोटे कद का होगा और समाज में तथा अपने व्यवसाय में प्रतिष्ठा प्राप्त करेगा। उसका अच्छा स्वास्थ्य होगा। अन्य व्यक्ति उसको ईश्वर की भांति मानेंगे। गणित तथा इंजीनियरिंग में ज्ञान तथा उपाधि प्राप्त करेगा। वह सेना कार्यों के उपयुक्त होगा।

द्वितीय भाग (3.20 डिग्री से 6.40 डिग्री)–प्रायः निर्धन तथा निसन्तान भी हो सकता है। उसके सन्तान का तो प्रश्न ही नहीं उठता। यदि फिर भी

कुछ मामलों में कन्या की प्राप्ति हो सकती है। प्रतिशोधी स्वभाव होगा। अग्नि दुर्घटना तथा बुखार का भय। सिर या माथे पर कोई पहचान चिन्ह होगा।

तृतीय भाग (6.40 डिग्री से 10.00 डिग्री)–परदेश में व्यवसाय अनुकूल होगा। यदि इस अंश में मंगल पर सूर्य की दृष्टि हो तो वह स्वास्थ्य, धन तथा सुखी जीवन व्यतीत करेगा। यहां सूर्य की दृष्टि पर जिज्ञासा हो सकती है कि सूर्य अपने निर्बल स्थान पर होता है, इसलिए एक निर्बल स्थिति में वह किस प्रकार जातक को जीवन में उन्नति देगा? इसका कारण यह है कि अश्विनी नक्षत्र में अनिष्टकारी मंगल पर किसी अन्य अनिष्टकारी ग्रह की दृष्टि पड़े तो इसे अधिक शक्ति प्राप्त हो जाती है। अर्थात सूर्य का अनिष्टकारी प्रभाव इसके दृष्टि डालने से मंगल द्वारा नष्ट हो जाता है। ''उष्णम उष्णेन शम्यते'' अर्थात ''उष्ण ही उष्ण को नष्ट करती है'' का कथन यहां पर लागू होता है।

यदि बृहस्पति या सूर्य की हितकारी दृष्टि न हो तो जातक के बाल्य काल में माता के निधन का योग है। वह अति यौन सुख भोगेगा।

चतुर्थ भाग (10.00 डिग्री से 13.20 डिग्री)–जातक के अच्छी सन्तान का योग है। वह कर्तव्यनिष्ठ होगा। कोमल शरीर तथा जलीय रोगों से ग्रस्त रहेगा। यदि उसका जन्म अश्विनी नक्षत्र के 12.00 से 13.00 डिग्री के मध्य हुआ है तो वह निपुण इंजीनियर बनेगा। यदि बृहस्पति की दृष्टि हो तो उसे विपुल पैतृक सम्पत्ति मिलेगी। उसको पुत्र से अधिक पुत्रियां होंगी।

बुद्ध

अश्विनी नक्षत्र में स्थित बुद्ध पर सूर्य की दृष्टि हो तो जातक सत्यभाषी तथा अपने परिजनों का प्रिय होगा और सरकार से लाभ प्राप्त करेगा। यदि चन्द्रमा की दृष्टि हो तो वह संगति, कला प्रेमी होगा और यदि उसकी आजीविका होगी। वह स्त्रियों, वाहन, भवन आदि सभ सुखों का भोग करेगा। यदि मंगल की दृष्टि हो तो वह शासक वर्ग की निकटता में विभन्न सुविधाएं प्राप्त करेगा। यदि बृहस्पति की दृष्टि हो तो वह अच्छे परिवार, सन्तान, धन से सम्पन्न होगा। शुक्र की दृष्टिअ होने पर उसके सम्पर्क में आने वाले उसे पसन्द करेंगे। वह धन यश और मान प्राप्त करेगा। शनि की दृष्टि होने पर वह समाज के लिए अच्छे कार्य करेगा। मजबूत कद-काठी का होगा और परिजनों से उसकी नहीं निभेगी।

प्रथम भाग (0.00 डिग्री से 3.20 डिग्री)–जातक नास्तिक होगा वह समाज और जीवन में निम्न स्तर पर रहेगा। मदिरा और स्त्रियों का शौकीन, धोखेबाज तथा दूसरों से असहयोगी होंगा। यदि इस अंश में चन्द्रमा की दृष्टि हो तो जातक दुश्चरित्र होगा। यद्यपि अश्विनी नक्षत्र के इस खण्ड में स्थित बुद्ध पर बृहस्पति की दृष्टि हो तो सकारात्मक परिणाम हो सकते हैं और जातक अच्छा ज्ञान तथा आय प्राप्त करेगा। उसकी दार्शनिक विचारधारा होगी और शक्तियां प्राप्त करके जीवन भोगेगा।

द्वितीय भाग (3.20 डिग्री से 6.40 डिग्री)–उसे सन्तान से अत्यधिक सुख प्राप्त होगा। विभिन्न विषयों में ज्ञान की प्राप्ति होगी। 35 वर्ष की आयु के बाद सन्यास का योग है। यदि सूर्य की दृष्टि है तो जातक माना हुआ चिकित्सक होगा और धर्मनिष्ठ तथा दानशील स्वभाव का होगा।

तृतीय भाग (6.40 डिग्री से 10.00 डिग्री)–अश्विनी नक्षत्र के इस खण्ड में बुद्ध के स्थित होने पर जातक प्रभु कृपा का पात्र होगा और अपने कर्तव्यों का निवार्ह करेगा। उसके अधिक पुत्र होंगे। प्रभु कृपा होने पर भी उसका स्वास्थ्य अच्छा नहीं होगा। 60 वर्ष की आयु होगी।

चतुर्थ भाग (10.00 डिग्री से 13.20 डिग्री)–अच्छी स्थिति नहीं। जातक निर्धन व दुश्चरित्र होगा तथा व्यवसाय में असफल रहेगा। यदि बृहस्पति की दृष्टि हो तो वह लेखक बनेगा। कभी-कभी उसके लेखाकार अथवा वित्तीय मामलों से सम्बन्धित व्यक्ति बनने का योग है।

बृहस्पति

अश्विनी नक्षत्र में स्थित बृहस्पति पर यदि सूर्य की दृष्टि हो तो जातक धार्मिक, अनैतिक कार्यों से परहेज करने वाला तथा सामान्य जनता की भलाई करने वाला होगा। यदि चन्द्रमा की दृष्टि पड़े तो वह धन, यश और प्रसिद्धि प्राप्त करेगा। मंगल की दृष्टि होने पर वह क्रूर तथा दूसरों का गर्व तोड़ने वाला और शासक वर्ग से लाभ लेने वाला होगा। यदि बुद्ध की दृष्टि हो तो वह दूसरों के प्रति अच्छे व्यवहार से रहित और सदैव अनावश्यक विवाद उठाने की आदत वाला होगा। शुक्र की दृष्टि हो तो वह सौन्दर्य प्रसाधनों का व्यवसाय करेगा तथा स्त्रियों की संगति में रस लेगा। यदि शनि की दृष्टि हो तो परिवार का सुख-चैन हटने वाला तथा क्रूर प्रकृति का होगा।

प्रथम भाग (0.00 डिग्री से 3.20 डिग्री)–जातक धर्म, अध्यात्म तथा दर्शन के क्षेत्र में विद्वान होगा। अपनी मधुर वाणी से लोगों का मन जीतने वाला तथा 35 वर्ष की आयु में प्रसिद्धि प्राप्त करेगा। मित्रों व अन्यों की सहायता से भौतिक उन्नति का योग है।

द्वितीय भाग (3.20 डिग्री से 6.40 डिग्री)–जातक ईमानदार, उदार, मेघावी तथा प्रतापी व्यक्तित्व का स्वामी होगा। लेखक बनने के लिए अच्छा योग है। उसे दूसरों से सम्मान तथा स्नेह प्राप्त होगा मगर सदा कर्जों में डूबा रहेगा।

तृतीय भाग (6.40 डिग्री से 10.00 डिग्री)–बौद्धिक तथा भौतिक उन्नति, बहुत विद्वान। इस स्थिति में बृहस्पति की उपस्थिति से प्रसिद्ध अर्थात "राजााधिराज" बनने का योग। लेकिन कुछ आधारों के अनुसार जीवन काल केवल 16 वर्ष होगा। यह स्पष्ट नहीं है कि 16 वर्ष तक की अल्प आयु में कोई कैसे राजाधिराज बन सकता है? इस विषय में शोध जारी है।

चतुर्थ भाग (10.00 डिग्री से 13.20 डिग्री)–बृहस्पति की सबसे अच्छी स्थिति जिसमें जातक भरपूर जीवन का आनन्द लेगा। उसे धन तथा प्रसिद्धि मिलेगी। उसके आधीन बहुत से लोग कार्य करेंगे। उसके कर्त्तव्यपरायण सन्तान भी होगी तथा सट्टे में मुनाफे का योग है।

शुक्र

अश्विनी नक्षत्र में स्थित शुक्र पर यदि सूर्य की दृष्टि हो तो जातक को सरकारी सहायता मिलेगी। उसकी पत्नी उसके लिए समस्या होगी। यदि चन्द्रमा की दृष्टि हो तो वह उच्च्च स्थान प्राप्त करेगा लेकिन स्त्रियों में उसकी संगति के कारण बदनामी मिलेगी। यदि मंगल की दृष्टि हो तो वह निध्रन होगा और उसे परिवार से कोई सहायता नहीं मिलेगी। उसका विवाहित जीवन असंगतिपूर्ण होगा। यदि बुद्ध की दृष्टि हो तो जातक दूसरों का धन चुराने की प्रवृति का होगा। यदि बृहस्पति की दृष्टि हो तो जातक को सभी ऐश्वर्य, अच्छा परिवार, सन्तान तथा ध ान से सम्पन्न होने का संकेत है। शनि की दृष्टि होने पर वह धन को छुपा कर रखेगा, तस्करी और अनैतिक रूप से अर्जित आय को दान में दे देगा।

प्रथम भाग (0.00 डिग्री से 3.20 डिग्री)–स्थूल शरीर, मुस्कराते चेहरे वाला व्यक्तित्व। कुछ मामलों में उसके अल्पायु होने का योग। अन्य हितकारी दृष्टियों के कारण यदि आयु लम्बी होगी तो समुद्री सम्पदा से आय। उसका नाविकीय इंजीनियर भी बनने का योग।

द्वितीय भाग (3.20 डिग्री से 6.40 डिग्री)–स्वस्थ स्थूल शरीर, मिलनशील अपने परिवार से प्रेम करने वाला होगा। लाटरी द्वारा धन की प्राप्ति लेकिन यह सब 16 वर्ष की आयु के बाद होगा। वह उपन्यासकार या कलाकार होगा अथवा वह मैकेनिकल इंजीनियर भी बन सकता है।

तृतीय भाग (6.40 डिग्री से 10.00 डिग्री)–जातक अति बुद्धिमान तथा सुहृदय होगा। निपुण चिकित्सक अथवा शिखर का राजनीतिज्ञ बनने का योग। यदि अन्य प्रतिकारक अच्छे प्रभाव न हों तो अंग-भंग अथवा लंगडा-लूला होने का संकेत। उससे सम्पर्क रखने वाले उसे प्यार करेंगे।

चतुर्थ भाग (10.00 डिग्री से 13.20 डिग्री)–इस भाग में शुक्र की उपस्थिति से जातक निपुण कलाकार, संगीतकार या वादक बनेगा। उसमें अच्छी लेखन प्रतिभा होगी। यदि इस खण्ड में शुक्र पर सूर्य की दृष्टि हो तो वैवाहिक जीवन में विपत्ति का संकेत। विवाह छोटे उम्र में होने का योग।

शनि

अश्विनी नक्षत्र में स्थित शनि पर सूर्य की दृष्टि हो तो जातक पशुपालन तथा दुग्ध पदार्थों का व्यवसाय करेगा तथा सुकार्य करेगा। यदि चन्द्रमा की दृष्टि हो तो वह बुरे आचरणों को अपनायेगा तथा क्रूर प्रवृति का और निर्धन होगा। मंगल की दृष्टि होने पर वह बड़बोला होगा तथा उसके द्वारा दूसरों की सहायता करने का तो प्रश्न ही नहीं उठता। यदि बुद्ध की दृष्टि हो तो वह अनैतिक कार्यों से धन अर्जित करेगा और अच्छे विवाहित जीवन को तरसेगा। बृहस्पति की दृष्टि होने पर जातक सरकार में उच पद प्राप्त करेगा तथा विपुल धन अर्जित करके अच्छी पत्नी तथा सन्तान के साथ सुखी जीवन व्यतीत करेगा। शुक्र की दृष्टि होने पर व्यापक यात्राओं का योग है। उसका व्यक्तित्व प्रभावशाली नहीं होगा और वह रति क्रियाओं में रूचि लेगा।

प्रथम भाग (0.00 डिग्री से 3.20 डिग्री)–जातक का बचपन गरीबी में बीतेगा लेकिन बाद में खुशहाल होगा। प्रायः मन्दबुद्धि होगा। हकलापन भी पाया गया है। लम्बी आयु होगी तथा एतिहासिक विषयों में उसकी रूचि तथा मध्यावस्था में लेखक बनने का योग।

द्वितीय भाग (3.20 डिग्री से 6.40 डिग्री)–जातक श्याम वर्ण, गहरे बाल, कमजोर शरीर का होगा। वन पदार्थों का व्यवसाय करेगा। वह अपने कार्य में कुशल होगा, लेकिन अपनी नासमझी के कारण आर्थिक समस्याओं में

घिरा रहेगा। विवेकी और बदमिजाज स्वभाव मध्यावस्था तक असामाजिक कार्यों में सलंग्न होगा।

तृतीय भाग (6.40 डिग्री से 10.00 डिग्री)–अपने व्यवसाय में कुशल होगा। व्यापक यात्राओं का योग। अपने मातहतों से सौहार्दपूर्ण व्यवहार होगा तथा महत्वाकांक्षी मगर बदमिजाज स्वभाव का।

चतुर्थ भाग (10.00 डिग्री से 13.20 डिग्री)–प्रायः सुखी जीवन। अति धार्मिक विचार मगर जुआरी होगा। यदि सूर्य की दृष्टि होगी तो जातक जमींदार या कृषक होगा। इस भाग में सूर्य की शनि पर दृष्टि होने पर स्त्रीजातक का या तो विवाह नहीं होगा और यदि होगा भी तो दुर्भाग्य अथवा विपत्ति का योग। चन्द्रमा की दृष्टि होने पर उसका दुश्चरित्र और बरसूरत होने का योग।

राहू

प्रथम भाग (0.00 डिग्री से 3.20 डिग्री)–जातक अति बुद्धिमान पिता से प्रेम करने वाला तथा मजबूत शरीर का होगा। उसे अपने गुरुजनों का सहयोग मिलेगा। पहचान के लिए चेहरे का काला तिल। यदि इस अवस्था में राहू किसी दुष्ट ग्रह से आक्रान्त या पीड़ित हो तो बारम्बार दृर्घटनाओं का योग मगर मृत्यु कारक नहीं होगी।

द्वितीय भाग (3.20 डिग्री से 6.40 डिग्री)–जातक धार्मिक विचारों वाला, बारम्बार विदेश यात्राए। भिक्षा मांगने का योग। अक्सर योजनाओं और विचारों में फेरबदल। उसमें मानसिक रूग्णता भी देखी गयी है।

तृतीय भाग (6.40 डिग्री से 10.00 डिग्री)–इस भाग में राहू का होना अच्छा नहीं होता। जातक अत्यन्त दीन-हीन होगा। किसी भी अच्छे या बुरे कार्य में अरुचि। सनकी और दार्शनिक स्वभाव। दाम्पत्य साथी के कारण दुःख होगा।

चतुर्थ भाग (10.00 डिग्री से 13.20 डिग्री)–जातक साहसी, कर्मठ व निडर स्वभाव का। कमजोर शरीर होगा तथा पेट और गैस की बिमारियों से ग्रस्त होगा। इस भाग में राहू पर सूर्य की दृष्टि होने पर जातक में किसी भी

उत्तरदायित्व को निभाने की योग्यता होगी। विशेष बात यह है कि विपत्तिग्रस्त होने पर उसे कोई न कोई सहायता देगा।

केतू

प्रथम भाग (0.00 डिग्री से 3.20 डिग्री)–अच्छी शिक्षा होगी। समृद्धि के लिए उद्यमशील होगा। लोकप्रिय होगा। इंजीनियर (मुख्यता मैकेनिकल) बनने का योग।

द्वितीय भाग (3.20 डिग्री से 6.40 डिग्री)–जीवन में निम्न स्तर पर होगा। उसके अच्छे जन सम्पर्क होंगे। स्त्रियों की तरफ अति लगाव होगा।

तृतीय भाग (6.40 डिग्री से 10.00 डिग्री)–निम्न प्रवृति के लोगों से मेलजोल रखेगा। नियोग द्वारा ही कन्या की प्राप्ति होगी। इन प्रतिकूल परिणामों के उपरान्त भी वह लोगों द्वारा अपनी विपत्ति में सहायता किये जाने को याद रखेगा और समय आने पर उसका प्रतिदान भी करेगा।

चतुर्थ भाग (10.00 डिग्री से 13.20 डिग्री)–जातक अपने जन्म स्थान से दूर रहना चाहेगा। वह सदैव दूसरों पर निर्भर रहेगा। ऐसे जातकों में कुछ की आयु 30 वर्ष की देखी गयी है।

III अश्विनी नक्षत्र में कुछ विशेष अक्षांशों पर कुछ ग्रहों की उपस्थिति के परिणाम

अश्विनी नक्षत्र में स्थित कुछ ग्रहों के लिए कुछ घातक अंक्षाश पाये गये हैं। ये घातक अंक्षाश विभिन्न ग्रहोनुसार निम्नलिखित हैं :

चन्द्रमा - अश्विनी नक्षत्र तथा परिक्रमा कक्षा की 8.00 डिग्री।

केतु - अश्विनी नक्षत्र तथा परिक्रमा कक्षा की 8.00 डिग्री।

शनि - अश्विनी नक्षत्र तथा परिक्रमा कक्षा की 10.00 डिग्री।

उपरोक्त तालिका से देख सकते है कि चन्द्रमा और केतु का सही संयोग जिस समय चन्द्रमा तथा केतू का अश्विनी नक्षत्र में 8.00 डिग्री पर तथा शनि की इसी नक्षत्र में 10.00 डिग्री पर स्थापित जातक के लिए घातक हैं यदि बृहस्पति या बुद्ध की शक्तिशाली दृष्टि न हो तो, उपरोक्त ग्रहीय आकृति में जातक का जन्म उसकी दीर्घआयु के लिए बाधक है। यदि उपरोक्त

तीनों ग्रह घातक अक्षांशों से गुजरें तो कोई भी मंगल कार्य नहीं करना चाहिए, तथा जातक को सावधानी बरतनी चाहिए।

IV उपचार–

(क) चन्द्रमा के लिए मन्त्र संख्या 26, केतू के लिए मन्त्र संख्या 38 तथा शनि के लिए मन्त्र संख्या 36 का विधिवत जाप इन तीनों ग्रहों को अनुकूल कर देगा।

अथवा/तथा

(ख) लहसनिया रत्न (Cats eye) तीन रत्ती सोने की अंगूठी में जड़वा कर बुद्धवार या शुक्रवार को सूर्य्यास्तमय से सायंकाल 8 बजे के बीच के समय में दूसरी (शनि) अंगुल में धारण करें तथा पुखराज, पांच रत्ती का भी सोने की अंगूठी में जड़वा कर तीसरी (सूर्य) अंगुल में धारण करें।

(ग) अपनी दैनिक क्रियाओं के साथ नियमित रूप से मन्त्र संख्या 36 का जाप जातक की विपत्तियों के निदान के लिए यथेष्ठ है। यह जांचा हुआ मन्त्र है जिसके चमत्कारी परिणाम निकले हैं।

अध्याय-2
भरणी नक्षत्र

दूसरे राशिचक्र में 13.20 अक्षांश से 26.40 अक्षांश तक के विस्तार का क्षेत्र भरणी नक्षत्र कहा जाता है। ''अरब मंजिल'' के अनुसार यह ''अल-भुटैन (The little belly) है। ग्रीक इसे ''41/35 ऐरिटिस या मुसचाय'' मानते हैं जबकि चीन में इसे 'औई'' (Oei) कहते हैं। अश्विनी नक्षत्र के पूर्व में स्थित स्त्री योनि के आकार में तीन सितारों का समूह भरणी नक्षत्र का प्रतीक है। भरणी चीनी मिट्टी के कलश को भी कहते हैं। अतः शंका उत्पन्न होती है—क्या भरणी नक्षत्र, जैसे की ग्रीक मान्यतानुसार ''41 ऐरिटिस अर्थात (41 सितारों वाले कलश) के आकार का होता है? इस विषय में आगे शोध की आवश्यकता है।

इस नक्षत्र का अधिष्ठाता देवता ''यम'' जो कि दिवंगत आत्माओं का शासक है। धारणा है कि यम 'विवासत' का पुत्र है। यह योग की आठ शाखाओं में प्रथम है। यह भगवान शिव का मृत्यु-प्रदान करने वाला प्रतिनिधि है।

I भरणी नक्षत्र में उत्पन्न जातकों के सामान्य परिणाम :

(क) पुरुष जातक

1. शारीरिक गठन—वह मध्यम आकार का, छिदरे बालों वाला, बड़े माथे, चमकदार नेत्र और सुन्दर दान्तों का होता है। उसका स्वरूप रक्ताभ तथा लम्बी गरदन व चेहरे वाला होता है। यह भी देखा गया है कि दोपहर में जन्म हो तो जातक लम्बे कद का होगा। उसका चेहरा सिर के पास चौड़ा तथा ठोड़ी के पास तंग होगा। उसकी घनी भौंहे होगी।

2. स्वभाव तथा सामान्य घटना—भरणी नक्षत्र में उत्पन्न जातक साफ दिल और किसी का भी बुरा न चाहने वाले होने के उपरान्त भी पसन्द नहीं किये जाते। वे दूसरों की भावनाओं की परवाह न करते हुए किसी भी विषय पर अपने विचार प्रकट करने की प्रकृति वाले होते हैं। वह चापलूसी करके पाना नहीं चाहता। कुछ भी हो जाए वह हर उस काम को, जो दूसरों की निगाह में कितना ही अच्छा या बुरा क्यों न हो, अपने मन के मानने पर ही

करता है। अपनी उसी मनोवृति के कारण उसे असफलताओं और विरोध का सामना करना पड़ता है। वह छोटी से छोटी बात पर भी अपने निकट और प्रिय व्यक्ति से भी नाता तोड़ लेने में नहीं हिचकता– लेकिन जब वह अपनी गलती के बारे में कायल कर दिया जाये और उसका विरोधी वलित हो कर आये तो, वह सारी शत्रुता भूल कर पहले से सामान्य हो जाता है।

उसे व्यवहार कौशल नहीं आता। अधीनता की स्थिति से तो वह कोसों दूर रहता है। उसका यह घमण्ड प्रायः उसके लिए विपत्ति का कारण बन जाता है। किसी के सामने झुकना वह मरने के समान समझता है और जब उसे झुकना भी पड़ता है तो वह विषादग्रस्त हो जाता है। सलाह व प्रोत्साहन उसके समक्ष कोई हैसियत नहीं रखते।

प्रायः ऐसे जातकों का ज्ञान बहुत अच्छा होता है। वे किसी भी विषय की गहराई में जाने की क्षमता रखते हैं ये जन-जीवन में चमकते हैं फिर भी उन्हें आलोचना तथा आर्थिक हानि का शिकार होना पड़ता है।

वह दूसरों पर अपनी श्रेष्ठता प्रकट करने और उन पर शासन करने को पसन्द करता है। उसे कदम-कदम पर रूकावटों और सख्त मुकाबला का सामना करना पड़ता है। जिससे उसे प्रायः असफलताओं का मुख देखना पड़ता है। चाहे दूसरों की नजरों में वह घमण्डी हों लेकिन साफ दिल होते हैं। उनका जीवन उतार-चढ़ाव पूर्ण होता है।

भरणी नक्षत्र में उत्पन्न जातकों को अनावश्यक विवाद और प्रतिस्पर्द्धाओं से बचने की सलाह दी जाती है। उनका अपने सिद्धान्तों पर अड़े रहना उनके लिए मुसीबत का कारण बन जाता है। ये अफवाह बाजी तथा गप्पबाजी के शौकीन होते हैं। जेसे कि पहले कहा गया है कि उनका जीवन उतार चढ़ाव पूर्ण होता है। अतः उनके लिए सदैव एक सा समय नहीं रहता। वे दूसरों की देखभाल करने में सक्षम होते हैं फिर भी वे चाहते हें कि दूसरे उसकी देखभाल करें। अन्त में उसके मित्र और चाहने वाले उसके विरूद्ध हो जाते हैं। वह किसी से भी स्थायी सम्बन्ध नहीं बना पाता।

3. शिक्षा, रोजगार/आय के साधन–अच्छा या बुरा समय सदा नहीं रहता। 33 वर्ष की आयु के बाद उसके जीवन में, वातावरण में तथा आजीविका में परिवर्तन होगां वह किसी भी कार्य को करने में सक्षम होगा

विशेषकर प्रशासनिक कार्य, व्यवसाय, कृषि तथ लघु उद्योग। वह संगीत, खेल-कूद, कला-विज्ञापन, वाहन अथवा रस्तेराँ आदि में कमायेगा। वह अच्छा शल्य-चिकित्सक या न्यायाधीश भी बन सकता है। वह तम्बाकू व्यवसाय में सफल हो सकता है। यदि वह अपने निवास की पूर्व दिशा में अपने व्यवसाय का स्थान बनाए अथवा पूर्व दिशा में यात्रा करें तो उसे हर क्षेत्र में सफलता मिलेगी।

5. पारिवारिक जीवन–27 वर्ष की आयु में विवाह, सुखी दाम्पत्य जीवन के लिए भाग्यशाली। उसकी सहचरी गृहकार्यों, प्रशासन और अच्छे आचरण में निपुण होगी। यदि जातक का जन्म भरणी नक्षत्र के प्रथम या द्वितीय चतुर्थांश में हुआ हो तो वह अपने पिता की मृत्यु का कारण बनेगा। उसके बिना सोचे-समझे अन्धाधुन्ध खर्च करने की आदत होने पर भी उसकी पत्नी दुर्दिनों के लिए बचा कर रखेगी। वह अपने परिवार से इतना प्रेम करेगा कि उनसे एक दिन भी अलग रहना नहीं चाहेगा।

5. स्वास्थ्य–वह अपने स्वास्थ्य की ओर से लापरवाह होगा फिर भी उसे किसी गंभीर स्वास्थ्य समस्या का सामना नहीं करना पड़ेगा। ज्यादातर दन्तपीड़ा, मधुमेह, शरीर-दर्द, दिमागी चिंताए, तेज बुखार, रक्तघात, चमड़ी के रोग, मलेरिया आदि से पीड़ित हो सकता है। वह खाने में बहुत संयमी होगा। जेसा कि धारणा है कि वह जल दुर्घटनाग्रस्त हो सकता है, उसे जलयात्राओं, नदी-तालाब, सागर आदि में स्नान आदि के दौरान सावधान रहना चाहिए। आंखों के पास माथे पर चोट का चिन्ह। वह चैन स्मोकर होगा। अतः उसे अपने फेफड़ो के प्रति सावधान रहना चाहिए।

(ख) स्त्री जातक

1. शारीरिक गठन–सुन्दर शरीर, सफेद दंत मगर पंक्ति असमाकृति में होगी।

2. स्वभाव तथा सामान्य घटना–उसका चरित्र निर्मल, प्रशंसनीय तथा विनम्र होगा। वह माता-पिता तथा बुजुर्गों का सम्मान करेगी मगर दूसरों का सुझाव पसन्द नहीं करेगी और वह अपनी मनमानी करेगी। वह निर्भिक, आवेगी (भावुक), और अति आशावादी होगी।

3. शिक्षा, रोजगार/आय के साधन–उसकी अपनी आजीविका होगी। वह स्वागत अधिकारी, गाईड तथा विक्रेता के रूप में सफल होगी। वह उचित अवसर की प्रतीक्षा न करके स्वयं अपनी इच्छाओं और आवश्यकताओं की पूर्ति के लिए अवसर उत्पन्न करेगी। वह खेलकूद में भी अर्जित करेगी।

4. पारिवारिक जीवन–23वें वर्ष में विवाह का योग है। वह हर मामलें में शीर्ष रहेगी और उसका आचरण नायक की भांति होगा। उसे अपने पति से पूरा स्नेह, विश्वास तथा सन्तुष्टि मिलेगी मगर ससुराल के अन्य लोगों से परेशानी मिलेगी। यदि उसका जन्म भरणी नक्षत्र के प्रथम व द्वितीय चतुर्थांश में हुआ है तो वह अपनी माता की मृत्यु का कारण बनेगी। वह सदैव अपने परिवार के बारे में बढ़-चढ़ कर बोलेगी। जिसका वह सम्मान करती है उसी की आज्ञा पालन में तत्पर रहेगी। यदि उसका विवाह गरीब परिवार के साधारण व्यक्ति से होगा तो वह उसे जीवन पर्यन्त हर क्षेत्र में अपनी इच्छा के अनुरूप रखेगी। भरणी नक्षत्र में उत्पन्न स्त्री जातक कुछ उग्र स्वभाव की होती हैं अतः उनके जीवन साथी को चाहिए कि वह धैर्य व युक्ति से उनसे व्यवहार करे ताकि जीवन में कटुता व टकराव की स्थिति से बच सके।

5. स्वास्थ्य–स्वाथ्य अच्छा होगा। प्रायः ऋतुकाल की समस्याओं, गर्भास्थ की अव्यवस्था, रक्ताल्पता का सामना करना पड़ सकता हैं कुछ मामलों में क्षयरोग भी पाया गया है।

II भरणी नक्षत्र में ग्रहों की स्थिति से उत्पन्न परिणाम–

सूर्य

भरणी नक्षत्र में स्थित सूर्य पर चन्द्रमा की दृष्टि हो तो जातक दयालु तथा परोपकार का भंडार होगा। उसके पास कई व्यक्तिगत सेवक होंगे। मंगल की दृष्टि हो तो जातक क्रूर प्रकृति का तथा युद्धप्रिय होगा। शरीर मजबूत और रक्तिम नेत्र होंगे। यदि बृहस्पति की दृष्टि हो तो जातक विपुल सम्पदा का मालिक, दान-दक्षिणा देने वाला प्रसिद्ध राजनीतिज्ञ या शासन में उच्च पद पर होगा। यदि शुक्र की दृष्टि हो तो जातक नीच स्त्रियों के प्रति आसक्त रहेगा। उसका धन उसके अवसरवादी मित्र खत्म करा देंगे तथा उसे विपत्ति में छोड़कर खिसक लेंगे। यदि शनि की दृष्टि हो तो वह आलसी और उसका स्वास्थ्य खराब रहेगा।

प्रथम भाग (13.20 से 16.40 डिग्री)–वह बहुत विद्वान तथा ज्योतिष विद्या का ज्ञाता होगा। वह धन तथा यश प्राप्ति में भाग्यशाली होगा। आकर्षक व अच्छा बर्ताव वाला होगा। आँख पर चोट या मोतियाबिन्द हो सकता है। वह चिकित्सा, कानून अथवा पशुपालन के क्षेत्र में विशेषज्ञ होगा। यदि सूर्य अपनी परिक्रमा कक्षा के 15 से 16 डिग्री के बीच होगा तो जातक सफल व्यवसायी बनेगा। वह खाद, होटल अथवा कृषि पदार्थों का व्यवसाय करेगा।

द्वितीय भाग (16.40 से 20.00 डिग्री)–उसका पारिवारिक जीवन अत्यन्त सुखदायी होगा। सन्तान से पूर्ण प्रसन्नता तथा सुख मिलेगा। लाटरी से, पैतृक रूप से अथवा अन्य प्रकार से छिपी दौलत मिलने का योग है। प्रायः सभी के मामलों में प्रेम-विवाह का संकेत हैं। वह टान्सिल अथवा अण्डाशय के रोग से पीड़ित हो सकता है। शिपिंग, पैट्रोल रिफायनरी अथवा पानी से सम्बन्धित उद्योग से आय का योग है। सूर्य के परिक्रमा कक्षा के 18 से 20 डिग्री के बीच होने पर यौन रोग अथवा मोतियाबिन्द का संकेत है। कैमिकल इंजीनियर बन सकता है। प्रायः आरामदायक जीवन।

तृतीय भाग (20.00 से 23.20 डिग्री)–इस स्थिति में सूर्य का होना अच्छा नहीं माना जाता। जातक के पास अतुल सम्पदा होगी लेकिन सब धन और सम्पत्ति गंवा देगा। सूर्य का अपना उपआवर्तकाल ही अच्छा समय होगा, अन्यथा शेष समय ठीक नहीं होगा। सिर की चोट का संकेत है। वह वकील, जज अथवा डॉक्टर बनेगा लेकिन सफलता मुशिकल से होगी। बुद्ध की अच्छी दृष्टि होने पर मकानों से आय का योग है। वह उत्तेजित, उग्र, जल्दबाज तथा झगडालू प्रकृति का होगा।

चतुर्थ भाग (23.20 से 26.40 डिग्री)–वह बचपन से ही कष्टमय जीवन जीयेगा। पिता का बचपन में ही निधन हो सकता है। यह भी देखा गया है कि यदि शुभ ग्रह अच्छे स्थान पर न हो या इस भाग पर स्थित सूर्य पर उनकी दृष्टि न हो तो जातक भिखारी भी हो सकता है। लेकिन किसी एक भी ग्रह की उपस्थिति उक्त स्थिति को प्रभावित कर सकती है कि वह भिखारी न होकर फिर भी वह दूसरों पर आश्रित जीवन जीयेगा।

चन्द्रमा

भरणी नक्षत्र में स्थित चन्द्रमा पर यदि सूर्य की दृष्टि हो तो जातक क्रूर प्रवृति का होगा लेकिन साथ ही वह याचकों के प्रति सहायक होगा। वह कानून से दण्डित हो सकता है। यदि मंगल की दृष्टि हो तो जातक अग्नि, विष, लकवा तथा शस्त्रों से भयभीत रहेगा। दाँत और आँखों की व्याधि होगी। अपनी रोटी के लिए दूसरों पर निर्भर रहेगा। यदि बुद्ध की दृष्टि हो तो जातक अपने सर्वज्ञान के कारण यशस्वी तथा धनी होगा। जब बृहस्पति की चन्द्रमा पर दृष्टि हो तो जातक अपने नियोक्ता का प्रिय और शासन में विभागाधिकारी हो सकता है। वह धनी तथा अच्छी सेहत का होगा। यदि शुक्र की दृष्टि हो तो जातक अच्छी पत्नी, सन्तान के साथ सुख ऐश्वर्य का भोग करेगा। शनि की दृष्टि होने पर उसका स्वास्थ्य ठीक नहीं होगा वह दुष्ट तथा सत्य से परे होगा।

प्रथम भाग (13.20 से 16.40 डिग्री)–वह अतुल धनी, बहुत से वाहनों का स्वामी तथा भाई-बहनों द्वारा सम्मानित व आदरणीय होगा। वह जल्दबाजी के निवेश में सारा धन खो बैठेगा। वह भविष्य की न सोचकर आज के बारे में सोचेगा।

द्वितीय भाग (16.40 से 20.00 डिग्री)–प्रायः जीवन में खुशहाल होगा। नाना से अपार सम्पत्ति मिलेगी। वह अच्छी शिक्षा प्राप्त करेगा और विद्वानों से मेल जोल के अवसर मिलेंगे। नौकरी में होने पर उन्हें अच्छे अधिकारियों के साथ कार्य करने का सौभाग्य मिलेगा।

तृतीय भाग (20.00 से 23.20 डिग्री)–उसकी दो पत्नियाँ होगी। सभी उसका आदर करेंगे। वह गरीबों व जरूरतमन्दों पर मेहरबान होगा। मदिराव्यसनी होगा। रेशम, कॉटन, खाद, होटल तथा कृषि उत्पादनों से जीविका अर्जन करेगा।

चतुर्थ भाग (23.20 से 26.40 डिग्री)–वह सशंयपूर्ण चरित्र का व्यक्ति होगा। आपरेशन भी हो सकता है। जहाजी बेड़े पर नियुक्ति अथवा समुद्री यात्राओं का व्यवसाय अथवा कैमिस्ट भी बन सकता है।

मंगल

भरणी नक्षत्र में स्थित मंगल पर सूर्य की दृष्टि हो तो जातक बुद्धिमान, माता-पिता का आज्ञाकारी तथा धनवानों में आदरणीय स्थान पर होगा। यदि चन्द्रमा की दृष्टि हो तो वह पुलिस विभाग में होगा तथा क्रूर, दुष्ट एवं स्त्रीगामी चरित्र का होगा। यदि बुद्ध की दृष्टि हो तो चन्द्रमा की दृष्टि होने की भांति स्त्रीगामी चरित्र का, दिखावेबाज और दूसरों की धन-सम्पत्ति हड़पने के प्रति दिलचस्पी होगी। कुछ मामलों में नामी चोर या तस्कर भी बनते देखे गये हैं। लेकिन यदि बृहस्पति की भी बुद्ध के स्थित मंगल पर साथ दृष्टि हो तो यह नकारात्मक विशेषता नहीं होगी। भरणी नक्षत्र में स्थित मंगल पर बृहस्पति की दृष्टि होने पर जातक परिवार में शीर्ष स्थान पर होगा। वह धनी लेकिन क्रोधी होगा। शुक्र की दृष्टि हो तो जातक अच्छे खानपान में रूचि नहीं लेगा तथा स्त्रीगामी चरित्र का होगा। फिर भी वह समाज तथा परिवार के लिए अच्छे कार्य करेगा। शनि की दृष्टि हो तो वह परिवार से दूर और माता के स्नेह से वंचित रहेगा। पतला शरीर होगा और परिवार विरोधी कार्यकलापों में लिप्त रहेगा।

प्रथम भाग (13.20 से 16.40 डिग्री)–आयु केवल 50 वर्ष होगी। विदेश में अल्प बिमारी से मृत्यु का योग। उसे तेज औजारों तथा स्वयं वाहन चलाने से बचना चाहिए।

द्वितीय भाग (16.40 से 20.00 डिग्री)–कमजोर व मुलायम शरीर। धवल रोग अथवा शरीर पर चकतें होंगे। फिर भी वह बुद्धिमान तथा मेहनती होगा। अपने अध्ययन के क्षेत्र में नाम कमाएगा। अति स्त्री संपर्क के कारण 'सिफ़लिश' तथा अन्य घातक यौन बिमारियों से ग्रस्त हो सकता है। चांदी, स्टैनलैस स्टील अथवा क्रीड़ा सामान व्यवसायों द्वारा आजीविका कमाएगा।

तृतीय भाग (20.00 से 23.20 डिग्री)–इस खण्ड में स्थित मंगल के कारण 50 वर्ष की आयु तक अतिविपरीत परिणाम (भिक्षा मांगने तक) भुगतेगा लेकिन इसके बाद 84 वर्ष की आयु तक सुखद परिणाम होंगे जिनमें छविगृह, थियेटर आदि का स्वामी बनना शामिल है।

चतुर्थ भाग (23.20 से 26.40 डिग्री)–देश में सर्वोच्च पद पर होगा। विदेश में दुर्घटना में मृत्यु का योग होने के कारण उसे विदेश यात्राओं में

सावधानी बरतनी चाहिए। वह यौन रोगों का विशेषज्ञ तथा सफल चिकित्सक होगा।

बुद्ध

भरणी नक्षत्र में स्थित बुद्ध पर यदि चन्द्रमा की दृष्टि हो तो जातक संगीत, ललित-कला, अभिनय में रूचि लेगा और नाम कमाएगा। वह अच्छी महिलाओं के सानिध्य में आनन्द लेगा तथा वाहन आवास व सेवकों का स्वामी होगा। यदि मंगल की दृष्टि हो तो जातक शासन में उच्चाधिकारियों का कृपापात्र होगा अैर धन-सम्पत्ति अर्जित करेगा। वह लड़ाका स्वभाव का होगा। बृहस्पति की दृष्टि होने पर जीवन अच्छी पत्नी व सन्तान के सानिध्य में व्यतीत करेगा। यदि शुक्र की दृष्टि हो तो अच्छी स्त्रियों की संगति का आनन्द लेगा तथा अपने अच्छे व्यवहार से मित्रों, रिश्तेदारों का प्रिय होगा। शनि की दृष्टि हो तो वह क्रूर, नीच तथा कलहप्रिय होगा।

प्रथम भाग (13.20 से 16.40 डिग्री)–दीर्घआयु संदिग्ध है। बचपन या बालरिष्ट में मृत्यु का संकेत। यदि आयु लम्बी हुई तो वह लेखन कार्य में सलंग्न रहेगा। वह भवन ठेकेदार अथवा मैकेनिक बनेगा।

द्वितीय भाग (16.40 से 20.00 डिग्री)–मध्य आयु तक जीवनकाल का संकेत। वह एक साथ बहुत से कार्यों में लगेगा मगर अपेक्षित फल नहीं मिलेगा। पिता से नहीं निभेगी। वह दूसरों के प्रति परोपकारी होगा और आवश्यकता पड़ने पर उनकी सहायता करेगा।

तृतीय भाग (20.00 से 23.20 डिग्री)–लम्बी आयु, बुद्धिमान तथा पत्नी के मामले में भाग्यशाली/पत्नी चरित्रवान तथा हर परिस्थिति को अपने अनुकूल करने वाली होगी। वह भवन ठेकेदार अथवा मैकेनिकल इंजीनियर होगा।

चतुर्थ भाग (23.20 से 26.40 डिग्री)–वह सरकारी नौकरी करेगा। जख्म या ऑपरेशन से शरीर पर चिन्ह। 45 वर्ष की आयु तक अच्छा जीवन तदुपरान्त संतुलित जीवन। वह इंजीनियर के रूप में कार्य करेगा। मिरगी अथवा लकवे का प्रकोप संभव।

बृहस्पति

भरणी नक्षत्र में स्थित बृहस्पति पर यदि सूर्य की दृष्टि हो तो जातक सत्यप्रिय तथा कई सामाजिक कार्य करके यशस्वी होगा। यदि चन्द्रमा की दृष्टि हो तो बुजुर्गों का सम्मान करने वाला अच्छे लोगों की सलाह मानने वाला, शान्तिप्रिय तथा अच्छे कार्य करके नाम कमाएगा। मंगल की दृष्टि हो तो वह क्रूर, अनचाहे मदों पर धन गवाने वाला, घमन्डी को नष्ट करने वाला, शासन पर निर्भर बहुत से कर्मचारियों का नियन्त्रण करने वाला होगा। यदि बुद्ध की दृष्टि हो तो जातक असत्यवादी, अच्छा वक्ता तथा हमेशा लड़ने में रुचि रखनेवाला होगा। एक समय में कई स्त्रियों से प्रेम सम्बन्ध होंगे तथा आडम्बरी होगा। शुक्र की दृष्टि होने पर जातक जीवन के सभी सुखों, आभूषण, वाहन, आवास तथा सेवकों आदि का भोग करेगा। शनि की दृष्टि होने पर पत्नी और बच्चों का सुख-चैन हरण करने वाला, क्रूर तथा लोगों को उल्टी सीख देने वाला होगा।

प्रथम भाग (13.20 से 16.40 डिग्री)–सत्यवादी तथा अच्छा वक्ता। पिता से प्रेम करने वाला होगा। दूसरे उसका ईश्वर के समान आदर करेंगे। एक से अधिक पत्नियां होंगी। बैंक अथवा फैक्टरी के मैनेजर के रूप में नियुक्त होगा। उसे मेनिनजाइटिस अथवा दिमागी बिमारी का ध्यान रखना चाहिए।

द्वितीय भाग (16.40 से 20.00 डिग्री)–उसके पुत्र और पौत्र होंगे तथा 55 वर्ष की आयु होगी। वह दण्ड विधान का विशेषज्ञ होगा। धर्म की ओर झुकाव होगा। मनोरंजन, फार्महाउस अथवा इस्टेट से आमदनी।

तृतीय भाग (20.00 से 23.20 डिग्री)–वह दूर-दूर की यात्राएं बार-बार करेगा। 32 वर्ष की आयु के बाद सम्पन्न और खुशहाल होगा। वह बार-बार चमत्कारी रूप से दुर्घटनाओं से बचेगा। प्रतियोगी परिक्षाओं में सफलता। कानून विशेषज्ञ, खिलाड़ी अथवा स्वर्णकार के रूप में आजीविका।

चतुर्थ भाग (23.20 से 26.40 डिग्री)–कृषि उत्पादनों पर निर्वाह। निपुण तांत्रिक तथा मन्त्र सिद्धि प्राप्त करेगा। वह अपनी धूर्तता द्वारा दूसरों से अनुचित लाभ उठायेगा।

शुक्र

भरणी नक्षत्र में स्थित शुक्र पर सूर्य की दृष्टि हो तो जातक अपनी कार्य कुशलता तथा योग्यता के कारण शासन से लाभान्वित होगा। पत्नी द्वारा धोखा दिए जाने से कष्ट होगा। यदि चन्द्रमा की दृष्टि हो तो जातक समाज में उच्च स्थान प्राप्त करेगा साथ ही उसके अपने स्त्रियों से अवैध यौन सम्बन्ध होने के कारण बदनामी मिलेगी। मंगल की दृष्टि होने पर उसकी सब सम्पत्ति, यश तथा आराम नष्ट हो जाने पर वह अवनति को प्राप्त होगा। बुद्ध की दृष्टि होने पर वह इच्छित जीवन नहीं जी सकेगा। बृहस्पति की दृष्टि होने पर उसका आकर्षक व्यक्तित्व होगा और वह अच्छी पत्नी व सन्तान के साथ जीवन के सभ सुख प्राप्त करेगा। शनि की दृष्टि हो तो उसके पास बहुत सा काला धन होगा। वह शान्तिप्रिय, सम्मानित तथा जरूरत मन्दों की सहायता करेगा।

प्रथम भाग (13.20 से 16.40 डिग्री)–वह निपुण संगीतकार व उच्चकोटि का वक्ता होगा। भोजन के मामले में संयमी। सर्वप्रिय। (लगातार धूम्रपायी) चेनस्मोकर होगा। वह खिलाड़ी होगा। आँख के पास चोट का निशान। सदैव प्रसन्नचित। संगीतविद्यों का व्यवसायी अथवा संगीतकार बनेगा।

द्वितीय भाग (16.40 से 20.00 डिग्री)–स्त्रैण प्रवृति करेगा। गुप्त रोगों से पीड़ित, नेत्र दृष्टि कमजोर। आँख के ऊपर चोट। वह प्रसिद्ध Gynaeocologist (स्त्री रोग विशेषज्ञ बन सकता है)

तृतीय भाग (20.00 से 23.20 डिग्री)–छोटा कद, स्थूल शरीर। उसकी पत्नी अति सुन्दर होगी। वह अन्त तक अपना कर्त्तव्य निभायेगा। आँख के पास चिन्ह। प्रचार तथा विज्ञापन से संबन्धित व्यवसाय होगा।

चतुर्थ भाग (23.20 से 26.40 डिग्री)–वह प्रायः विदेशों में रहेगा। धार्मिक ग्रन्थों व स्तोत्रों का मनन करने वाला। भारतीय परम्परा के अनुसार मन्दिर में पुजारी अथवा चर्च में पादरी या मस्जिद में मौलवी इत्यादि होगा जो पुजाये/चढ़ावे पर जीवन निर्वाह करेगा। दक्षिण भारतीय परम्परा के अनुसार विशेष अवसरों पर ब्राह्मणों (जो हिन्दुओं में उच्च और पवित्र जाति समझी जाती है) को राजसी भोजन कराया जाता है। अतः हमारा आशय ये है कि ऐसे ब्राह्मण के शुक्र भरणी नक्षत्र के चतुर्थ भाग में स्थित होते हैं।

शनि

भरणी नक्षत्र में स्थित शनि पर सूर्य की दृष्टि हो तो जातक पशुपालक अथवा कृषि कार्यों से आजीविका अर्जित करेगा और शुभ कार्य करेगा। यदि चन्द्रमा की दृष्टि हो तो वह दुष्ट लोगों की संगत करने वाला, क्रूर तथा दरिद्र होगा। यदि मंगल की दृष्टि हो तो जातक अपने प्रति उपकार करने वालों का भी अहित करेगा। वह हर कदम पर रूकावटों का सामना करेगा और नैतिक रूप से हीन होगा। बुद्ध की दृष्टि होने पर जातक झूठा या चोर होगा तथा वह स्त्रियों की संगति का आनन्द नहीं ले सकेगा। यदि बृहस्पति की दृष्टि हो तो जातक राजनीतिक क्षेत्र में उच्च स्थान पर होगा तथा धन, वैभव, वाहन, स्त्रियों, भवन, सेवकों आदि के साथ सुखमय जीवन व्यतीत करेगा। शुक्र की दृष्टि होने पर वह अपने रोजगार के सिलसिले में विदेश यात्राएं करेगा। अपनी यौन पिपासा शान्त करने के लिए वह बांझ स्त्रियों से सन्सर्ग करेगा और उसका रंग काला तथा अनाकर्षक व्यक्ति होगा।

प्रथम भाग (13.20 से 16.40 डिग्री)–वह धर्म ग्रन्थों अथवा धार्मिक विषयों के शोध कार्यों में रूचि लेगा और धन अर्जित करेगा। वह बुद्धिमान होगा तथा विद्वानों में सम्मानित स्थान प्राप्त करेगा। मृदुभाषी, सिर में घाव का चिह्न जो चोट लगने से होगा। तेज सिरदर्द तथा दिमागी आपरेशन का योग।

द्वितीय भाग (16.40 से 20.00 डिग्री)–बहुत बुद्धिमान मगर उत्तरदायित्व में अस्थिर। शासन में सलाहकार के पद पर। प्रायः सुखी जीवन। स्त्री जातकों के विषय में अनियमित मासिक ऋतुचक्र तथा गर्भपात का संकेत। अनिद्रा, तेजबुखार, तथा फोड़े-फुन्सियों आदि का खतरा।

तृतीय भाग (20.00 से 23.20 डिग्री)–प्रायः दूसरों पर आश्रित जीवन। उसका लालन पोषण दूसरे लोग किया होगा। कुछ मामलों में पाया गया है कि जातक के दो माताओं या दो पिताओं का योग है (सौतेले पिता या माता अथवा दत्तक पुत्र के रूप में ग्रहण किये हुए) अथवा माता-पिता त्याग देगा।

चतुर्थ भाग (23.20 से 26.40 डिग्री)–इस खण्ड में शनि की उपस्थिति के कारण जातक 35 वर्ष की आयु तक दूसरों पर आश्रित रहेगा अर्थात छोटी आयु में माता-पिता के देहान्त के कारण दूसरों द्वारा पाला जायेगा। बाद में

वह सेना या पुलिस में जायेगा अथवा इस अंश में शनि पर मंगल की दृष्टि होने के परिणाम स्वरूप वह आतंकवादी या चोर बन सकता है।

राहू

प्रथम भाग (13.20 से 16.40 डिग्री)–बहुत प्रसिद्ध व शक्तिशाली होगा। विपुल सम्पत्ति का स्वामी होगा। लेकिन मृत्यु के समय मुकदमेबाजी के कारण दिवालिया हो जाएगा। उसे कुत्ते द्वारा काटे जाने तथा पागलपन (रैबीज) की आशंका है।

द्वितीय भाग (16.40 से 20.00 डिग्री)–इस स्थिति में राहु की उपस्थिति से उसे सम्मान तथा मान्यता मिलेगी मगर अर्जित धन खो जाने का डर है। वाहन उद्योग से आजीविका। चमडे पर सफेद दाग अथवा कोढ़ से पीड़ित हो सकता है। वह बूचड़खाने के काम में भी कमाएगा।

तृतीय भाग (20.00 से 23.20 डिग्री)–प्रसिद्ध कवि बनने का योग मगर अच्छी शिक्षा से वंचित लेकिन फिर भी अपनी काव्य प्रतिभा के कारण विद्वान व्यक्तियों की संगत में रहेगा। इस अंश में राहू की स्थिति होने से पुलिस या सेना अधिकारी बनने का योग।

चतुर्थ भाग (23.20 से 26.40 डिग्री)–प्रायः दुग्ध उत्पादनों का व्यवसाय। दूसरों के प्रति मददगार लेकिन साथ ही जीवन साथी के साथ तीव्र मतभेद।

केतू

प्रथम भाग (13.20 से 16.40 डिग्री)–कहा जाता है कि वह कमल के पत्तों पर भोजन करता है और सात वर्ष तक जीवित रहता है। यदि इस स्थान पर केतू पर किसी शुभ ग्रह की दृष्टि हो तो उसका जीवन 20 वर्ष होगा (व्याध्रपद संहिता के अनुसार)

द्वितीय भाग (16.40 से 20.00 डिग्री)–63 वर्ष तक आयु। मृत्यु जलीय रोगों के कारण। सिर में चोट। मिरगी या मस्तिष्क में रूधिर का अधिक सञ्चय हो सकता है। सेना या पुलिस विभाग में कार्यरत हो सकता है। कुछ मामलों में मोतियाबिन्द अथवा कमजोर दृष्टि होने के संकेत है।

तृतीय भाग (20.00 से 23.20 डिग्री)–महान योगी बनेगा। प्रायः रोगहरण शक्तियों के साथ मुख्य पुजारी। यदि बृहस्पति अस्लेश नक्षत्र में

स्थापित हो तो वह लोगों की दृष्टि में भगवान के समकक्ष पूजा जाएगा। जड़ी-बूटियों द्वारा इलाज करके कमाएगा।

चतुर्थ भाग (23.20 से 26.40 डिग्री)–दीर्घायु का योग। वह वास्तुकार अथवा बड़ी इस्टेट या नगर का स्वामी होगा। संगीत तथा ललित कला में रूचि। ऐसे जातकों में चितकबरेपन या सिफलिश भी देखा गया है। नेत्र दृष्टि कमजोर होगी।

III भरणी नक्षत्र में कुछ ग्रहों की निम्नलिखित अक्षाशों पर स्थिति के घातक अथवा भविष्यसूचक परिणाम हो सकते हैं जो इस प्रकार हैं :

सूर्य	-	भरणी नक्षत्र की 6.40 डिग्री (परिक्रमा कक्षा की 20 डिग्री)
मंगल	-	भरणी नक्षत्र की 5.40 डिग्री (परिक्रमा कक्षा की 19 डिग्री)
बुद्ध	-	भरणी नक्षत्र की 1.40 डिग्री (परिक्रमा कक्षा की 15 डिग्री)
बृहस्पति	-	भरणी नक्षत्र की 5.40 डिग्री (परिक्रमा कक्षा की 19 डिग्री)
राहू	-	भरणी नक्षत्र की 0.40 डिग्री (परिक्रमा कक्षा की 14 डिग्री)

उपरोक्त तालिका में पाया गया है कि सूर्य, मंगल, बुद्ध, बृहस्पति तथा राहू का प्रत्येक ग्रह के सामने दिये गए अंक्षाश में होना जातक के लिए घातक है। यदि शुक्र की दृष्टि न हो तो उपरोक्त ग्रहीय आकृति में जन्म जातक की दीर्घ आयु के लिए अवरोधक है या ये उसके जीवन को कष्टपूर्ण बना देंगे। जब भी उपरोक्त ग्रह ऐसे घातक अक्षांश से गुजरें तो सावधानी बरतनी चाहिए।

जो भरणी नक्षत्र में उत्पन्न हुए है, उन्हें रोहिणी, पौष, अश्लेष, आद्र और ज्येष्ठ नक्षत्रों में मांगलिक कार्य नहीं करने चाहिए। उन्हें ऐसे लोगों से (जो इन नक्षत्रों में उत्पन्न हुए हों) सम्बन्ध और सम्पर्क न रखने की सलाह दी जाती है।

भरणी नक्षत्र में उत्पन्न जातकों की अधिष्ठाता दशा शुक्र है इसके बाद सूर्य, चन्द्रमा, मंगल, राहू, बृहस्पति तथा शनि की दशाएं है।

जब सूर्य और चन्द्रमा भरणी नक्षत्र का परिगमन करते है और मंगल की दशा तथा शुक्र का उपपरिक्रमण काल अथवा शुक्र की दशा और मंगल का उपपरिक्रमण काल प्रभाव डालते अनुकूल परिणाम प्रतीत होते हैं।

भरणी नक्षत्र में उत्पन्न व्यक्तियों को उनके प्रायः दुर्घटनाग्रस्त होने के योग के कारण; कुछ ग्रहों का भरणी नक्षत्र में विशेष अक्षांश पर स्थित होना घातकता का प्रतीक होने से तथा चिन्ताओं और साधारण दोषों के निवारण के लिए निम्नलिखित उपचार दिये गये हैः

1. प्रतिदिन ग्यारह बार "ओंम नमः शिवाय" का जाप।

2. 9 रत्ती का लाल मूंगा चांदी की अंगूठी में जड़कर मंगलवार को प्रातकाल तीसरी अंगुली (सूर्यांगुल) में धारण करें तथा 5 रत्ती का नीलम सोने की अंगूठी में जड़कर चौथी अंगुली (बुध-अंगुल) में शनिवार को धारण करें।

3. सभी समस्याएं शनि ग्रह की दशा के कारण होती हैं अतः शनि की साढ़े-साति दूर करने के लिए उपचार वाले अध्याय में से क्रम संख्या 34 के अनुसार करें।

4. इसके अतिरिक्त उक्त अध्याय में दिये गये क्रम संख्या 27 पर मन्त्र जाप मंगल को अनुकूल करने के लिए है।

अध्याय – 3

कृत्तिक (कार्तिक नक्षत्र)

तीसरे राशिचक्र विस्तार 26.40 डिग्री से 40.00. डिग्री तक के क्षेत्र को कार्तिक नक्षत्र कहा जाता है। 'अरबमंजिल' के अनुसार "अथ-थुर्य्थ" (छोटा मोटा समूह) और ग्रीक इसे "तॉरी अथवा अल्सियन" मानते हैं। चीन में इसे 'माओ' कहते हैं। कार्तिक नाम भगवान शिव के पुत्र कार्तिकेय के ऊपर पड़ा है। कार्तिकेय देवताओं की दिव्य सेनाओं के सेनापति भी हैं। कार्तिक शब्द का अर्थ "ज्वाला" से है। तीर की नोक अथवा छुरे। चाकू के आकार का छः सितारों का समूह कार्तिक नक्षत्र का प्रतीक है।

इस नक्षत्र का अधिण्ठाता देवता 'अग्नि' है। 'अग्नि' मानव और सृष्टिकर्ता के क्रियाकलापों के ज्वलन्त उत्साह का प्रतीक है।

(I) कार्तिक नक्षत्र में उत्पन्न जातकों के परिणाम

(क) पुरुष जातक

1. शारीरिक गठन–प्रायः मध्य कद का होगा। इस खण्ड में यदि शनि की दृष्टि हो तो जातक लम्बे कद के भी हो सकते है। बड़ी नाक, सहानुभूति वाले आँखें, मजबूत और मोटी गर्दन, चौड़े कन्धे तथा सुस्पष्ट मांसपेशियों के साथ सुगढ़ शरीर, शान्त मुखाकृति तथा आदरणीय व्यवहार। प्रभावशाली आभास देने वाला व्यक्तित्व।

2. स्वभाव तथा सामान्य घटना–जबकि वह एक और तो अत्यन्त बुद्धिमान होगा तथा दूसरी और वह अपने लक्ष्य को ठीक से नहीं पा सकेगा। दूसरे शब्दों में वह किसी भी काम से बहुत जल्दी उक्ता जाता है और बिना आगे पीछे सोचे उस काम को छोड़ कर दूसरे काम को शुरू कर देता है। वह दूसरों को उनकी समस्याओं से निपटने के लिए अच्छी सलाह देने में सक्षम है मगर अपने जीवन में वही करता है जो उसका मन माने।

वह अपने स्वाभिमान और आजादी के आड़े आने वाली हर दोस्ती को ठुकरा देगा। मगर वह गलत तरीकों से अथवा दूसरों की दया से यश, धन और नाम कमाना नहीं चाहता। इसकी जरूरतें और इच्छाएं किसी कारण की

मोहताज नहीं है और न ही उसका सचंयन प्रभावशाली है, फिर भी उसकी धन कमाने की योग्यता अपूर्व है। उसके प्रयोजन किसी की कृपा प्राप्त करने की स्पष्ट इच्छा से परे हैं। वह अपने कार्यों में दोष नहीं खोज सकता। स्वाभीमान के साथ आशावादी होना उसकी विशेषता है। किसी भी लक्ष्य के लिए कठिन प्रयत्न करना उसकी जिद्‌दी उद्दण्ड प्रकृति का परिचायक है।

उसमें रुढ़ीवाद तथा एकेश्वरवाद दोनों पाये जाते है। उदाहरणार्थ जब वह रुढ़ीवादी है तो पुराने रिवाजों और अन्ध विश्वासों को वह नहीं मानता। लगातार प्रयत्न तथा कड़ी मेहनत उसका आदर्श है। वह विश्व के लिए अच्छे कार्य करना चाहता है लेकिन वह देर तक अपनी इस इच्छा पर नहीं टिकता। वह जनजीवन में गम्भीरता तथा ईमानदारी से सम्मलित होना चाहता है लेकिन अंत में हानि या असफलता ही मिलती है। उसकी यही कमी किसी कार्य को करने की उसकी योग्यता पर प्रश्नचिन्ह लगा देती है।

वह अपनी इन आदतों को सुधारने के लिए स्वयं पर कुछ नियम और प्रतिबन्ध लागू करता है लेकिन फिर स्वयं ही उनमें फेरबदल कर देता है। वह जो वादा करता है उसे किसी भी कीमत पर निभाता है।

जनजीवन में वह यश, मान और नाम अर्जित करता है। उसकी अत्यधिक ईमानदारी ही उसके पतन का कारण है। छोटी बातों पर भी असफलता उसे कुंठित कर देती है और विस्फोटक की स्थिति उत्पन्न हो जाती है। जब वह उत्तेजित होता है तो उससे विवाद करना खतरनाक हैं। अतः उसे यथासम्भव मानसिक संतुलन बनाये रखना चाहिए और विस्फोटक की स्थिति से बचना चाहिए। तर्क या प्रतितर्क तथा युक्ति में ही योग्यता है। प्रायः देखा गया है कि ऐसे लोग सत्य और धनहीन होकर भटकते रहते हैं। वे किसी उपकार के प्रति आभारी नहीं होते बल्कि क्रूर शब्द भी बोलते है।

3. शिक्षा, रोजगार/आय के साधन–कार्तिक नक्षत्र में उत्पन्न जातक प्रायः अपने जन्म के स्थान पर नहीं टिकते। अर्थात वे रोजगार के सिलसिले में परदेश जाते है। यहाँ मेरा तात्पर्य विदेश से नहीं बल्कि जन्म स्थान से दूर स्थान में है। व्यवसाय में साझेदारी उसे रास नहीं आयेगी।

वह शासन से लाभ उठायेगा, इंजीनियर, यौन रोगों का विशेषज्ञ डाक्टर, राजकोष विभाग अथवा ड्राफ्टसमैन बनने का संकेत है। यदि जातक

की व्यवसाय में रूचि है तो उसे सूत निर्यात, दवाइयाँ तथा साजसज्जा उद्योग से लाभ होगा। अपने काम में धीर लेकिन सफलता निश्चित। उसे अपने कार्यों को तेजी से निपटाने की आदत डालनी चाहिए अन्यथा वह दूसरों से पीछे रह जाएगा। उसे जीवन में बड़ी पैतृक सम्पत्ति मिलने का योग है।

4. पारिवारिक जीवन–विवाहित जीवन में भाग्यशाली। उसकी सहचरी गृहप्रबन्ध में कुशल, समर्पित, निष्ठावान तथा सदाचारी होगी। इतनी अनुकूल परिस्थितियों के उपरान्त जीवन साथी का स्वास्थ्य उसकी चिन्ता का विषय होगा और/अथवा कुछ ऐसी परिस्थितियाँ उत्पन्न हो जायेंगी कि उसे उस से अलग रहना पड़ेगा। अलग रहने से मेरा तात्पर्य परिस्थितियाँ चाहे वो किसी कार्य अथवा उनमें से किसी का स्वास्थ्य अथवा उनके सम्बन्धियों में से किसी की बिमारी होगा न कि आपस में मनमुटाव होगा।

उसे जीवन के विभिन्न स्थलों पर रूकावटों का सामना करना पड़ेगा। वह अपने परिवार के क्षेत्र में भाग्यवान होगा जहाँ पर उसे पूर्ण सन्तुष्टि व शान्ति मिलेगी। वह माता से बहुत स्नेह करेगा। उसे भी बहनों व भाइयों में माता का स्नेह अधिक मिलेगा। उसका पिता धर्मपरायण तथा प्रसिद्ध व्यक्ति होगा, तो भी उसे पिता का ज्यादा स्नेह व लाभ नहीं मिलेगा। जीवन में 50 वर्ष की आयु तक वह संघर्षशील होगा और उसे वातावरण में निरन्तर बदलाव का सामना करना पड़ेगा। फिर भी 25 से 35 वर्ष तथा 50 से 56 वर्ष की आयु का समय बहुत अच्छा बीतेगा।

जातक के प्रेम विवाह होने का संकेत है। यह भी पाया गया है कि कार्तिक नक्षत्र में उत्पन्न जातक अपने परिवार की परिचित लड़कियों से ही विवाह करते हैं।

5. स्वास्थ्य–उसकी खुराक अच्छी होगी लेकिन उसकी खाने की अनिश्चित व अनियमित आदत होगी। वह दातों की परेशानी, कमजोर नेत्रदृष्टि, क्षय रोग, गैस, बवासीर, दिमागी बुखार, दुर्घटनाएं, मलेरिया चोट अथवा दिमागी मैनिनजाइटिस से ग्रस्त हो सकता है।

उसका स्वास्थ्य कितना ही अच्छा या खराब क्यों न हो न तो वह अपनी बिमारियों से घबराएगा और न ही वह अपने स्वास्थ्य पर नियमित ध्यान देगा।

(ख) स्त्री जातक

1. शारीरिक गठन–वह साफ-सुन्दर शरीर व मध्यम कद की होगी। वह 27 वर्ष की आयु तक अति सुन्दर होगी उसके बाद मानसिक और परिस्थितियों के बदलाव के कारण उसकी सुन्दरता कम होनी शुरू हो जाएगी।

2. स्वभाव तथा सामान्य घटना–जबकि वह प्रेमविहीन नहीं होगी फिर भी वह किसी के दबाव में नहीं रहेगी। इसलिए वह मानसिक रूप से परेशान रहेगी। वह झगड़ालू स्वभाव की होगी। उसके अक्खडपन का आभास उसके चेहरे पर ही नहीं बल्कि पूरा वातावरण से भी पता चलता है।

3. शिक्षा, रोजगार/आय के साधन–कार्तिक नक्षत्र में उत्पन्न स्त्री जातक प्रायः ज्यादा शिक्षित नहीं होती। वे खेतों में, चरागाहों में, अथवा छोटे कारखानों में कार्यरत होती हैं। यदि उसका जन्म कार्तिक नक्षत्र की पहली डिग्री में अथवा इसकी 12 से 13.20 डिग्री के बीच हुआ है तो जातक उच्च शिक्षित होगी और वह प्रशासनाधिकारी, डाक्टर, कैमिकल इंजीनियर अथवा टीचर बनेगी। वह संगीत या कला या सिलाई अथवा चमड़ा उत्पादन से भी अर्जित करेगी।

4. पारिवारिक जीवन–उसे पति से पूरा सुख नहीं मिलेगा। कुछ मामलों में निसंतान अथवा पति से अलगाव और कुछ में विवाह न होने का संकेत। यदि छोटी आयु में विवाह नहीं हुआ तो देखा गया है कि उसका 37 वां वर्ष विवाह के लिए उत्तम है।

वह अपने सम्बन्धियों से सौहार्दपूर्ण सम्बन्ध नहीं बना पायेगी क्योंकि उसका किसी के दबाव या आधीनता में रहना उसके स्वभाव के विरुद्ध है। यह सही है कि ऐसी स्त्रियाँ भ्रम की स्थिति में रहती है और वे अपने सच्चे शुभचिन्तकों से भी बेरुखी से पेश आती हैं। अन्त में उनके लिए एकाकी जीवन ही रह जाता है।

यदि मंगल या बृहस्पति उनकी जन्मकुण्डली में प्रतिकूल स्थान पर हों तो वे निसंतान होंगी अथवा उनके बच्चों की मृत्यु का संकेत है।

कार्तिक नक्षत्र में शनिवार के दिन उत्पन्न होने वाली जातक 'विषकन्या' कही जाती है। ऐसी स्त्री मृत बालक को जन्म देती है। उसके अंग खराब हो

जाते हैं। वह वस्त्राभूषण आदि से विरक्त होती है। कोई एक अनुकूल ग्रह चन्द्रमा अथवा जन्मलग्न से 178 से 185 तक अंक्षाश के बीच स्थित हों तो उपरोक्त प्रतिकूल प्रभाव विलुप्त अथवा नष्ट हो जाते है। यदि मंगल ग्रह जन्म नक्षत्र से 26 वें, 27 वें अथवा 28 वें नक्षत्र में स्थित हो और उसकी शुभ दृष्टि न हो तो स्त्री के विधवा होने का संकेत है।

5. स्वास्थ्य–मानसिक शान्ति के अभाव अथवा अधिक कार्य के कारण स्वास्थ्य खराब रहेगा। ग्रन्थिय क्षय रोग भी कुछ मामलों में पाया गया है।

श्री बी० सूर्यनारायण राव के "स्त्री जातक" के अनुसार "जब कार्तिक प्रबल हो उस समय कन्या में उसके यौवनारम्भ अथवा प्रथम ऋतुश्राव के लक्षण दृष्टिगोचर हों तो वह झगड़ालू, व्यभिचारी, बांझ, गर्भपात कराने वाली, आक्षित तथा मृत बच्चे उत्पन्न करने वाली होगी।"

II कार्तिक नक्षत्र में विभिन्न ग्रहों की स्थिति के परिणाम

सूर्य

कार्तिक नक्षत्र में स्थित सूर्य पर यदि मंगल की दृष्टि हो तो जातक युद्ध विद्या में प्रवीण होगा तथा अपने साहसिक कार्यों से धन और यश अर्जित करेगा। यदि बुद्ध की दृष्टि हो तो वह निपुण संगीतकार होगा और ललित कलाओं में रुचि लेने वाला, आकर्षक व्यक्तित्व व सुखी जीवन जीने वाला होगा। यदि बृहस्पति की दृष्टि हो तो वह अपने परिवार में सर्वश्रेष्ठ होगा। यदि राजनीति में होगा तो मन्त्रीपद पाने का योग है। वह विपुल धनी होगा। यदि शुक्र की दृष्टि हो तो जातक सुन्दर आँख व शरीर वाला और अपने समुदाय में विख्यात व्यक्ति होगा। शनि की दृष्टि होने पर उसका स्वास्थ्य खराब तथा वह निर्धन होगा। परिवार में निरन्तर क्लेश से अनस्तित्व की स्थिति में रहेगा।

प्रथम भाग (26.40 डिग्री से 30.00 डिग्री)–इस खण्ड में यदि सूर्य कोई शुभ ग्रह से संयुक्त हो तो जातक गरीब तथा अधिक सन्तान वाला होगा। वह ज्योतिष विद्या तथा उससे सम्बन्धित विषयों को सीखने का इच्छुक होगा। उसकी आँखे खराब होंगी। वह खाने में पेटू होगा। अग्नि दुघर्टना का संकेत। सेना या पुलिस विभाग में रोजगार।

द्वितीय भाग (30.00 डिग्री से 33.20 डिग्री)–इस खण्ड में सूर्य की उपस्थिति से दीर्घ जीवन, सन्तान से सुख, मध्यावस्था के बाद धनी बनने का योग। मानसिक रूप से दृढ़। पुजारी बनने का योग्य। संगीत प्रेमी। सट्टे का विचारधारा। कम्पाउंडर, नर्स अथवा कुष्ट-रोग में निपुण डाक्टर। गरदन में दर्द या ग्रन्थी का असाधारण फैलाव जो कैन्सर बन सकता है।

तृतीय भाग (33.20 डिग्री से 36.40 डिग्री)–जीवन पर्यन्त भिखारी। दर-दर भटकेगा। अप्राकृतिक बिमारियों से ग्रस्त। बालरिष्ट (बचपन में मृत्यु) का योग। वह नाई का कार्य करेगा। यदि इस खण्ड में सूर्य पर चन्द्रमा की दृष्टि हो तो मादा जातक अनैतिक कार्यों में लिप्त तथा यौन रोगों से ग्रस्त होगी। नरजातक जहाजरानी, मछलीपालन आदि व्यवसायों से अर्जित करेंगे।

चतुर्थ भाग (36.40 डिग्री से 40.00 डिग्री)–खराब स्वास्थ्य। जीवन में निम्न स्तर पर। क्रूर विचारों वाला। अपने परिवार के प्रति उत्तरदायी। जलीय रोगों से पीड़ित होने का योग।

चन्द्रमा

कार्तिक नक्षत्र में स्थित चन्द्रमा पर सूर्य की दृष्टि हो तो जातक ध ानी-जंमीदार तथा कृषिकार्यों में सफल होगा। मंगल की दृष्टि होने पर वह यौन क्रियाओं में लिप्त रहेगा जिससे बहुत सी समस्याएं उसे घेरे रहेगी। आकर्षक व्यक्तित्व, प्रतिजाति की तरफ चुंबक की तरह खिंचा रहेगा। वह अपने परिजनों द्वारा पसन्द किया जायेगा। यदि बुद्ध ग्रह की दृष्टि हो तो जातक बुद्धिमान होगा और दया की मूर्ति होगा जो जरूरतमन्दों की सहायता करेगा। शुक्र की दृष्टि होने पर जातक के वस्त्राभूषण, मकान तथा अन्य साजसामान होगा। यदि चन्द्रमा कार्तिक नक्षत्र के दूसरे भाग में हो और इस पर शनि की दृष्टि हो तो माता की जल्दी मृत्यु का संकेत है।

प्रथम भाग (26.40 डिग्री से 30.00 डिग्री)–इस खण्ड में स्थित चन्द्रमा मन्त्रशक्ति अथवा भ्रष्टकला प्रदान करती है। नर जातक तथा मादा दोनों एक दूसरे के कारण विपत्तियों का सामना करते हैं।

द्वितीय भाग (30.00 डिग्री से 33.20 डिग्री)–वह शक्ति उपभोग करेगा तथा उसका व्यक्तित्व अति आर्कषक होगा। विद्वानों की संगति में रहेगा। असंख्य दुखों से प्रभावित होगा। इस भाग में यदि चन्द्रमा पर शनि

की दृष्टि हो तो माता की जल्दी मृत्यु का संकेत है। रसायन तथा भूमि परख के कार्यों में रूचि लेगा।

तृतीय भाग (33.20 डिग्री से 36.40 डिग्री)–लम्बा कद, चुस्त लेकिन निर्धन होगा। यदि इस खण्ड में चन्द्रमा पर राहु और मंगल की दृष्टि हो तो स्त्रियों के 30 वर्ष की आयु में विधवा होने का संकेत।

चतुर्थ भाग (36.40 डिग्री से 40.00 डिग्री)–बहुत विद्वान तथा धर्मग्रन्थों की जानकारी में निपुण। देखने में डरावना।

मंगल

यदि कार्तिक नक्षत्र में स्थित मंगल पर चन्द्रमा की दृष्टि हो तो जातक अपनी माता का विरोधी होगा। उसकी एक से अधिक पत्नियां होगी। यदि सूर्य की दृष्टि हो तो उसकी पत्नी लालची प्रवृत्ति की होगी तथा वह उसकी इच्छाओं की सन्तुष्टि कभी नहीं कर सकेगा। वह वानप्रस्थी होने में रूचि रखेगा। उसके दुश्मन कम होगें। यदि बुद्ध की दृष्टि हो तो वह अपना अधिकतर समय धार्मिक कार्यों में तथा ललित कला में बितायेगा। वह कम बोलने वाला, प्रसन्न व्यक्तित्व का तथा धनी होगा। बृहस्पति की दृष्टि होने पर वह अपने परिजनों से स्नेह करने वाला संगीत व कला में निपुण। 30 वर्ष की आयु के बाद धनी होने का संकेत। यदि शुक्र की दृष्टि हो तो वह सेनाध्यक्ष अथवा आर्डनैन्स फैक्ट्ररी का प्रबन्धक होगा। शनि की दृष्टि होने पर जातक सम्पत्ति और अच्छे स्वास्थ्य का मालिक होगा और दूसरों से सम्मानित होगा।

प्रथम भाग (26.40 डिग्री से 30.00 डिग्री)–प्रभावशाली व्यक्तित्व, युक्तियुक्त योग्यता। प्रसिद्ध वकील, मिलिट्री अथवा पुलिस या शासन से सम्बन्धित अधिकारी। यदि मंगल इस अंश में 28.00 से 29.40 डिग्री के मध्य स्थित हो तो जातक अपने प्रयत्नों से शिखर पर पहुंचेगा। सूर्य की प्रमुख दशा और मंगल का उप परिक्रमण काल अथवा मंगल की प्रमुख दश और सूर्य का उप परिक्रमण काल हो तो अच्छे परिणाम होंगे। मंगल अथवा सूर्य इस खण्ड में पारगमन करें तो भी अच्छे परिणाम होंगे। वह दूसरों की पत्नियों के साथ अवैध सम्बन्ध बनायेगा। यह भी देखा गया है कि वह अनजाने में कुछ अज्ञात विष खा जायेगा जिससे या तो मृत्यु को प्राप्त होगा अथवा शरीर का कोई भाग लकवा ग्रस्त हो जायेगा।

तेज बुखार, मस्तिष्क मैं मिनजाइटस, सिर या चेहरे पर घाव या चोट से पीड़ित होगा। वह लोहा, स्टेनलैसस्टील, विस्फोटक पदार्थ अथवा माचिस उद्योग के व्यवसाय में अच्छा लाभ कमायेगा

द्वितीय भाग (30.00 डिग्री से 33.20 डिग्री)–माथे पर या आँख के पास चोट, नाड़ी तन्त्र से पीड़ा आँखे दुखना या गले की बिमारी का संकेत। मिलनसार व मेहमानवाज। प्रतिशोधात्मक स्वभाव। इस खण्ड में यदि मंगल किसी उपकारी ग्रह से दुष्प्रभावित हो तो उसके पुत्र न होने का संकेत। वह इंजीनियर अथवा युद्ध उपकरणों के उत्पादक के रूप में अच्छी आय प्राप्त करेगा।

तृतीय भाग (33.20 डिग्री से 36.40 डिग्री)–शासन से सर्वाधिक लाभ प्राप्त करेगा। उसके पास रत्न इत्यादि होंगे। निर्बाध रोजगार। देखने में डरावना। युक्तियुक्त योग्यता। अपनी अटकलबाजी से लाभ उठानेवाला। पैतृक सम्पति प्राप्त होगी। धर्मग्रंथ में विद्धान।

चतुर्थ भाग (36.40 डिग्री से 40.00 डिग्री)–नाजुक कोमल शरीर। जीवन के सभी सुख भोगेगा। आज्ञाकारी तथा अच्छी सन्तान। मलेरिया अथवा जलीय बिमारियों का स्वास्थ्य पर दुष्प्रभाव। दवाइयों अथवा विस्फोटक सामग्री की बिक्री से अर्जित करेगा। विवाह के बाद सफलता मिलेगी। इस खण्ड में मंगल पर उपकारी ग्रहों की दृष्टि होने पर दो अच्छी पत्नियों का संकेत।

बुध

कार्तिक नक्षत्र में स्थित बुद्ध के ऊपर सूर्य की दृष्टि हो तो जातक निर्धन होगा तथा विभिन्न रोगों से ग्रस्त रहेगा। पतला शरीर। दूसरों की सहायता करने वाला। यदि चन्द्रमा की दृष्टि हो तो मेहनती, धनी और यशस्वी होगा। यदि मंगल की दृष्टि हो तो जातक बीमार शरीर का सरकार अथवा अपने नियोक्ता द्वारा सजा प्राप्त और परिजनों से दूर रहने वाला होगा। बृहस्पति की दृष्टि होने पर जातक के नगरपालिका अध्यक्ष या मन्त्री होने का योग। वह बुद्धिमान तथा अच्छे गुणों वाला व्यक्ति होगा। शुक्र की दृष्टि होने पर जातक अच्छा पहनने वाला तथा स्त्रियों की ओर आसानी से आकर्षित होनेवाला होगा। अति कामवासना पूर्णवृति। भाग्यवान। दुखी लोगों से सहानुभूति। यदि शनि की दृष्टि हो तो जातक पत्नी और सन्तान की ओर से दुखी तथा निर्धन होगा।

प्रथम भाग (26.40 डिग्री से 30.00 डिग्री)–वह सरकारी नौकरी में होगा। अथवा अपना व्यवसाय होगा तो उसे सरकारी संस्थानों से बहुत लाभ होगा। सब उसे सम्मान व प्यार देंगे। मध्यमवय तक की आयु का संकेत। वह संगीतकार, लेखक अथवा अभिनेता के रूप में ख्याति प्राप्त करेगा। पतला शरीर। स्त्रियों व मद्यपान का शौकीन। सूर्य के योग से जातक चिकित्सक अथवा शल्य चिकित्सक बनेगा।

द्वितीय भाग (30.00 डिग्री से 30.20 डिग्री)–प्रसन्नचित तथा उत्फुल्ल चरित्र। एक से अधिक विवाह का संकेत। हट्टा-कट्टा शरीर, दीर्घ आयु तथा सन्तान से सुख मिलेगा। 40 वर्ष की आयु के बाद सांसारिक जीवन को त्यागने का संकेत। बृहस्पति के योग से तांत्रिक बनेगा।

तृतीय भाग (33.20 डिग्री से 36.40 डिग्री)–अपने प्रस्ताव में व्यवहारिक एवं दृढ। स्थिर शक्ति का उपभोग करेगा। सुन्दर व्यक्तित्व। शनि के संयोग होगा तो वह वैज्ञानिक अथवा बुद्धिजीवी बनेगा।

चतुर्थ भाग (36.40 डिग्री से 40.00 डिग्री)–रोजगार क्षेत्र में उच्चतम स्थान पर। अपने कर्तव्यों और जिम्मेदारियों के प्रति लगाव। उसके अधिक पुत्र होंगे। स्वास्थ्य अच्छा नहीं होगा। 62 वर्ष तक की आयु। बृहस्पति की दृष्टि अथवा योग उसे अपने समुदाय का नेता बनायेंगे। वह मुख्यतः वित्तीय क्षेत्र में सलाहकार के रूप में कार्यरत होगा।

बृहस्पति

कार्तिक नक्षत्र में स्थित बृहस्पति पर सूर्य की दृष्टि हो तो जातक युद्ध कार्यों में पारंगत होगा तथा साथ ही उसके शरीर पर घाव लगे होंगे। उसके पास वाहन व सेवक होंगे। यदि चन्द्रमा की दृष्टि हो तो वह सत्यवादी, सम्मानित तथा दूसरों के प्रति दयालू होगा तथा अच्छा भाग्य पायेगा। मंगल की दृष्टि हो तो अच्छी सन्तान होगी, अफसरों के नजदीक होगा, कला के क्षेत्र में सम्मान तथा भागयशाली। बुद्ध की दृष्टि होने पर जातक को मन्त्र सिद्धि का योग। शासक वर्ग से आदर तथा भेंट पाने का सौभाग्य। विभिन्न कलाओं का ज्ञान तथा प्रभावशाली व्यक्तित्व। यदि शुक्र की दृष्टि हो तो वह धन धान्य से भरपूर सुखी जीवन जीएगा। शनि की दृष्टि अच्छी पत्नी तथा सन्तान से सुख प्राप्त करायेगी तथा वह अपने गाँव या नगर में सम्मानित व्यक्ति होगा।

प्रथम भाग (26.40 डिग्री से 30.00 डिग्री)–उसमें सभी विद्याओं को सीखने की योग्यता। प्रसिद्ध पुजारी। अपनी विशिष्टताओं, सन्तान तथा पैतृक सम्पति से लाभ उठायेगा। यात्राएं। यशस्वी। स्पष्ट संज्ञानता। उसकी रूचि स्त्रियों, मदिरा, इतिहास तथा साहित्य में होंगी।

द्वितीय भाग (30.00 डिग्री से 33.20 डिग्री)–अपने धार्मिक सम्बन्धों अथवा संस्थाओं के द्वारा प्रसिद्ध। लम्बा कद। माता से अधिक स्नेह। उसकी कमजोरियां स्त्रियों में नीहित है।

तृतीय भाग (33.20 डिग्री से 36.40 डिग्री)–सरकारी सेवा में सलाहकार के पद पर। अद्‌भुत व्यक्तित्व। धन के बजाए प्यार और स्नेह अर्जित करेगा। वह नियमों का पालन दूसरों के लिए नहीं बल्कि स्वयं के लिए दृढ़ता से करता है।

चतुर्थ भाग (36.40 डिग्री से 40.00 डिग्री)–अपने व्यवहार में सच्चा। पति अथवा पत्नी के द्वारा आमदनी। शिक्षित। माता की ओर से उत्तराधिकार में सम्पति की प्राप्ति। जब बृहस्पति आद्रा नक्षत्र की चक्रीय परिक्रमा में होगा तो विवाह का योग जो कि 27 वें वर्ष की आयु होगी।

शुक्र

कार्तिक नक्षत्र में स्थित शुक्र पर यदि सूर्य की दृष्टि हो तो जातक स्त्रियों धन तथा वाहनों के साथ अच्छा सुख भोगेगा। यदि चन्द्रमा की दृष्टि हो तो जातक अति काम-क्रिड़ाओं में रूचि लेगा। फिर भी वह निर्मल मन का मृदु भाषी व परिवार में सर्वप्रिय होगा। यदि मंगल की दृष्टि हो तो वह सुखों से वंचित, अनैतिक तरीकों से धन कमाने वाला होगा। यदि बुद्ध की दृष्टि हो तो वह अच्छा व्यवहार करने वाला साहसी एवं अच्छे व्यक्तित्व का होगा। बृहस्पति की दृष्टि होने पर अच्छी पत्नी, सन्तान तथा सम्बन्धियों का सुख भोगेगा। वह बहुत धनी होगा। यदि शनि की दृष्टि हो तो खराब स्वास्थ्य, निधन तथा अपने परिवार का मान नष्ट करने वाला होगा।

प्रथम भाग (26.40 डिग्री से 30.00 डिग्री)–पुरुष जातक को स्त्रियोचित नाजुक शरीर तथा स्त्री जातक पुरुषोचित शरीर की होती हैं। रतोंधी पाई जाती है। विवाहिक वैमनस्य होगा। नौसेना में अच्छे पद पर। यदि सूर्य की दृष्टि हो तो छोटी आयु में विवाह। पैतृक सम्पति का लाभ। स्त्री जातक के मामले में चन्द्रमा की दृष्टि होने पर ज्यादा बच्चों की उत्पत्ति लेकिन कुछ ही जीवित रहेंगे। बुद्ध की दृष्टि होने पर भाई-बहनों से मनमुटाव।

द्वितीय भाग (30.00 डिग्री से 33.20 डिग्री)–वह नौसेना अथवा समुद्र से सम्बन्धित नौकरी करेगा। स्त्री जातक के मामले में चन्द्रमा की दृष्टि होने पर उसे प्रायः रजोधर्म विषयक समस्याएं ज्यादा बच्चों की उत्पत्ति लेकिन कुछ ही जीवित रहेंगे।

तृतीय भाग (33.20–36.40 डिग्री)–दयालु होगा। एक से अधिक पत्नियां। प्रसाधन सामग्री का व्यापार। अध्यापक, संगीतकार अथवा अभिनेता के रूप में सफलता।

चतुर्थ भाग (36.40 डिग्री से 40.00 डिग्री)–अभिनय अथवा संगति के द्वारा विपुल सम्पति अर्जित करेगा। अकस्मात पैतृक सम्पति की प्राप्ति। पत्नी का नौकरी में होना।

शनि

कार्तिक नक्षत्र में स्थित सूर्य की दृष्टि शनि पर हो तो वह युक्तिपूर्ण वक्ता, शान्तचित तथा खाने तक के लिए दूसरों पर निर्भर रहेगा। यदि चन्द्रमा की दृष्टि हो तो जातक शासक वर्ग से लाभ उठायेगा, अच्छी महिलाओं के सानिध्य में होगा तथा सम्पत्ति अर्जित करेगा। मंगल की दृष्टि होने पर वह वाचाल होगा जीवन में सुखी होगा। बुद्ध की दृष्टि हो तो स्त्रियों में विशेष रूचि, गलत लोगों की संगति तथा गरीबी और कंगाली का जीवन। बृहस्पति की दृष्टि होने पर जातक जीवन का अधिकतर भाग जरूरत मन्दों की सहायता में गुजारेगा तथा जन जीवन में आदर और स्नेह प्राप्त करेगा। शुक्र की दृष्टि होने पर वह शासक वर्ग के सम्पर्क में होगा तथा जीवन की सभी आवश्यकताएं सहजता से पूर्ण होगी।

प्रथम भाग (26.40 डिग्री से 30.00 डिग्री)–जातक की दीर्घ आयु, काम में सुस्त, पिता से नफरत करने वाला। उसका बचपन समस्याग्रस्त होगा लेकिन बाद में खुशहाल होगा महत्वाकांक्षी, ईषालु तथा क्रुर होगा। खराब दांत तथा पाचन शक्ति ठीक नही होगी।

द्वितीय भाग (30.00 डिग्री से 33.20 डिग्री)–उसके अपने से बड़ी आयु की स्त्री से विवाह होगा अथवा उसके ऐसी स्त्रियों से सम्बन्ध होंगे। वह संघर्षपूर्ण जीवन नहीं जी सकेगा। क्लेशपूर्ण पारिवारिक जीवन।

तृतीय भाग (33.20 डिग्री से 36.40 डिग्री)–कृषि उत्पादनों से लाभ। यदि स्त्री की कुडंली पर सूर्य की दृष्टि हो तो विवाह न होने का योग, यदि होगा भी तो विपत्ति का सूचक। यदि इस अंश में शनि पर बुद्ध की दृष्टि हो तो नपुसंकता अथवा बांझपन का संकेत।

चतुर्थ भाग (36.40 डिग्री से 40.00 डिग्री)–यदि स्त्री की कुडंली पर चन्द्रमा की दृष्टि हो तो वह बदसूरत, चरित्रहीन तथा स्वास्थ्य में गिरावट का कारण होगी। नर कुण्डली पर चन्द्रमा की दृष्टि जातक के लिए स्त्रियों के सहयोग से धन शक्ति तथा सफलता प्राप्त होने का सूचक है।

राहु

प्रथम भाग (26.40 डिग्री से 30.00 डिग्री)–वह विवाहेत्तर अवैध सम्बन्ध बनायेगा। अति कामुक प्रवृत्ति का होगा। अच्छी सेहत, चेहरे पर काला तिल, बुद्धिमान, मजबूत शरीर होगा। वह पिता से अत्यधिक स्नेह करेगा। अपने नियोजक से सहायता व लाभ प्राप्त करेगा।

द्वितीय भाग (30.00 डिग्री से 33.20 डिग्री)–अध्यात्मवाद की और झुकाव। सम्पत्ति तथा सन्तान की क्षति। एक से अधिक महिला से सम्बन्ध। विदेश में रोजगार। भिखारी का जीवन जीएगा।

तृतीय भाग (32.20 डिग्री से 36.40 डिग्री)–बोलने में परेशानी अर्थात गूंगापन। हकलापन। लाल नेत्र, आलसी, कोई भी अच्छा या बुरा कार्य नहीं करेगा। घोर गरीबी में जीवन। प्लास्टिक, रंगों या मछली से सम्बन्धित व्यवसाय।

चतुर्थ भाग (36.40 डिग्री से 40.00 डिग्री)–पारिवारिक जीवन से अरूचि। विवाह होगा तो अपने कर्त्तव्यों और जिम्मेदारियों को नहीं निभाएगा। वह भगवान भरोसे सब कुछ छोड़ देगा, तीर्थयात्रा करेगा और अर्जित धन को लुटा देगा। 20 और 35 वर्ष की आयु में काफी धन अर्जित करेगा लेकिन सब भगवान के नाम पर लुटा देगा।

केतू

प्रथम भाग (26.40 डिग्री से 30.00 डिग्री)–व्यवसायिक क्षेत्र में अक्सर परेशानियों का सामना करना पडेगा। प्रयत्न करने पर भी निराशा हाथ लगेगी। हृदय सम्बन्धी समस्या। धातुकर्मी अथवा रसायन इंजीनियर। यदि शुभ दृष्टि न हो तो जीवन काल 50 वर्ष तक का होगा।

द्वितीय भाग (30.00 डिग्री से 33.20 डिग्री)–जातक अपने परिजनों से दूर रहेगा। शरीर में दर्द। स्त्री और मदिराव्यस्नी। सम्पत्ति रहित होगा।

तृतीय भाग (32.20 डिग्री से 36.40 डिग्री)–अटकल बाजियों से घाटा। शासके वर्ग से निन्दा का सामना। कानूनविद् लोगों से सम्पर्क। परिवार में उत्पन्न कन्या (उससे उत्पन्न नहीं) के कारण खलबली होगी। आवश्यकता पड़ने पर दूसरे उसकी सहायता करेंगे।

चतुर्थ भाग (36.40 डिग्री से 40.00 डिग्री)–व्यवसाय में अपने से वरिष्ठ व्यक्तियों के कारण रूकावटों और विवादों का जन्म। विवाह में अनगिनत परेशानियां अथवा विवाह देरी से होगी। वैभवपूर्ण जीवन जियेगा।

कार्तिक नक्षत्र में उत्पन्न जातकों को मार्गशीर्ष, अश्लेष, मूल और पूर्व-फाल्गुन नक्षत्र में उत्पन्न लोगों से कोई सम्पर्क अथवा रिश्ता नहीं बनाना चाहिए।

कार्तिक नक्षत्र में उत्पन्न जातकों का अधिण्ठाता दशा सूर्य है जिसके बाद चन्द्रमा, मंगल, राहू, बृहस्पति, शनि और बुद्ध आते हैं।

उपचार–

(i) शुक्र के लिए क्रम संख्या 30 पर मन्त्र का जाप करें।

(ii) क्रम संख्या 36 पर मन्त्र का रोजाना 11 (ग्यारक बार) जाप करें अथवा

(iii) क्रम संख्या 18 पर मन्त्र का जाप करें।

(iv) लहसनिया (Cats eye) 3 रत्ती सोने की अगूंठी में जड़वा कर दूसरी अंगुली (शनि) में बुधवार या शुक्रवार को सूर्यास्त से 8-00 बजे के मध्य धारण करें तथा पुखराज 5 रत्ती सोने की अगूंठी में जड़वाकर तीसरी (सूर्य) अंगुली में धारण करें।

अध्याय – 4

रोहिणी नक्षत्र

चौथे राशिचक्र में 40.00 डिग्री से 53.20 डिग्री के विस्तार का क्षेत्र रोहिणी नक्षत्र है। 'अरब मंजिल' में इसे "अद-दबरान" (अनुयायी) तथा ग्रीकों के अनुसार "अलदेबरन" और चीनी इसे "पाई" कहते हैं। रोहिणी बलराम की माता का नाम है। रोहिणी का शाब्दिक अर्थ "लाल-गाय", जो ग्रह चन्द्रमा की पत्नी तथा ऋषि कश्यप व सुरभि की पुत्री; रक्तवाहिनी और विद्युत इत्यादि से है। रथ के आकार के पांच सितारों का समूह रोहिणी नक्षत्र का प्रतीक है। दक्षिण भारतीय धारणाओं के अनुसार रोहिणी नक्षत्र 'वट्' वृक्ष के आकार का 42 सितारों का समूह है।

इस लक्षत्र का अधिण्ठाता देवता ब्रह्मा है जो सम्पूर्ण जगत का पिता है। उसे 'प्रजापति' अर्थात सृष्टि का सृजनकर्ता भी कहते हैं। इनके निवास को 'मनोवती' कहते हैं।

(I) रोहिणी नक्षत्र में उत्पन्न जातकों के सामान्य परिणाम

(क) पुरुष जातक

1. शारीरिक गठन–प्रायः पतला शरीर। यद्यपि दूसरे ग्रहों की दशा व दृष्टि के आधार पर छोटे कद तथा स्थूल शरीर के भी पाये जाते हैं। विशेष आकर्षण लिए हुए छोटी आंखे; सुन्दर तथा आकर्षक व्यक्तित्व, बड़े कन्धे तथा पुष्ट मांस-पेशिया होती हैं।

2. स्वभाव तथा सामान्य घटना–वह चिड़चिड़े स्वभाव का होता है जो एक बार क्रोधित होने पर जल्दी सहज नहीं होता। उसके निर्णयों को कोई भी नहीं बदल सकता। यदि कोई उसके विचारों अथवा योजनाओं में अड़चन डालता है तो वह बहुत ही जिद्दी तथा दुराग्रही हो जाता है। वह अपने विचारों की अवहेलना करने वाली हर सलाह को ठुकरा देता है।

वह दूसरों में ऐब ढूंढ़ने में दक्ष होता है। जबकि वह स्वयं किसी निश्चित उद्देश्य पर नहीं टिकता। वह दिमाग के बजाए मन की अधीन है। जहाँ वह अपने प्रिय के लिए जान तक लुटाने को तैयार है वहां वह अपने

विरोधी को नष्ट करने में कोई कसर नहीं छोडता। वह अपने आप में ही संतुष्ट रहता है।

झूठ को नकार कर सत्य को अपनाना उसकी विशेषता है। वह अपने उद्देश्यों को नियोजित न करने के कारण अपने जीवन में उतार चढ़ाव को सहन करता है। यदि उसके विचारों की निर्बांधता पर अंकुश लग जाये तो वह जीवन में बहुत सफल हो सकता है। उसे भविष्य की चिन्ता नहीं है उसका सब कुछ वर्तमान है। वह किसी भी स्वतन्त्र व्यवसाय में ही नहीं बल्कि सामाजिक सेवा में भी सफल होगा।

3. शिक्षा, रोजगार/आय के साधन–जो भी कार्य वह अपने जिम्मे लेगा उसे ईमानदारी व गम्भीरता से पूरा करने की कोशिश करेगा। लेकिन उसमें क्षमाशीलता और धैर्य की कमी है। वह हरफनमौला बनने की कोशिश करेगा मगर इस प्रक्रिया में उसकी नय व ढ़ंग में कमी के कारण उसे असफलताओं का सामना करना पड़ेगा।

उसके विचारों की स्वतन्त्रता ही उसके पतन का कारण है। यह भी देखा गया है कि रोहिणी नक्षत्र में उत्पन्न जातक, दूसरे ग्रहों की बहुत अच्छे स्थान पर स्थित होने से, जीवन में निम्न स्थान से उठ कर शिखर पर पहुंचे हैं।

वह दुग्ध उत्पादनों व गन्ने के व्यवसाय अथवा कैमिकल इंजीनियर के रूप में कमायेगा। 18 वर्ष तथा 36 वर्ष की आयु के बीच का समय उसके लिए परीक्षा का समय होगा। उसे आर्थिक सामाजिक तथा स्वास्थ्य सम्बन्धी बहुत सी समस्याओं का सामना करना पड़ेगा। प्रायः देखा गया है कि ऐसे लोग अपने जीवन के 38 वें से 50 वें तथा 65 वें से 75 वें वर्ष के दौरान जीवन के उत्तम सुख भोगेंगे। प्रथम मूलभूत कारक ध्यान रख लेना चाहिए कि उसे किसी को भी अपने विश्वास में नहीं लेना है। अपने कर्मचारियों तथा साझीदारों से विशेषकर सावधान रहना चाहिए। उसमें यही एक कमी है कि वह दूसरों पर अन्धाधुन्ध विश्वास कर लेता है। उसकी खुशहाली तथा सफलता इसी बात पर निर्भर है कि वह किसी व्यक्ति पर विश्वास करने से पहले उसे अच्छी तरह जांच परख ले।

4. पारिवारिक जीवन–वह अपने पिता से पूर्ण फायदा नहीं पा सकेगा। उसका अपनी माता तथा मामा के प्रति अधिक लगाव होगा। वह आवश्यकता पड़ने पर किसी भी धार्मिक या सामाजिक नियम को तोड़ने में नहीं हिचकेगा। उसका विवाहित जीवन रूकावटों से भरा होगा।

5. स्वास्थ्य–उसे रक्त की बिमारियां जिनमें रक्त दोष, ब्लड कैंसर, पीलिया, मूत्र की रूकावट, मधुमेह, क्षय रोग, दमा, लकवा तथा गले की तकलीफ शामिल हैं, हो सकती है।

(ख) स्त्री जातक

1. शारीरिक गठन–वह सुन्दर, आकर्षक नेत्र, मध्यम कद तथा साफ रंग की होती है।

2. स्वभाव तथा सामान्य घटना–उचित पहनावा तथा व्यवहार कुशलता उसकी विशेषता है। वह दिखावेबाज़ होगी लेकिन साथ ही कमजोर दिल की होगी। पुरुष जातक की तरह रोहिणी नक्षत्र में उत्पन्न स्त्री जातक चिड़चिड़े स्वभाव की होगी और विपत्तियों को आमन्त्रित करेगी। वह व्यवहारिक, गोपनशील एवं उत्तेजित होने पर उग्र होती है।

3. शिक्षा, रोजगार/आय के साधन–किसी भी काम के सौपें जाने पर अथवा करने पर उसकी अन्तर्हित योग्यता प्रकट होती है। वह तेल, दूध, होटल, चरागाह तथा वस्त्र निर्माता के रूप में कार्य करेगी। माध्यमिक शिक्षा का संकेत है।

4. पारिवारिक जीवन–उसका परिवारिक जीवन अच्छा होगा। उसे पति तथा बच्चों से भरपूर सुख मिलेगा। यदि रोहिणी नक्षत्र में स्थित शुक्र पर शनि की दृष्टि होगी तो जातक की बहन पर संकट का संकेत। कुछ मामलों में बहन के न होने का भी योग। उसे सामजंस्यपूर्ण विवाहित जीवन के लिए अपनी हठधार्मिता को छोड़ना चाहिए। उसे अपने पति पर शक करना त्यागना चाहिए अन्यथा परिणाम तलाक हो सकता है। यदि उसका विवाह माध नक्षत्र में उत्पन्न हुए युवक से होगा तो उसके कई सन्तान होंगी और वह सुखी विवाहित जीवन जी सकेगी। वह एक अच्छी माता सिद्ध होगी।

5. स्वास्थ्य–उसका स्वास्थ्य प्रायः ठीक रहेगा। उसे टांगों व पांव में दर्द, वक्षस्थल (स्तन) में दर्द, कभी-कभी स्तन कैंसर, अनियमित मासिक चक्र, मुहांसे, गले में दर्द तथा गर्दन में फोड़ा आदि तकलीफें हो सकती हैं। यदि रोहिणी उदय के समय प्रथम ऋतुक्षाव के लक्षण प्रकट हों तो वह लड़ाका, दुश्चरित्र तथा गर्भपात कराने वाली होगी।

II रोहिणी नक्षत्र में विभिन्न ग्रहों की उपस्थिति के परिणाम

सूर्य

रोहिणी नक्षत्र में स्थित सूर्य पर चन्द्रमा की दृष्टि हो तो जातक स्त्री वर्ग को अच्छी सेवा देगा तथा जहाजरानी अथवा जलीय उद्योगों से कमायेगा। मंगल की दृष्टि होने पर युद्धकला में प्रवीण होगा तथा धनी और यशस्वी होगा। बुद्ध की दृष्टि हो तो वह ललितकलाओं में रूचि लेगा तथा इनसे आजीविका कमायेगा। यदि बृहस्पति की दृष्टि हो तो वह परिवार तथा समाज में शीर्ष स्थल होगा। वह जनता से यश और मान प्राप्त करेगा तथा शासक वर्ग से लाभान्वित होगा। शुक्र की दृष्टि होने पर सुन्दर नेत्र, आकर्षक शरीर, मधुर मुखाकृति होगी तथा उसके मित्र व शत्रु बराबर तादाद में होंगे। शनि की दृष्टि होने पर स्वास्थ्य खराब रहेगा, आर्थिक लाभ का अभाव होगा तथा जीवन पर्यन्त निर्धन रहेगा। सदैव पत्नी का विरोधी रहेगा।

प्रथम भाग (40.00 डिग्री से 43.20 डिग्री)–उक्त युक्ति में निपुण तथा बुद्धिमान। पोशाकों पर विशेष ध्यान। मवेशियों तथा घोड़ों के व्यापार से लाभ। समाज के लिए अच्छे कार्य। मिरगी, मस्तिष्क-नाड़ी तन्त्र का बिगड़ना, अथवा सिरदर्द जैसे रोग हो सकते हैं।

द्वितीय भाग (43.20 डिग्री से 46.40 डिग्री)–प्रसन्नचित व प्रभावी व्यक्तित्व। तेल का व्यवसाय स्थापित करेगा। उसे गहरे पानी, नदी अथवा समुद्र में स्नान नहीं करना चाहिए। मैनिनजाइटस, बार-बार मूर्छित होना या सिरदर्द का संकेत। यदि यहाँ पर मंगल ग्रह भी स्थित है तो जातक पुलिस या सैनिक विभाग में अथवा इनसे सम्बन्धित सम्पर्क कार्य में रत होगा।

तृतीय भाग (46.40 डिग्री से 50.00 डिग्री)–जनसाधारण के लिए अच्छे कार्य करके नाम अर्जित करेगा। लेकिन ज्यादा धन नहीं कमायेगा। नासूर तथा कब्ज से पीड़ित। महिलाओं में अनियमित मासिक ऋतुचक्र। पानी से खतरा।

चतुर्थ भाग (50.00 डिग्री से 53.20 डिग्री)–सरकारी नौकरी। अक्सर यात्राएं। कमजोर दृष्टि अथवा मुख के रोग। पत्नी की इच्छा पर चलने वाला (जोरू का गुलाम)

चन्द्रमा

रोहिणी नक्षत्र में स्थित चन्द्रमा पर सूर्य की दृष्टि हो तो जातक कृषि क्षेत्र में प्रवीणता तथा अधिकतम लाभ प्राप्त करेगा। वह जादूगर या तांत्रिक होगा, भूमि, सम्पति तथा भवनों का मालिक होगा। यदि मंगल की दृष्टि हो तो जातक स्त्री जाति को आर्कषित करने की क्षमता वाला होगा। वह सत्यवादी तथा अपने परिवार में प्रतिष्ठित व्यक्ति होगा। यदि बुध की दृष्टि हो तो बहुत बुद्धिमान तथा हरफनमौला होगा और उसमें जीवन में अच्छी सफलता प्राप्त करने की क्षमता होगी। बृहस्पति की दृष्टि होने पर माता पिता का आज्ञाकारी, कर्त्तव्यनिष्ठ होगा, उसका झुकाव धर्म की और होगा। शुक्र की दृष्टि हो तो वह जीवन में सभी भौतिक सुखों, वाहन, वस्त्राभूषण, मवेशी इत्यादि का आनन्द लेगा। शनि की दृष्टि हो तो माता की अल्पायु में मृत्यु होगा तथा पिता से कोई अवलम्बन नहीं मिलेगा।

प्रथम भाग (40.00 डिग्री से 43.20 डिग्री)–मधुर स्वभाव, आकर्षक व्यक्तित्व, मृद्भाषी होगा। डेरी फार्म, मवेशी गन्ना अथवा तेल का व्यवसाय करेगा। कान में दोष होगा। कई बहन-भाई होंगे तथा व्यवसाय अच्छा होगा।

द्वितीय भाग (43.20 डिग्री से 46.40 डिग्री)–ललित कलाओं तथा संगीत में रूचि। वह होटल तथा लाँजिंग के काम में कमायेगा। शिक्षा में रूकावट आयेगी। प्रायः निवास स्थान का बदलाव होता रहेगा। स्त्री जातक अटकल-बाज स्वभाव की। नर जातकों के ज्यादा पुत्र होंगे और स्त्री के ज्यादा पुत्रियाँ।

तृतीय भाग (43.40 डिग्री से 50.00 डिग्री)–स्त्रियों के सानिध्य में सुखी जीवन। जलीय उद्योगों को स्थापित करने का संकेत। प्यारा व्यक्तित्व, बुद्धिमान, स्थिर विचार। आँखों व गले में खराबी।

चतुर्थ भाग (50.00 डिग्री से 53.20 डिग्री)–जवाहरात का व्यवसाय अथवा स्वर्णकार। डेरी फार्म भी लगाने का संकेत तथा आमदनी, आभूषण, सेवक वाहनों आदि की प्र्राप्ति। स्त्रियों में मासिक ऋतुचक्र की समस्या। टांगो तथा पाँव में दर्द।

मंगल

रोहिणी नक्षत्र में स्थित मंगल पर सूर्य की दृष्टि हो तो जातक पहाड़ों या जगलों में निवास करेगा। वह पत्नी को सुख नहीं दे पायेगा। यदि चन्द्रमा की दृष्टि हो तो वह माता की इच्छा के विपरीत कार्य करेगा तथा बहुत सी स्त्रियों के सानिध्य का आनन्द लेगा। यदि बुद्ध की दृष्टि हो तो वह धार्मिक ग्रन्थों में विद्वान होगा वह लड़ाका प्रवृत्ति का मगर आकर्षक व्यक्तित्व का तथा धनी व्यक्ति होगा। बृहस्पति की दृष्टि होने पर वह परिजनों के पास रहेगा और जरूरत पड़ने पर उनकी मदद करेगा। वह ललित कलाओं, संगीत में प्रवीण होगा तथा यही उसकी आजीविका होगी। यदि शुक्र की दृष्टि हो तो राजनीतिज्ञ के रूप में प्रसिद्धि पायेगा। शनि की दृष्टि हो तो सम्मानित व्यवहार, साफदिल, विद्वान होगा तथा उसके नगरपालिका अध्यक्ष बनने का योग।

प्रथम भाग (40.00 डिग्री से 43.20 डिग्री)–वाद्य संगीत में रूचि, मृदुभाषी। जहाज़रानी उद्योग से सम्बन्धित होगा। गिल्टियों अथवा कर्णमूल की व्याधिओं से पीड़ित होगा।

द्वितीय भाग (43.20 डिग्री से 46.40 डिग्री)–यदि इस भाग में सूर्य भी स्थित हो तो जातक सेना या पुलिस विभाग में नौकरी करेगा अथवा वह इन विभागों से सम्बन्धित सर्म्पक कार्य में लगा होगा। भावुक तथा साथ ही मूर्ख होगा। टाँसिल अथवा नक्सीर का संकेत।

तृतीय भाग (46.40 डिग्री से 50.00 डिग्री)–साहसी, विद्वानों द्वारा सम्मानित। यदि जन्म लग्न अश्विनी में है तथा मंगल इस खण्ड में स्थित हो तो संतान की मृत्यु पत्नी से दुख प्राप्त होने की परिणति। गर्दन में गठिया अथवा फैरेनजायट्ज रोग का संकेत।

चतुर्थ भाग (50.00 डिग्री से 53.20 डिग्री)–धनी, शराबी तथा स्त्री संगत का शौकीन। चंचल-चित वाला तस्करी तथा मादक पदार्थों जैसे अनैतिक कार्यों से धन कमायेगा।

बुध

रोहिणी नक्षत्र में स्थित बुध ग्रह पर सूर्य की दृष्टि हो तो जातक बिमार, कमजोर शरीर का तथा धन विहीन होगा मगर दूसरों की मदद करने

का इच्छुक होगा। यदि चन्द्रमा की दृष्टि हो तो मेहनती, धनी तथा शासक वर्ग की निकटता में होगा। मंगल की दृष्टि होने पर शासक वर्ग से लाभ, लेकिन इस पर शनि की दशा हुई तो वह शासक वर्ग से दण्डित भी होगा। बृहस्पति की दृष्टि हो तो नगर या विभाग का अध्यक्ष, बुद्धिमान तथा धनवान होगा। शुक्र की दृष्टि होने पर अच्छे पहनावे तथा तड़क-भड़क में विश्वासी, प्रतिजाति की तरफ आकर्षित, कामव्यस्नी। यदि शनि की दृष्टि हो तो पत्नी, सन्तान तथा दूसरों द्वारा दुर्व्यव्यवहार के कारण पागलपन की स्थिति तथा लोगों का उसको दुतकारा जाना।

प्रथम भाग (40.00 डिग्री से 43.20 डिग्री)–व्यवहार चतुर, मृदुभाषी। अच्छे कार्यों द्वारा धनार्जन। सुलझे विचारों वाली पत्नी। हकलाहट या बोलने में परेशानी।

द्वितीय भाग (43.20 डिग्री से 46.40 डिग्री)–वेद शास्त्रों का ज्ञाता, धनी और यशस्वी। उसे अग्नि तथा बारूदी शास्त्रों से बचना चाहिए। वह कई स्त्रियों से काम-सम्बन्ध रखेगा।

तृतीय भाग (46.40 डिग्री से 50.00 डिग्री)–दृढ़ स्वभाव का तथा अति कामवासना में सलंग्न। उसका पिता को शासन से दण्ड प्राप्त होगा। भाइयों से निराशा मिलेगी। मूत्र रोग का संकेत।

चतुर्थ भाग (50.00 डिग्री से 53.20 डिग्री)–दूर के रिश्तेदार द्वारा लाभ प्राप्त होगा। एक बहन का पालन पोषण उसके ऊपर होगा। यदि इस स्थिति में शनि भी उपस्थित है तो जातक दांत के रोग तथा पैराथाइरॉड के असन्तुलन से प्रभावित होगा।

बृहस्पति

रोहिणी नक्षत्र में स्थित बृहस्पति पर सूर्य की दृष्टि हो तो जातक सशस्त्र सेनाओं में भरती होगा। वह युद्ध विद्या में प्रवीण होगा उसे सरकार से मान्यता (पदक) प्राप्त होंगे। वह युद्ध में शत्रु से लड़ते हुए घायल होगा। चन्द्रमा की दृष्टि होने पर वह सत्यभाषी, भाग्यशाली, सम्मानित तथा जरूरतमन्दों की सहायता करने वाला होगा। मंगल की दृष्टि हो तो अच्छी पत्नी व सन्तान होगी। वह शासक वर्ग से लाभ प्राप्त करेगा और अच्छे सरकारी पद पर होगा। बुध की दृष्टि हो तो राजनीतिक क्षेत्र में प्रभावी तथा

आकर्षक व्यक्तित्व का होगा जो सांस्कृतिक उन्नति में रूचि लेगा। यदि शुक्र की दृष्टि हो तो भाग्यशाली, धनवान तथा गरीबों का सहारा होगा। शनि की दृष्टि होने पर, जो कि इस अंश में अत्युत्तम है, जातक धन-सम्पत्ति, यश प्राप्त करेगा वह मन्त्री पद पर अथवा किसी संस्था के अध्यक्ष पद पर होगा।

प्रथम भाग (40.00 डिग्री से 43.20 डिग्री)–दर्शन तथा सम्बन्धित विषयों में रूचि रखेगा। सत्यभाषी, अच्छे लोगों से सम्पर्क रखने वाला होगा। वह स्त्रियों में विशिष्ट स्थान तथा सम्मान पायेगा। रक्ताधक्त या appoplexy की बिमारी का संकेत। यह अंश बृहस्पति के स्थान के लिए अत्युत्तम है जिसमें वह अपना जीवन भरपूर खुशियों के साथ बितायेगा। धन-ऐश्वर्य, सन्तान, यश, मान मिलेगा तथा कई लोग उसके मातहत काम करेंगे।

द्वितीय भाग (43.20 डिग्री से 46.40 डिग्री)–धर्म की और अग्रसर। गला या आंतों की बिमारी, हलका दमा, खांसी तथा जुकाम हो सकत हैं। पिता से ज्यादा लगाव। उसकी सत्यनिष्ठा की लोग प्रशंसा। एक से अधिक पत्नियों का संकेत।

तृतीय भाग (46.40 डिग्री से 50.00 डिग्री)–विवाहेतर यौन सम्बन्धों, दास-दासियों तक से काम-सम्बन्धों, में लिप्त। वह स्त्रियों के देखते ही उन्हे सताने/पीड़ित करने से नहीं चूकता। सन्तान होगी। यदि इस भाग में चन्द्रमा स्थित न हो तो 55 वर्ष की आयु अन्यथा और लम्बी आयु। उसके गला अथवा यौनरोग से पीड़ित होने का योग।

चतुर्थ भाग (50.00 डिग्री से 53.20 डिग्री)–व्यापक यात्राएं, विदेशों में कारोबार। 32 वर्ष की आयु तक आर्थिक और सामाजिक परेशानियाँ, बाद में किसी धर्मनिष्ठ व्यक्ति द्वारा उसका उद्धार तथा उससे ही उसे जीवन की सभी सुविधाएं प्राप्त होगी। 40 वर्ष की आयु में यात्रा के समय दुर्घटना का संकेत। उसे इस वर्ष यात्रा के समय सावधानी बरतनी चाहिए।

शुक्र

रोहिणी नक्षत्र में स्थित शुक्र पर सूर्य की दृष्टि हो तो जातक स्त्रियों के कारण भूमि, सम्पति इत्यादि प्राप्त करेगा मगर उसका वैवाहिक जीवन सुखी नहीं होगा। यदि चन्द्रमा की दृष्टि हो तो कामवासना ग्रस्त, लेकिन मृदुभाषी तथा परिवार में अमूल्य। मंगल की दृष्टि होने पर क्रूर, सुखों से हीन तथा

अनैतिक कार्यों द्वारा धन कमायेगा। यदि बुध की दृष्टि हो तो सुन्दर व्यक्तित्व, चुपचुपा स्वभाव। बृहस्पति की दृष्टि होने पर प्रसन्न वैवाहिक जीवन, आज्ञाकारी संतान, वाहन, भवन आदि से भरपूर सुखी जीवन। शनि की दृष्टि हो तो स्वास्थ्य की समस्या, आत्म सम्मान नष्ट होगा तथा निर्धन होगा।

प्रथम भाग (40.00 डिग्री से 43.20 डिग्री)–वह सम्पत्ति, भवनों तथा वाहनों का मालिक होगा। 35 वर्ष की आयु तक उसका परिवारिक जीवन सौहार्दपूर्ण नहीं होगा। इस आयु तक यदि वह विवादों तथा तनाव से बचे तो सम्बन्धविच्छेद की स्थिति से बच सकता है। 35 वर्ष की अवस्था के बाद उसका जीवन बहुत अच्छा होगा। उसकी पत्नी जीवन के मूलभूत मूल्यों को समझने में सक्षम होगी। उसे सांस की बिमारी, गर्भाशय की समास्याओं अथवा यौन रोग की पीड़ा का योग है।

द्वितीय भाग (43.20 डिग्री से 46.40 डिग्री)–वह ललित कलाओं, ड्रामा अथवा संगीत वाद्यों में रूचि लेगा। यदि इस अंश में शुक्र पर राहू की दृष्टि हो तो जातक अभिनेता अथवा नाटक लेखक के रूप में अपार धन कमाएगा। गरदन में फोड़ा या गिल्टी का रोग। वह सद्भाव पूर्ण विवाहित जीवन बितायेगा। प्रायः सभी मामलों में, जहाँ इस भाग में शुक्र, (चाहे वह किसी के संयोग में हो अथवा दृष्टि या एक ही डिग्री में हो) जातक के एक पुत्र व एक पुत्री ही होंगे तथा एक से तीन गर्भपातों (आपरेशन अथवा अन्य तरीके से) का संकेत है।

तृतीय भाग (46.40–50.00 डिग्री)–उसके अन्य स्त्रियों से अधिक काम-सम्बन्ध होंगे जिनमें से एक या दो उसे ब्लैकमेल करके धन भी ऐठेंगी। उसे 35-36 वर्ष की अवस्था में इस तरह के सम्बन्धों से बचना चाहिए क्योंकि जातक के इसी आयु में कामवासना द्वारा शोषण की तीव्रता का संकेत है। उसके दास-दासियों से भी काम-सम्बन्ध होगें। यौन रोग अथवा गर्भास्य की समस्याओं का भी संकेत है।

चतुर्थ भाग (50.00 डिग्री से 53.20 डिग्री)–छोटा कद, स्थूल शरीर। वह अति सुन्दर स्त्री से विवाह करेगा। वह पत्नी की आय अथवा विरासत में प्राप्त सम्पति से जीवन निर्वाह करेगा। उसे गिल्टियाँ, टॉन्सिल आदि रोगों का संकेत है। इस अंश में शुक्र की स्थिति होने पर स्त्रियों के पति बहुत धनवान तथा समाज में प्रभावी व्यक्ति होंगे।

शनि

रोहिणी नक्षत्र में स्थित शनि पर सूर्य की दृष्टि हो तो जातक गरीब तथा दूसरे के दिए धन-भोजन पर आश्रित होगा। यदि चन्द्रमा की दृष्टि हो तो वह सरकार से सम्मान प्राप्त करेगा तथा धनी और शक्तिशाली होगा। यदि मंगल की दृष्टि हो तो वाचाल तथा सदैव मुस्कराने वाला होगा। वह धनी होगा। बुध की दृष्टि होने पर वह पश्ड समान कामुक होगा तथा दुष्ट लोगों की संगति में रहेगा। यदि बृहस्पति की दृष्टि हो तो दूसरों की सेवा करने का सदैव इच्छुक, बिमारों व जरूरत मन्दों की सहायता करने वाला तथा मेहनती होगा। शुक्र की दृष्टि होने पर वह सोने-जवाहरात का कारोबार करेगा तथा अच्छा लाभ अर्जित करेगा। वह शराबी तथा कामुक प्रवृति का होगा।

प्रथम भाग (40.00 डिग्री से 43.20 डिग्री)–धार्मिक प्रवृति का लेकिन आदत से जुआरी। आरम्भ में काफी धन गवांयेगा लेकिन बाद में 45 वर्ष की आयु के बाद अर्जित करेगा। प्रायः सुखी जीवन। गले क कैंसर का संकेत है इसलिए उसे गले की तरफ से सावधानी बरतनी चाहिए। छोटी आयु में ही दांत झड़ जायेंगे।

द्वितीय भाग (43.20 डिग्री से 46.40 डिग्री)–मवेशियों से आय। सुन्दर शरीर, खुशमिजाज तथा बुद्धिमान। गले आँख की समस्याएं तथा नकसीर, कब्ज के कारण पेट का आपरेशन अथवा गंजेपन का रोग।

तृतीय भाग (46.40 डिग्री से 50.00 डिग्री)–शनि की स्थिति का अच्छा स्थान। वह धार्मिक ग्रन्थों पर शोध कार्य करेगा, दूसरों से धन-सम्पत्ति अर्जित करेगा, मृदुभाषी तथा अत्यन्त बुद्धिमान उसे गले तथा दांत के रोग हो सकते हैं।

चतुर्थ भाग (50.00 डिग्री से 53.20 डिग्री)–मवेशियों से आय। सुन्दर शरीर, खुशमिजाज़ तथा बुद्धिमान लेकिन किसी कार्य या क्षेत्र में स्थिर चित नहीं होगा। शासक वर्ग के निकट सम्पर्क में रहेगा। अपने धन के प्रभाव से राजनीति में प्रवेश करेगा। कुछ मामलों में पाया गया है कि वह राजनीति में अच्छे स्थान पर स्थापित होतें हैं। आँख व गले की परेशानी, नकसीर, लकवा, वायु (गैस) का अल्सर अथवा बहरापन पाया जाता है।

राहु

प्रथम भाग (40.00 डिग्री से 43.20 डिग्री)–छरहरा शरीर, साहसी, और अतिभक्षक होगा। गैस और अपच की शिकायत। आँख के रोग से पीड़ित। यदि इस भाग में लग्न भी पड़े तो जातक दुष्ट बाधाओं से बचा रहेगा। उसकी लम्बी आयु होगी।

द्वितीय भाग (43.20 डिग्री से 46.40 डिग्री)–राहू की सर्वश्रेष्ठ स्थिति। वह असाधारण रूप से प्रसिद्ध, दृढ़ इच्छाशक्ति का तथा उसके उद्‌गारों को जनता अपनायेगी। वह 50 वर्ष की अवस्था तक अच्छा धन कमायेगा फिर भी अपनी मृत्यु के समय वह कंगाल होगा। वह उत्पत्ति सम्बन्धी अव्यवस्था होगी।

तृतीय भाग (46.40 डिग्री से 50.00 डिग्री)–वह अपनी दैनिक आवश्यकताओं के लिए दूसरों पर निर्भर होगा। 65 वर्ष तक की आयु। जलीय बिमारियों से मृत्यु का योग। अधिमूत्र की व्याधि।

चतुर्थ भाग (50.00 डिग्री से 53.20 डिग्री)–जातक को यात्राओं में सावधानी बरतनी चाहिए। क्योंकि उसके साथ दुर्घटना का योग है। गले या गर्दन पर चोट लगने का संकेत। काव्यरचना में रूचि। अच्छी शिक्षा न होने पर भी प्रसिद्ध कवि बनेगा।

केतू

प्रथम भाग (40.00 डिग्री से 43.20 डिग्री)–वह अपने जन्मस्थान से दूर रहने का प्रयास करेगा। वह प्रायः दूसरे के आश्रित रहेगा। देखा गया है कि जातक की निर्धनता के कारण 30 वर्ष की आयु में उसकी मृत्यु हो जाती है। उसे अन्धापन अथवा मोतियाबिन्द भी हो सकता है।

द्वितीय भाग (43.20 डिग्री से 46.40 डिग्री)–लम्बी आयु होने में सन्देह है। यदि बृहस्पति की शुभ दृष्टि हो तो 21 वर्ष तक की आयु होगी। बचपन से ही दृष्टिदोष का संकेत।

तृतीय भाग (46.40 डिग्री से 50.00 डिग्री)–शिक्षक बनने का योग। बड़ा परिवार होगा। 30 वर्ष की आयु तक विरासत में मिली सम्पति से अच्छा जीवन। तदुपरान्त पत्नी के कारण सारा धन गंवा देगा। उसे गले या मुख का कैंसर अथवा हकलापन होने का संकेत।

चतुर्थ भाग (50.00 डिग्री से 53.20 डिग्री)–वेद शास्त्रों में निपुण। वादविवाद में प्रवीण। तन्त्र और मन्त्र पर पांडित्य होगा। कुछ मामलों में अच्छे आयुर्वेदिक चिकित्सक पाये गये हैं। फिर भी वह अन्धापन, मोतियाबिन्द तथा उच्चारण दोष से पीड़ित होगा।

(iii) रोहिणी नक्षत्र में उत्पन्न जातकों को आर्द्रः, पौष, माध, स्वाति, मूल तथा पूर्वफाल्गुनी नक्षत्रों में उत्पन्न व्यक्तियों से सम्बन्ध नहीं बनाना चाहिए। यदि उपरोक्त नक्षत्र प्रभाव में हों तो उस समय में रोहिणी नक्षत्र में उत्पन्न व्यक्तियों को कोई मांगलिक कार्य नहीं करना चाहिए।

रोहिणी का अधिण्ठाता दशा चन्द्रमा है, जिसके बाद मंगल, राहू, बृहस्पति, शनि तथा बुध का क्रम है। रोहिणी नक्षत्र में कुछ ग्रहों का घातक अंक्षाश पर होना निम्नलिखित हैः

बुध–रोहिणी नक्षत्र की 4.00 डिग्री (परिक्रमा कक्षा की 44 डिग्री)

शुक्र–रोहिणी नक्षत्र की 5.00 डिग्री (परिक्रमा कक्षा की 45 डिग्री)

केतू–रोहिणी नक्षत्र की 8.00 डिग्री (परिक्रमा कक्षा की 48 डिग्री)

उपरोक्त ग्रहों की स्थिति तथा प्रत्येक के सामने दिये गये अक्षांश, पात, यदि बृहस्पति की तीक्षण दृष्टि न हो तो, जातक की लम्बी आयु के लिए बाधक होते हैं। जब ये ग्रह इन घातक अक्षांशों से गुजरे तो उस समय कोई मांगालिक कार्य नहीं करना चाहिए। जब बुध, शुक्र, तथा केतू का अपने-अपने धातक अक्षांशो से गोचर (वार्षिक गमन) होना हो तो जातक को विशेष सावधानी अपनानी चाहिए।

(iv) विभिन्न ग्रहों के घात को कम करने के लिए निम्न उपाय अपनाने चाहिए :

(1) नित्य ग्यारह बार महामन्त्र "ओंम नमोः शिवायः" का जाप करना चाहिए।

(2) 4 या 6 रत्ती का मोती चाँदी की अगूंठी में जड़वाकर शुक्लपक्ष में सोमवार के दिन प्रातः 6 से 7 बजे अथवा सांय 7 और 10 बजे के बीच चौथी (बुध) अंगुली में धारण करे तथा नीलम 3 रत्ती का सोने अथवा पंचधातु की अगूंठी में जड़वाकर शनिवार को सांय 1.30 से 4.30 के मध्य दूसरी (शनि) अंगुली में धारण करें।

(3) नित्य सूर्य मन्त्र का जाप करें। ग्रहों के दुष्प्रभाव को हटाने के लिए गायत्री मन्त्र का भी जाप करना चाहिए।

अध्याय – 5

मार्गशीर्ष (मृगासिर) नक्षत्र

पाँचवे राशिचक्र में 53.20 डिग्री से 66.40 डिग्री के विस्तार का कक्षा क्षेत्र मार्गशीर्ष नक्षत्र है। अरब मंजिल में इसे 'अलहका' कहते हैं; ग्रीक इसे "ओरियोनिस" तथा चीनी मतानुसार यह 'त्से' के नाम से जाना जाता है। यह मृग के सिर के आकार का तीन सितारों का समूह है। यह नारियल की आँख के समान भी दिखता है। 'मृगशीर्ष' का तात्पर्य 'हिरण के सिर' से है।

मार्गशीर्ष नक्षत्र का अधिण्ठाता देवता चन्द्रमा है। पुराणों में चन्द्रमा को 'सोम' भी कहा जाता है। चन्द्रमा ने बृहस्पति की पत्नी तारा का धोखे से शीलभंग कर दिया था जिससे बुध का जन्म हुआ। प्रारम्भ में बृहस्पति ने बुध को अपनाने से इन्कार कर दिया लेकिन बाद में बुध को अपनाने से इन्कार कर दिया लेकिन बाद में बुध के सुन्दर व्यक्तित्व तथा स्वभाव से प्रभावित होकर बृहस्पति ने बुध को अपना पुत्र मान लिया। इससे पता चलता है कि चन्द्रमा इतनी शक्ति रखता है कि वह मानव के मन में अहंकार उत्पन्न कर दे।

(I) मार्गशीर्ष नक्षत्र में उत्पन्न जातकों के सामान्य परिणाम

(क) पुरुष जातक

1. शारीरिक गठन–सुन्दर, दृढ़ शरीर, लम्बा कद, मध्य श्रेणी का रंग-रूप, पतली टांगों व लम्बी भुजाओं वाला होता है।

2. स्वभाव तथा सामान्य घटना–उसमें एक विलक्षण प्रवृति होती है कि वह शक्की स्वभाव का होता है। हर चीज पर शक करता है। वह दूसरों से सद्भावपूर्वक व्यवहार करता है और वही व्यवहार दूसरों से भी प्रतीक्षा करता है। प्रायः ऐसा होता नहीं। उसके निष्कपट स्वभाव के कारण दूसरे उससे मेल जोल रखकर प्रसन्नता अनुभव करते हैं। लेकिन उसे अपने मित्रों और सम्बन्धियों से तथा साथ ही भागीदारों से व्यवहार करते हुए सावधानी बरतनी चाहिए कि वह उनसे धोखा भी खा सकता है। दूसरों पर आँख मूंद कर विश्वास करना तथा बाद में धोखा खाना नैराश्य और पछतावे को जन्म देता है।

अपनो से बुराई करने वालों के साथ निपटने का उसे ढंग आता है। उसमें जागरूकता, नेतृत्व करने की योग्यता तथा बुद्धिमतापूर्ण कौशल, उत्सुकता जैसी कई विशेषताएं हैं, लेकिन उसके दूसरों के प्रति अनुरक्तिपूर्ण स्नेह के बदले उसे परिस्थितियों तथा लोगों द्वारा अवहेलना या अपेक्षा मिलती है।

वह सीधा-साधा व्यक्ति होता है। वह सिद्धान्ती व साधारण जीवन को पसन्द करता है। उसके विचार निष्पक्ष तथा निष्कपट होते हैं। दूसरों के द्वेषपूर्ण निर्णय अथवा कार्यों का सामना उसके धैर्य की सीमा खत्म कर देता है। जबकि वह दूसरों के विचारों का सम्मान करने तथा उन्हें अपनाने का प्रकट करता है लेकिन उन्हें अपने निजी जीवन में कभी नहीं अपनाता। वह अपनी इच्छानुसार जीवनयापन करता है। वह स्वयं को साहसी तथा किसी भी साहसिक कार्य को करने को प्रकट करता है जबकि वह जन्मना कायर होता है।

उसे मानसिक शान्ति नहीं मिलती वह छोटी-छोटी बातों पर उत्तेजित हो जाता है। 32 वर्ष की आयु तक उसका जीवन गल्तियों और चुनौतियों से भरा होगा तथा वह तुफान में फंसी हुई नौका की भांति डावांडोल मनस्थिति में होगा तथा किसी भी निर्णय के अभाव में उसका मन भटकता रहेगा। 32 वर्ष की अवस्था के बाद, यदि दूसरी ग्रहीय स्थितियाँ अनुकूल हों तो, उसके जीवन में स्थिरता व संतोष की स्थिति आ जायेगी।

3. शिक्षा, रोजगार/आय के साधन–अच्छी शिक्षा प्राप्त करेगा। वह अच्छा वित्तीय सलाहकार होगा। वह दूसरों को मितव्ययता की सलाह देगा लेकिन स्वयं अपने खर्चों पर नियन्त्रण नहीं रख पायेगा और अन्त में स्वयं को आर्थिक संघर्षों में फंसा पायेगा। 32 वर्ष की आयु तक उसे उतार चढ़ाव का सामना करना होगा। इस अवस्था के बाद उसे व्यवसाय/रोजगार तथा जीवन में सफलता मिलेगी। वह नियमित नीरस कार्यों को बीच में ही छोड़कर प्रायः नये कार्य शुरू कर देता है। यह उसके अवबोधन के कारण होता है, न कि प्रस्तुत कार्य की सफलता या असफलता की संभावना को समझने की उसमें कमी के कारण। प्रस्तुत कार्य को बीच में छोड़कर नये को अपनाना उसके लिए अधिक व्यवहार्य है। दूसरे शब्दों में वह कोई भी कार्य लगातार तथा स्थायी रूप से करने में असमर्थ है।

कुछ मामलों में देखा गया है कि जातक किसी कार्य को करने में सक्षम है मगर विधाता की कुछ और ही इच्छा होती है जिससे असफलता की कुंठा उसे मारे डालती है। यह तो उसके इस नक्षत्र में उत्पन्न होने का दोष है। अतः उन्हे इस अध्याय के अन्त में दी गई उपचार विधियों का पालन करने की सलाह दी जाती है।

33 वर्ष से 50 वर्ष की आयु का समय उसके लिए सफलतापूर्वक कार्यों का होगा जिसमें उसे अप्रत्याशित रूप से पूर्ण लाभ मिलेगा। लेकिन इस समय में वह जो भी अर्जित करेगा अपनी भूलों से सब गंवा देगा।

4. पारिवारिक जीवन–उसे सहजातक से कोई लाभ नहीं मिलेगा। ये सहजातक उसके लिए केवल परेशानी या विपत्ति उत्पन्न नहीं करेंगे बल्कि उसको हानि पहुंचाने की भी दुश्मनी करेंगे, उसका निश्छल प्रेम व स्नेह उसके परिजनों पर कोई प्रभाव नहीं डालेगा। दूसरे शब्दों में जातक की गलती न होते हुए भी उसके परिजन उसे गलत समझेंगे। इसी कारण भाग्य तथा सितारों का मनुष्य पर प्रभुत्व होता है।

उसके जीवन साथी का स्वास्थ्य अच्छा नहीं होगा। इससे अधिक, उसका वैवाहिक जीवन सौहार्द नहीं होगा। उनमें छोटी-छोटी बातों पर तथा जातक के कड़ा स्वभाव के कारण स्नेह तथा सौहार्द से दूर होगा। कुछ मामलों में यह देखा गया है कि दम्पति में इस मनमुटाव का कारण, उनमें से किसी एक का जीवन में श्रेष्ठता या वरियता प्राप्त करने से उत्पन्न हुआ छोटेपन से है। इस झगड़े तथा मनमुटाव को दूर करने के लिए जातक की पति या पत्नी मंगलवार को व्रत रखना चाहिए और शिव जी की पूजा करनी चाहिए। (जात पुरुष है तो उसको पत्नी और स्त्री हो तो उसको पति व्रत रखना चाहिए)

5. स्वास्थ्य–बचपन में उसका स्वास्थ्य ठीक नहीं होगा। बार-बार की कब्ज से पेट की बिमारी, चोट-चपेट, गले की हड्डी के पास कन्धों में दर्द का संकेत।

(ख) स्त्री जातक

मार्गशीर्ष नक्षत्र में उत्पन्न स्त्री जातक भी प्रायः पुरुष जातकों वाली उपरोक्त परिणाम अनुभव करेगी। इसके अतिरिक्त परिणाम निम्नलिखित हैं:

1. शारीरिक गठन–लम्बा-छरहरा शरीर, तीक्षण नाक-नक्श व बहुत ही सुन्दर शरीर की होगी।

2. स्वभाव तथा सामान्य वृतान्त–बहुत बुद्धिमान होगी। सामाजिक कार्यों में रूचि लेगी। मानसिक रूप से चुस्त, हाजिर जवाब तथा मतलबी होगी। अपनी तेज तीखी जुबान के कारण उसे दूसरों से बहस करते हुए अथवा लड़ते हुए अपशब्द कहते समय यह ध्यान रखना चाहिए कि उसके कहे गये शब्द दूसरों के लिए नुकसान देह होते है। अर्थात उसका क्रोध में कहा गया श्राप पूरा होता है। वह शिक्षित तथा कला की पुजारिन होगी। उसके सन्तान होगी तथा वह पति को समर्पित होगी। बहुत धनवान होगी तथा अच्छा रहन-सहन, वस्त्राभूषण व खान-पान के मामले में भाग्यशाली होगी। वह धन के प्रति लालची प्रवृति की होगी।

3. शिक्षा, रोजगार/आय के साधन–मैकेनिकल या इलैक्ट्रीकल इंजीनयरी, टेलीफोन, बिजली के उपकरणों आदि में अच्छा ज्ञान प्राप्त करेगी। यह अचरज की बात होगी कि स्त्री होते हुए भी वह पुरूषों वाले कार्यों अथवा व्यवसाय में रूचि लेगी।

4. पारिवारिक जीवन–विवाह के बाद भी वह विभिन्न कार्यों में व्यस्त रहेगी। पति उसके नियन्त्रण में होगा। जीवन में कुछ प्रेम प्रसंग होंगे जो विवाह की परिणति को नहीं पहुंचेगे लेकिन विवाह के बाद वह पति को ही समर्पित होगी और पूर्व घटनाओं का उस पर कोई असर नहीं होगा। उसे पूर्वफाल्गुनी नक्षत्र में उत्पन्न जातक से विवाह नहीं करना चाहिए यदि वह ऐसा करती है तो पति की जल्दी मृत्यु का खतरा है।

5. स्वास्थ्य–समय समय पर स्वास्थ्य समस्याएं उत्पन्न होगी। उसे गलगण्ड, फुन्सियाँ, यौन रोग, मासिक ऋतुचक्र से होने वाली परेशानियाँ तथा कन्धे पर दर्द हो सकता है। यदि इसके (स्त्री) मार्गशीर्ष नक्षत्र के समय प्रथम ऋतुश्राव के लक्षण प्रकट हों तो वह धर्मात्मा, पतिभक्ता या पतिव्रता होगी।

II मार्गशीर्ष नक्षत्र में ग्रहों की स्थिति के परिणाम

सूर्य

इस नक्षत्र में स्थित सूर्य पर चन्द्रमा की दृष्टि हो तो जातक के

आश्रित कई स्त्रियां होगी। वह जलीय उद्योगों या व्यवसाय द्वारा आमदनी करेगा। यदि मंगल की दृष्टि हो तो जातक वीर होगा तथा अपनी वीरता से सम्पति अर्जित करेगा। बुध की दृष्टि होने पर जातक अच्छे शारीरिक गठन का तथा लेखक होगा। बृहस्पति की दृष्टि हो तो जातक शासक वर्ग के सम्पर्क में होगा तथा उससे काफी धन प्राप्त करेगा। यदि शुक्र की दृष्टि हो तो उच्चतम राजनीतिक दर्जा मिलेगा तथा पत्नी, सन्तान तथा धन-दौलत से सम्पन्न होगा। शनि की दृष्टि होने पर जातक नीच प्रवृति का होगा तथा उसके अपने से बड़ी आयु की स्त्रियों से यौन सम्बन्ध होंगे।

प्रथम भाग (53.20 डिग्री से 56.40 डिग्री)–उसे सुगन्धित पुष्पों का शौक होगा। वह बुद्धिमान, आर्कषक व्यक्तित्व का तथा भाग्यवान होगा। उसके कुछ ही पुत्र होंगे। उसे मुख, चेहरे तथा आँखों की बिमारियों का संकेत है।

द्वितीय भाग (56.40 डिग्री से 60.00 डिग्री)–अच्छे पहनावे, कन्नियुक्त चेहरे तथा तेजस्वी व्यक्तित्व का और गाने-बजाने का शौकीन। पानी से डरेगा। 27 वर्ष की आयु में विवाह का योग। आखों में खराबी।

तृतीय भाग (60.00 डिग्री से 63.20 डिग्री)–आर्थिक तथा वित्तीय सलाहकार के रूप में योग्य अच्छी स्थिति प्राप्त करेगा। जनसम्पर्क कार्यों के लिए निपुण उसका एक पुत्र वैज्ञानिक शोध के क्षेत्र में अच्छी श्रेष्ठता प्राप्त करेगा। नाक की बिमारी से परेशानी।

चतुर्थ भाग (63.20 डिग्री से 66.40 डिग्री)–बहुत जन सेवा करेगा। यदि इस खण्ड में बुध भी स्थित हो और चन्द्रमा प्रथम भाग में हो तो वह विद्वान, मृदुभाषी, सम्मानित तथा निपुण ज्योतिषी होगा। उसे टॉंसिल्स अथवा गले की बिमारियां होंगी।

चन्द्रमा

मार्गशीर्ष नक्षत्र में स्थित चन्द्रमा पर सूर्य की दृष्टि हो तो जातक कृषि पर निर्भर होगा तथा धनी और साहूकार होगा। यदि मंगल की दृष्टि हो तो अन्य स्त्री के कारण पहली पत्नी से सम्बन्ध विच्छेद तथा माता के लिए खतरे का कारण होगा। बुध की दृष्टि हो तो जातक अति शिक्षित तथा सर्वप्रिय होगा। बृहस्पति की दृष्टि होने पर वह पत्नी, सन्तान तथा धन-सम्पति

के साथ जीवन के सुख भोगेगा तथा बहुत प्रसिद्ध होगा। शुक्र की दृष्टि हो तो माता से विरासत में सम्पति प्राप्त होगी तथा सुखपूर्वक दिन बितायेगा। यदि शनि की दृष्टि हो तो जातक धनहीन, माता की लम्बी आयु के लिए बाधक तथा उसके आज्ञाकारी सन्तान होगी।

प्रथम भाग (53.20 डिग्री से 56.40 डिग्री)–वह बुद्धिमान तथा प्रसिद्ध होगा। उसके पुत्रियां अधिक होंगी। सुन्दर व पतिव्रता पत्नी होगी जिससे धन तथा राजनीति में प्रसिद्धि की प्राप्ति होगी। जोड़ों के दर्द तथा दुखती आंखों की पीड़ा का संकेत।

द्वितीय भाग (56.40 डिग्री से 60.00 डिग्री)–यदि ये भाग लग्न भी हो तो जातक का जन्म धनाढ़य तथा विशिष्ठ परिवार में होगा। छोटी आयु में विवाह, सुखी जीवन होगा। फेफड़ों तथा दिल की समस्याओं का संकेत।

तृतीय भाग (60.00 डिग्री से 63.20 डिग्री)–वह प्रसिद्धि प्राप्त करेगा मगर आमदनी कम होगी। वह बचपन से ही विभिन्न समस्याओं का सामना करेगा। उसे माता से स्नेह और प्यार नहीं मिलेगा। उसका गला खराब हो सकता है। कुछ मामलों में मुख का कैंसर भी पाया गया है।

चतुर्थ भाग (63.20 डिग्री से 66.40 डिग्री)–मजबूत शरीर तथा शरीर में पीट अथवा बगल पर जन्मजात पहचान चिन्ह होगा। दवाइयां, कैमिकल या प्रसाधन सामग्री का व्यवसाय करेगा। फेफड़ों में पानी अथवा स्त्रियों को ऋतुचक्र की परेशानी हो सकती है।

मंगल

मार्गशीर्ष नक्षत्र में स्थित मंगल पर सूर्य की दृष्टि हो तो जातक वन स्थान में रहेगा। वह स्त्री जाति से घृणा करेगा। साहसी होगा। यदि चन्द्रमा की दृष्टि हो तो जातक माता का मान गिराने वाला, वेश्यागामी, होगा तथा अन्त में उन्हीं के हाथों बरबाद होगा। बुध की दृष्टि होने पर जातक पुत्र तथा धन प्राप्त करेगा। यदि बृहस्पति की दृष्टि हो तो वह संगीत तथा संगीत वाद्यों में निपुण होगा तथा परिजनों का प्रिय होगा। शुक्र की दृष्टि हो तो वह विशिष्ट राजनीतिक दर्जा प्राप्त करेगा अथवा वह सुरक्षा या पुलिस विभाग में अच्छे पद पर होगा। यदि शनि की दृष्टि हो तो वह गांव या कस्बे का प्रमुख होगा।

प्रथम भाग (53.20 डिग्री से 56.40 डिग्री)–कटु बोलने वाला। धनअभाव से पीड़ित तथा उस पर बड़े परिवार के पालन का उत्तरदायित्व होगा। पत्नी की जल्दी मृत्यु का योग, स्वयं की लम्बी आयु भी संदिग्ध। यदि विशाखा नक्षत्र में लग्न हों तो जातक निसंतान होगा। टांसिल्स, तेज बुखार या प्रोस्टेट ग्रन्थियों के कष्ट का संकेत है।

द्वितीय भाग (56.40 डिग्री से 60.00 डिग्री)–वह परिवार विरोधी होगा तथा परिवार की बदनामी का कारण बनेगा। यदि यहां शनि की भी उपस्थिति है तो जातक को कारावास होगा। उसे यौनिक अल्सर, गर्दन में मांसपेशियों का गठिया हो सकता है।

तृतीय भाग (60.00 डिग्री से 63.20 डिग्री)–यदि इस अंश में लग्न भी हो तो जातक चेचक से ग्रस्त हो सकता है। वह निर्धन व दुखी होगा। यदि दूसरे लग्न में जन्म हुआ है तो जातक अच्छी आय अर्जित करेगा। वह गर्दन में मांसपेशियों की गठिया अथवा प्रोस्टेट ग्रन्थियों से पीड़ित होगा।

चतुर्थ भाग (63.20 डिग्री से 66.40 डिग्री)–पिता की मृत्यु का कष्ट होगा। विवाहित जीवन सुखी होगा लेकिन पत्नी प्रायः बिमार रहेगी। उसे कंठशूल, डिपथेरिया तथा गले की परेशानी होगी।

बुध

मार्गशीर्ष नक्षत्र में स्थित बुध पर चन्द्रमा की दृष्टि हो तो जातक धर्मनिष्ट तथा अपने परिवार को प्यार करने वाला होगा। यदि बृहस्पति की दृष्टि हो तो वह अति विद्वान होगा तथा अपने वचन का पक्का, समाज या नगर में शीर्ष पद पर होगा। यदि शुक्र की दृष्टि हो तो वह जीवन के सभी क्षेत्रों में सुखी होगा, भाग्यवान तथा धनी व्यक्ति होगा। यदि शनि की दृष्टि हो तो कई समस्याओं का सामना करेगा जिनमें से अधिकतर उसके परिजनों द्वारा उत्पन्न की जायेगी। वह निर्धन होगा।

प्रथम भाग (53.20 डिग्री से 56.40 डिग्री)–जातक सब प्रकार से गुणी होगा। यदि बुध पर शुभ ग्रहों की दृष्टि हो तो वह धनी होगा। उसके असन्तुलित या तुच्छ पैराथाइराड से पीड़ित होने का योग है।

द्वितीय भाग (56.40 डिग्री से 60.00 डिग्री)–वह तुच्छ तरीकों से धन जमा करने का अभिलाषी होगा। वह दूसरों की उन्नती से ईष्या करने वाला

होगा। यदि बुध पर किसी अन्य ग्रह की दृष्टि न हो तो उसके चार पुत्र तथा एक पुत्री होगी। गले के संक्रमण अथवा हकलाहट का योग।

तृतीय भाग (60.00 डिग्री से 63.20 डिग्री)–जातक बुद्धिमान, वीर तथा प्रफुल्ल स्वभाव का होगा। उसके एक से अधिक स्त्रियों के साथ काम सम्बन्ध होंगे। फिर भी उसका एक ही विवाह होगा और वह अपनी पत्नी से प्रेम करेगा और सभी उत्तरदायित्व निभायेगा। संभावी स्वास्थ्य समस्याएं-हकलापन अथवा क्षय रोग होगा।

चतुर्थ भाग (63.20 डिग्री से 66.40 डिग्री)–भगवान के प्रति परिपूर्ण भक्ति। माध्यमिक शिक्षा होगी मगर अपने ईमान व मेहनत से शिखर पर पहुंचेगा। वह लेखा अथवा वित्तीय विभाग का अध्यक्ष होगा। उसे दिमागी असन्तुलन, पागलपन अथवा लकवे का योग है।

बृहस्पति

मार्गशीर्ष नक्षत्र में स्थित बृहस्पति पर यदि सूर्य की दृष्टि हो तो जातक शासक का निकटवर्ती होगा तथा उसके पास सेवक, धन-दौलत, भवन इत्यादि होंगे। चन्द्रमा की दृष्टि होने पर करोड़पति होगा तथा अवैध यौन सम्बन्धों में उसके लिप्त होने के कारण वह लोकनिन्दा तथा अपयश के संकट में फंस जायेगा। यदि मंगल की दृष्टि हो तो वह विद्वान तथा साहसी होगा तथा धन के मामले में भाग्यशाली होगा। लेकिन उसके पारिवारिक जीवन में छोटी-मोटी समस्याएं होगी। बुध की दृष्टि होने पर विद्वान, सदाचारी तथा धन-दौलत से सम्पन्न होगा। शुक्र की दृष्टि हो तो उसका गौरवपूर्ण भव्य व्यक्तित्व होगा तथा वह सुन्दर स्त्रियों के सानिध्य का आनन्द लेगा। शनि की दृष्टि होने पर वह अपनी बुद्धि तथा विभिन्न विषयों में प्रवीणता के लिए प्रशंसा का पात्र होगा लेकिन अच्छी पत्नी के सुख को तरसेगा।

प्रथम भाग (53.20 डिग्री से 56.40 डिग्री)–वह डांवाडोल मनस्थिति वाला होगा। लिखने-पढ़ने का शौकीन। छोटे कद का व्यक्ति होगा। वह नाम, यश तथा दौलत अर्जित करेगा। यदि ये भाग लग्न भी हो तो जातक साफ रंग, बड़ी आंखों तथा महाप्रतापी शरीरवाला होगा। उसके हाथ या कन्धे पर गठिया होने का योग है।

द्वितीय भाग (56.40 डिग्री से 60.00 डिग्री)–उसकी शासकों तथा राजनीतिज्ञों तक सहज पहुंच होगी। उसे तेज सिरदर्द तथा गले की समस्याओं का योग है। यदि यह भाग लग्न में भी हो तो जातक अति विद्वान, बुद्धिमान तथा आकर्षक व्यक्तित्व का होगा।

तृतीय भाग (60.00 डिग्री से 63.20 डिग्री)–वह कंजूस, कृतघ्न तथा पत्नी व संतान के सुख से वंचित होगा। वह अपने पास से किसी को भी, यहां तक कि अपनी पत्नी व बच्चों तक को भी एक कानी-कौड़ी तक नहीं देगा। मतलबी व्यक्ति होगा। उसे रक्त सम्बन्धी तथा दिल की बिमारियों से ग्रस्त होने का संकेत है।

चतुर्थ भाग (63.20 डिग्री से 66.40 डिग्री)–उसके पास पर्याप्त धन होगा। सरकार से मान व पदक मिलेंगे। दूसरों के विचार पढ़नें में माहिर। पेट की खराबी तथा कमजोर दृष्टि का संकेत।

शुक्र

इस नक्षत्र में स्थित शुक्र पर सूर्य की दृष्टि हो तो जातक की अति सुन्दर पत्नी होगी तथा वह भूमि व भवनों का मालिक होगा। चन्द्रमा की दृष्टि होने पर उसकी माता, समाज में उच्चतम स्थिति में होगी जिसके (माता के) कारण जातक जनजीवन में प्रसिद्धि प्राप्त करेगा। यदि मंगल की दृष्टि हो तो उसका विवाहित जीवन तहस-नहस हो जायेगा तथा स्त्रियों के कारण धन-सम्पति नष्ट हो जायेगी। बुध की दृष्टि होने पर वह प्रसन्नचित तथा भाग्यवान होगा। बृहस्पति की दृष्टि हो तो अच्छी पत्नी, सन्तान तथा धन-दौलत प्राप्त होगी। शनि की दृष्टि हो तो उसके लिए सुख-शान्ति का अभाव होगा तथा प्रायः अपनी पत्नी के हाथों पीड़ित रहेगा और पत्नी के मायके वालों की धमकियां भी सहता रहेगा।

प्रथम भाग (53.20 डिग्री से 56.40 डिग्री)–वह संगीत तथा ललित कलाओं में पारंगत होगा। अभिनेता के रूप में काफी धन अर्जित करेगा। अति कामक्रीड़ाओं में लिप्त रहेगा। ललित कलाओं में उसके विशिष्ट योगदान के कारण शासन द्वारा सम्मानित होगा। सांस के रोग तथा कनफेड़ का संकेत है।

द्वितीय भाग (56.40 डिग्री से 60.00 डिग्री)–उसका स्त्रियों से अधिक सम्पर्क होगा। वह, जो कुछ उसके पास होगा, उससे जरूरतमन्दों की सहायता

करेगा। प्रायः स्वस्थ फिर भी यौन रोगों, पेशाब की बिमारियों, सिर में जख्म, गले में गांठ या गरदन में फोड़े (जो क्षय रूप धारण कर सकती है) जैसी बिमारियों का योग है।

तृतीय भाग (60.00–63.20 डिग्री)–वह शास्त्रों व विभिन्न विज्ञानों में ज्ञान के कारण प्रसिद्ध होगा। संगीत तथा नृत्य के द्वारा धन अर्जित करेगा। यदि इस भाग में स्थित शुक्र को किसी अशुभ ग्रह के दृष्टि हो तो उसका दूसरा विवाह होगा। जब शुक्र की दशा चल रही हो तो जातक 13 वर्ष तक लाभदायक परिणाम पायेगा उसके बाद शेष समय में मिला जुला परिणाम होगा। उसे तेज सिरदर्द तथा गर्भाशय की परेशानी हो सकती है।

चतुर्थ भाग (63.20 डिग्री से 66.40 डिग्री)–आदर्श चरित्रवान, छोटे से लेकर मध्यम कद। वह लेखक या कवि बन सकता है। उसके चेहरे पर तिल होंगे। यदि पौष नक्षत्र में लग्न पड़ता हो तो उसके कमाऊ (रोजगार में लगी हुई) पत्नी होगी। ओर यदि स्वाति या विशाखा नक्षत्रों में लग्न हो तो उसके दो विवाह होंगे अथवा उसके पत्नी के जीवित होते अन्य स्त्री से अवैध सम्बन्ध होंगे। उसे यौन रोग, कनफेड़ या टॉसिल होने का योग है।

शनि

मार्गशीर्ष नक्षत्र में स्थित शनि पर सूर्य की दृष्टि हो तो जातक अति विद्वान, वेद शास्त्रों में आचार्य होगा। लेकिन वह प्रायः जीवन भर अपनी दैनिक आवश्यकताओं की पूर्ति के लिए दूसरों पर निर्भर रहेगा। यदि चन्द्रमा की दृष्टि हो तो वह राजनीतिक क्षेत्र में उच्चतम स्थान पर होगा अथवा किसी विभाग या संस्था का अध्यक्ष होगा। मंगल की दृष्टि होने पर वह सुरक्षा अथवा पुलिस विभाग में कार्यरत होगा और उसका अच्छा पारिवारिक जीवन होगा। बुध की दृष्टि हो तो जातक स्त्रियों के मातहत काम करेगा। वह अपने अनैतिक क्रियाकलापों में लिप्त होने की आलोचना सहन करेगा। यदि बृहस्पति की दृष्टि हो तो वह दूसरों के सुख-दुख का भागीदार होगा तथा जरूरतमन्दों की सहायता को तत्पर रहेगा। शुक्र की दृष्टि होने पर देश के शासक के निकट सम्पर्क में रहेगा तथा सुरा-सुन्दरी का आनन्द लेगा।

प्रथम स्थित (53.20 डिग्री से 56.40 डिग्री)–लम्बे कद, अविस्तीर्ण सीने तथा छल्लेदार बाल, गर्म राज्य में काला रंग तथा ठंडी राज्य में लाल रंग का

होगा। वह धन विहीन होगा। फिर भी यदि शुक्र या बृहस्पति इस भाग में शनि पर दृष्टि कारक होंगे तो जातक प्रचुर धनी, नामी तथा प्रसिद्ध होगा। उसके अपनी आयु से बड़ी तथा समाज से परिष्कृत स्त्रियों के साथ काम-सम्बन्ध होंगे। बचपन में उसका स्वास्थ्य ठीक नहीं होगा। उसे दांत दर्द अथवा अन्य ऐसी समस्याओं से पीड़ित होने का योग है।

द्वितीय भाग (56.40 डिग्री से 60.00 डिग्री)–उसके खर्चें अधिक होंगे। वह बुरी संगत में सब कुछ गंवा देगा। वह विभिन्न उच्च पदों पर कार्यरत होगा। फिर भी वह अपने प्रयत्नों के अनुरूप नहीं कमा पायेगा। लम्बी आयु होगी। आनन्द के लिए उसका झुकाव स्त्रियों की ओर होगा। उसकी दृष्टि कमजोर होगी।

तृतीय भाग (60.00 डिग्री से 63.20 डिग्री)–यदि उत्तरभाद्रपद में लग्न होगा तो स्त्री जातक विवाहपूर्व गर्भधारण करेगी। वह जेलर अथवा पुलिस में या किसी सुरक्षा कार्य में नियुक्त होगा। उसके ज्यादा से ज्यादा एक पुत्र होगा। उसे दिमागी असंतुलन या किसी इसी प्रकार की व्याधि का संकेत है।

चतुर्थ भाग (63.20 डिग्री से 66.40 डिग्री)–जन्म के समय अथवा बाद में भी उसके शरीर में विकलांगता होगी। वह पुजारी का काम करेगा। अपने जन्म स्थान से दूर रहेगा। कुछ मामलों में यह भी देखा गया है कि जातक पाप कर्म करने के बाद कुछ समय के लिए अज्ञात स्थान पर छिपा रहेगा। उसे अस्थमा या फेफड़ों की बिमारी का योग है।

राहु

प्रथम भाग (53.20 डिग्री से 56.40 डिग्री)–वह प्रचुर धनवान होगा। सब उसका सम्मान करेंगे तथा वह गौरव और प्रतिष्ठा अर्जित करेगा। उसे लकवा, आंतों की बिमारी अथवा पेट दर्द का योग है।

द्वितीय भाग (56.40 डिग्री से 60.00 डिग्री)–जातक बुद्धिहीन, चिड़चिड़े तथा कुटिल स्वभाव का होगा फिर भी वह अपने प्रबल भाग्य के कारण काफी धन कमायेगा।

तृतीय भाग (60.00 डिग्री से 63.20 डिग्री)–वह लालची, भ्रष्ट तथा अप्रसन्न स्वभाव का होगा। वह दूसरों की उन्नति या प्रगति से खुश नहीं

होगा। उसे सदैव शत्रुओं का भय लगा रहेगा। अपनी बेवकूफियों से धन गवांयेगा तथा नास्तिक होगा। पोलियों तथा रीढ़ के मैनिनजारॅटस से ग्रस्त होगा।

चतुर्थ भाग (63.20 डिग्री से 66.40 डिग्री)–महान विद्वान होगा। उसे शासन द्वारा सम्मान प्राप्त होगा। आज्ञाकारी सन्तान तथा दूसरों की स्त्रियों के प्रति आसक्त रहेगा।

केतू

प्रथम भाग (53.20 डिग्री से 56.40 डिग्री)–उसका जीवन चिन्ताओं से भरा होगा। वह प्रयत्न करने पर भी धन जमा नहीं कर सकेगा। फिर भी उसकी वृद्धावस्था अपने बच्चों की आर्थिक समृद्धता तथा सम्पन्नता के कारण शान्तिपूर्वक तथा सुख से बीतेगी। उसे मध्यावस्था में मोतियाबिन्द अथवा अन्धापन हो सकता है।

द्वितीय भाग (56.40 डिग्री से 60.00 डिग्री)–अपंगता का योग। वह अति विद्वान होगा। अपना जीवन मानसिक रूप से विकलांग तथा अपंग व्यक्तियों की सेवा में गुजारेगा। गले अथवा जिहवा के रोग से पीड़ित होगा।

तृतीय भाग (60.00 डिग्री से 63.20 डिग्री)–वह ईर्ष्यालू स्वभाव का होगा। गठिया, चकतों अथवा दाद से पीड़ित होगा।

चतुर्थ भाग (63.20 डिग्री से 66.40 डिग्री)–पापकर्मों में लिप्त, झगड़ालू, भ्रष्ट तथा कई रोगों से प्रभावित। लेकिन वह धनवान तथा सफल व्यक्ति होगा।

(iii) मार्गशीर्ष नक्षत्र में घातक अंक्षाश निम्न हैं:

मंगल–मार्गशीर्ष नक्षत्र की 4.40 डिग्री (परिक्रमा कक्षा की 58 डिग्री)

बृहस्पति–मार्गशीर्ष नक्षत्र की 5.40 डिग्री (परिक्रमा कक्षा की 59 डिग्री)

उपरोक्त तालिका से पाते है कि मंगल ग्रह का परिक्रमा कक्षा में 58 डिग्री पर तथा बृहस्पति ग्रह का परिक्रमा कक्षा में 59 डिग्री पर होना जातक के लिए घातक है। इस ग्रहस्थिति में जन्म, यदि शुक्र अथवा बुध की दृष्टि या संयोग मंगल अथवा बृहस्पति के साथ न हो तो, जातक की दीर्घ आयु में बाधक होगा। जब मंगल या बृहस्पति इन अंक्षाशों से गुजरें तो जातक को सावधानी बरतनी चाहिए।

(iv) उपचार

(1) चार अथवा छः रत्ती का मोती चांदी की अंगूठी में जड़वा कर शुक्ल पक्ष में सोमवार के दिन प्रातः 6 और 7 बजे या सांय 7 से 10 बजे के बीच चौथी (बुध) अंगुली में धारण करें तथा नीलम 3 (तीन) रत्ती का सोने अथवा पंच धातु की अंगूठी में जड़वा कर शनिवार को सांय 1.30 बजे से 4.30 बजे के बीच दूसरी (शनि) अंगुली में धारण करें।

अथवा

(2) मन्त्र संख्या 2 का जाप करें। यह स्वास्थ्य, धन तथा लम्बी आयु के लिए अभिमन्त्रित है।

(3) मंगल के लिए दिये गये मंत्र का नियमित जाप करें।

अध्याय – 6

आर्द्र नक्षत्र

छठे राशिचक्र में 66.40 डिग्री से 80.00 डिग्री के विस्तार का क्षेत्र आर्द्र नक्षत्र है। अरब मंजिल में इसे "अलहनाह" (राशिपुंज); ग्रीक इसे 'बैटलगीज' मानते हैं। चीनी मतानुसार यह 'त्सान' है। हिन्दु तन्त्र के अनुसार आर्द्रा हीरे की तरह चमकता एक सितारा है। अरब दो सितारों का समूह मानते हैं और चीनी तन्त्र में यह कई सितारों का समूह है। 'आर्द्र' का मतलब 'नम' है।

आर्द्र नक्षत्र का अधिष्ठाता देवता आँधी का स्वामी "रूद्र" हैं जो 'विनाश' का भी स्वामी है। यह नाडी-मण्डल (nervous system) का अग्रज है तथा इन्द्र का अनुज है। भगवान शिव को भी 'रूद्र' कहते हैं।

(I) आर्द्र नक्षत्र में उत्पन्न जातकों के परिणाम

(क) पुरुष जातक

1. शारीरिक गठन–यह पाया गया है कि आर्द्र नक्षत्र में उत्पन्न जातक विभिन्न आकार के यथा छरहरे-पतले में स्थूल काय मोटे डीलडोल के होतें हैं।

2. स्वभाव तथा सामान्य घटना–उसे जो भी कार्य मिलेगा वह पूरी जिम्मेदारी से पूरा करेगा। जनसभाओं में वह अपने सरस तथा विनोदी बातों से सब के आकर्षण का केन्द्र बन जाता है। वह अर्न्तज्ञानी तथा अच्छा मनौवैज्ञानिक होता है।

मित्रों तथा परिजनों के साथ उसका व्यवहार सौहार्दपूर्ण होता है। कुछ मामलों में यह भी देखा गया है कि जातक अपनी सहायता करने वालों का आभारी नहीं होता और उसका व्यवहार भी सदा एक सा नहीं होता।

3. शिक्षा, रोजगार/आय के साधन–उसमें सभी विषयों के बारे में जानकारी प्राप्त करने की योग्यता है। फिर भी वह अपनी इस योग्यता से कोई प्रतिफल अथवा प्रसिद्धि नहीं पा सकेगा। उसे सलाह दी जाती है कि इस अध्याय के अन्त में दिये गये उपचारों का बिना नागा किये नित्य जाप करें। ऐसा करने पर उसे इस जन्मजात विपत्ति दुर्भाग्य से छुटकारा मिल जायेगा। उसकी अपने काम में ईमानदारी के कारण कोई छोटी सी परेशानी या मुश्किल

पड़ने पर वह मानसिक रूप से पीड़ित हो जाता है। फिर भी वह आर्थिक व मानसिक विपत्ति तथा दुर्भाग्य के समय मानसिक संतुलन बनाये रखता है। और उसका व्यवहार आर्कषक तथा सम्मानपूर्ण होता है। अपनी इन्ही विशेषताओं के कारण वह सर्वप्रिय होता है।

वह किसी एक काम में दृढ नही रहता वह एक ही समय में कई कामों को आरम्भ कर लेगा। यहां तक कि जब उसे पता चलेगा कि कार्य करने का ढंग, अथवा जो तरीका, उसे कार्य विशेष को पूरा करने के लिए उसने अपनाया है, ठीक भी हो लेकिन दूसरों के अनुसार वह तरीका ठीक नहीं है तो वह उनको प्रभावित करने और उनकी बात रखने में भी नहीं हिचकिचायेगा। किसी अनुसंधान कार्य को जब वह अपने तरीके से करता है तो महत्व प्राप्त कर सकते है। यह भी देखा गया है कि प्रायः सभी निस्वार्थी समाज सेवक इसी नक्षत्र में उत्पन्न हुए हैं। उसमें एक समय में कई कार्यों को एक साथ ग्रहण करने तथा उन्हें सभी क्षेत्रों में पूर्णता के साथ निष्पादित करने की क्षमता है। यदि वह किसी काम के लिए कोई यात्रा करता है तो वह उन कार्यों को अनदेखा कर देता है, जो कि उस यात्रा के दौरान सम्पन्न हो सकते थे।

जातक प्रायः अपना रोजगार परिवार और घर से दूर रहकर करेगा। दूसरे शब्दों में उसका कारोबार परदेश में होगा। 32 वर्ष से 42 वर्ष की आयु का समय उसके लिए सुनहरी समय होगा। वह यातायात, जहाजरानी, संचार विभाग अथवा उनसे सम्बन्धित उद्योग में नियुक्त होगा। वह पुस्तक विक्रेता अथवा वित्तीय दलाल के रूप में भी आय अर्जित कर सकता है।

4. पारिवारिक जीवन–विवाह देर से होगा। यदि विवाह जल्दी होगा तो वह दम्पति के आपसी वाद-विवाद (मतभेद) अथवा अपने वश से बाहर किसी परिस्थिति के कारण उसे परिवार से अलग रहना पड़ेगा। उसे जीवन में कई जन्मजात (भाग्य में लिखित) समस्याओं से उलझना पड़ेगा। लेकिन वह अपनी समस्याएं किसी से नहीं बतायेगा।

अगर उसका विवाह देर से होगा तो उसका विवाहित जीवन बहुत अच्छा होगा। उसकी पत्नी उस पर पूरा ध्यान देगी।

5. स्वास्थ्य–उसे कुछ असाध्य बिमारियां हो सकती है। उदाहरर्णाथ लकवा, दिल अथवा दांत के रोग। उसे रक्त की विशेष विमारी होने का योग है।

(ख) स्त्री जातक

1. शारीरिक गठन–उसका शरीर मनोहर, रमणीय नेत्र तथा ऊँचा नाक होती है।

2. स्वभाव तथा सामान्य घटना–वह शान्त स्वभाव की तथा सदव्यवहार पूर्ण होती है। अमितव्ययी स्वभाव। बुद्धिकुशल, दूसरों की सहायता करने वाली लेकिन दूसरों के दोष ढूंढ़ने में माहिर होती है। कुछ मामलों में देखा गया है कि यदि स्त्री की जन्म कुन्डली में लग्न अश्विनी नक्षत्र में पड़ता हो तो उसके दो पिता या दो माताओं का संकेत है।

3. शिक्षा, रोजगार/आय के साधन–वह शिक्षा या विज्ञान के क्षेत्र में प्रवीणता प्राप्त करेगी। आर्द्रा नक्षत्र में उत्पन्न मादा जातक प्रायः विद्युत उपकरण अथवा औषध विज्ञान की विशेषज्ञ होती है। वह विभिन्न क्षेत्रों में सलाहकार के रूप में भी कमायेंगी।

4. पारिवारिक जीवन–नर जातकों की तरह इनका भी विवाह देर से होगा। लेकिन उसे अपने पति अथवा ससुराल वालों से यथोचित मान व स्नेह नहीं मिलेगा। उसका वैवाहिक जीवन कांटों भरा होगा। उसके बच्चे भी उसे अपेक्षित खुशी नहीं देंगे। कुछ मामलों में यह भी देखा गया है कि उसका या तो तलाक होत है या उसके विधवा होने का अंदेशा है।

5. स्वास्थ्य–उसे मासिक ऋतु चक्र की परेशानी, अस्थमा, रक्तदोष, अल्परक्तता, गर्भाशय की परेशानी, कनफेड़, पित्तदोष और कफ के रोगों का योग है। यदि इस नक्षत्र में मादा जातकों के प्रथम ऋतुश्राव के लक्षण प्रकट हों तो वह व्यभिचारी, यौन अंगों में खराबी तथा मृत बच्चे उत्पन्न करने वाली होगी।

II आर्द्र नक्षत्र में विभिन्न ग्रहों की स्थिति के परिणाम

सूर्य

आर्द्र नक्षत्र में स्थित सूर्य पर चन्द्रमा की दृष्टि हो तो जातक रिश्तेदारों द्वारा परेशान किया जायेगा। वह अपनी आजीविका के लिए जन्म स्थान को छोड़ेगा। लेकिन इसमें उसे आरम्भ में सफलता नहीं मिलेगी। यदि

मंगल की दृष्टि हो तो उसके शत्रु उसके लिए कठिनाइयां उत्पन्न करेंगे और वह काहिल हो जायेगा। बुध की दृष्टि होने पर उसे कोई लाभ नहीं होगा लेकिन उसके बच्चे सरकार से पूर्ण सहायता प्राप्त करेंगे। बच्चों की समृद्धि के कारण उसके रिश्तेदार उससे विद्वेष करेंगे। यदि बृहस्पति की दृष्टि हो तो वह तन्त्रमन्त्र विद्या में निपुण होगा। उसे अच्छा परिवारिक जीवन नसीब नहीं होगा, वह भटकता रहेगा। यदि शुक्र की दृष्टि हो तो जातक विदेशों में जाकर अच्छा धन कमायेगा मगर बृहस्पति की दशा में सब कुछ गंवा देगा। यदि शनि की दृष्टि हो तो जातक धूर्त प्रवृति का होगा और स्त्रियों के हाथों अपमानित होगा।

प्रथम भाग (66.40 डिग्री से 70.00 डिग्री)–उच्च शिक्षित तथा धनवान होगा। अच्छा ज्योतिषी बनेगा। गणित अथवा लेखा क्षेत्र में कार्यस्त होगा। यदि इस खण्ड में सूर्य बृहस्पति तथा बुध के संसर्ग में हो तो उसे जुड़वां पुत्र होंगे। यदि इस भाग में सूर्य के साथ शुक्र भी स्थित हो तो जातक पुलिस या सुरक्षा विभाग में नियुक्त होगा। वृद्धावस्था में दृष्टि कमजोर होगी।

द्वितीय भाग (70.00 डिग्री से 73.20 डिग्री)–वह हाजिर जवाब, स्नेहमय तथा मधुर स्वभाव का होगा। वह विद्वान, मृदुभाषाी तथा परिजनों का प्यारा होगा। यदि इस अंश में बृहस्पति भी स्थित हो तो जातक या तो मन्त्री बनेगा अथवा उच्चशासनाधिकारी होगा। यदि शनि संयुक्त हो तो वह धातुशोघन करने वाला होगा। उसकी पत्नी व सन्तान को खतरा होगा।

तृतीय भाग (73.20 डिग्री से 76.40 डिग्री)–कई विद्याओं में विद्वान। 40 वर्ष की आयु के बाद मान्यता प्राप्त ज्योतिषी होगा। वह लेखाकार या वित्तीय सलाहकार अथवा किसी बैंकिंग संस्था में कार्यरत होगा। फेफड़ों अथवा सांस का रोग।

चतुर्थ भाग (76.40 डिग्री से 80.00 डिग्री)–कुलीन और सद्चरित्र। शास्त्रों में अति विद्वान। सफल ज्योतिषी बनने के लिए अनुकूल स्थिति। 39 वर्ष की आयु के बाद प्रसिद्धि प्राप्त करेगा। धनवान तथा आकर्षक व्यक्तित्व होगा। पुरूष के विवाह का योग 25 वर्ष की अवस्था में तथा स्त्री का 23 वर्ष में।

चन्द्रमा

आर्द्र नक्षत्र में स्थित चन्द्रमा पर सूर्य की दृष्टि हो तो जातक्र गूढ़ अथवा अतिसूक्षम विज्ञानों में ज्ञान प्राप्त करेगा लेकिन धन अर्जित नहीं कर पायेगा। मंगल की दृष्टि होने पर जातक विद्वान तथा ऊंचे व्यक्तित्व का होगा। यदि बुध की दृष्टि हो तो वह शासन से सहायता प्राप्त करेगा। बृहस्पति की दृष्टि होने पर वह विद्वान तथा दूसरों को शिक्षा और ज्ञान बांटने वाला अर्थात शिक्षक या लेक्चरार होगा। शुक्र की दृष्टि हो तो उसे जीवन के सभी सुख प्राप्त होंगे। शनि की दृष्टि हो तो वह निर्धन होगा।

प्रथम भाग (66.40 डिग्री से 70.00 डिग्री)–वह उत्तेजित स्वभाव का तथा दिल में मैल रखने वाला होगा। यदि इस भाग में मंगल भी हो तो जातक अपनी आजीविका वस्तुकार, धातुकर्म, खालों का व्यापारी अथवा शिल्पकार के रूप में अर्जित करेगा। यदि रेवती नक्षत्र में लग्न पड़े तथा इस खण्ड में चन्द्रमा के साथ बृहस्पति भी हो तो जातक जीवन में उच्चप्रतिष्ठा प्राप्त, धन-सम्पतिशाली व्यक्ति होगा। उसे बाजू या कन्धें में गठिया रोग होने का योग है।

द्वितीय भाग (70.00 डिग्री से 73.20 डिग्री)–वह मैकेनिकल क्षेत्र में कार्यरत होगा। यदि चन्द्रमा पर इस भाग में शुक्र की दृष्टि हो तो वह निपुण संगीतकार तथा विभिन्न वाद्यों में प्रवीण होगा। वह श्वास रोग, अस्थमा पित्तदोषयुक्त तथा स्थिर-बुद्धि के रोग से पीड़ित होगा।

तृतीय भाग (73.20 डिग्री से 76.40 डिग्री)–जातक बुद्धिमान, भावपूर्ण प्रवक्ता तथा प्रसन्नचित स्वभाव का होगा। यदि रोहिणी नक्षत्र में लग्न पड़े तो जातक अच्छा निवेशकर्ता होगा। फिर भी यदि चन्द्रमा ग्रहण में हों और कार्तिक अथवा रोहिणी में लग्न पड़ता हो तो उसका जुड़वां मानसिक असन्तुलन अथवा पागलपन से पीड़ित होगा।

चतुर्थ भाग (76.40 डिग्री से 80 डिग्री)–वह अमितव्ययी तबियत का होगा। ज्ञान का दुरूपयोग करेगा। भगवान का भक्त तथा अच्छे कार्यों द्वारा धन अर्जित करेगा। आपस के विचारों में मतभेद के कारण वह सुखी परिवारिक जीवन नहीं भोग सकेगा। प्रायः सभी मामलों में यह पाया गया है कि इस खण्ड में स्थित नर जातक का चन्द्रमा अपनी पत्नी के चन्द्रमा से हल्का होगा और स्त्री अपनी पति के व्यवसाय में निम्नस्तर पर होने के कारण

पछतावा करेगी। इससे यह संकेत मिलता है कि दोनों पति और पत्नी प्रायः एक जैसे स्तर पर नियुक्त होंगे।

मंगल

आर्द्र नक्षत्र में स्थित मंगल पर सूर्य की दृष्टि हो तो जातक धन से सम्पन्न होगा। वह लकड़ी उद्योग अथवा सुरक्षा विभाग से सम्बन्धित कार्य पर नियुक्त होगा। यदि चन्द्रमा की दृष्टि हो तो वह पुलिस अथवा सेना में होगा तथा नीच स्त्रियों की संगति में रस लेगा तथा विभिन्न प्रकार के यौन रोगों से ग्रस्त रहेगा। बुध की दृष्टि हो तो वह निपुण ज्योतिषी बनेगा तथा अच्छी पत्नी तथा सन्तान के साथ जीवन यापन करेगा। यदि बृहस्पति की दृष्टि हो तो वह लेखक अथवा प्रकाशक के रूप में अर्जित करेगा तथा सुखी परिवारिक जीवन भोगेगा। शुक्र की दृष्टि हो तो उसकी पत्नी अच्छी हैसियत पर नियुक्त होगी तथा उससे अधिक कमायेगी। शनि की दृष्टि होने पर वह धूर्त होगा तथा कई जगहों पर दासेचित कार्य करेगा लेकिन उसकी पत्नी एक सुसंस्कृत महिला होगी।

प्रथम भाग (66.40 डिग्री से 70.00 डिग्री)–वह अति विद्वान तथा कवि होगा। वह विदेशों में बसने का इच्छुक होगा। यदि कार्तिकाया रोहिणी नक्षत्र में लग्न हो तो उसके जुड़वा को खतरा होगा, बिमार पत्नी होगी तथा कई प्रकार से हानि उठायेगा। उसे निमोनिया होने का संकेत है।

द्वितीय भाग (70.00 डिग्री से 73.20 डिग्री)–वह विद्या, साहस तथा धन से सम्पन्न होगा। वन में निवास करना चाहेगा। वह लकड़हारा या वनाधिकारी अथवा लकड़ी के सामान का व्यवसाय करेगा। उसके चोटग्रस्त या घायल हो जाने का संकेत है।

तृतीय भाग (73.20 डिग्री से 76.40 डिग्री)–वह काव्य तथा गणित में निपुण होगा। सरकार द्वारा निर्धारित कर्तव्यों पर विदेशों में नियुक्त होगा। लेकिन उसकी वृद्धावस्था अभिशप्त होगी। उसे डायेरिया या फेफड़ों में जकड़न का रोग हो सकता है।

चतुर्थ भाग (76.40 डिग्री से 80.00 डिग्री)–वह कानून अथवा रसायन में उच्च शिक्षा प्राप्त करेगा। यदि प्रयत्न करे तो ज्योतिष शास्त्र में उच्च उपाधि प्राप्त कर सकता है। उसे अग्नि तथा बारूदी शस्त्रों से सावधान रहना चाहिए। ग्रन्थियों पर अधिक चरबी जमा होने के कारण बिमारी का भी संकेत है।

बुध

आर्द्र नक्षत्र में स्थित बुध पर सूर्य की दृष्टि हो तो जातक के किसी सरकारी संस्थान में नियुक्त होने की संभावना है तथा वह अपने नियोक्ता से भरपूर लाभ प्राप्त करेगा। यदि चन्द्रमा की दृष्टि हो तो वह गांव या शहर के प्रशासन में कुशल होगा तथा जनता द्वारा सम्मानित होगा। बृहस्पति की दृष्टि होने पर वह धनी और मेधावी होगा तथा लेखकार अथवा वित्तीय दलाल के रूप में अर्जित करेगा। शुक्र की दृष्टि हो तो वह कैमिकल इंजीनियर होगा लेकिन पत्नी के हाथों विपत्ति में पड़ेगा। यदि शनि की दृष्टि हो तो अच्छा व्यवहारी होगा तथा अनजाने रूप से सम्मान मिलेगा।

प्रथम भाग (66.40 डिग्री से 70.00 डिग्री)–वह हर कार्य क्षेत्र में निपुण होगा। दूसरे शब्दों में यही जातक वास्तविक अर्थ में हरफनमौला होता है। वह निपुण ज्योतिषी, वेद-शास्त्रों में विद्धान होगा। उसके दो से अधिक स्त्रियों के साथ काम-सम्बन्ध होंगे। उसे बहरापन अथवा कूल्हे या जांघ का दर्द हो सकता है।

द्वितीय भाग (70.00 डिग्री से 73.20 डिग्री)–वह वाचाल, मृदुभाषी, हरफन में उस्ताद, उच्च कोटि का ज्योतिषी होगा। पुत्रियों से अधिक पुत्र होंगे। खून की खराबी, अस्थमा अथवा श्वासनली में अवरोध आदि बिमारियां होने का संकेत।

तृतीय भाग (73.20 डिग्री से 76.40 डिग्री)–बहुत बुद्धिमान यदि इस भाग में लग्न पड़ता हो और केवल बुद्ध स्थित हो तो बहुत ही मांगलिक परिणाम जैसे धन का भंडार, अच्छा परिवार और अपने जुड़वां से भरपूर लाभ प्राप्ति का योग।

चतुर्थ भाग (76.40 डिग्री से 80.00 डिग्री)–बुध नक्षत्र के उपरोक्त प्रथम भाग में दिये गये परिणाम इस अंश में भी युक्त हैं। जातक स्नायुरोगी, अस्थमा तथा श्वासनली में अवरोध से ग्रसित होगा।

बृहस्पति

इस नक्षत्र में स्थित बृहस्पति पर सूर्य की दृष्टि हो तो जातक अच्छी सन्तान, पत्नी, धन-दौलत तथा यश-मान से सम्पन्न होगा। यदि चन्द्रमा की दृष्टि हो तो वह गांव या कस्बे का मुखिया अथवा किसी सरकारी संस्था का

अध्यक्ष होगा। यदि मंगल की दृष्टि हो तो जातक वाहन अथवा वायुयान सेवा सम्बन्धित पदों पर नियुक्त होगा। बुध की दृष्टि होने पर वह गणित में विद्वान तथा निपुण ज्योतिषी होगा। यदि शुक्र की दृष्टि हो तो जातक काफी धन संचय करेगा लेकिन उसका उपयोग नहीं कर पायेगा। शनि की दृष्टि होने पर वह लाखों में एक व्यक्ति होगा जिसे अच्छी पत्नी, सन्तान, धन-दौलत तथा यश-मर्यादा प्राप्त होगी।

प्रथम भाग (66.40 डिग्री से 70.00 डिग्री)–जातक विभिन्न कला विषयों में पारंगत होगा। वह अध्यापक, वकील या प्रवक्ता होगा। उसके कार्यों से दूसरे संतुष्ट होंगे। उसे जिगर तथा फेफड़ों की बिमारी होगी।

द्वितीय भाग (70.00 डिग्री से 73.20 डिग्री)–उच्चतम स्थान पर यानि मन्त्री या किसी विभाग का अध्यक्ष होगा। उसके अच्छी कतर्व्यनिष्ठ सन्तान होगी।

तृतीय भाग (73.20 डिग्री से 76.40 डिग्री)–यदि जातक की 15 वर्ष की आयु से पहले बृहस्पति की दशा हो तो वह हर क्षेत्र में कष्ट उठायेगा। विवाह के बाद मानसिक और आर्थिक ठहराव आयेगा। उसे कूल्हे या जांघ में गठिया होने का संकेत है।

चतुर्थ भाग (76.40 डिग्री से 80.00 डिग्री)–यदि इस खण्ड में लग्न भी पड़ता हो तो टिकाऊ और शान्तिपूर्ण विवाह का योग। वह अपने गांव या कस्बे में अनोखा (विशिष्ट) व्यक्ति होगा। वह पलूरसी अथवा फेफड़ों की बिमारी से ग्रस्त हो सकता है।

शुक्र

आर्द्र नक्षत्र में स्थित शुक्र पर सूर्य की दृष्टि हो तो जातक चिकित्सक होगा तथा उसके दो पत्नियाँ होगी। यदि चन्द्रमा की दृष्टि हो तो वह संकोची प्रकृति का होगा अपने विचार दूसरों पर प्रकट न कर पाने के कारण दूसरों द्वारा गलत समझा जायेगा। प्रतिजाति वर्ग में प्रिय होगा। यदि मंगल की दृष्टि हो तो जातक हर प्रकार से भाग्यवान होगा। यदि बृहस्पति की दृष्टि हो तो वह बुद्धिमान, उच्चशिक्षा प्राप्त होगा तथा उसके कई सेवक होंगे। यदि शनि की दृष्टि हो तो जातक विभिन्न यौन-सम्बन्धों के कारण कई यौन रोगों से ग्रस्त होगा तथा अपने परिवार द्वारा त्यागा जायेगा।

प्रथम भाग (66.40 डिग्री से 70.00 डिग्री)–मादा जातकों के लिए यह अच्छी स्थिति नहीं होगी। यदि हितकारी ग्रहों की दृष्टि अथवा संयोजन शुक्र पर न हों तो वह वेश्यावृति करेगी। नरजातक विज्ञान के क्षेत्र में शिक्षा प्राप्त करेंगे तथा संगीत और कला में भी रूचि लेंगे।

द्वितीय भाग (70.00 डिग्री से 73.20 डिग्री)–वह मध्यम कद, आकर्षक, बुद्धिमान तथा दीर्घायु होगा। कैमिकल इंजीनियर बन सकता है। उसका परिवारिक जीवन वैमनस्यपूर्ण होगा। यदि इस अंश में बृहस्पति की दृष्टि हो तो वह सफल विवाहित जीवन बितायेगा। वह जलोदर अथवा रक्त-विकार से संग्रस्त होगा।

तृतीय भाग (73.20–76.40 डिग्री)–विद्वान तथा धनी होगा। सरकार से लाभ उठायेगा। वह स्त्रियों द्वारा आर्थिक हानि उठायेगा। वह धार्मिक प्रवृति का तथा धार्मिक अनुष्ठान परम्परानिष्ठ ढ़ंग से सम्पन्न करने वाला होगा। जलोदर अथवा रक्त-विकार से पीड़ित होगा।

चतुर्थ भाग (76.40 डिग्री से 80.00 डिग्री)–शुक्र के लिए यह सर्वश्रेष्ट स्थिति है जिसमें जातक अभिनेता या संगीतकार बनेगा। अपने अभिनय संगीत, ललित कला आदि के द्वारा प्रचुर धन अर्जित करेगा। आयु क चौथे दशक में जीवन बहुत अच्छा होगा उसे बांयी आंख में परेशानी अथवा गले में सूजन हो सकती है।

शनि

आर्द्र नक्षत्र में स्थित शनि पर सूर्य की दृष्टि हो तो जातक के अपने पिता से मधुर सम्बन्ध नहीं होंगे। न ही उसे पिता से कोई लाभ होगा। यदि चन्द्रमा की दृष्टि हो तो उसकी एक बहन के विधवा होकर उस पर निर्भर होने का संकेत है। यदि मंगल की दृष्टि हो तो उसके जुड़वा तथा पैतृक सम्पति को खतरा होगा। बुध की दृष्टि होने पर जातक उच्च शिक्षा प्राप्त होगा किसी वैज्ञानिक संस्थान में नियुक्त होगा लेकिन उसका वैवाहिक जीवन हार्दिक नहीं होगा। यदि बृहस्पति की दृष्टि हो तो वह सरकार से लाभान्वित सबके द्वारा सम्मानित व्यक्ति होगा। शुक्र की दृष्टि होने पर वह सुनार का कार्य करेगा अथवा विभिन्न धातुओं के लिए दलाली का काम करेगा। उसकी दो पत्नियां होंगी।

प्रथम भाग (66.40 डिग्री से 70.00 डिग्री)–शनि के लिए यह अच्छी स्थिति नहीं है। जातक कर्जों में डूबा रहेगा, नीच कृत्य करेगा। कुछ मामलों में वह चोर अथवा तस्कर होगा। वह बेशरमी पर उतरा होगा तथा छिपता फिरेगा।

द्वितीय भाग (70.00 डिग्री से 73.20 डिग्री)–दूसरों की धन-सम्पति हड़पने वाला होगा। पिता से कोई सहारा नहीं मिलेगा। वह पुजारी भी हो सकता है। यदि इस खण्ड में शनि पर चन्द्रमा की दृष्टि हो तो जातक अपने समुदाय का नेता होगा और धन, नाम व प्रसिद्धि प्राप्त करेगा। आर्द्रानक्षत्र में दूसरे भाग में शनि पर चन्द्रमा की दृष्टि होने पर ही शनि हितकारी परिणाम देगा अन्यथा शेष अंगों में शनि की भूमिका शत्रुतापूर्ण होगी।

तृतीय भाग (73.20 डिग्री से 76.40 डिग्री)–बुरी संगत में पड़ेगा। उसका प्रायः समय तंगहाली में गुजरेगा। पत्नी से अच्छे सम्बन्ध नहीं होंगे। वह बदमाशों का सरदार बनेगा। वह कन्धे में गठिया अथवा श्वासनली में अवरोध से पीड़ित होगा

चतुर्थ भाग (76.40 डिग्री से 80.00 डिग्री)–वह पत्नी की अनैतिक आय पर निर्भर होगा, फिर भी पत्नी के प्रति दयालु होगा। वह शराबी तथा अदालती मामलों में फंसा रहेगा तथा उसे सजा भी होगी। वह सुख व सम्पत्ति से रहित होगा।

राहू

प्रथम भाग (66.40 डिग्री से 70.00 डिग्री)–वह घमण्डी, कृष्ण वर्ण अथवा लाल वर्ण का होगा। धर्म को महत्व नहीं देगा। उसके कई प्रेम सम्बन्ध होंगे। व्यर्थ की जबानदराजी करने वाला। काफी धन कमायेगा लेकिन जुए और स्त्रीबाजी में सब लुटा देगा। वह सूखी खांसी तथा रक्त की विशेष बिमारी से ग्रस्त होगा।

द्वितीय भाग (70.00 डिग्री से 73.20 डिग्री)–बातूनी तथा अचरित्रवान। बचपन में दुर्घटना ग्रस्त होगा। उसका अंहकार दूसरों से शत्रुता उत्पन्न कराने वाला होगा।

तृतीय भाग (73.20 डिग्री से 76.40 डिग्री)–जातक गांव या कस्बे का मुखिया होगा। अपनी पत्नी से कभी सन्तुष्ट नहीं होगा और अन्य स्त्रियों के

पीछे भागेगा। उसे सूखी खांसी तथा मौसमों के बदलने पर होने वाली बिमारियां होने का योग है।

चतुर्थ भाग (76.40 डिग्री से 80.00 डिग्री)–उसके सुकर्मों को सरकारी मान्यता मिलेगी। दो पत्नियाँ होंगी। वह अपनी शिक्षा व विज्ञान की उपलब्धियों के कारण धन, यश तथा प्रसिद्धि प्राप्त करेगा। शिक्षा बीच में छूटेगी लेकिन बाद में वह इस कमी को पूरा कर लेगा।

केतू

प्रथम भाग (66.40 डिग्री से 70.00 डिग्री)–क्रूर तथा धूर्त व्यक्ति होगा। अपने उपकार करने वालों का आभार न मानने वाला। सरकार से निन्दित होगा। पत्नी या तो बिमार होगी अथवा 35 वर्ष की आयु से पहले पत्नी की मृत्यु का योग। उसकी आयु मध्यमवय तक होगी। अस्थमा अथवा क्षय रोग से पीड़ित होगा।

द्वितीय भाग (70.00 डिग्री से 73.20 डिग्री)–लड़ाका प्रवृत्ति का होगा। धन की हानि। मुख के राग होंगे। वह अपने परिवार के द्वारा त्यागा जायेगा। माता का स्नेह भी नही मिलेगा।

तृतीय भाग (73.20 डिग्री से 76.40 डिग्री)–कृषि सम्बन्धित व्यवसाय अथवा कृषि कार्य करेगा। मुकदमे बाजी में भूमि गंवा देगा। विवाहित जीवन कलहपूर्ण होगा। बच्चों की असमय मृत्यु। क्षय अथवा कैंसर रोग से पीड़ित होगा।

चतुर्थ भाग (76.40 डिग्री से 80.00 डिग्री)–पैतृक सम्पत्ति गंवा देगा। पिता से कोई सहारा या लाभ नहीं मिलेगा। उसे जहर दिये जाने का खतरा। (पतला) शरीर उसे शारीरिक विकलांगता भी हो सकती ह।

आर्द्रा नक्षत्र बच्चे की शिक्षा प्रारम्भ कराने के लिए बहुत ही शुभ नक्षत्र है। इस नक्षत्र में उत्पन्न जातकों को पौष, माघ, उत्तर-फाल्गुन, उत्तर आषाढ़, अभिजीत तथा श्रावण नक्षत्रों में उत्पन्न लोगों से कोई सम्बन्ध नहीं रखना चाहिए।

इस नक्षत्र का दशा स्वामी राहू है, जिसके बाद बृहस्पति, शनि, बुध, केतू, शुक्र, सूर्य तथा चन्द्रमा का क्रम हैं।

(iii) आर्द्र नक्षत्र में विशेष अक्षाशों पर ग्रहों की स्थिति के परिणाम

आर्द्र नक्षत्र में कुछ विशेष घातक अक्षाशों पर कुछ ग्रह स्थित होते है। विभिन्न ग्रहों के लिए घातक अक्षांश निम्न हैं:

मंगल–आर्द्र नक्षत्र की 5.20 डिग्री (परिक्रमा कक्षा की 72 वीं डिग्री)

बुध–आर्द्र नक्षत्र की 6.20 डिग्री (परिक्रमा कक्षा की 73 वीं डिग्री)

बृहस्पति–आर्द्र नक्षत्र की 5.20 डिग्री (परिक्रमा कक्षा की 72 वीं डिग्री)

शुक्र–आर्द्र नक्षत्र की 4.20 डिग्री (परिक्रमा कक्षा की 71 वीं डिग्री)

शनि–आर्द्र नक्षत्र की 0.20 डिग्री (परिक्रमा कक्षा की 67 वीं डिग्री)

राहू–आर्द्र नक्षत्र की 5.20 डिग्री (परिक्रमा कक्षा की 72 वीं डिग्री)

उपरोक्त तालिका से पता चलता है कि सूर्य, बृहस्पति तथा राहू का सही योग जातक के लिए पूरी तरह शुभ या घातक नहीं होता। उसी प्रकार बुध का 6.20 डिग्री पर, शुक्र का 4.20 डिग्री पर और शनि का 0.20 डिग्री पर आर्द्र नक्षत्र में होना शुभ नहीं होता। यदि मंगल की दृष्टि अथवा संयोग और चन्द्रमा का बुध के साथ सही संयोग न हो तो, ये सब उपरोक्त ग्रहीय आकृति में जन्म लेने वाले जातकों की लम्बी आयु के लिए बाधक होंगे। जब ग्रह उपरोक्त घातक अक्षाशों से गुजरें तो उस समय कोई मांगलिक कार्य नहीं करना चाहिए और जातक को सावधानी बरतनी चाहिए।

(iv) उपचार

(1) घातक अक्षाशों में स्थित ग्रहों को शान्त करन के लिए सम्बन्धित मन्त्रों का जाप करना चाहिए।

अथवा

(2) मोती चार या छः रत्ती का चादी की अगूंठी में जड़वा कर, शुक्ल पक्ष में सोमवार के दिन, सुबह 6 से 7 बजे या शाम को 7 से 10 बजे के बीच, चौथी (बुध) अंगुली में धारण करें तथा नीलम तीन रत्ती का सोने अथवा पंच धातु की अंगूठी में जड़वा कर, शनिवार को दूसरी (शनि) अंगूली में 1.30 बजे से 4.30 बजे (सांय) के बीच धारण करे।

(3) प्रत्येक व्यक्ति को अपने दैनिक जीवन में विभिन्न अनिष्टकारक अथवा दुष्ट आपदाओं से सामना करना पड़ता है, इन्हें दूर करने के लिए मन्त्र नं० 36 "श्री रूद्रम" का नियमित जाप करना चाहिए। यह एक जांचा हुआ मंत्र है और इसके चमत्कारी परिणाम निकले हैं।

अध्याय – 7

पुर्नवसु नक्षत्र

सातवें राशिचक्र में 80.00 डिग्री से 93.20 डिग्री के विस्तार का क्षेत्र पुर्नवसु नक्षत्र कहलाता है। अरब मंजिल में इसे "अधःधीरा" (शेर का पंजा) कहते है; ग्रीक इसे "जैमिनोरियम" तथा चीनी मतानुसार "त्सिङ" कहते हैं। सूर्य सिद्धान्त के अनुसार "पुनर" का अर्थ "दुबारा" तथा वसु का मतलब "अच्छा/चमकदार" है। 'पुनर' शब्द के अर्थ में कोई मतभेद नहीं है लेकिन 'वसु' के अर्थ में शक है कि इसका अर्थ "अच्छा" है या "चमकदार"। इसका शाब्दिक अर्थ तो 'बसना' है। अतः मेरे अनुसार 'पुर्नवसु' का अर्थ "पुनर्स्थिरीकरण" करना है। इसके अतिरिक्त इस नक्षत्र के सितारों की संख्या के बारे में भी मतभेद हैं। 'शाक्य ' तथा 'खण्डकातक' के अनुसार पुर्नवसु नक्षत्र के दो सितारें होते हैं। क्योंकि जुड़वा के शीर्षों में एक-एक जोड़ी सितारे होना वर्णित किया गया है अतः चार सितारे, दोनों शीर्षों में एक-एक जोड़ी के हिसाब से, एक धनुषाकार में होते हैं। यहाँ एक संयोजन (मिलन) सितारे का भी उल्लेख है इसका वास्तविक अर्थ यह हुआ कि यह पांच सितारों का समूह है। आम स्वीकृत सिद्धान्त के अनुसार पुर्नवसु समूह एक मकान के समान स्थित है। इससे मेरे तर्क को और बल मिलता है कि शब्द 'वसु' का तात्पर्य "बसना" है।

पुर्नवसु नक्षत्र का अधिष्ठाता देवता 'अदिति' है। अदिति दक्ष की पुत्री तथा देवताओं का माता की रूप में जानी जाती है। अदिति अनन्तता का मानवीकरण रूप समझी जाती है। विष्णु पुराण के अनुसार अदिति का वाग्दान ऋषि कश्यप के साथ किया गया था जिससे बारह पुत्र उत्पन्न हुए जो आदित्य कहलाये। अदिति, भगवान विष्णु ने जब वामन (बौना) अवतार लिया था तो, उनकी माता थी। वह सूर्य की भी माता है।

वाल्मिकी रामायण के अनुसार भगवान राम का जन्म चैत्र शुक्ल नवमी को, पुर्नवसु नक्षत्र के चतुर्थ भाग में, जो कि लग्न भी है, पौष में बृहस्पति, अश्विनी में सूर्य, घनिष्ठा नक्षत्र में मंगल अनुराधा में शनि तथा रेवती नक्षत्र में शुक्र थे।

(I) पुर्नवसु नक्षत्र में उत्पन्न जातकों के सामान्य परिणाम

(क) पुरुष जातक

1. शारीरिक गठन–मनोहर स्वरूप, लम्बी जंघा, लम्बा चेहरा तथा चेहरे पर अथवा सिर के पिछले हिस्सें में कोई पहचान-चिन्ह।

2. स्वभाव तथा सामान्य घटना–जातक भगवान में विश्वास रखने वाला, धार्मिक प्रवृति का होगा। आरम्भ में उसका अच्छा व्यवहार होगा लेकिन बाद में परिस्थिति के अनुसार उसमें बदलाव आयेगा। अतः दूसरों को उससे मिलते समय सावधान रहना चाहिए। उसके अंत विचारों की जानना कठिन है। कभी वह सहमत दिखता है मगर फौरन ही क्रोधित हो जाता है। वह पुरातन विचारधाराओं व मान्यताओं में विश्वास रखता है।

वह किसी गैर कानूनी काम में सहयोग नहीं देता बल्कि दूसरों को भी ऐसा करने से रोकता है। वह दूसरों को कष्ट पहुंचाने की अपेक्षा जरूरतमन्दों की सहायता करने की कोशिश करता है। वह साधारण जीवन व्यतीत करेगा।

3. शिक्षा, रोजगार/आय के साधन–वह साझेदारी के व्यवहार को छोड़कर हर क्षेत्र में सफल तथा विख्यात हो सकता है। वह शिक्षक, लेखक, अभिनेता, चिकित्सक आदि के रूप में नाम और मान अर्जित कर सकता है। 32 वर्ष तक की आयु का समय उसके लिए ठीक नहीं है इसलिए उसे इस अवस्था तक किसी महत्वपूर्ण व्यवसाय को नहीं करना चाहिए। वह धन संचय की स्थिति में नहीं होगा लेकिन सम्मान अर्जित करेगा। उसके पास धन न होने का कारण उसकी स्पष्टवादिता का होना तथा व्यवसाय की चालाकियों का न होना है। उसके चेहरे पर मासूमयत तथा निराशा एक साथ दिखायी पड़ेगी।

4. पारिवारिक जीवन–माता-पिता का बहुत ही आज्ञाकारी होगा। वह माता-पिता तथा गुरु का सम्मान करने वाला होगा। उसका विवाहित जीवन अच्छा नहीं होगा। वह या तो अपनी पत्नी को तलाक देगा या उसके रहते दूसरा विवाह करेगा। यदि वह दूसरा विवाह नहीं भी करेगा तो उसकी पत्नी की स्वास्थ्य समस्याएं उसे मानसिक रूप से परेशान करती रहेगी। फिर भी उसकी पत्नी में अच्छी गृहिणी के गुण होंगे। परिवार में अन्य लोगों से भी मनमुटाव चलता रहेगा। इन सभी कारणों से वह मानसिक रूप से रूग्ण हो सकता है।

5. स्वास्थ्य–उसे कोई गम्भीर स्वास्थ्य सम्बन्धी समस्या नहीं होगी फिर भी वह छोटी-मोटी बिमारियों से परेशान होगा। वह अधिक पानी पीने वाला होगा तथा उसका हाजमा अच्छा होगा।

(ख) स्त्री जातक

1. शारीरिक गठन–रक्तिम नेत्र, घुंघराले बाल, मृदुभाषी तथा उन्नत नासिका वाली होगी।

2. स्वभाव तथा सामान्य घटना–प्रायः शान्त स्वभाव की होगी मगर उसकी विवादप्रिय तथा कटु बोली के कारण उसका अपने पड़ोसियों तथा परिजनों से झगड़ा होता रहेगा। फिर भी वह दयालू तथा दूसरों का मान करने वाली होगी। उसके दारू-दासियां होगें। सब मिलाकर वह आरामदायक जीवन बितायेगी।

3. शिक्षा, रोजगार/आय के साधन–वह संगीत प्रेमी तथा नृत्य में पारंगत होगी।

4. पारिवारिक जीवन–उसका पति बहुत ही मनोहर स्वरूप का होगा। पुर्नवसु नक्षत्र में उत्पन्न मादा जातक यदि 'हस्ता' नक्षत्र में उत्पन्न युवक से विवाह करे तो उसे अपने पति से भरपुर सुख तथा अच्छी सन्तान प्राप्त होगी।

5. स्वास्थ्य–वह अच्छे स्वास्थ्य का सुख नहीं पा सकेगी। यह उसकी अपने स्वास्थ्य के प्रति लापरवाही के कारण होगा। उसे पीलिया, क्षयरोग, निमोनिया, गलगण्ड तथा कान व पेट की परेशानियां घेरे रहेंगी। यदि पुर्नवसु नक्षत्र के प्रभाव के समय पर मादा जातक में प्रथम ऋतुश्राव के लक्षण प्रकट हों तो वह धार्मिक स्वभाव की होगी। उसे अच्छा पति, धन तथा सन्तान प्राप्त होगी।

II पुर्नवसु नक्षत्र में ग्रहों की स्थिति से उत्पन्न परिणाम

सूर्य

यदि पुर्नवसु नक्षत्र में स्थित सूर्य पर चन्द्रमा की दृष्टि हो तो जातक अपने परिजनों से परेशान जन्मस्थान से दूर जाकर रहेगा तथा अर्थिक धन अर्जित नहीं कर पायेगा। यदि मंगल की दृष्टि हो तो शत्रुओं के द्वारा पीड़ित हो जायेगा। वह आलसी होगा। बुद्ध की दृष्टि होने पर वह स्वयं तो कोई लाभ

उठा नहीं पायेगा मगर उसकी सन्तान सरकार से भरपूर लाभ लेगी। उसके रिश्तेदार उसकी सन्तान की समृद्धि के कारण उभरने द्वेष करेंगे। यदि बृहस्पति की दृष्टि हो तो वह गूढ़ विज्ञानों (विद्याओं) में निपुण बनेगा तथा अपनी पत्नी तथा बच्चों से अच्छे सम्बन्ध न हो पाने के कारण स्वतन्त्र रहना चाहेगा। यदि शुक्र की दृष्टि हो तो जातक विदेशों में जाकर बहुत धन कमायेगा। वहां पर वह किसी अग्निदुर्घटना अथवा शस्त्र से घायल होगा। वह वहां की सरकार से भी सम्बन्ध बनायेगा। शनि की दृष्टि हो तो वह फिजूलखर्च करेगा। उसके दास-दासियों से काम-सम्बन्ध होंगे। लेकिन वह कर्त्तव्यनिष्टावान होगा।

प्रथम भाग (80.00 डिग्री से 83.20 डिग्री)–जातक उच्च शिक्षा, धनी तथा अच्छा ज्योतिषी होगा। यदि इस भाग में बुद्ध का संयोग हो तो वह 28 वर्ष की आयु तक नास्तिक होगा बाद में उसमें बदलाव आयेगा और वह भगवान के अस्तित्व में विश्वास करेगा।

द्वितीय भाग (83.20 डिग्री से 86.40 डिग्री)–गणित में प्रवीण तथा अच्छा प्रशासक होगा। उसमें अर्न्तदर्शी शक्तियां होंगी। पीत वर्ण चेहरे का तथा उच्च राजनैतिक या शैक्षणिक स्थिति प्राप्त करेगा।

तृतीय भाग (86.40 डिग्री से 90.00 डिग्री)–यदि इस खण्ड में बृहस्पति भी स्थित हो तो उच्चतम स्तर का राजनीतिज्ञ अथवा मंत्री होगा तथा मित्रों से लाभ उठायेगा। शिक्षक के कार्य करने का भी संकेत है।

चतुर्थ भाग (90.00 डिग्री से 93.20 डिग्री)–यदि इस खण्ड में लग्न भी पड़ता हो तो जातक किसी असाध्य रोग से पीड़ित होगा। वह निर्धरता तथा कर्जों में जीयेगा। वह निम्नतर स्तर के पद पर होगा अथवा ऐसा धन्धा करेगा जिसमें बहुत कम लाभ होगा। कमजोर दृष्टि, कब्ज और नासूर से पीड़ित होगा।

चन्द्रमा

पुर्नवसु नक्षत्र में स्थित चन्द्रमा पर यदि सूर्य की दृष्टि हो तो जातक विद्वान, अच्छा व्यवहार करने वाला मगर निर्धन होगा। यदि मंगल की दृष्टि हो तो वह दयावान, बुद्धिमान तथा विभिन्न विज्ञानों में निपुण तथा धनवान होगा। बुद्ध की दृष्टि होने पर वह अपने नियोक्ता अथवा सरकार से सहायता प्राप्त करेगा। यदि बृहस्पति की दृष्टि हो तो वह विद्वान और प्रसिद्ध होगा

तथा समाज के लिए सुकर्म करने वाला होगा। यदि शुक्र की दृष्टि हो तो उसे जीवन के वांछित सुख मिलेंगें। यदि शनि की दृष्टि हो तो वह धन, पत्नी तथा सुखों से वंचित होगा।

प्रथम भाग (80.00 डिग्री से 83.20 डिग्री)–उसके किसी एक अवयव दोषपूर्ण अथवा असाधारण होंगे। उसका मिश्रित स्वभाव होगा तथा दो माताएं होगी। यदि इस भाग में बृहस्पति भी स्थिति हो तो जातक के अधिक पुत्रियां होंगी। यदि उत्तर-भाद्रपद नक्षत्र में लग्न पड़ता हो तो वह काफी प्रतिष्ठा तथा अनार्जित धन प्राप्त करेगा। उसके कुछ भाई होंगे। वह दुश्मनों का मर्दन करने वाला तथा एक समय में कई काम करेगा जो सफाई से तथा ठीक प्रकार से किये गये होंगे। विद्वानों द्वारा सम्मानित होगा।

द्वितीय भाग (83.20 डिग्री से 86.40 डिग्री)–वह स्त्रियों का शौकीन तथा यौन-विज्ञान का ज्ञाता होगा और यही उसका व्यवसाय भी होगा। वह जुआरी होगा। वैज्ञानिक, राजदूत या प्रतिनिधि बनने का संकेत है। वह या तो तीन या चार स्त्रियों से विवाह करेगा अथवा उनसे उसके रति-सम्बन्ध होंगे।

तृतीय भाग (86.40 डिग्री से 90.00 डिग्री)–वह स्त्रियों का शौकीन और चतुर का जुआरी होगा। संगीत प्रेमी होगा। यदि बुध का साथ हो तो वह संभाषण में नम्र, व्याख्या करने में चतुर, जनप्रिय तथा ख्यातिप्राप्त व्यक्ति होगा। यदि इस भाग में शनि भी स्थित हो तो वह अपनी माता के दूसरे पति (प्रेमी भी) द्वारा उत्पन्न पुत्र होगा।

चतुर्थ भाग (90.00 डिग्री से 93.20 डिग्री)–वह यौन-विज्ञान में कुशल तथा रक्तिम नेत्रों वाला होगा। यदि इस अंश में मंगल स्थिति हो तो वह पैसे के लिए अपनी पत्नी तक को बेचने में नहीं हिचकेगा। यदि यहां पर बृहस्पति भी स्थित हो तो जातक अपने परिवार, कुलगोत्र अथवा समुदाय का मुखिया तथा धनवान व्यक्ति होगा।

मंगल

पुर्नवसु नक्षत्र में स्थित मंगल पर सूर्य की दृष्टि हो तो जातक विद्वान, धनी, साहसी, तथा वन प्रान्तर में घूमने का इच्छुक होगा। यदि चन्द्रमा की दृष्टि हो तो वह किसी सुरक्षा अथवा पुलिस संस्थान में नियुक्त होगा और अच्छी स्त्रियों की संगति करेगा। यदि बुध की दृष्टि हो तो वह गणित में

प्रवीण तथा कवि भी हो सकता है। वह अवसर पड़ने पर सफेद झूठ बोलेगा। यदि बृहस्पति की दृष्टि हो तो आरम्भ में परदेश में कष्ट उठायेगा मगर 40 वर्ष की अवस्था के बाद अच्छी स्थिति में तथा सुखी होगा। यदि शुक्र की दृष्टि हो तो वह अपना अधिकतर समय स्त्रियों में बितायेगा तथा सम्पत्तिशाली होगा। शनि की दृष्टि होने पर वह धूर्त तथा आलसी होगा और लकड़ी से सम्बन्धित व्यवसाय अथवा जंगल में रोजगार करेगा।

प्रथम भाग (80.00 डिग्री से 83.20 डिग्री)–यदि बुध की यहां पर स्थित हो तो जातक तेल तथा दवाइयों का रोजगार करेगा। मादा जातक कटु बोलने वाली, कामुक व क्रूर स्वभाव की तथा वातग्रस्त और भावशून्य (निरूत्साही) और फिजूलखर्च होगी।

द्वितीय भाग (83.20 डिग्री से 86.40 डिग्री)–दूसरों की समृद्धि से जलने वाला, संगीत तथा दाम्पत्य कला में प्रवीण होगा। कम पुत्र होंगे। यदि भूमि अथवा मकानों की दलाली करे तो अच्छा लाभ कमा सकता है। वह गर्म मौसम से सम्बन्धित रोगों से ग्रस्त रहेगा।

तृतीय भाग (86.40 डिग्री से 90.00 डिग्री)–मंगल के लिए यह अच्छी स्थिति है। जातक धन-सम्पत्ति, सुरा व सुन्दरी का भोग करेगा। वह मानवता की भलाई के लिए समर्पित होगा। जनप्रिय होगा। बहुत लोग उसके मातहत काम करेंगे। गरीबों की भलाई के लिए धन-खर्च करेगा।

चतुर्थ भाग (90.00 डिग्री से 93.20 डिग्री)–यदि इस खंड में स्थित मंगल पर शनि की दृष्टि हो तो स्त्री जातक के कई गर्भपात होंगे। नरजातक अपना जीवन सुख से बितायेंगे। फिर भी उसे वाहन चलाने से बचना चाहिए। उसे पीलिया तथा अन्य रक्त से सम्बन्धित बिमारियों हो सकता है।

बुध

पुर्नवसु नक्षत्र में स्थित बुध पर सूर्य की दृष्टि हो तो जातक सरकार से लाभ प्राप्त करके अच्छी स्थिति में पहुंचेगा वह सत्यवादी होगा। यदि चन्द्रमा की दृष्टि हो तो वह मधुर शैली में बहुत बोलने वाला, क्रोधी स्वभाव का तथा सरकारी सेवा में होगा। यदि मंगल की दृष्टि हो तो वह आर्कषक व्यक्तित्व का, विभिन्न कलाओं में कुशल, अपने नियोक्ता के प्रति स्वामीभक्त होगा। बृहस्पति की दृष्टि हो तो धनवान, बुद्धिमान तथा सरकार के सम्पर्क

में होगा। शुक्र की दृष्टि होने पर वह अपने नियोक्ता का प्रतिनिधित्व करेगा, उसके हाथों शत्रु को पराजय होगी तथा झगड़े निपटानें में अतियोग्य। यदि शनि की दृष्टि हो तो वह अपने कार्यों का तुरन्त फल पायेगा, सबका सम्मान करेगा तथा धनवान होगा।

प्रथम भाग (80.00 डिग्री से 83.20 डिग्री)–वह सरकारी सेवा में विशेषतया लेखाकार होगा और अपने विशेष कार्यक्षेत्र में शिखर पर पहुंचेगा। वह प्रसिद्धि तथा धन की प्राप्ति करेगा। विभिन्न कलाओं व विद्याओं में कुशल, बुजुर्गों का सम्मान करने वाला तथा सुखों को चाहने वाला होगा।

द्वितीय भाग (83.20 डिग्री से 86.40 डिग्री)–वह उच्चकोटि का निपुण लेखाकार होते हुए भी अन्य कई कार्य करेगा। एक अच्छा ज्योतिषी होगा। अपने वरिष्ठ अधिकारियों की दृष्टि में प्रशंसनीय। वह बिना किसी भेदभाव के अपने कर्तव्यों का पालन करेगा। इसलिए वह प्रतिष्ठा प्राप्त करेगा तथा उसके विचारों का सम्मान करेगा।

तृतीय भाग (86.40 डिग्री से 90.00 डिग्री)–कई संस्थाओं में अवैतनिक कार्य करेगा। वह अधिक खर्च तथा कम प्राप्ति करने वाला होगा।

चतुर्थ भाग (90.00 डिग्री से 93.20 डिग्री)–वह शासक वर्ग में प्रिय तथा प्रतिष्ठित व धनवान व्यक्ति होगा।

बृहस्पति

इस नक्षत्र में स्थित बृहस्पति पर सूर्य की दृष्टि हो तो जातक अच्छी पत्नी, सन्तान व धन से सम्पन्न होगा तथा रिश्तेदारों द्वारा सम्मानित होगा। यदि चन्द्रमा की दृष्टि हो तो अच्छे आचरण का, कई गांवों, शहरों की देखभाल करने वाला प्रसिद्ध व्यक्ति होगा। यदि मंगल की दृष्टि हो तो जातक सेना में होगा तथा कई असफलताओं के बाद सफलता प्राप्त करेगा। यदि बुध की दृष्टि हो तो अच्छा पारिवारिक जीवन होगा, ज्योतिष शास्त्र में निपुण तथा मृदुभाषी होगा। यदि शुक्र की दृष्टि हो तो धनवान तथा हर दृष्टि से प्रतिष्ठित होगा। शनि की दृष्टि होने पर सरकार से बहुत से लाभ मिलेंगे तथा किसी राजनीतिक पद पर होगा।

प्रथम भाग (80.00 डिग्री से 83.20 डिग्री)–उसे हर सांसारिक सुख तथा प्रतिष्ठा प्राप्त होगी। फिर भी वह मध्यावस्था तक संघर्षपूर्ण परिवारिक

जीवन जियेगा। उसके जनसेवा व सामाजिक कार्य करने के कारण पत्नी का उससे वैमनस्य रहेगा।

द्वितीय भाग (83.20 डिग्री से 86.40 डिग्री)–वह दूसरों की सहायता करने वाला तथा पुजारी होगा। वह धनवान तथा प्रसिद्धि होगा, जबकि उसे अपनी पत्नी से उसके निम्न स्वभाव के कारण कोई प्रेम तथा मान नहीं मिलेगा, बल्कि उसे अपनी सन्तान से पूर्ण लाभ मिलेगा। उसके बच्चे सरकार अथवा राजनीतिक क्षेत्र में अच्छे पदों पर होंगे।

तृतीय भाग (86.40 डिग्री से 90.00 डिग्री)–यदि इस खण्ड में सूर्य भी स्थित हो तो उसके मन्त्री अथवा राजनेता बनने का योग है। वह मित्रों के द्वारा अर्जित करेगा। वह धनवान तथा प्रसिद्ध होगा।

चतुर्थ भाग (90.00 डिग्री से 93.20 डिग्री)–इस खण्ड में बृहस्पति के अकेले स्थित होने पर उसे बहुत प्रसिद्धि मिलेगी लेकिन पैसा और खुशी नहीं होगी। वह अपने मित्रों तथा परिजनों द्वारा पीड़ित होगा लेकिन अनजाने लोग उसे भगवान की तरह प्रतिष्ठा देंगे। यदि इस अंश में बृहस्पति पर बुध की दृष्टि हो तो वह शाही वैभव प्राप्त करेगा। वह कई भवनों का स्वामी होगा। स्त्रियों उसकी कृपादृष्टि की आकांक्षी होगी तथा कई लोगों का भरण-पोषण करेगा।

शुक्र

पुर्नवसु नक्षत्र में स्थित शुक्र पर सूर्य की दृष्टि हो तो जातक देश की सुरक्षा से सम्बन्धित क्षेत्र में उच्च स्तर पर होगा। यदि चन्द्रमा की दृष्टि हो तो वह घने बालों वाला, श्याम वर्ण तथा अच्छे रहन-सहन तथा खानपान वाला व्यक्ति होगा। यदि मंगल की दृष्टि हो तो वह हर दृष्टि से भाग्यवान होगा। बुध की दृष्टि होने पर वह विद्वान तथा धनी होगा। यदि बृहस्पति की दृष्टि हो तो वह उच्च शिक्षा प्राप्त होगा। कई सेवक होंगे लेकिन उसका परिवारिक जीवन कष्टपूर्ण होगा। यदि शनि की दृष्टि हो तो जातक विभिन्न प्रकार के छलकपट व धोखे से पीड़ित होगा तथा वह सभी के द्वारा सताया हुआ सदैव कष्टपूर्ण स्थिति में होगा।

प्रथम भाग (80.00 डिग्री से 83.20 डिग्री)–वह पुष्प, वस्त्र, आभूषणों से सम्पन्न अपने जाति या वर्ग में प्रिय व्यक्ति होगा।

द्वितीय भाग (83.20 डिग्री से 86.40 डिग्री)–काहिल व्यक्ति, उसको जीवन में कोई रूचि नहीं होगी। उसकी बला से कुछ भी होता रहे। इन कारणों से वह विश्वासघाती जीवन जीयेगा।

तृतीय भाग (86.40–90.00 डिग्री)–विद्वान और धनवान, सरकारी संस्थान में नियुक्त प्रायः पदों में बदलाव। इंजीनियर भी हो सकता है। यदि बुध की दृष्टि हो तो अच्छे प्रशासनिक पद पर होगा। यदि बृहस्पति की दृष्टि हो तो जातक लेक्चरार होगा और उसकी पत्नी भी इसी व्यवसाय में होगी।

चतुर्थ भाग (90.00 डिग्री से 93.20 डिग्री)–जातक जीवन की सभी सुख-सुविधाओं से सम्पन्न होगा। सुखी विवाहित जीवन होगा। सन्तान ही उसकी सम्पत्ति होगी। यदि बुध अथवा बृहस्पति की दृष्टि हो तो ये प्रभाव दुगने हो जायेंगे। यदि शनि की दृष्टि हो तो जातक दूसरों के लिए काम करेगा और उसे ज्यादा सुख नहीं मिलेगा।

शनि

पुर्नवसु नक्षत्र में स्थित शनि ग्रह पर सूर्य की दृष्टि हो तो वह जीवन में खुशी प्राप्त नहीं कर सकेगा, सदैव बुरे लोगों की संगति में रूचि लेगा। यदि चन्द्रमा की दृष्टि हो तो उसका आर्कषक व्यक्तित्व होगा। सरकार से प्राप्त शक्तियों और ख्याति का उपयोग करेगा तथा बहुत सी स्त्रियों और ख्याति का उपभोग करेगा तथा बहुत सी स्त्रियों का प्रभारी होगा। यदि मंगल की दृष्टि हो तो वह बुद्धिमान तथा शास्त्रों और प्राचीन विद्याओं में कुशल होगा; बुध की दृष्टि हो तो जातक युद्धविद्या में प्रवीण, बुद्धिमान तथा धनी होगा। बृहस्पति की दृष्टि होने पर सरकार अथवा अपने नियोक्ता पर निर्भर होगा, उसमें अच्छी विशेषताएं होगी, जनता द्वारा सम्मानित तथा धनी होगा। शुक्र की दृष्टि होने पर वह या तो सुनार होगा या सोने अथवा सोने के आभूषणों का व्यवसाय करेगा।

प्रथम भाग (80.00 डिग्री से 83.20 डिग्री)–यह स्थिति शनि के निवास के लिए अच्छी नहीं है। जातक सट्टेबाजी में धन खो बैठेगा। मैकेनिक के रूप में नौकरी करेगा। वह किसी अपराध के अभियोग में फंसेगा। उस पर काफी कर्ज होगा तथा सदा दयनीय स्थिति में रहेगा।

द्वितीय भाग (83.20 डिग्री से 86.40 डिग्री)–जातक अच्छे स्तर पर होगा। वह साहूकारी का धन्धा करेगा। लोहा तथा स्टील उद्योग अथवा भवन निर्माण के व्यवसायों द्वारा आमदनी हो सकती है।

तृतीय भाग (86.40 डिग्री से 90.00 डिग्री)–वह कैमिकल या मैकैनिकल इंजीनियर बन सकता है। मेहनती तथा फुर्तिला होगा। बहुत अच्छे स्तर पर पहुंचेगा तथा उसके मातहत काफी लोग काम करेगें।

चतुर्थ भाग (90.00 डिग्री से 93.20 डिग्री)–छोटे चेहरे का लेकिन देखने में अच्छा होगा। बचपन में स्वास्थ्य बहुत खराब रहेगा। प्रायः माता की देखभाल से वंचित होगा। क्रोधी स्वभाव जिसके कारण बहुत सी न सुलझने वाली समस्याओं को जन्म देगा।

राहू

प्रथम भाग (80.00 डिग्री से 83.20 डिग्री)–जातक में सही अन्तर्बोध, सही निर्णय तथा व्यवहारिक अनुकूलशीलता पायी जाती है। वह लेखक, प्रकाशक अथवा शिक्षक के रूप में आजीविका अर्जित करेगा। इस खण्ड में जब बुध भी स्थित हो तो वह लेखाकार या लेख-परिक्षक होगा। बाजू में फोड़ा तथा दर्द या रक्ताघात की बिमारी हो सकती है।

द्वितीय भाग (83.20 डिग्री से 86.40 डिग्री)–उसका विस्तृत दृष्टिकोण होगा और आकृति मनोहर होगी। वह वैज्ञानिक शोघ के क्षेत्र में प्रसिद्धि प्राप्त करेगा। उसे आयोडीन की कमी से गलगण्ड, की बिमारी होगी। यदि शुक्र भी यहां स्थित हो तो वह कपड़ा व्यापारी अथवा वित्तीय दलाल भी बन सकता है।

तृतीय भाग (86.40 डिग्री से 90.00 डिग्री)–जातक बुद्धिमान होगा उसकी याददाश्त तेज होगी। वह लालची नहीं होगा, जो भी मिल जाये उसी में संतोष करेगा। परिवारिक जीवन में झगड़े होंगे। सरकार में लेखा अथवा वित्त या कानून विभाग का अध्यक्ष होगा। उसे कान या गले की परेशानी अथवा श्वासनली में अवरोध या निमोनिया हो सकता है।

चतुर्थ भाग (90.00 डिग्री से 93.20 डिग्री)–पत्रिका, प्रकाशन तथा कहानी लेखन में सफलता। बुध के यहां पर स्थित होने पर जातक उत्कृष्ट

ज्योतिषी बनेगा। उसको विभिन्न स्त्रियों से रति-सम्बन्ध हो सकते हैं। गणित के क्षेत्र में शिक्षा होगी।

केतू

प्रथम भाग (80.00 डिग्री से 83.20 डिग्री)–यदि बुध भी यहां स्थित हो तो जातक धनी बनेगा तथा उसके दीर्घायु सन्तान होगी। वह बुद्धिमान होगा। यहां पर अकेले केतू के होने पर उसके भाई-बहनों की तबाही का संकेत। उसके चेहरे पर बड़े आकार का पहचान चिन्ह होगा।

द्वितीय भाग (83.20 डिग्री से 86.40 डिग्री)–उसे कुछ शारीरिक बिमारियां होगी। धनी परिवार में जन्म लेगा तथा उसका पिता धर्मनिष्ठ, धनी तथा प्रतिष्ठित व्यक्ति होगा। लेकिन जातक अपने पिता के दुख की जड़ होगा। यदि हितकारी ग्रहों की केतू पर दृष्टि अथवा संयोग न हो तो ये परिणाम निकल सकते हैं। यदि दुष्ट ग्रहों की दृष्टि हो अथवा केतू अकेला हो तो उपरोक्त परिणाम ही होंगें।

तृतीय भाग (86.40 डिग्री से 90.00 डिग्री)–जातक के तीन पत्नियां होंगी। सदैव कर्जों में डूबा रहेगा। उसकी दो पत्नियां उसे काफी कष्ट देंगी। कई बच्चे होंगे। दिल के दौरे से मरेगा अथवा यदि दो या अधिक दुष्ट ग्रहों की केतू पर दृष्टि अथवा संयोजन हो तो जातक आत्महत्या करेगा।

चतुर्थ भाग (90.00 डिग्री से 93.20 डिग्री)–जातक मेहनती होगा मगर इसका उसे कम लाभ मिलेगा। इस अंश में केतू की उपस्थिति के कारण वह मजदूरी, कुलीगिरी अथवा दूसरे दासोचित कार्य करेगा फिर भी उसके बच्चे धनी व विद्वान होंगे और उसकी वृद्धावस्था में सेवा करेंगे।

पुर्नवसु नक्षत्र में उत्पन्न जातकों को पौष, अश्लेष, शताभिषज तथा कार्तिक नक्षत्रों में उत्पन्न व्यक्तियों से सम्बन्ध नहीं बनाना चाहिए।

पुर्नवसु नक्षत्र का दशा स्वामी बृहस्पति है, जिसके बाद शनि, बुध, केतू, शुक्र, सूर्य, चन्द्रमा तथा मंगल का क्रम है।

(iii) पुर्नवसु नक्षत्र में विशेष अक्षाशों पर ग्रहों की स्थिति के परिणाम

पुर्नवसु नक्षत्र में कुछ विशेष घातक अक्षाशों पर कुछ ग्रह स्थित होते है। विभिन्न ग्रहों के लिए घातक अक्षांश निम्नलिखित हैः

मंगल–पुर्नवसु नक्षत्र की 5.00 डिग्री (परिक्रमा कक्षा की 85.00 डिग्री)

केतू–पुर्नवसु नक्षत्र की 0.00 डिग्री (परिक्रमा कक्षा की 80.00 डिग्री)

चन्द्रमा–पुर्नवसु नक्षत्र की 2.00 डिग्री (परिक्रमा कक्षा की 82.00 डिग्री)

यदि बुध या बृहस्पति की तीक्षण दृष्टि न हो तो, उपरोक्त ग्रहीय आकृति में जन्म लेने वाले जातक जातक की दीर्घायु में अवरोध उत्पन्न हो सकता है। जब भी ये तीनों ग्रह घातक अक्षाशों से गुजरें तो कोई भी मांगलिक कार्य नहीं करना चाहिए। जब भी चन्द्रमा, मंगल और केतू राशिचक्र की घातक अक्षाशों से गुजरे तो पूरी सावधानी बरतनी चाहिए।

(iv) उपचार

(1) पुखराज पाँच रत्ती का, सोने की अंगूठी में जड़वाकर, बृहस्पतिवार को दोपहर 12.00 बजे से अपराह्न् 3-00 बजे तक तीसरी (सूर्य) अंगुल में धारण करे।

(2) बुध को शान्त करने के लिए मन्त्र संख्या 28 का जाप करें।

(3) सूर्य को शान्त करने के लिए मन्त्र संख्या 24 का जाप करें।

अध्याय – 8

पुष्य नक्षत्र

आठवें राशिचक्र में 93.20 डिग्री से 106.40 डिग्री तक के विस्तार का क्षेत्र पुष्य नक्षत्र अथवा 'पुष्यमि' नक्षत्र कहलाता है। अरब-मंजिल में इसे "अन-नत्राः" अर्थात "शेर का नथुना"; ग्रीक इसे "केन्क्रि" तथा चीनी मतानुसार यह "कुई" है। टोलोमी के अनुसार यह उन सितारों में से एक है जिनकी चमक पिछले दो या तीन हजार वर्षों में कम हो गई है। पुष्य तीर कमान आकृति का तीन सितारों का समूह है। सूर्य सिद्धान्त के अनुसार "पुष्य" का अर्थ पोषित करना अथवा उन्नति देना है। पुष्य को "तिष्य" अर्थात मंगलकारी तथा 'सिध्य' अर्थात 'फलता फूलता' या 'हितकारी' के रूप में भी जाना जाता है।

पुष्य नक्षत्र का अधिष्ठाता देवता बृहस्पति है। फलित ज्योतिष में वर्णित नौ ग्रहों में से एक ग्रह बृहस्पति है। यह देवताओं के भी गुरु हैं।

बाल्मिकी रामायण के अनुसार भगवान श्री राम के अनुज भरत का जन्म पुष्य नक्षत्र में ही हुआ था।

(I) पुष्य नक्षत्र में उत्पन्न जातकों के सामान्य परिणाम

सामान्य मतानुसार पुष्य नक्षत्र में प्रथम भाग अर्थात पहला 3.20 डिग्री में जन्म जातक के स्वयं के लिए अनिष्टकर है। दूसरे भाग अर्थात 6.40 डिग्री तक में जन्म जातक उसकी माता के लिए अनिष्टकर है। तीसरे भाग अर्थात 6.40 से 10.00 डिग्री में जन्म जातक उसके पिता के स्वास्थ्य व धन सम्पति के लिए अहितकार है तथा इसके चौथे भाग अर्थात 10.00 से 13.20 डिग्री में जन्म जातक उसके मामा के लिए घातक है।

मेरे अनुभव के अनुसार यह देखा गया है कि जब पुष्य नक्षत्र में लग्न भी पड़ता हो और इसके अतिरिक्त इस नक्षत्र के अलग-अलग अंशों में चन्द्रमा की स्थिति, अथवा और स्पष्ट करने के लिए, जब लग्न तथा जन्म राशि दोनों पुष्य नक्षत्र के एक ही भाग में पड़ें तभी उपरोक्त अनिष्टकर प्रभाव जातक पर पड़ते हैं।

यह भी देखा गया है कि दूसरे भाग में नर जातक का जन्म पिता के लिए तथा इसी भाग में मादा जातक का जन्म माता के लिए घातक होता है। तथा तीसरे भाग में नर जातक का जन्म पिता के लिए तथा इसी भाग में मादा जातक का जन्म माता के लिए मृत्यु का कारण होता है।

उपरोक्त परिणामों की भविष्यवाणी करते हुए यह ध्यान रखना चाहिए कि दूसरी हितकारी परिस्थितियों या ग्रहों के अशुभ प्रभाव तथा तिथि इन परिणामों में फेर बदल कर सकती है। और स्पष्ट करने के लिए, जो अच्छी ग्रहीय स्थिति तथा दृष्टि, (जिनकी हम आगे विवेचना करेंगे) में उत्पन्न हुए हैं तथा उनके जन्म की शुभ तिथि तथा योग के परिणाम और ग्रहों का प्रभाव और उनके प्रभावित तिथि और योग यदि अच्छे न हों तो उपरोक्त परिणाम होंगे।

(क) पुरुष जातक

1. शारीरिक गठन–पुष्य नक्षत्र में जन्म जातकों के शारीरिक गठन का वर्णन या निरूपण करना कठिन है क्योंकि इस नक्षत्र में जन्म लोगों की कोई एक स्पष्ट शारीरिक सरंचना नहीं होती। दूसरे शब्दों में कहा जाय तो वह विभिन्न आकार प्रकार के व्यक्ति दृष्टिगत होते है। एक विरल पहचान चिन्ह इन व्यक्तियों में पाया जाता है कि उनके चेहरे पर कोई तिल अथवा दाग-धब्बा नजर आयेगा।

2. स्वभाव तथा सामान्य घटना–वह कमजोर दिल अर्थात भीरू/डरपोक होगा। उसका किसी विषय पर निर्णय लेना बहुत कठिन है। उसके विचारों में असंगति होने का मुख्य कारण उसका "संशयत्मा विनाशति" अर्थात "संशय स्वभाव" है।

उसमें व्यवहार कौशल होगा लेकिन उसका यह व्यवहार केवल अपने स्वार्थ की पूर्ति के लिए होगा। इससे स्पष्ट होता है कि उसका बाह्य रूप केवल छिद्रान्वेषी है और उसकी अन्तर्तात्मा के विरुद्ध है। अर्थात भीतर से जो वह नहीं चाहता वह बाहर से उसे चाहने का प्रकट करता है। वह दूसरों का आदर करना नहीं जानता जबकि उसमें आदर की इच्छा निहित है। वह प्रशंसा पर तुरंत प्रतिक्रिया करता है, मगर आलोचना से फौरन मुरझा जाता है, स्वयं को ईमानदारी तथा सम्मान से स्नेह और अनुराग देता है, फिर भी वह अपनी दुर्बलताओं को जानकर गूढ़ आसक्ति को आकार देते झिझकता है।

जैसा कि पहले कहा गया है, जीवन के हर क्षेत्र में अन्तर्हित स्वतन्त्रता उसे बुरी संगति की और ले जायेगी। अतः उसे अपने मित्रों से सावधान रहना चाहिए। वह अच्छे पहनावे का शौकीन होगा।

3. शिक्षा, रोजगार/आय के साधन--वह किसी भी काम को, बिना विचार किये कि वह उसे कर सकने में समर्थ है भी या नहीं, हाथ में ले लेता है, जिस कारण वह जो काम भी करता है उसमें असफल रहता है। जबकि मैं कहता हूँ कि वह अच्छा पूर्वानुमानी नहीं है, वह कुछ कार्यों में बहुत अच्छा होता है और मीठे बोल उसके लिए स्वाभाविक स्वभाव हैं। उसके लिए यह अच्छा होगा कि वह किसी कार्य को करने से पहले अपनी योग्यता और सार्मथ्य का मूल्यांकन करें जहां उसे सफलता मिल सकती है। यदि वह ऐसा करता है तो दुनिया की कोई ताकत उसे अपेक्षित परिणाम पाने से नहीं रोक सकती। उसमें एक और विशेषता यह है कि वह अपनी हार से आसानी से विचलित नहीं होता और विभिन्न बाधाओं में से अपना रास्ता निकाल ही लेता है।

यद्यपि उसे बुनियादी शिक्षा नही मिली है, फिर भी वह किसी विषय पर अपने असाधारण बुद्धिमता तथा ज्ञान का परिचय देता है। उसमें एक गुण यह भी है कि वह कानून अथवा नीति विरोधी किसी भी योजना अथवा विचार या कार्य का अपनी पूरी शक्ति से विरोध करता है। उसके विचार में सभी अपराधी, चाहे वो उसके मित्र, परिजन या शत्रु क्यों न हों, अवश्य दण्डित होने चाहिए। उसे जो भी कार्य सोंपा जायेगा वह पूरी ईमानदारी तथा विश्वास से पूरा करेगा। वह किसी भी कार्य को, जो उसे सौंपा जाता है, ठीक प्रकार से निपटाने की भरसक चेष्टा करता है लेकिन उसके उछंखल्ल/या उद्धतापूर्ण स्वभाव के कारण परिणाम नकारात्मक हो जाते हैं। उसकी योग्यताएं कई पहलू लिए हैं मगर उसकी संभावित सफलताएं कला, थियेटर अथवा व्यवसाय में निहित हैं।

प्रायः देखा गया है कि पुष्य नक्षत्र में उत्पन्न जातकों को 15-16 वर्ष की अवस्था तक घोर दरिद्रता का सामना करना पड़ता है, तदोपरान्त 32 वर्ष की आयु तक उसका समय उतार-चढ़ाव पूर्ण होगा जिसमें उतार अधिक व चढ़ाव कम होंगे। 33 वर्ष की अवस्था के बाद उनके जीवन में, पुष्य नक्षत्र के

प्रथम भाग अर्थात 0.00 डिग्री से 3.20 डिग्री (राशिचक्र के 93.20 डिग्री से 96.40 डिग्री तक) में जन्म जातकों के मृत्यु से बचाव को छोड़कर, हर क्षेत्र, यथा आर्थिक, सामाजिक, स्वास्थ्य सम्बन्धी में अद्‌भुत सुधार होगा।

प्रायः देखा गया है कि पुष्य नक्षत्र में उत्पन्न जातक आजीविका के लिए अपने जन्म स्थान तथा परिवार से दूर रहेंगे। वह प्रायः वही कार्य करेंगे जिसमें यात्रा की अधिक संभावना होती है।

4. पारिवारिक जीवन–उसके परिवार में बहुत सी समस्याएं होती है। उसे अपनी दैनिक जरूरतों के लिए दूसरों पर निर्भर रहना पड़ेगा। जहां बचपन में वह दूसरों पर निर्भर होगा बड़े होने पर आत्मनिर्भर हो जायेगा।

वह अपनी पत्नी और बच्चो के साथ रहना चाहेगा मगर परिस्थितियां उसे उनसे दूर रखेगी। वह अपनी पत्नी से प्रतीक्षा करेगा कि वह पूर्ण रूप से आत्मनिर्भर हो और प्रशंसनीय योग्यता भी हो। यदि उनका विवाह बिना जन्मकुण्डली अथवा गण मिलाये किया गया तो वह अपनी विवेक बुद्धि को भूल कर तथा अपनी त्रुटियों को न जान कर अपनी पत्नी पर शक करेगा। वह अपने माता-पिता में आसक्त रहेगा।

5. स्वास्थ्य–अपने बचपन में अर्थात 15 वर्ष की आयु तक उसका स्वास्थ्य ठीक नहीं रहेगा। उसे पित्तअश्मरी, गैस्ट्रीक अल्सर, पीलिया, खांसी, एग्जीमा तथा कैंसर जैसे रोग होने का संकेत है।

(ख) स्त्री जातक

1. शारीरिक गठन–वह छोटे कद, सामान्य स्वरूप, संतुलित चेहरे व शरीर की मनोरम स्त्री होगी।

2. स्वभाव तथा सामान्य घटना–उसे शान्त वातावरण का सुख नहीं मिलेगा। उसका स्वभाव सौहार्दपूर्ण तथा शान्तमय होगा। वह बुजुर्गों के प्रति समर्पित मगर दूसरों द्वारा उत्पीड़ित होगी। वह ईमानदार व स्नेही लेकिन मनमौजी स्वभाव की होगी। वह धार्मिक प्रवृति की, बड़ों का आदर करने वाली तथा रूढ़ीवादी होगी। वह योजनानुसार तथा व्यवस्थित ढंग से कार्य करेगी।

3. शिक्षा, रोजगार/आय के साधन–उसे भूमि तथा भवनों से आमदनी होगी। वह ऐसे पदों पर काम करेगी जहां पूर्ण विश्वास की आवश्यकता होती

है अर्थात निजी सचिव अथवा देश के गोपनीय विभाग आदि। कृषि से भी आय होगी।

4. पारिवारिक जीवन–वह पतिव्रता होगी, फिर भी उसका पति उसके आचरण पर सन्देह करेगा। यदि वह अपना स्वाभाविक संकोच त्याग कर अपने पति पर कुछ प्रतिबन्ध या नियन्त्रण करे तथा उसका दूसरों से व्यवहार संतुलित हो तो; वह इस स्थिति से बच सकती है। इसके जीवन में हलचल होने का मुख्य कारण उसके इस व्यवहार पर निर्भर है कि वह अन्दर से क्या सोचती है तथा बाहर क्या प्रकट करती है। वह कहना तो कुछ चाहती है, मगर अपनी संकोची प्रवृति के कारण वह कह नहीं पाती और उसे गलत समझा जाता है और लोगों के मन में उसके प्रति नकारात्मक विचार बन जाते हैं। उसके कर्तव्य निष्ट सन्तान होगी।

5. स्वास्थ्य–उसे श्वास की समस्या होगी। उसे क्षय रोग, अल्सर स्तन कैंसर, पीलिया, एग्जीमा, छाती में चोट, गैसटीक अल्सर जैसे रोग होने का संकेत है। प्रथम रजश्राव पुष्य नक्षत्र में प्रकट हों तो उसे अच्छी सन्तान, सभी प्रकार के सुख तथा पति से भरपूर प्यार मिलेगा।

II पुष्य नक्षत्र में ग्रहों की स्थिति से उत्पन्न सामान्य परिणाम

सूर्य

इस नक्षत्र में स्थित सूर्य पर चन्द्रमा की दृष्टि हो तो जातक उद्योगपति या किसी उद्योग अथवा सरकार में उच्चतम पद पर होगा। वह जहाजरानी उद्योग अथवा पानी से सम्बन्धित व्यवसाय भी कर सकता है। यदि मंगल की दृष्टि हो तो वह धनी बनेगा मगर अपने ही परिजनों की समस्याए सहता रहेगा। वह नासूर तथा क्षय रोग से पीड़ित होगा। यदि बुध की दृष्टि हो तो वह उच्च शिक्षा प्राप्त, सरकारी सेवा में होगा। बृहस्पति की दृष्टि होने पर वह राजनीति अथवा सुरक्षा विभाग से सम्बन्धित पदों पर होगा। शुक्र की दृष्टि होने पर वह दूसरों की आवश्यकताओं की पूर्ति करेगा, स्त्रियों द्वारा आय होगी, धातु व्यापार में रूचि लेगा; यदि शनि की दृष्टि हो तो पत्नी की दीर्घायु संदिग्ध है, श्वास तथा गैस की बिमारी से पीड़ित धूर्त व्यक्ति होगा।

प्रथम भाग (93.20 डिग्री से 96.40 डिग्री)–अच्छा व्यक्तित्व। उसका स्वास्थ्य पित्त तथा कफ के असंतुलन के कारण प्रभावित होगा। नशे का

आदि। यदि माघ नक्षत्र में लग्न पड़ता हो तो जातक साधारण तथा गरीब परिवार में जन्म लेगा, लेकिन उसके पिता की स्थिति धीरे-धीरे सुधरेगी तथा जातक भी आरामदायक जीवन व्यतीत करेगा।

द्वितीय भाग (96.40 डिग्री से 100.00 डिग्री)–जातक अपने उत्तरदायित्वों के मामलें में स्थिरचित नहीं होगा। फिर भी वह भावपूर्ण व ईमानदार होगा। वह विमान इंजीनियर या अन्तरिक्ष अनुसंधान के क्षेत्र में वैज्ञानिक होगा।

तृतीय भाग (100.00 डिग्री से 103.20 डिग्री)–अपने शाही गुणों के कारण प्रसिद्ध होगा। लम्बा शरीर मगर दृष्टि कमज़ोर। यदि यह अंश लग्न में भी हो तो जातक शारीरिक बिमारी से ग्रस्त तथा काना होगा।

चतुर्थ भाग (103.20 डिग्री से 106.40 डिग्री)–पत्नी उसके लिए गम्भीर समस्या होगी। वह उसकी उन्नति में बाधक होगी। उपचार के लिए उसे सूर्य मन्त्र का जाप करना चाहिए।

चन्द्रमा

इस नक्षत्र में स्थित चन्द्रमा पर सूर्य की दृष्टि हो तो जातक साहसी होगा और सरकार के कानून अथवा सुरक्षा विभाग में नियुक्त होगा। यदि मंगल की दृष्टि हो तो वह अपने कार्य क्षेत्र का अच्छा ज्ञान रखने वाला तथा माता के लिए संकट का कारण होगा। कुछ मामलों में शरीर के ऊपरी भाग मं अपंगता भी देखी गयी है। यदि बुध की दृष्टि हो तो वह राजनीति में प्रसिद्ध होगा तथा धन, अच्छी पत्नी, सन्तान तथा यश-मान से सम्पन्न होगा। बृहस्पति की दृष्टि होने पर अति विद्वान तथा किसी शिक्षा संस्थान का अध्यक्ष होगा। वह धनी होगा मगर उसे माता से स्नेह व प्यार नहीं मिलेगा यदि शुक्र की दृष्टि हो तो अति भोग-विलास में लिप्त होगा। धन प्राप्त होगा मगर अच्छे उद्देश्य के लिए खर्च नहीं करेगा। यौन-रोगों से पीड़ित होगा। यदि शनि की दृष्टि हो तो वह निर्धन मगर धूर्त भी होगा। वह क्षय रोगी या फेफड़ों की खराबी से पीड़ित होगा।

प्रथम भाग (93.20 डिग्री से 96.40 डिग्री)–सुन्दर आभास देने वाला व्यक्तित्व। स्त्रियों के प्रति समर्पित होगा। दो मकान होंगे। उसकी छाती पर तिल अथवा अन्य निशान होगा। गैस तथा श्वास रोग से पीड़ित होगा।

द्वितीय भाग (96.40 डिग्री से 100.00 डिग्री)–उसके कई मित्र होंगे। भूमि तथा मकानों का स्वामी होगा तथा स्त्रियों को आदर देगा।

तृतीय भाग (100.00 डिग्री से 103.20 डिग्री)–वह केवल अच्छे वचनों से प्रभावित होगा। जल तथा उद्यान के समीप रहना चाहेगा। विदेशों में मेहनत करेगा। स्त्री जातकों को कई गर्भपात होंगे। यदि इस भाग में लग्न भी पड़ता हो और सातवे घर अर्थात 180-00 डिग्री पर कोई भी अच्छी या बुरी दृष्टि न हो तो उसकी पत्नी क्षय रोग से मरेगी।

चतुर्थ भाग (103.20 डिग्री से 106.40 डिग्री)–दूसरों का धन गबन करेगा। अपने परिजनों द्वारा परिष्कृत होगा। पाप कर्म करेगा तथा बाहरी लोगों (परिवार से बाहर) का नेता होगा।

मंगल

इस नक्षत्र में स्थित मंगल पर यदि सूर्य की दृष्टि हो तो जातक वकील होगा या वह कानून विभाग में नियुक्त होगा। उसे पित्त दोष युक्त बिमारी होगी। यदि चन्द्रमा की दृष्टि हो तो माता द्वारा उसकी देखभाल का प्रश्न ही नहीं उठता। कई बिमारियों से ग्रस्त होगा। यदि बुध की दृष्टि हो तो पाप कर्मी, सुखी परिवारिक जीवन से रहित, माता के लिए संकट का कारण बनेगा। यदि बृहस्पति की दृष्टि हो तो अति विद्वान, राजनीति में प्रसिद्ध होगा। दानशील मनोवृति का होगा मगर जीवन के सुख नहीं मिलेंगे। शुक्र की दृष्टि होने पर स्त्री वर्ग से परेशानी मोल देगा। उसे धन की प्राप्ति होगी। जिसे वह स्त्रियों पर उड़ा देगा। यदि शनि की दृष्टि हो तो सरकार या अच्छी कम्पनी में ऊंचे पद पर होगा। दृष्टि कमजोर होगी और अच्छी प्रतिष्ठा नहीं पा सकेगा।

प्रथम भाग (93.20 डिग्री से 96.40 डिग्री)–वह बुद्धिमान होगा। यात्राओं अथवा परिवहन व्यवसाय द्वारा धन जमा करेगा। वह राजवंश में जन्म ले सकता है। उसमें तर्क के द्वारा दूसरों को कायल करने की शक्ति होगी। उसमें अच्छी जीवशक्ति तथा जीवन क्षमता होगी। यदि वह खण्ड लग्न में हो तो जातक कैंसर से पीड़ित होगा।

द्वितीय भाग (96.40 डिग्री से 100.00 डिग्री)–जातक मेहनती होगा मगर आय कम होगी। पैतृक सम्पति गंवा देगा। सट्टे द्वारा बहुत हानि होगी।

कभी-कभी अपराध में मुकदमें भी चलेंगे। बहरा होने का योग। विवाह देर से होगा। यदि मंगल लग्न में हो तो स्त्रियों के विधुरों से अतिरिक्त काम-सम्बन्ध होंगे।

तृतीय भाग (100.00 डिग्री से 103.20 डिग्री)–जातक दार्शनिक विचार धारा का होगा। भूगर्भशास्त्र, खनिजशास्त्र या तत्वमिमासां में उसकी रूचि होगी। यदि सरकारी सेवाओं में होगा तो वह दूसरों की अपेक्षा जल्दी उन्नति पायेगा। तीर्थ यात्राएं करेगा। विदेश में बसेगा।

चतुर्थ भाग (103.20 डिग्री से 106.40 डिग्री)–उसकी माता को छूत का रोग होगा, जिस पर जातक का काफी धन खर्च होगा। शिक्षा बीच में छूटेगी। 25 वर्ष की अवस्था तक प्रेम सम्बन्धों में निराशा। 27 वर्ष की आयु में प्रेम-विवाह का योग।

बुध

इस नक्षत्र में स्थित बुद्ध ग्रह पर यदि सूर्य की दृष्टि हो तो दूसरे ग्रहों से संयोजन के आधार पर मिश्रित प्रकार के कार्य करेगा। इस नक्षत्र में बुध पर सूर्य की दृष्टि के साथ उत्पन्न जातक अच्छे दन्त चिकित्सक होते हैं। वह सही मानसिक संतुलन नही रख पायेगा। यदि बुध पर चन्द्रमा की दृष्टि हो तो जातक के लिए गरीबी का जीवन/आय से अधिक खर्च होगा। वह विभिन्न रोगों से ग्रस्त होगा। मंगल की दृष्टि होने पर अच्छी शिक्षा प्राप्त करेगा, वह गैर कानूनी काम करेगा तथा दण्डित होगा। यदि बृहस्पति की दृष्टि हो तो विभिन्न शास्त्रों तथा विद्याओं में विद्वान होगा तथा शासक का कल्याणकारी होगा तथा उसके द्वारा ही धनी होगा। यदि शुक्र की दृष्टि हो तो उसका आर्कषक व्यक्तित्व होगा। वह विज्ञान में लेक्चरार अथवा भौतिकी में शोध छात्र होगा। शनि की दृष्टि होने पर वह अच्छाई से दूर होगा, अपने जुड़वां से भी अच्छे सम्बन्ध नहीं होंगे, पत्नी-बच्चों द्वारा त्याग दिया जायेगा।

प्रथम भाग (93.20 डिग्री से 96.40 डिग्री)–यदि स्वाति या चित्रा नक्षत्रों में लग्न पड़ता हो तो जातक बहुत धनी होगा और उसके मातहत बहुत से लोग होंगे। वह कई गाडियों, भवनों व जायदाद का मालिक होगा। इस खण्ड में अकेले बुध के होने पर स्त्री जातक को ऋतुचक्र की परेशानी तथा कई गर्भपात होंगे।

द्वितीय भाग (96.40 डिग्री से 100.00 डिग्री)–जातक ऐसे पदों पर कार्यरत्त होगा जहां पूर्ण विश्वास की आवश्यकता होती है जैसे निजीसचिव, सीक्रेट एजेन्ट या विजिलेंस अथवा सुरक्षा विभाग। उसके फेफड़े खराब हो सकते है। यदि यहां शनि भी स्थित हो तो वह जलविभाग में इंजीनियर होगा।

तृतीय भाग (100.00 डिग्री से 103.20 डिग्री)–जातक संगीत और नृत्य में रूचि लेगा। राजनीति में तथा शासक के निकट सम्पर्क में होगा तथा विदेशों में रहेगा। अत्यधिक रति-सुख में लिप्त होगा। मादा जातक नृत्य, संगीत या अभिनय से अर्जित करेगी। साथ ही उसका चरित्र शंका पूर्ण होगा।

चतुर्थ भाग (103.20 डिग्री से 106.40 डिग्री)–जातक बुद्धिमान लेकिन शिक्षा माध्यमिक तक होगी। शेष सभी परिणाम तीसरे भाग में बताये जैसे होंगे।

बृहस्पति

इस नक्षत्र में स्थित बृहस्पति पर यदि सूर्य की दृष्टि हो तो जातक अति विद्वान होगा तथा किसी संस्था में विभागाध्यक्ष होगा। यदि शुक्र निर्बल होगा तो पहली पत्नी की मृत्यु के बाद दूसरा विवाह करेगा। यदि चन्द्रमा की दृष्टि हो तो वह बहुत धनवान होगा तथा अच्छी पत्नी, सन्तान, वाहन भूमि-भवन आदि के साथ अच्छा जीवन निर्वाह करेगा। मंगल की दृष्टि होने पर जल्दी विवाह का योग। जातक विद्वान तथा धनी होगा। बुध की दृष्टि होने पर वह परिजनों से सम्मान पायेगा। वह उनकी अच्छी तरह देख-भाल करेगा तथा कुछ मामलों में उसे राजनीतिक प्रसिद्धि प्राप्त होगी। यदि शुक्र की दृष्टि हो तो जातक अपेक्षित रूप से धन प्राप्त करेगा। उसके कई पत्नियां होगी अथवा उसके कई स्त्रियों से रति सम्बन्ध होंगे। वह हृदय रोग से ग्रस्त होगा। यदि शनि की दृष्टि हो तो जातक गांव या कस्बे का मुखिया होगा।

प्रथम भाग (93.20 डिग्री से 96.40 डिग्री)–वह धनी, विभिन्न शास्त्रों, विज्ञानों, वेद आदि में विद्वान होगा। अवसर पड़ने पर मदिरा सेवन व धूम्रपान करेगा। अच्छी सम्पति अर्जित करेगा तथा आनन्द करेगा।

द्वितीय भाग (96.40 डिग्री से 100.00 डिग्री)–जातक के पास जीवन के सभी सुख-धन, स्त्रियां सन्तान होंगे। यदि नौकरी में होगा तो ऊंचे पद पर होगा और यदि व्यवसाय करेगा तो तेल (पेट्रोलियम) उत्पादन या आयात-निर्यात का काम करेगा।

तृतीय भाग (100.00 डिग्री से 103.20 डिग्री)–जातक विश्वास पात्र होगा। वह पथरी, अल्सर, श्वास समस्याओं तथा कैन्सर से पीड़ित होगा। कृषि से आय होगी। वह बाँध अथवा भवन निर्माण कार्य में इंजीनियर भी हो सकता है।

चतुर्थ भाग (103.20 डिग्री से 106.40 डिग्री)–कुशल इंजीनियर, पेट्रोलियम उत्पादों का व्यवसाय। पसलियों में चोट, गैस्ट्रीक अल्सर तथा पथरी से पीड़ित।

शुक्र

इस नक्षत्र में स्थित शुक्र ग्रह पर सूर्य की दृष्टि हो तो जातक उद्योगपति बनेगा। सुन्दर तथा धनवान पत्नी होगी और पत्नी को उत्तराधिकार में काफी धन-सम्पति मिलेगी। यदि चन्द्रमा की दृष्टि हो तो वह आर्कषक व्यक्तित्व का होगा। उसकी दो माताएं होगी। कम बच्चे होंगे तथा सुखी होगा। मंगल की दृष्टि होने पर विभिन्न ललित कलाओं में रूचि होगी तथा इन्ही से आजीविका कमायेगा। वह धनी होगा तथा अपने परिवार की जरूरतें पूरी करेगा। यदि बुध की दृष्टि हो तो काफी विद्वान होगा, पत्नी सरकार में अथवा किसी वैज्ञानिक संस्थान में उच्चतर स्तर की प्रवक्ता होगी। यदि बृहस्पति की दृष्टि हो तो जातक को जीवन के सभी सुख प्राप्त होंगे। शनि की दृष्टि होने पर वह गरीब, बदसूरत होगा तथा खून की अनियमितता, लकवा अथवा हृदय की बिमारी से ग्रस्त होगा।

प्रथम भाग (93.20 डिग्री से 96.40 डिग्री)–जातक यदि व्यवसाय में होगा तो अन्तर्राष्ट्रीय व्यापार, पर्यटन ऐजन्ट अथवा किसी देश का प्रतिनिधित्व करेगा। मादा जातक नर्स, ऐयरहोस्टस अथवा कलाकार (आर्टिस्ट) होगी। जातक हिस्टीरया, पेट दर्द या अल्सर से ग्रस्त होगा। उसको दो पत्नियां होगी।

द्वितीय भाग (96.40 डिग्री से 100.00 डिग्री)–वह अति काम-पीड़ित होगा। नर और मादा दोनों जातकों में प्रतिजाति को आकर्षित करने की चुम्बकीय शक्ति होगी। वह बुद्धिमान तथा अन्य विशेषताओं का स्वामी होगा।

तृतीय भाग (100.00–103.20 डिग्री)–कायर व्यक्ति। उसे प्रेम सम्बन्धों में निराशा होगी तथा जन्म स्थान में दुर्भाग्य होगा। शिक्षा अधूरी रहेगी। पशुपालन अथवा मुर्गीपालन के व्यवसाय में भारी घाटा होगा।

चतुर्थ भाग (103.20 डिग्री से 106.40 डिग्री)–जातक भिक्षुक होगा। उसकी दार्शानिक विचारधारा होगी, विज्ञानी तथा चिन्तनशील। आद्यात्मिक शास्त्र में शिक्षित होगा। उसका परिवारिक जीवन खतरे में होगा। देर से विवाह होगा पत्नी बिमार रहेगी।

शनि

इस नक्षत्र में स्थित शनि पर यदि सूर्य की दृष्टि हो तो जातक का बचपन दयनीय होगा वह पिता की देखभाल से वंचित होगा। लालन पालन ननिहाल में होगा। अच्छी आय अर्जित करेगा। यदि चन्द्रमा की दृष्टि हो तो मध्यम दर्जे की शिक्षा होगी, उसके हाथों माता को दुख मिलेगा और भाइयों द्वारा उसे घर से निकाल दिया जायेगा। यदि मंगल की दृष्टि हो तो जातक सेहतमन्द, दौलतमन्द होगा तथा जीवन क सभी ऐशो-आराम प्राप्त करेगा। यदि बुध की दृष्टि हो तो समाज के लिए अच्छे कार्य करेगा, क्रोधी स्वभाव होगा, अच्छा व्यक्तित्व नहीं होगा। बृहस्पति की दृष्टि होने पर वह भवन, वाहन, जमीन-जायदाद, सुन्दर पत्नी व कर्तव्यनिष्ट सन्तान से सम्पन्न होगा। यदि शुक्र की दृष्टि हो तो वह असुन्दर होगा, अच्छा व्यवहारशील होगा, माता के लिए संकट का कारण होगा लेकिन स्वयं सुखमय जीवन जीयेगा।

प्रथम भाग (93.20 डिग्री से 96.40 डिग्री)–शनि के निवास के लिए यह स्थिति अच्छी नहीं है। जातक बहुत ही स्वार्थी व्यक्ति होगा। उसका कद मध्यम, और निस्तेज आँखे होगी। उसके अपने सम्बन्धियों से अच्छे सम्बन्ध नहीं होंगे। फिर भी वह साहसी होगा तथा अपने प्रयत्नों से सम्पत्ति अर्जित करेगा।

द्वितीय भाग (96.40 डिग्री से 100.00 डिग्री)–वह अपनी स्वास्थ्य समस्या के आधीन होगा। बचपन में मैनिनजाइटिस से ग्रस्त होगा। कुछ मामलों में शारीरिक विकलांगता भी पायी गयी है। वह उदार और भाव पूर्ण होगा। बाहर से दिखने में शेर मगर भीतर से चूहा (कायर)।

तृतीय भाग (100.00 डिग्री से 103.20 डिग्री)–वह प्रिय-दर्शी होगा। दांत कमजोर। धृष्ट स्वभाव। सरकारी संस्थान में उच्चाधिकारी। व्यवसाय के क्षेत्र में वह भवन निर्माण सामग्री जैसे सिमेन्ट, पत्थर, लोहा इत्यादि का व्यापार करेगा। फिर भी वह धूर्त और चालाक व्यक्ति होगा।

चतुर्थ भाग (103.20 डिग्री से 106.40 डिग्री)–जातक का पालन-पौषण दूसरों के द्वारा होगा विशेषकर ददिहाल में किया जायेगा। बचपन में अनाथों जैसा जीवन व्यतीत करने के बाद भी उसे किसी प्रकार की, आर्थिक या मानसिक, परेशानी नहीं होगी। वह अपने किसी निकट सम्बन्धी, जो उसके माता-पिता नहीं होगें, द्वारा कुछ धन सम्पति विरासत में मिलेगी। वह सामान्य रूप से धनी होगा। उसे तीव्र दांत का दर्द होगा।

राहू

प्रथम भाग (93.20 डिग्री से 96.40 डिग्री)–जातक काव्य रचना में बहुत प्रवीण होगा। वह उच्च शिक्षा प्राप्त नहीं होगी। उसकी काव्य कल्पना उसके बचपन के कष्टपूर्ण जीवन के आधार पर होगी। प्रेम-सम्बन्धों में निराशा के कारण वह पूरी नारी जाति से घृणा करेगा। लेकिन यह घृणा भाव बाद में बदल जायेगा और अच्छा विवाहित जीवन बितायेगा।

द्वितीय भाग (96.40 डिग्री से 100.00 डिग्री)–जातक पशुओं अथवा दुग्ध उत्पादन द्वारा अर्जित करेगा। जमीन जायदाद होगी। दो पत्नियां होगी। यदि इस भाग में मंगल की दृष्टि हो तो वह उच्च शिक्षा प्राप्त होगा तथा किसी संस्था में अच्छी स्थिति (पद) पर होगा तथा इस खण्ड में राहू के अनिष्टकारी प्रभाव नष्ट हो जायेंगे।

तृतीय भाग (100.00 डिग्री से 103.20 डिग्री)–जातक लेखन, प्रकाशन तथा शोध कार्य द्वारा प्रसिद्ध होगा। उसके शरीर में कहीं अपंगता, विशेषकर हाथ या पैर में हो सकता है। जलीय रोगों, बवासीर, और खून की खराबी से पीड़ित होगा। कुछ मामलों में सफेद दाग भी पाये गये हैं।

चतुर्थ भाग (103.20 डिग्री से 106.40 डिग्री)–वह असाधारण रूप से प्रसिद्ध होगा। लेकिन धन अर्जित नहीं कर पायेगा। विवाहित जीवन में लयभंग की स्थिति में होगी। माता-पिता की दीर्घायु संदिग्ध। फेफड़ों की परेशानी, आँखों की खराबी तथा श्वास समस्या से पीड़ित हो सकता है।

केतू

प्रथम भाग (93.20 डिग्री से 96.40 डिग्री)–केतू के लिए यह स्थिति अच्छी नहीं है। जातक अपने घर से भाग जायेगा। रास्ते में बहुत कष्ट

उठायेगा। वह कुछ समय तक घरेलू नौकर के रूप में काम करेगा। धीरे-धीरे उसे सम्मानित कार्य मिल जायेगा।

द्वितीय भाग (96.40 डिग्री से 100.00 डिग्री)–बुरे मित्रों की संगत में पैतृक सम्पति नष्ट कर देगा। माता तथा घर की सम्पति के लिए संकट उत्पन्न करेगा। वह परिवार की भलाई के लिए चिंतित होगा। उसके दो विवाह होंगे।

तृतीय भाग (100.00 डिग्री से 103.20 डिग्री)–वह किसी असाध्य रोग से ग्रस्त होगा। सदा कर्जों में डूबा रहेगा। धक्के खाता घूमेगा। लगभग 10 वर्ष तक किसी दूर स्थान पर जाकर उसे धन प्राप्त होगा और शाही शान शौकत से रहेगा। बाद में वह धन दूसरों द्वारा हथिया लिया जायेगा और वह पूर्व स्थिति में पहुंच जायेगा। यदि बृहस्पति मकर राशि में हो तो जातक सारा धन नहीं खोयेगा।

चतुर्थ भाग (103.20 डिग्री से 106.40 डिग्री)–जातक किसी मशीनी कार्य में सलंग्न होगा। वह धन अर्जित करेगा मगर बुरी स्त्रियों की संगति में सब कुछ नष्ट कर देगा। अन्त में उसकी पत्नी अपने विवाहित जीवन के आरम्भ में कष्ट उठायेगी। लेकिन जातक अपनी 40 वर्ष की आयु के बाद सुखी विवाहित जीवन व्यतीत करेगा।

पुष्य नक्षत्र में उत्पन्न जातकों को माघ, उत्तर, फाल्गुन चित्रा, श्राविष्ठा तथा शताभिषज नक्षत्रों में उत्पन्न व्यक्तियों से कोई सम्बन्ध नहीं बनाना चाहिए।

पुष्य नक्षत्र का दशा स्वामी शनि है, जिसके बाद बुध केतू, शुक्र, सूर्य, चन्द्रमा तथा मंगल का क्रम है।

(iii) पुष्य नक्षत्र में कुछ विशेष अक्षाशों पर ग्रहों की उपस्थिति के परिणाम

इस नक्षत्र में कुछ ग्रहों के लिए कुछ घातक अक्षांश हैं। विभिन्न ग्रहों के लिए ऐसे अक्षांश निम्नलिखित हैः

सूर्य–पुष्य नक्षत्र की 2.40 डिग्री (परिक्रमा कक्षा की 96.00 डिग्री)

बुध–पुष्य नक्षत्र की 8.40 डिग्री (परिक्रमा कक्षा की 102.00 डिग्री)

शनि–पुष्य नक्षत्र की 5.40 डिग्री (परिक्रमा कक्षा की 99.00 डिग्री)

राहू–पुष्य नक्षत्र की 7.40 डिग्री (परिक्रमा कक्षा की 101.00 डिग्री)

केतू–पुष्य नक्षत्र की 6.40 डिग्री (परिक्रमा कक्षा की 100.00 डिग्री)

यदि मंगल की तीव्र दृष्टि न हो तो, उपरोक्त ग्रहीय आकृति में जातक का जन्म उसकी दीर्घ आयु के लिए बाधक है। जब भी ये ग्रह घातक अक्षाशों से गुजरें तो उस समय कोई मांगलिक कार्य नहीं करना चाहिए। जातक को ऐसे समय में सावधानी बरतनी चाहिए।

(iv) उपचार

(1) हीरा तीन रत्ती का सोने या प्लेटीनम की अंगूठी में जड़वाकर शुक्रवार को प्रातः 7.30 के मध्य तीसरी (सूर्य) अंगुल में धारण करें।

(2) बृहस्पति के लिए दिये गये मन्त्र का नियमित जाप करें।

(3) मन्त्र संख्या 3 का जाप करें।

अध्याय – 9

अश्लेष नक्षत्र

नौंवे राशिचक्र में 106.40 डिग्री से 120.00 डिग्री तक का विस्तार अश्लेष नक्षत्र है। अरब मंजिल के अनुसार यह "अत्-टर्फ" अर्थात "शेर की दृष्टि"; ग्रीक इसे "हिदरे" तथा चीनी मत में यह "ल्यो" है। अश्लेष का अर्थ है "आंलिगन करना"। इस समूह में सितारों की संख्या के बारे में मतभेद हैं। खण्डकातक के अनुसार इसमें छः सितारें है। जबकि अन्य धारणाएं केवल पांच सितारों का होना बताती हैं। खण्ड कातक इसे 'चक्र (पहिंया) आकार रूप में मानता है जबकि अन्य धारणाएंइ से 'सर्पाकार' मानती हैं।

अश्लेष नक्षत्र का अधिष्ठाता देवता 'सर्प' है। बाल्मिकी रामायण के अनुसार भगवान श्री राम के जुड़वा भाई लक्ष्मण और शत्रुघ्न अश्लेष नक्षत्र में उत्पन्न हुए थे।

(I) अश्लेष नक्षत्र में उत्पन्न जातकों के सामान्य परिणाम

कहा जाता है कि अश्लेष नक्षत्र में उत्पन्न व्यक्तियों की दृष्टि सर्प जैसी होती है जो दूसरों को किसी अनजान शक्ति के रूप में छेदती हुई प्रतीत होती है। इस प्रकार की कुदृष्टि से बचने के लिए, प्राचीन प्रथानुसार लोग अपने घरों के इर्द-गिर्द बांस उगाते थे। शायद बाँस में इस प्रकार की दृष्टि और आवाज को पकड़ने की चुम्बकीय शक्ति होती है।

इस नक्षत्र के दूसरे भाग में उत्पन्न जातकों को धन की हानि होगी। तीसरे भाग में उत्पन्न जातक माता के जीवन के लिए संकट तथा चौथे भाग में उत्पन्न जातक पिता के लिए घातक होते हैं। प्रथम भाग में उत्पन्न जातक से किसी को कोई खतरा नहीं होता। यह भी देखा गया है कि चौथे भाग में जन्म जातक का माता, पिता तथा फिर जातक की मृत्यु का सूचक है। अर्थात आठ वर्ष के अन्तराल में पहले माता की मृत्यु, फिर पिता की मृत्यु तथा अन्त में जातक की भी मृत्यु होगी।

(क) पुरुष जातक

1. शारीरिक गठन–अश्लेष नक्षत्र में उत्पन्न व्यक्ति रूखे स्वभाव के

होते हैं। वे स्थूल शरीर तथा रूक्ष आभास वाले दिखायी देते हैं मगर भीतर से रिक्त होते है।

2. स्वभाव तथा सामान्य घटना–वह किसी के भी प्रति, यहां तक कि जीवन देने वालों के प्रति भी आभारी नहीं होता। बाहर से वह दिखाता है कि वह बहुत ही निष्कपट है और दूसरों के दुखों को बांटने वाला है। लेकिन वास्तव में वह ऐसा नहीं है। वह बहुत बातूनी होता है। उसमें एक गुण यह भी होता है कि वह अपने पाखण्डपूर्ण शब्द जाल से लोगों को वश में कर लेता है तथा वह अपने इस गुण के कारण विभिन्न संस्थाओं को नेतृत्व देने में सक्षम होता है। उसमें नेतागिरी तथा शिखर पर पहुंचने का जन्मजात गुण होने के कारण, वह राजनीतिक क्षेत्र में बहुत सफल हो सकता है। उपरोक्त विशेषताओं के आधार पर, चाहे उसका चरित्र विपरीत पक्ष प्रस्तुत करता हो, मगर वह बहुत बुद्धिमान व्यक्ति होता है जो देश को उपयुक्त नेतृत्व दे सकता है।

यह भी देखा गया है कि अश्लेष नक्षत्र में उत्पन्न कुछ व्यक्ति डरपोक, छद्रहृदय तथा कोमल बोलने वाले होते है। वे अपने आप में अक्खड़ नहीं होते, बल्कि उनके दुनिया पर अपने विलक्षण भाव प्रकट करने के कारण उनके प्रति अक्खड़ बन जाते है।

इस नक्षत्र में उत्पन्न व्यक्ति दूसरों पर आँख मूंद कर विश्वास नहीं करता। फिर भी देखा गया है कि वह कालाबाजारियों, चोरों तथा कातिलों को प्रायः सहयोग देता है। वह गरीब और अमीर, अच्छे और बुरे व्यक्ति में कोई भेद नहीं करता। वह किसी भी वर्ग द्वारा अपनी स्वतन्त्रता का विरोध पसन्द नहीं करता और जो व्यक्ति उसके नेतृत्व को मानते हुए उसकी आज्ञा पालन को, चाहे वे नकारात्मक या सकारात्मक पक्ष में क्यों न हों, तत्पर रहते हैं, वह उनको पसन्द करता है तथा उसके लिए कुछ भी कुर्बान करने को तैयार रहता है। वह न तो दूसरों को धोखा देना चाहता है और न ही उनकी सम्पति हड़पना चाहता है। लेकिन देखा गया है कि फिर भी लोग उसे गलत समझते हैं।

अश्लेष नक्षत्र में उत्पन्न व्यक्तियों में एक दोष यह पाया जाता है कि वह जरूरतमन्द की सहायता न करके उनकी सहायता करता है, जिनको इसकी आवश्यकता नहीं होती। तथा वास्तविक जरूरतमन्दों की याचना ठुकरा देता है। फिर भी यदि वह किसी जरूरतमन्द की सहायता कर भी देता है तो

उस सहायता का प्रचार करता फिरता है। दूसरे शब्दों में उसका यह आचरण चापलूसी के समकक्ष है।

अश्लेष नक्षत्र में उत्पन्न व्यक्तियों में, चाहे यह उनका गुण हो या दोष, मगर देखा गया है कि वे अति भाग्यशाली, लोकप्रिय, क्रोधी स्वभाव के व्यक्ति होते हैं। यदि इसके पास रहकर ध्यान से देखें तो पायेंगे कि वह जहां पर क्रोध की आवश्यकता न हो वहां तो क्रोध करता है और जहां क्रोध करना चाहिए वहां वह चुप लगा जाता है। एक तरफ तो हम कहत हैं कि अश्लेष नक्षत्र में उत्पन्न व्यक्ति अति भाग्यशील होते हैं, मगर उस भाग्यशीलता का फल वे भोग नहीं पाते। प्रायः उसके मित्र और परिजन समय पड़ने पर धोखा दे जाते हैं और वहीं कुछ अजनबी व्यक्ति उसकी सहायता पर आ जाते हैं।

3. शिक्षा, रोजगार/आय के साधन–वह कला अथवा वाणिज्य के क्षेत्र में शिक्षित होगा। यदि शनि की दृष्टि हो तो जातक सेना या पुलिस विभाग में नौकरी करेगा अथवा यदि व्यवसाय में हो तो तेल और अन्य द्रव्य पदार्थों का व्यवसाय करेगा। व्यवसायिक क्षेत्र में जातक तेजी से उन्नती करेगा फिर अचानक अघात लगेगा। 35-36 वर्ष की अवस्था में भारी घाटा लगेगा तथा 40 वर्ष की आयु में उसे अप्रत्याशित रूप से अनार्जित धन मिलेगा।

4. पारिवारिक जीवन–जातक के परिवार में सबसे बड़ा होने के कारण परिवार की सारी जिम्मेदारी उस पर होगी। पत्नी उसे समझ नहीं पायेगी तथा अपना धन ससुराल में किसी को देना चाहेगी।

5. स्वास्थ्य–उसे उदर-स्फीति, पीलिया, टांगों और घुटनों में दर्द, पेट की समस्याएं इत्यादि होगी। वह नशे का आदि होगा।

(ख) स्त्री जातक

अश्लेष नक्षत्र में उत्पन्न स्त्री जातकों में पुरुष जातकों वाले प्रायः सभी विशेषताए व परिणाम होंगे। इसके अतिरिक्त विशेषताएं इस प्रकार होगी

1. शारीरिक गठन–इस नक्षत्र में उत्पन्न स्त्रियां सुन्दर नहीं होगी फिर भी यदि इस नक्षत्र में मंगल का साथ हो तो वे सुन्दर कद-काठी की हो सकती है।

2. स्वभाव तथा सामान्य घटना–वह आत्मनियांत्रित होगी मगर लापरवाह रवैया अपनाये होगी। अश्लेष नक्षत्र में उत्पन्न स्त्रियों में महिलोचित

शर्म अधिक मात्रा में होती है। उसका चरित्र ऊंचे दर्जे का होता है। उसे अपने परिजनों से आदर व सम्मान मिलता है। उसमें शत्रुओं को अपने शब्द जाल में लपेट कर वश में करने की क्षमता है।

3. शिक्षा, रोजगार/आय के साधन–वह अपने घर से बाहर के कार्यों में कुशल होगी। यदि वह शिक्षित होगी तो प्रशासनिक क्षमता में नियुक्त होगी और अशिक्षित होने पर वह कृषि कार्य तथा मछली बेचने के काम में सलंग्न होगी।

4. पारिवारिक जीवन–वह गृह प्रबन्ध में कुशल होगी। उसे अपनी ससुराल वालो से व्यवहार करते हुए सावधान रहना चाहिए क्योंकि ऐसी संभावना है कि वे उसके पति से सम्बन्ध बिगड़वाने के लिए कुछ भी कर सकते हैं।

5. स्वास्थ्य–वह जोड़ों में दर्द, हिस्टीरिया, जलोदर, पीलिया तथा अपच जैसी व्याधाओं से ग्रस्त रहेगी। उसे प्रायः मानसिक आघात लगते रहेंगे। जब अश्लेष नक्षत्र प्रभाव में हो उस समय जातक में प्रथम ऋतुश्राव के लक्षण यदि प्रकट हो तो वह दूसरे पुरुषों में आस्था रखने वाली, क्रूर हृदय तथा धोखेबाज होगी उसे अच्छी सन्तान नहीं होगी।

II अश्लेष नक्षत्र में विभिन्न ग्रहों की स्थिति से उत्पन्न परिणाम

सूर्य

अश्लेष नक्षत्र में स्थित सूर्य पर यदि चन्द्रमा की दृष्टि हो तो जातक दूसरों के काम करने वाला होगा। वह अपने परिजनों के कारण ताकत और हिम्मत हार बैठेगा तथा शारीरिक कष्ट पायेगा। यदि मंगल की दृष्टि हो तो वह अपने परिजनों से घृणा करेगा, दूसरों को कष्ट पहुंचायेगा तथा जलीय रोगों से ग्रस्त होगा। यदि बुध की दृष्टि हो तो वह विद्वान होगा तथा शिक्षा के क्षेत्र में प्रसिद्ध होगा और शासक वर्ग से लाभान्वित होगा। यदि बृहस्पति की दृष्टि हो तो वह अपने परिवार में सम्मानित होगा तथा धन के लिए शासन पर आश्रित होगा। शुक्र की दृष्टि होने पर स्त्रियों के संसगो द्वारा धन पैसा इत्यादि प्राप्त करेगा तथा शोकार्त स्थिति में होगा। यदि शनि की दृष्टि हो तो जातक पीलिया, लकवा से पीड़ित होगा और निर्धन होगा।

प्रथम भाग (106.40 डिग्री से 110.00 डिग्री)–यदि अनुराधा या ज्येष्ठ नक्षत्रों में लग्न पड़ता हो और इस खण्ड में सूर्य हो तो जातक देश के एक कोने से दूसरे कोने तक यात्राएं करेगा। यह साधू बन कर तीर्थों की यात्राएं करेगा, गरीबों की देखभाल करेगा मगर अपने परिवार की नहीं। पांव तथा घुटनों में बिमारी होगी।

द्वितीय भाग (110.00 डिग्री से 113.20 डिग्री)–इस खण्ड में सूर्य की स्थिति तथा ज्येष्ट नक्षत्र में लग्न पड़ने से जातक के पिता की जल्द मृत्यु होगी। उसकी पत्नी उसकी उन्नति में रूकावट बनेगी।

तृतीय भाग (113.20 डिग्री से 116.40 डिग्री)–इस खण्ड में सूर्य की स्थिति तथा अभिजीत अथवा उत्तर-आषाढ़ नक्षत्र में लग्न पड़ता हो तो उसे प्यार देने वाली पत्नी होगी लेकिन वह (पत्नी) पित्तदोषयुक्त रोग से ग्रस्त होगी।

चतुर्थ भाग (116.40 डिग्री से 120.00 डिग्री)–जातक को बच्चों से कोई सुख प्राप्त नहीं होगा। उसका एक भाई बहुत प्रसिद्ध होगा और जातक उससे काफी लाभ प्राप्त करेगा। यदि इस अंश में लग्न भी पड़ता हो तो जातक की आंखों में नीरसता, दोषपूर्ण दाग अथवा सितारे पाये जाते हैं।

चन्द्रमा

इस नक्षत्र मे स्थित चन्द्रमा पर सूर्य की दृष्टि हो तो जातक भवन निर्माण से सम्बन्धित होगा। उससे दूसरों को कोई सहायता नहीं मिलेगी तथा वह सरकार में निम्नस्तर की नौकरी करेगा। यदि मंगल की दृष्टि हो तो वह क्रूर होगा तथा अपने परिवार के लिए बदनुमा दाग होगा। वह माता के लिए संकट का कारण होगा। यदि बुध की दृष्टि हो तो जातक सुरक्षा विभाग अथवा पुलिस में नियुक्त होगा तथा अच्छी पत्नी, सन्तान, धन और यश आदि से सम्पन्न होगा। बृहस्पति की दृष्टि होने पर वह सदाचारी व्यवहार का तथा परिचर्या में कुशल होगा और अच्छा जीवन व्यतीत करेगा। शुक्र की दृष्टि हो तो उसे जीवन के सभी सुख मिलेंगे मगर वह जलीय तथा यौन रोगों से पीड़ित होगा। यदि शनि की दृष्टि हो तो वह असत्य बोलने वाला, माता के विरूद्ध काम करने वाला होगा। वह यात्राएं करेगा और निर्धन भी होगा।

प्रथम भाग (106.40 डिग्री से 110.00 डिग्री)–वह धनी, दयालु तथा बुद्धिमान होगा। वाहनों के द्वारा अर्जित करेगा तथा बड़े समुदाय में सम्मानित होगा।

द्वितीय भाग (106.40 डिग्री से 110.00 डिग्री)–उसकी मृत्यु गर्दन की बिमारी, ग्रन्थीय क्षय तथा कैन्सर से होने का संकेत। यदि मंगल, शनि या राहू यहां पर चन्द्रमा से संयुक्त हो और शताभिषज नक्षत्र के दूसरे भाग में लग्न पड़ता हो तो जातक मिरगी रोग से ग्रस्त होगा।

तृतीय भाग (113.20 डिग्री से 116.40 डिग्री)–श्वास के अवरोध अथवा दुर्घटना में हड्डी टूटने से मृत्यु का संकेत। परिजनों से बहुत कष्ट मिलेगा। उसकी कामेन्द्रियाँ रोग ग्रस्त होंगी।

चतुर्थ भाग (116.40 डिग्री से 120.00 डिग्री)–जातक अनैतिक कार्यों द्वारा तथा दूसरों के धन का दुरूपयोग करते हुए धन-सम्पति अर्जित करेगा और पाप कर्म करेगा। विदेशों में कड़ी मेहनत करेगा। जलोदर अथवा अंग-भंग होने का योग।

मंगल

अश्लेष नक्षत्र में स्थित मंगल पर सूर्य की दृष्टि हो तो जातक साहसी होगा, किसी शिक्षण संस्थान का अध्यक्ष और पीलिया रोगी होगा। यदि चन्द्रमा की दृष्टि हो तो सदैव बिमार रहेगा। उसे बहुत बड़ी आर्थिक हानि होगी वह सदा उसके बारे में सोचता रहेगा। यदि बुध की दृष्टि हो तो अपने परिवार द्वारा निष्कासित कर दिया जायेगा। वह निम्नस्तर के काम करेगा। उस पर रिश्तेदारों का सीमित दायित्व होगा तथा तंग दिल होगा। यदि बृहस्पति की दृष्टि हो तो जातक राजनीतिक क्षेत्र में उच्च स्तर पायेगा तथा अच्छा व्यवहारी और प्रसिद्ध होगा। यदि शुक्र की दृष्टि हो तो जातक का जन्म अमीर परिवार में होने के बावजूद वह धन की हानि होने तथा परिवार में झगड़ों के कारण घोर निर्धनता से पीड़ित होगा। यदि शनि की दृष्टि हो तो जातक के पास जमीन-जायदाद होगी तथा वह सरकार अथवा शासक वर्ग से लाभान्वित होगा।

प्रथम भाग (106.40 डिग्री से 110.00 डिग्री)–यदि इस भाग में चन्द्रमा और मंगल के साथ लग्न भी पड़े तो जातक लोहे अथवा स्टील के औजार से

घायल होगा तथा सिर व आंखों की बिमारियों से पीड़ित होगा। इस भाग में मंगल व राहू की स्थिति के कारण दम्पति में प्रायः झगड़े रहेंगे।

द्वितीय भाग (110.00 डिग्री से 113.20 डिग्री)–यदि इस भाग में राहू भी संयुक्त हो तो जातक के अपन दास-दासियों के साथ अनैतिक प्रेम सम्बन्ध होंगे जिससे उसे अपयश का भागी होना पड़ेगा पर्याप्त धन होगा। उसमें आत्महत्या की भावना भी पाई जाती है।

तृतीय भाग (113.20 डिग्री से 116.40 डिग्री)–निराशा युक्त व्यक्तित्व। विवाहित जीवन में सामंजस्य नहीं होगा। जातक क्रूर बनेगा तथा आंखों के रोग से पीड़ित होगा। कुछ मामलों में वह पत्नी की हत्या करके कारावास का दण्ड पायेगा।

चतुर्थ भाग (116.40 डिग्री से 120.00 डिग्री)–उसके विमार मगर दीर्घायु पति (अथवा पत्नी) होंगे। यदि शनि भी यहां स्थित हो तो नर जातक अपनी पत्नी से यौन-संतुष्टि नहीं पा सकेंगे और अंततः दूसरी स्त्रियों से सहवास करेंगे।

बुध

अश्लेष नक्षत्र में स्थित बुध ग्रह पर यदि सूर्य की दृष्टि हो तो जातक अपनी पत्नी के हाथों बहुत कष्ट उठायेगा। वह फिजूलखर्च तथा कमजोर शरीर का होगा। यदि चन्द्रमा की दृष्टि हो तो वह बुनकर, कपड़ा व्यापारी अथवा भवन बनाने वाला होगा। यदि मंगल की दृष्टि हो तो वह शास्त्रों में अति विद्वान, धन का लालची तथा क्रूर होगा। वह लोहे के औजार अथवा शस्त्र बनाने का कार्य करेगा। बृहस्पति की दृष्टि हो तो वह अतिबुद्धिमान, अच्छे बुरे को समझने वाला, मृदुभाषी और धनवान होगा। यदि शुक्र की दृष्टि हो तो वह बातूनी, आर्कषक व्यक्तित्व का संगीत और नृत्य में रूचि रखने वाला होगा। यदि शनि की दृष्टि हो तो वह अपने व्यवहार के कारण लोगों से घृणा आर शत्रुता मोल लेगा। वह अपने परिवार से दूर रहेगा।

प्रथम भाग (106.40 डिग्री से 110.00 डिग्री)–वह बुद्धिमान तथा तरीके से कार्य करने वाला होगा। दो बच्चे होंगे। फेफड़ों में पानी या सुराख होने क कारण स्वास्थ्य प्रभावित होगा।

द्वितीय भाग (110.00 डिग्री से 113.20 डिग्री)–जातक सवांददाता या व्यापार-यात्री (ट्रैवलिंग ऐजन्ट) होगा वह रेशम सूत या कपड़े का व्यापार भी कर सकता है। पेट में गैस से पीड़ित प्रभावित फेफड़ो तथा पेट और हिस्टीरिया से ग्रस्त होगा।

तृतीय भाग (113.20 डिग्री से 116.40 डिग्री)–नशीली वस्तुओं का आदि होगा। जलोदर व गैस की तकलीफ होगी, फिर भी अपने कार्य क्षेत्र में अच्छी स्थिति में होगा। अक्सर यात्राएं करेगा। 40 वर्ष की आयु तक दम्पति में झगड़े होंगे, बाद में स्थिति में सुधार होगा।

चतुर्थ भाग (116.40 डिग्री से 120.00 डिग्री)–विज्ञान के क्षेत्र में शिक्षित होगा। वह कैमिकल इंजीनियर बनेगा अथवा कृषि उत्पादन और खाद आदि का व्यवसाय करेगा। अस्थमा, निमोनियां और बवासीर से पीड़ित होगा।

बृहस्पति

इस नक्षत्र में स्थित बृहस्पति पर सूर्य की दृष्टि हो तो जातक उच्च दर्जे का राजनीतिज्ञ अथवा किसी सरकारी विभाग का अध्यक्ष होगा। यदि चन्द्रमा की दृष्टि हो तो वह परिवार की तबाही का कारण बनेगा। और इस तबाही से प्राप्त धन-दौलत का भोग करेगा। यदि मंगल की दृष्टि हो तो वह धन, पत्नी तथा अच्छी सन्तान से सम्पन्न होगा। शरीर के विभिन्न भागों पर चोट के निशान होंगे। यदि बुध की दृष्टि हो तो वह उत्तराधिकार में काफी धन-सम्पत्ति प्राप्त करेगा और राजनीति में उच्च स्थिति पर होगा। शुक्र की दृष्टि होने पर विभिन्न स्त्रियां उसके सानिध्य का भरपूर आनन्द लेगी। वह इन सम्बन्धों का भरपूर लाभ उठायेगा। यदि शनि की दृष्टि हो तो वह सुरक्षा विभाग अथवा पुलिस में सर्वोच्य पद पर होगा तथा शक्ति धन और स्वास्थ्य लाभ का आनन्द उठायेगा।

प्रथम भाग (106.40 डिग्री से 110.00 डिग्री)–जातक विपुल सम्पत्ति, अच्छी पत्नी और सन्तान के साथ जीवन का आनन्द लेगा। फिर भी यदि शुक्र दुर्बल स्थिति में हो तो उसकी प्रथम पत्नी की मृत्यु होगी और वह दूसरा विवाह करेगा। उसके दो पुत्रियां होगी।

द्वितीय भाग (110.00 डिग्री से 113.20 डिग्री)–वह दानशील, विद्धान तथा सत्य-तपोनिष्ट होगा उसके कर्तव्यनिष्ट दीर्घायु सन्तान होगी। वह सबका

आदरणीय होगा। यदि मंगल की दृष्टि हो तो जातक हजारों विद्धानों में से एक होगा।

तृतीय भाग (113.20 डिग्री से 116.40 डिग्री)–उसकी पत्नी दहेज में बहुत सम्पत्ति लायेगी। यदि यह अंश भी लग्न में पड़े तो जातक अपने पूर्व जन्म के सुकर्मों से विरासत में धन-सम्पत्ति, स्वास्थ्य तथा सुखी जीवन पायेगा और उसे मोक्ष की प्राप्ति होगी। वह जीवन का अलग धर्मसिद्धान्त स्थापित करेगा।

चतुर्थ भाग (116.40 डिग्री से 120.00 डिग्री)–वह सरकारी नौकरी करेगा। उच्च स्तर प्राप्त करेगा। वाहनों व भवनों का स्वामी होगा। फिर भी यदि शुक्र दुर्बल स्थिति में हो तो उसकी पत्नी की मृत्यु होगी और वह दूसरा विवाह करेगा जिससे दो पुत्रियां होगी।

शुक्र

अश्लेष नक्षत्र में स्थित शुक्र पर सूर्य की दृष्टि हो तो जातक क्रोधी स्वभाव की स्त्री का पति होगा वह उसके हाथों बहुत कष्ट उठायेगा तथा उसके बहुत से शत्रु होंगे। यदि चन्द्रमा की दृष्टि हो तो वह अपनी माता के संकट का कारण बनेगा उसके पहले एक पुत्री तथा फिर एक पुत्र होगा। यदि मंगल की दृष्टि हो तो सभी कलाओं का व्याख्याता तथा बुद्धिमान होगा। बुध की दृष्टि होने पर वह बुजुर्गों को सम्मान देगा तथा अपने परिवार को प्यार करेगा लेकिन पत्नी व संतान के कारण मानसिक पीड़ा सहेगा। यदि बृहस्पति की दृष्टि हो तो वह धूर्त लेकिन लोगों का मददगार होगा। वह धन और दूसरे सुखों के साथ विवाहित जीवन बितायेगा। यदि शनि की दृष्टि हो तो वह दुश्चरित्र होगा, निर्धन होगा तथा जीवन के सुख नहीं पा सकेगा।

प्रथम भाग (106.40 डिग्री से 110.00 डिग्री)–इस भाग में यदि चन्द्रमा भी स्थित हो तो वह विवाहित जीवन में उथल-पुथल कर देगा। कभी-कभी तो अलगाव या असामन्जस्य पूर्ण विवाहित जीवन की परिणति होती है। मानसिक अनुरूपता का तो प्रश्न ही नही उठता।

द्वितीय भाग (110.00 डिग्री से 113.20 डिग्री)–दो पत्नियों का संकेत है। जातक कामुक प्रवृत्ति का होगा और बाद में दुख सहेगा। वह दिल की बिमारी, जोड़ो में दर्द, तथा बृद्धावस्था में लकवे का शिकार होगा और कोई देखभाल करने वाला नहीं होगा।

तृतीय भाग (113.20–116.40 डिग्री)–जब यह भाग लग्न में हो और चन्द्रमा शुक्र के साथ स्थित हो तो जातक छोटी आयु से ही व्याभिचारी होगा। अतः ऐसे बच्चों के माता पिता को शुरू से ही ध्यान रखना चाहिए।

चतुर्थ भाग (116.40 डिग्री से 120.00 डिग्री)–सरकार में प्रतिष्ठित पद पर होगा। शक्तियों का उपभोग करेगा तथा राजनीतिक क्षेत्र में सबसे वांछित व्यक्ति होगा। फिर भी उसके अन्य स्त्रियों से सम्बन्धों के कारण वह सुखी विवाहित जीवन नहीं पा सकेगा।

शनि

अश्लेष नक्षत्र में स्थित शनि पर यदि सूर्य की दृष्टि हो तो जातक अपनी पत्नी से प्राप्त सभी सुखों अच्छा खान-पान आदि से वंचित रहेगा और माता के लिए चिन्ता का कारण होगा। यदि चन्द्रमा की दृष्टि हो तो वह परिवार के कष्टों के लिए जिम्मेवार होगा; मंगल की दृष्टि होने पर वह शरीर-सरंचना में कमजोर तथा शासक। सरकार से धन प्राप्त करेगा। यदि बुध ा की दृष्टि हो तो वह क्रूर संभाषण करेगा, अनावश्यक रूप से यात्राएं करेगा तथा घमण्डी स्वभाव का होगा। बृहस्पति की दृष्टि हो तो कृषि से आय अंर्जित करेगा। अच्छी पत्नी तथा सन्तान होगी और काफी धन-सम्पति का स्वामी होगा। शुक्र की दृष्टि होने पर वह आर्कषक आभास का तथा पानी अथवा पानी से सम्बन्धित व्यवसायों द्वारा धन तथा शक्ति अर्जित करेगा।

प्रथम भाग (103.40 डिग्री से 110.00 डिग्री)–प्रमाणों के अनुसार इस खण्ड में शनि की उपस्थिति संकेत करती है कि जातक माता विहीन और निसंतान होगा। लेकिन मेरे विचार में, जातक की माता बिल्कुल जीवित रहेगी लेकिन जातक अपनी माता से वांछित और आवश्यक देखभाल और स्नेह नहीं पा सकेगा। ये इस कारण होगा कि उसकी माता किसी जिम्मेदारी के पद पर नियुक्त होगी जहां उसे बच्चे पर ध्यान देने की बिल्कुल फुर्सत नहीं होगी। अतः जातक कमोबेश माता विहीन जीवन जीयेगा। अर्थात यह एक प्रकार का अप्रत्यक्ष कृपादान होगा। जैसा कि इस खण्ड में शनि की उपस्थिति जातक के लिए माता हीनता का संकेत करती है और यदि उसकी माता अपने कार्यों के कारण व्यस्त न हो (बालक से दूर) तो उसकी मृत्यु निश्चित है।

द्वितीय भाग (110.00 डिग्री से 113.20 डिग्री)–जातक अति योग्य होगा। विदेशों की यात्राएं करेगा। वैज्ञानिक पदों पर नियुक्त होगा। विज्ञान अथवा रसायन उद्योग से भी सम्बन्धित हो सकता है। शरीर सरंचना कमजोर होगी।

तृतीय भाग (113.20 डिग्री से 116.40 डिग्री)–सन्देहात्मक चरित्र, बिना बात क्रोध करने वाला। जख्मों से पीड़ित फिर भी अनैतिक कार्यों द्वारा धन कमायेगा। दलाली करेगा। यदि शनि और मंगल इस भाग में संयुक्त हो तो महिला जातक पिता के द्वारा त्याग दी जायेगी। कुछ मामलों में पिता के द्वारा माता तथा बच्ची दोनों का त्याग होगा, जो बिना किसी जीवन यापन अथवा सहारे के गरीबी में दिन काटेंगी।

चतुर्थ भाग (116.40 डिग्री से 120.00 डिग्री)–जातक पिता की सम्पति नष्ट करेगा। उसके पिता से मधुर सम्बन्ध नहीं होंगे। उसकी माता अपने शराबी पति (पिता) से कष्ट पायेगी। कुछ ग्रहों की अच्छी दृष्टि इन बुराइयों को कम कर देगी।

राहू

प्रथम भाग (106.40 डिग्री से 110.00 डिग्री)–यदि यह भाग लग्न में भी पड़ता हो तो जातक सब बुराइयों से बचा रहेगा। उसकी आयु दीर्घ होगी।

द्वितीय भाग (110.00 डिग्री से 113.20 डिग्री)–यदि इस भाग में चन्द्रमा, मंगल और शनि एक साथ स्थित हों और साथ ही लग्न भी पड़ता हो तो जातक सात वर्ष की आयु तक जीवित रहेगा।

तृतीय भाग (113.20 डिग्री से 116.40 डिग्री)–जातक डाक्टर या कैमिस्ट बनेगा। वह भावुक होगा और तनाव ग्रस्त रहेगा। 40 वर्ष की अवस्था के बाद उसे व्यवसाय में सफलता मिलेगी। वह कृषि उत्पादों से भी अर्जित करेगा।

चतुर्थ भाग (116.40 डिग्री से 120.00 डिग्री)–वह अपने परिजनों से विरोध और संघर्ष का सामना करेगा। अन्त में परिवार से अलग होकर एकाकी जीवन बितायेगा। उसकी पत्नी भी उसे छोड़ देगी।

केतू

प्रथम भाग (106.40 डिग्री से 110.00 डिग्री)–स्त्री जातक नर्स का काम करेगी। लेकिन यदि श्रावण नक्षत्र में बृहस्पति स्थित हो तो वह डाक्टर या कैमिस्ट बनेगी। नर जातक सुरक्षा विभाग में होंगे।

द्वितीय भाग (110.00 डिग्री से 113.20 डिग्री)–अति साहसी। धार्मिक अनुष्ठान करेगा। उसके कष्टों का मुख्य कारण उसका पिता होगा। जातक अपनी माता के साथ दोनों पिता की उपेक्षा के शिकार होंगे। फिर भी वह उन्नति करके माता को आश्रय व आराम प्रदान करेगा।

तृतीय भाग (113.20 डिग्री से 116.40 डिग्री)–अच्छी स्थिति होगी। विभिन्न विज्ञान विषयों में अच्छा ज्ञान होगा। काफी यात्राएं करेगा और धन अर्जित करेगा।

चतुर्थ भाग (116.40 डिग्री से 120.00 डिग्री)–जातक के कई मित्र होंगे जो उसके लिए कोई परेशानी उत्पन्न नहीं करेंगे। वह उनकी बदौलत अच्छी स्थिति में पहुंचेगा। वह जमीन जायदाद के धन्धे में अच्छा लाभ कमायेगा।

अश्लेष नक्षत्र में उत्पन्न जातकों को पूर्व-फाल्गुनी, हस्ता, स्वाति, शताभिषज तथा पूर्व-भाद्रपद नक्षत्रों में उत्पन्न व्यक्तियों से कोई सम्बन्ध नही बनाना चाहिए।

अश्लेष नक्षत्र का दशा स्वामी बुध है, जिसके बाद केतू, शुक्र, सूर्य, चन्द्रमा तथा मंगल का क्रम है।

(iii) अश्लेष नक्षत्र में कुछ विशेष अक्षाशों पर ग्रहों की उपस्थिति के परिणाम

इस नक्षत्र में कुछ ग्रहों के लिए कुछ घातक अक्षांश हैं। विभिन्न ग्रहों के लिए ये घातक अक्षांश इस प्रकार हैं:

मंगल–अश्लेष नक्षत्र की 6.20 डिग्री (परिक्रमा कक्षा की 113.00 डिग्री)

बृहस्पति–अश्लेष नक्षत्र की 10.20 डिग्री (परिक्रमा कक्षा की 117.00 डिग्री)

शुक्र–अश्लेष नक्षत्र की 0.20 डिग्री (परिक्रमा कक्षा की 107.00 डिग्री)

चन्द्रमा–अश्लेष नक्षत्र की 5.20 डिग्री (परिक्रमा कक्षा की 112.00 डिग्री)

उपरोक्त तालिका से हम देखते है कि यदि शक्तिशाली शनि की इन ग्रहों पर अनिष्टकारी स्वाभाविक दृष्टि न हो तो, उपरोक्त आकृति में जातक का जन्म उसकी दीर्घायु के लिए बाधक होता है। जब भी ये ग्रह इन घातक अक्षांशों से गुजरें तो कोई मांगलिक कार्य नहीं करना चाहिए। जब भी ये ग्रह इन घातक अक्षांशो से गुजरें तो जातक को सावधानी बरतनी चाहिए।

(iv) उपचार

(1) पन्ना सात रत्ती का सोने की अंगूठी में जड़वाकर बुधवार को प्रातः सूर्योदय से तीन घन्टे तक दूसरी (शनि) अंगुल में धारण करें।

(2) अश्लेष नक्षत्र में उत्पन्न व्यक्तियों को सर्पपूजा करनी चाहिए और किसी भी हालत में सांपों या नागों को हानि नहीं पहुंचानी चाहिए। उन्हे नियमित रूप से दूध और अण्डे देने चाहिए।

(3) रोजाना अपना कोई मांगलिक कार्य आरम्भ करने से पहले तथा यात्रा करने से पहले "ओम नमों शिवाय" का जाप करना चाहिए।

(4) अपने दैनिक जीवन में बुराइयों को दूर रखने के लिए नित्य मन्त्र संख्या 36 का जाप आवश्यक है।

अध्याय – 10

माघ नक्षत्र

दसवें राशिचक्र के विस्तार में 120.00 डिग्री से 133.20 डिग्री तक का क्षेत्र माघ नक्षत्र कहलाता है। अरब मंजिल में यह "अज्-ज्वाह" (शेर का माथा); ग्रीक इसे 'रेगुलास' या 'ल्योनिस' तथा चीनी मतानुसार यह 'सिंग' कहलाता है। अश्लेष नक्षत्र की भांति यहां भी माघ नक्षत्र के सितारों की संख्या के बारे में मतभेद है। खण्ड कातक छः सितारों का बताता है जबकि अन्य धारणाएं इसके पांच सितारे होना बताती है। यह मतभेद 6 सितारों के समूह में दो सितारों की कम रोशनी के कारण उठा है। माघ नक्षत्र पांच सितारों का छडी (झन्डा) के आकार में, सीधी कतार में समूह है। जबकि 6 सितारों वाली धारणा के अनुसार इसका आकार मकान (पालकी) के जैसा होता है। माघ को तात्पर्य "शक्तिशाली" है।

माघ नक्षत्र का अधिष्ठाता देवता 'पितर' अर्थात पिता अथवा मृतक आत्माएं हैं।

(I) माघ नक्षत्र में उत्पन्न जातकों के सामान्य परिणाम

(क) पुरुष जातक

1. शारीरिक गठन–उसकी सुप्रकट गर्दन तथा बालदार शरीर होता है। उसके हाथों में तथा कन्धों के नीचे तिल होते हैं। मध्यमकद तथा मासूमयत लिए हुए मुखाकृति के होते हैं।

2. स्वभाव तथा सामान्य घटना–जातक बहुत उद्यमशील, बुजुर्गों का सम्मान करने वाला, धार्मिक तथा जीवन के आनन्द लेने वाला होगा। वह विभिन्न विद्याओं में पारंगत तथा मृदुभाषी, शान्त जीवन का इच्छुक, विद्वानों से मान-प्रतिष्ठा प्राप्त करने वाला होता है। उसे विभिन्न कलाओं का अच्छा ज्ञान होता है। वह अपना बहुमूल्य समय सांस्कृतिक विकास में लगायेगा तथा सांस्कृतिक कार्यक्रमों में सक्रिय भाग लेगा।

वह अच्छी तरह से विचार करके नियोजित ढंग से दूसरों से व्यवहार करता है, और किसी की भी भावनाओं को ठेस नहीं पहुंचाता। यदि उसके

कृत्य से दूसरों की भावनाओं को आघात पहुंचता है तो वह फौरन उस कार्य में सुधार कर लेता है। वह उन लोगों को भी पसन्द नही करता जो दूसरों के कामों में रूकावट डाल कर उन्हें परेशान करते है। इसी कारण जातक के जीवन में कई छिपे शत्रु होते हैं। वह क्रोधी स्भाव का होता है। वह सत्य से परे किसी भी कार्य या व्यवहार को सहन नहीं कर सकता। उसके यही विचार उसे असफलता की और अग्रसर करते है। स्वार्थपरता उससे कोसों दूर रहती है। वह समाज या समुदाय के लिए विभिन्न कार्य अपनी मानसिक तुष्टि के लिए करता है न कि बदले में कुछ पाने की इच्छा के वशीभूत। यही कारण है कि जातक जनता की आंख का तारा बन जाता है।

3. शिक्षा, रोजगार/आय के साधन–उसके पास धन सम्पति तथा सेवक होंगे। अपनी स्पष्टवादिता तथा व्यापारी बुद्धि नहीं रखने के कारण से वह व्यवसायिक क्षेत्र में भौतिक सफलता प्राप्त नही कर पाता है। फिर भी वह ईमानदारी तथा परिश्रम का सही उदाहरण प्रस्तुत करता है। उसकी यह ईमानदारी तथा परिश्रम उसे कभी-कभी फल देती है मगर उतना नहीं जितना कि उसे मिलना चाहिए। प्रायः वह अपने व्यवसाय के कार्य क्षेत्र बदलने पर बाध्य हो जाता है। कभी वह नौकरी करता है तो कभी व्यापार करने लग जाता है। जब वह कोई निर्णय कर लेता है तो उस पर अड़िग रहता है। अपने से वरिष्ठ तथा मातहत दोनों प्रकार के व्यक्तियों के साथ उसके सम्बन्ध हार्दिक मगर यांत्रिक ढंग से होते हैं। अतः वह वरिष्ठों तथा मातहतों के बीच एक कड़ी बनने के योग्य होता है।

4. पारिवारिक जीवन–माघ नक्षत्र में उत्पन्न जातक प्रायः खुशहाल तथा सामन्जस्यपूर्ण विवाहित जीवन का आनन्द लेते हैं। यदि इस नक्षत्र में शनि स्थित हो और इस पर मंगल की दृष्टि हो तो उपरोक्त परिणाम अपवाद भी हो सकते हैं। यदि इस नक्षत्र में स्थित चन्द्रमा पर सूर्य की दृष्टि न हो तो जातक अच्छी सन्तान पाने का भाग्यशाली होता है। उसे विभिन्न जिम्मेदारियों को, विशेषकर अपने जुड़वां की सभी जिम्मेदारियाँ उठानी होगी।

5. स्वास्थ्य–उसे रतौंधी रोग हो सकता है। यदि इस नक्षत्र में शनि और मंगल की सयुंक्त दृष्टि चन्द्रमा पर हो तो कैन्सर रोग अथवा इनके सयुंक्त हो जाने पर अस्थमा अथवा मिरगी का संकेत है।

(ख) स्त्री जातक

1. शारीरिक गठन–अति सुन्दर तथा आर्कषक नैन नक्श। यदि इस नक्षत्र में चन्द्रमा पर शनि की दृष्टि हो तो उसके लम्बे गच्छेदार बाल होंगे।

2. स्वभाव तथा सामान्य घटना–जहां वह लड़ने की शौकीन तथा क्रोधी स्वभाव की होगी, वहां वह दानशील तथा धार्मिक प्रवृत्ति की होगी। वह शाही सुख प्राप्त करेगी। वह ग्रह कार्य तथा बाहर के कार्य (दफ्तर-व्यवसाय आदि) दोनों में सक्षम हो सकेगी। उसका धर्म की ओर विशेष झुकाव होगा। जब भी कोई विपत्ति में होगा उसकी स्वार्थरहित सहायता करेगी।

3. शिक्षा, रोजगार/आय के साधन–यदि इस नक्षत्र में बृहस्पति भी स्थित हो तो वह उच्चतम स्थिति पर नियुक्त होगी अथवा वह रानी की मान मर्यादा से रहेगी अर्थात उसका विवाह अति धनवान व्यक्ति से होगा।

4. पारिवारिक जीवन–इस नक्षत्र में उत्पन्न मादा जातकों में एक दोष यह होगा कि वह परिवार में झगड़े उत्पन्न करेंगी। अपने पति और ससुराल के अन्य लोगों में मनमुटाव करायेगी जिस कारण परिवार में हर व्यक्ति मानसिक रूप से परेशान रहेगा। अच्छे परिवारिक जीवन के लिए उसकी इस मानसिकता को रोका जाना चाहिए। उसके अच्छी सन्तान होगी पहला पुत्र तथा उसके बाद दो पुत्रियां।

5. स्वास्थ्य–यदि मंगल संयुक्त हो तो बालरिष्ट होने का संकेत है। उसकी आंखे प्रभावित होगी। रक्त की खराबी, गर्भाशय की परेशानी तथा हिस्टीरिया। यदि इस नक्षत्र में शनि पर मंगल की दृष्टि हो तो पीलिया होने का संकेत है। इस नक्षत्र के प्रभाव के समय यदि उसमें प्रथम ऋतुश्राव के लक्षण प्रकट हो तो वह सम्मानित, व उदार होगी तथा उसे पैतृक सम्पति की प्राप्ति होगी।

II माघ नक्षत्र में विभिन्न ग्रहों की स्थिति से उत्पन्न परिणाम

सूर्य

माघ नक्षत्र में स्थित सूर्य पर यदि चन्द्रमा की दृष्टि हो तो जातक फिजूलखर्च करेगा और शाही शक्तियों का उपभोग करेगा तथा प्रसिद्धि प्राप्त करेगा। यदि मंगल की दृष्टि हो तो वह स्त्री वर्ग के लिए अधिकतम सेवा कार्य

करेगा, फिजूलखर्च करेगा तथा पीलिया रोग से ग्रस्त होगा। वह मेहनती मगर क्रूर प्रवृत्ति का होगा। यदि बुध की दृष्टि हो तो फिजूलखर्च, समुदाय अथवा सरकार के नियम और व्यवस्था को न मानने वाला होगा। वह एक अच्छा लेखक और नेक व्यक्तित्व का स्वामी होगा। यदि बृहस्पति की दृष्टि हो तो जातक मन्दिरों, उद्यानों तथा झीलों के निर्माण क्षेत्र में शिल्पकार होगा तथा सदैव अपने कुटुम्बवालों में रहना चाहेगा। यदि शुक्र की दृष्टि हो तो वह क्रोधी स्वभाव का होगा तथा अपने व्यवहार के कारण बदनाम होगा। यदि शनि की दृष्टि हो तो वह दूसरों के काम में रोड़ा अटकाने वाला तथा ईर्ष्यालू प्रवृत्ति का व्यक्ति होगा।

प्रथम भाग (120.00 डिग्री से 123.20 डिग्री)–जातक निर्धन होगा और सेवक का कार्य करेगा। यदि इस अंश में लग्न भी पड़ता हो तो उसे रतौंधी का रोग होगा।

द्वितीय भाग (123.20 डिग्री से 126.40 डिग्री)–जातक यात्राओं से उत्पन्न थकान का मारा, गरीब और भूखा व्यक्ति होगा। उसकी आंखें प्रभावित होंगी। उसके शरीर के अंगों में कुछ खराबी होगी। यह भाग में यदि शनि की सूर्य पर दृष्टि हो तो उसकी अपने माता-पिता से नहीं बनेगी और वह उनसे अलग रहेगा।

तृतीय भाग (126.40 डिग्री से 130.00 डिग्री)–यदि इस भाग में शनि ग्रह मंगल और सूर्य के साथ स्थित हो तो बालक का जीवन केवल एक माह होगा। अन्यथा उसका जीवन मध्यमवय तक होगा। वह फेफड़ों में पानी अथवा हरनूया की बिमारी से पीड़ित होगा।

चतुर्थ भाग (130.00 डिग्री से 133.20 डिग्री)–यदि इस भाग में शनि भी सूर्य के साथ स्थित हो और इन पर मंगल की दृष्टि हो तो बालक का जीवन केवल एक माह होगा। यदि किसी अन्य ग्रह की दृष्टि से रहित सूर्य अकेला स्थित हो तो वह मध्यावस्था के बाद भी सुखी जीवन व्यतीत करेगा। मध्यावस्था तक वह गरीबी तथा बेरोजगारी का सामना करेगा।

चन्द्रमा

इस नक्षत्र में स्थित चन्द्रमा पर सूर्य की दृष्टि हो तो जातक विपुल धन से सम्पन्न तथा प्रसिद्ध व्यक्ति होगा और राजसी शक्तियों का उपभोग

करेगा। लेकिन विवाह के काफी समय बाद सन्तान होगी। यदि मंगल की दृष्टि हो तो वह राजनीतिक क्षेत्र में अच्छे स्तर पर होगा तथा अपने गाँव या कस्बे की भलाई के लिए कार्य करेगा। यदि बुध की दृष्टि हो तो धन, मदिरा तथा स्त्रियों की प्राप्ति होगी। यदि बृहस्पति की दृष्टि हो तो वह शासक का निकटवर्ती होगा, अति प्रसिद्ध मन्त्री भी हो सकता है। शुक्र की दृष्टि होने पर जातक अति विद्वान, महिलाओं की संगति में आनन्द लेने वाला तथा स्त्रियोचित चरित्र का होगा। यदि शनि की दृष्टि हो तो पत्नी का वियोग सहेगा, कृषि क्षेत्र में कुशल होगा तथा किसी सुरक्षा संस्थान में प्रभारी होगा। वह निर्धन होगा।

प्रथम भाग (120.00 डिग्री से 123.20 डिग्री)–उसकी आँखें काली के अतिरिक्त दूसरे रंगो की होंगी। कम सन्तान होगी। वह अपना समय सामाजिक कार्यों में लगायेगा तथा एक समय में विभिन्न इकाइयों को देखेगा। यदि वह नौकरी में होगा तो उसके मातहत उसे ईश्वर की तरह सम्मान देंगे। उसके कहे शब्दों में वजन होगा तथा उसके उच्चाधिकारी भी उसे सम्मान देंगे।

द्वितीय भाग (123.20 डिग्री से 126.40 डिग्री)–स्त्री वर्ग से घृणा करेगा 28 वर्ष तक की अवस्था तक घोर गरीबी होगी। उसके बाद उसके वातावरण में बदलाव आयेगा और उसे सभी कार्यों में सफलता मिलेगी। यदि शनि भी यहां पर स्थित हो और मंगल की दृष्टि हो तो वह मिरगी की बिमारी से ग्रस्त होगा।

तृतीय भाग (126.40 डिग्री से 130.00 डिग्री)–आरम्भिक वैवाहिक जीवन 35 वर्ष की अवस्था तक असंतोष तथा असामन्जस्य पूर्ण होगा। उसके बाद उसकी पत्नी उसकी विशेषताओं को जानेगी तथा अपने व्यवहार में बदलाव लायेगी, जिस कारण उनका विवाहित जीवन सुखी होगा। यदि इस खण्ड में लग्न भी पड़ता हो तो वह कैन्सर से पीड़ित होगा।

चतुर्थ भाग (130.00 डिग्री से 133.20 डिग्री)–पहले तो यह देखना है कि जातक 33 वर्ष की आयु के बाद जीवित रहता है कि नहीं। यदि वह जीवित रहता है तो राजनीति में उच्चतम स्तर पर होगा। उसके देश का राष्ट्रपति अथवा प्रधानमन्त्री अथवा इसके समकक्ष किसी अन्य पद पर होने का योग है। वह अपने शत्रुओं का दमन करेगा।

मंगल

माघ नक्षत्र में स्थित मंगल ग्रह पर यदि सूर्य की दृष्टि हो तो जातक अपने शत्रुओं का नाश करेगा तथा समाज के लिए अच्छे कार्य करेगा। वह जंगलों और पहाड़ों की सैर का शौकीन होगा। यदि चन्द्रमा की दृष्टि हो तो वह स्थूलकाय शरीर का तथा देखने में क्रूर होगा। अपनी माता का सम्मान करेगा। यदि बुध की दृष्टि हो तो वह शास्त्रों तथा ललित-कलाओं में प्रवीण, मृदुभाषी तथा बुद्धिमान होगा। यदि बृहस्पति की दृष्टि हो तो जातक शक्तिशाली और प्रभावी व्यक्तियों से सम्बन्ध रखेगा तथा लोगों की आकांक्षाओं की पूर्ति करने में सक्षम होगा। शुक्र की दृष्टि होने पर वह अपने आर्कषक व्यक्तित्व के घमण्ड में रहेगा तथा अति मैथुन-क्रिया में रत्त रहेगा। जिसके कारण अंत में वह यौन रोगों से ग्रस्त हो जायेगा यदि शनि की दृष्टि हो तो वह परिवार से दूर रहेगा तथा निर्धन होगा।

प्रथम भाग (120.00 डिग्री से 123.20 डिग्री)–यदि यह खण्ड लग्न में भी हो तो जातक कैंसर से पीड़ित होगा। यदि शनि यहां पर स्थित हो अथवा उसकी दृष्टि हो तो यह संभावना और भी प्रबल हो जाती है। अन्यथा वह सरकारी नौकरी करेगा औरे यथोचित जीवन व्यतीत करेगा। फिर भी उसका विवाहित जीवन सुखी नहीं होगा।

द्वितीय भाग (123.20 डिग्री से 126.40 डिग्री)–इस अंश में मंगल की स्थिति, विवाह के मामले में मंगल-दोष को काट देती है। यदि इस अंश में बृहस्पति भी स्थित हो तो जातक बचपन से ही बुद्धिमान होगा तथा अपने शिक्षा के क्षेत्र में विभिन्न समस्याओं को सुलझाने की विलक्षण योग्यता का प्रर्दशन करेगा तथा जीवन में बहुत उन्नित करेगा। उसके पेट के पास काले रंग का बड़ा सा पहचान चिन्ह होगा।

तृतीय भाग (126.40 डिग्री से 130.00 डिग्री)–वह सभी की जिम्मेदारियां उठायेगा और इसका उसे कोई आर्थिक लाभ नहीं होगा। वह सहर्ष सबकी जिम्मेदारियाँ समेटने का प्रयत्न करेगा और लोग भी उस पर इतनी जिम्मेदारियां डाल देंगे कि वह उसकी क्षमता से बाहर होगा, फिर भी वह किसी को 'ना' नही कहेगा। बदले में उसे केवल "शाबासी" मिलेगा और कोई आर्थिक फायदा नहीं होगा। यहां तक कि वह अपनी कमाई भी इन कार्यों में लगा देगा।

चतुर्थ भाग (130.00 डिग्री से 133.20 डिग्री)–कमोबेश मंगल नक्षत्र के तीसरे भाग वाले परिणाम ही होंगे। इनके अतिरिक्त जातक स्वास्थ्य तथा आर्थिक क्षेत्र में उतार-चढ़ाव को झेलेगा। वह विकट पीलिया तथा अस्थमा से पीड़ित होगा।

बुध

माघ नक्षत्र में स्थित बुध पर यदि सूर्य की दृष्टि हो तो जातक क्रूर प्रवृत्ति का होगा तथा दूसरों को अधिकतम कष्ट देगा। वह उनकी उन्नति व समृद्धि से ईष्या करेगा। यदि चन्द्रमा की दृष्टि हो तो वह आकर्षक व्यक्तित्व का तथा संगीत और ललितकलाओं में रूचि लेने वाला होगा। यदि मंगल की दृष्टि हो तो वह अति रति-क्रिया में लिप्त होगा। उसके शरीर पर किसी शस्त्र का न मिटने वाले घाव का निशान होगा। यदि बृहस्पति की दृष्टि हो तो सुन्दर व्यक्तित्व, स्वच्छचित तथा अपने परिवार के दायरे में सम्मानित स्थान पर होगा। यदि शुक्र की दृष्टि हो तो वह अपनी दैनिक आवश्यकताओं के लिए सरकार पर निर्भर होगा तथा धनी होगा। शनि की दृष्टि होने पर वह अधिक पसीना आने के कारण शरीर की दुर्गन्ध की समस्या से पीड़ित होगा तथा देखने में क्रूर होगा।

प्रथम भाग (120.00 डिग्री से 123.20 डिग्री)–जब सूर्य और बृहस्पति यहां पर बुध के साथ संयुक्त हो तो जातक किसी फैक्ट्ररी में अपने अन्य साथियों से, उनके जैसी ही योग्यता रखते हुए, अच्छी स्थिति पर उन्नित करेगा। उसके बुद्धिमान संतान होगी। यदि उसकी कुंडली में कहीं पर भी शनि और मंगल इकट्ठे साथ हों अथवा उनकी एक दूसरे पर दृष्टि हो तो वह नौकरी छोड़ देगा और कुंठित होकर भटकेगा।

द्वितीय भाग (123.20 डिग्री से 126.40 डिग्री)–बहुत शान्तिपूर्ण परिवारिक जीवन होगा। यदि इस भाग में बुध पर बृहस्पति की दृष्टि हो तो जातक शिक्षक होगा। वह दिमागी असन्तुलन तथा अति उत्तेजना से अभिभूत होगा।

तृतीय भाग (126.40 डिग्री से 130.00 डिग्री)–यदि यहां बुध के साथ मंगल संयुक्त होगा तो जातक का साथी पापी अथवा दुष्ट होगा। वह कम धनी होगा। सोने या स्वर्ण-आभूषण बनाने में कुशल होगा। वह कुशल कैमिस्ट होगा। वह बड़ी आयु की स्त्रियों का साथ पसन्द करेगा।

चतुर्थ भाग (130.00 डिग्री से 133.20 डिग्री)–साधारण जीवन होगा। वह सब्जियों, फूल, कपड़ा, घी, तेल आदि की फेरी लगायेगा। आँखों की बिमारी, अस्थमा या मिरगी से पीड़ित होगा।

बृहस्पति

माघ नक्षत्र में स्थित बृहस्पति पर यदि सूर्य की दृष्टि हो तो जातक प्रसिद्ध होगा, तथा बहुत ही प्रभावी तथा नेक व्यक्तित्व का मालिक होगा। यदि चन्द्रमा की दृष्टि हो तो वह पत्नी के द्वारा धन प्राप्त करेगा। लेकिन उसकी आदते खराब होंगी तथा आर्कषक व्यक्तित्व होगा। यदि मंगल की दृष्टि हो तो वह समुदाय के लिए प्रतिष्ठित कार्य करेगा। वह भवन निर्माण के क्षेत्र में इंजीनियर होगा। यदि बुध की दृष्टि हो तो उसको विभिन्न शास्त्रों तथा अन्य आधुनिक विज्ञानों का ज्ञान होगा। वह मृदुभाषी और वक्ता होगा। यदि शुक्र की दृष्टि हो तो वह स्त्रियों का प्यारा होगा और सरकार से सम्मान प्राप्त करेगा। शनि की दृष्टि होने पर वह वाकपटु अथवा भावपूर्ण वक्ता होगा लेकिन अपने बड़े परिवार के कारण सुखी नहीं होगा।

प्रथम भाग (120.00 डिग्री से 123.20 डिग्री)–जातक बुद्धिमान, धन, सन्तान व पत्नी से सम्पन्न होगा। वह किसी संस्था का अध्यक्ष अथवा सुरक्षा विभाग में उच्च पद पर हो सकता है।

द्वितीय भाग (120.00 डिग्री से 123.20 डिग्री)–अति योग्य होगा। विदेशों में ज्ञान प्राप्त करेगा। सरकारी नौकरी में होगा। यदि श्रावण नक्षत्र मं चन्द्रमा स्थित हो तो जातक नौकरी में कठिनाई अनुभव करेगा। उसके लिए व्यवसाय उपयुक्त है।

तृतीय भाग (126.40 डिग्री से 130.00 डिग्री)–जातक राजपरिवार में उत्पन्न, साहसी, ताकतवर, विद्वान तथा धनवान होगा। वह सभा में प्रतिष्ठित पद (स्थान) पर होगा। शत्रु का नाश करेगा।

चतुर्थ भाग (130.00 डिग्री से 133.20 डिग्री)–उसके मार्गदर्शन करने की जन्मजात योग्यता होगी। सामाजिक कार्यों से शक्ति व प्रसिद्धि प्राप्त करेगा। बचपन से ही उसमें नेतागिरी के गुण होंगे। वह बिना अधिक प्रयास किये सफलता की सीढ़ियां चढ़ेगी।

शुक्र

इस नक्षत्र में स्थित शुक्र पर यदि सूर्य की दृष्टि हो तो जातक स्त्रियों के द्वारा लाभान्वित होगा। वह दूसरों से ईष्या करने वाला होगा। यदि चन्द्रमा की दृष्टि हो तो वह धनी होगा, मगर बुरी स्त्रियों की संगति में सब नष्ट कर देगा। मंगल की दृष्टि होने पर वह विख्यात प्रभावशाली एवं भाग्यशाली होगा मगर उसमें दूसरों की स्त्रियों पर आसक्त होने की बुरी आदत होगी। यदि बुध की दृष्टि हो तो वह धनी मगर कंजूस होगा। यदि बृहस्पति की दृष्टि हो तो जातक धन-सम्पत्ति व सेवकों से सम्पन्न सुखी विवाहित जीवन का आनन्द लेगा। यदि शनि की दृष्टि हो तो वह राजसी वैभव के साथ उत्पन्न होगा उसके विधवाओं तथा तलाक प्राप्त स्त्रियों से अनैतिक सम्बन्ध होंगे।

प्रथम भाग (120.00 डिग्री से 123.20 डिग्री)–यदि मंगल भी संयुक्त हो तो जातक में प्रबल वासना होगी वह अपने साथी (स्त्री या पुरूष) की अनैतिकता का शिकार होगा। उसकी पत्नी अथवा पति (स्त्री के मामलें मे) के अन्य विवाहेत्तर काम-सम्बन्ध होंगे। कुछ मामलों में यह पाया गया है कि जब शुक्र और मंगल संयुक्त हो अथवा इनकी दृष्टि हो तो विवाह के बाद अलगाव, मृत्यु अथवा तलाक, के कारण यह सम्बन्ध टूट जाते हैं।

द्वितीय भाग (123.20 डिग्री से 126.40 डिग्री)–वह धनी व सुखी होगा। उसमें पुरुषत्व की कमी होगी। प्रसन्नता की स्थिति में भी कुछ भ्रामक समस्याएं उसे दयनीय हद तक नाकारा कर देगी।

तृतीय भाग (126.40–130.00 डिग्री)–जातक माता के स्वास्थ्य के प्रति सदैव चिंतित रहेगा। कई शास्त्रों में विद्वान तथा गणित में श्रेष्ठता होगा। आंखे खराब हो सकती है। वह अपने जुड़वां का भार भी उठायेगा और पिता से बहुत अधिक सहायता नहीं मिलेगी।

चतुर्थ भाग (130.00 डिग्री से 133.20 डिग्री)–वह बुद्धिमता में उच्चरत्तर पर होगा। सरकार से लाभ प्राप्त करने में सक्षम होगा। कान पर तिल अथवा अन्य निशान देखा गया है। अपनी पत्नी के असामन्जस्यपूर्ण व्यवहार कारण उसका विवाहित जीवन सुखी नहीं होगा।

शनि

इस नक्षत्र में स्थित शनि पर यदि सूर्य की दृष्टि हो तो जातक गरीब, शराबी व झूठा होगा। यदि चन्द्रमा द्वारा दृष्टि हो तो वह प्रचुर धनी, सुन्दर स्त्रियों से आनन्द मनानेवाला और भाग्यशाली व्यक्ति होगा। यदि मंगल की दृष्टि हो तो बहुत यात्राएं करेगा और एकांतवासी होगा। वह पत्नी तथा बच्चों से रहित होगा। यदि बुध की दृष्टि हो तो वह आलसी व निर्धन होगा तथा दयनीय स्थिति में होगा। यदि बृहस्पति की दृष्टि हो तो वह अपने शहर अथवा समुदाय में धनी तथा मुखिया होगा तथा अच्छी पत्नी व बच्चों से सम्पन्न होगा और विश्वासपात्र व्यक्ति होगा। यदि शुक्र की दृष्टि हो तो उसे मध्यावस्था के बाद बड़ी पैतृक सम्पत्ति मिलेगी।

प्रथम भाग (120.00 डिग्री से 123.20 डिग्री)–जातक मध्यम कद-काठी तथा चौड़ी छाती का होगा। वह सरकारी नौकर हो सकता है। नेक सन्तान होगी। उसके जिद्दी स्वभाव का होने के कारण उसका विवाहित जीवन सुखी नहीं होगा तथा उसके मातहत उससे बदला लेने के लिए मौके की ताक में रहेंगे। अपंगता, बोलने की समस्या तथा लकवे का योग है।

द्वितीय भाग (123.20 डिग्री से 126.40 डिग्री)–उसकी दो पत्नियां होंगी। एक तो बिना विवाह के उसके साथ अवैध रूप से रह रही होगी। परिवार से सम्बन्धित कई समस्याओं का सामना करेगा।

तृतीय भाग (126.40 डिग्री से 130.00 डिग्री)–अच्छी स्थिति नहीं होगी। उसे दाम्पत्य क्रिया (रतिक्रिया) से सुख प्राप्त नहीं हो सकता। पत्नी सदैव उसके लिए समस्या होगी और उसके द्वारा अपमानित होता रहेगा। यदि इस अंश में चन्द्रमा सयुंक्त हो तो जातक बडी आयु की स्त्रियों से सम्बन्ध बनायेगा। कई वाहनों का मालिक होगा। वह धर्मग्रन्थों में रूचि लेगा। वह कामगारों पर नियन्त्रक के पद पर होगा लेकिन स्वयं का अस्तित्व कमजोर होने के कारण सभी के द्वारा सताया जायेगा।

चतुर्थ भाग (130.00 डिग्री से 133.20 डिग्री)–मध्यम कद-काठी तथा चौड़ी छाती होगी। मेहनती होगा। जिद्दी मगर ईमानदार होगा। अपने अधिकारी का मान रखेगा। वाहनों के द्वारा आय होगी। भूमि, भवन आदि का मालिक होगा।

राहू

प्रथम भाग (120.00 डिग्री से 123.20 डिग्री)–यदि पूर्व-भाद्रपद नक्षत्र में लग्न पड़ता हो तो जातक के दो विवाह होंगे। वह ऊंची जाति में उत्पन्न होगा तथा घन और अन्य सुविधाओं से सम्पन्न होगा।

द्वितीय भाग (123.20 डिग्री से 126.40 डिग्री)–इस अंश में यदि राहू पर मंगल की दृष्टि हो तो वह पत्नी व सन्तान के सुख से रहित होगा। राहू के अकेले स्थित होने पर वह अवैध तरीकों से धनार्जन करेगा।

तृतीय भाग (126.40 डिग्री से 130.20 डिग्री)–इस भाग में यदि राहू के सम्मुख मंगल हो अथवा मंगल की दृष्टि राहू पर हो तो फोड़े-फुन्सी इत्यादि होने का योग है, जो संघातक भी हो सकते हैं। यदि यहां पर राहू के साथ बुध भी स्थित हो तो जातक यौन रोगों से ग्रस्त रहेगा जो बाद में कैंसर भी बन सकता है।

चतुर्थ भाग (130.00 डिग्री से 133.20 डिग्री)–राहू की स्थिति के लिए यह भाग काफी हद तक शुभ है। जातक धन-सम्पति, पत्नी तथा सन्तान से सम्पन्न होगा। वह किसी शिक्षा संस्थान अथवा शोध-संस्था का अध्यक्ष होगा। वह अनिद्रा तथा अस्थमा रोग से पीड़ित होगा। अति विलक्षण व्यक्ति (जो मानसिक रूप से रूग्ण कहा जा सकता है) उसे एक मिनट पहले का कहा हुआ भी याद नहीं रहता एक समय में कई काम एक साथ करने से उसकी याददाश्त कमजोर होगी।

केतू

प्रथम भाग (120.00 डिग्री से 123.20 डिग्री)–जातक विभिन्न तरीकों से हानि उठायेगा। वह जुआरी होगा, रेस का शौकीन तथा समाज द्वारा प्रतिबन्धित अवैध कार्यों में निमग्न रहेगा।

द्वितीय भाग (123.20 डिग्री से 126.40 डिग्री)–जातक सबसे अलग एकांतवासी जीवन बितायेगा। उसे कहीं पर भी खुशी नहीं मिलेगी। वह सुखों के पीछे भागेगा जो कि उसे अपने घर में ही मिलेगा कुछ समय के लिए सन्यासी बन सकता है और मध्यावस्था के बाद दौबारा घर लौट आयेगा। यह

देखा गया है कि इस भाग में लग्न पड़ता है या नहीं, अकेले केतू की स्थिति ही जातक (स्त्री) के पति की मृत्यु कर देने में समर्थ है।

तृतीय भाग (126.40 डिग्री से 130.00 डिग्री)–कार्यक्षेत्र में अनावाश्यक चिन्ताएं। यदि शताभिषज नक्षत्र में लग्न पड़ता हो तो स्त्री के 37 वें वर्ष में पति की मृत्यु तथा पुरुष के 40 वें वर्ष में पत्नी की मृत्यु का योग है।

चतुर्थ भाग (130.00 डिग्री से 133.20 डिग्री)–यदि इस भाग में लगन भी पड़ता हो, तथा श्रविष्ठा नक्षत्र में बृहस्पति स्थित हो तो जातक सेना में उच्च पद पर होगा। वह सामन्जस्यपूर्ण विवाहित जीवन बितायेगा तथा धन और सम्मान से सम्पन्न होगा।

माघ नक्षत्र में उत्पन्न जातकों को उत्तर-फाल्गुनी चित्रा, विशाखा, उत्तर-भाद्रपद तथा रोहिणी नक्षत्र में उत्पन्न व्यक्तियों से सम्बन्ध नही बनाना चाहिए।

(iii) माघ नक्षत्र में कुछ विशेष अक्षाशों पर कुछ ग्रहों की उपस्थिति के परिणाम

माघ नक्षत्र में कुछ ग्रहों के लिए कुछ घातक अक्षांश होते हैं। विभिन्न ग्रहों के लिए ये घातक अंक्षाश इस प्रकार हैं।

सूर्य–माघ नक्षत्र की 8.00 डिग्री (परिक्रमा कक्षा की 128.00 डिग्री)

बुध–माघ नक्षत्र की 8.00 डिग्री (परिक्रमा कक्षा की 128.00 डिग्री)

बृहस्पति–माघ नक्षत्र की 6.00 डिग्री (परिक्रमा कक्षा की 126.00 डिग्री)

शुक्र–माघ नक्षत्र की 10.00 डिग्री (परिक्रमा कक्षा की 130.00 डिग्री)

शनि–माघ नक्षत्र की 12.00 डिग्री (परिक्रमा कक्षा की 132.00 डिग्री)

उपरोक्त तालिका से हम पाते हैं कि सूर्य और बुध का सही संयुक्त होना, जैसा कि बृहस्पति, शुक्र तथा शनि की उपरोक्त अक्षांशों में अलग-अलग स्थिति भी जातक के लिए घातक होती है। उपरोक्त ग्रहीय आकृति में जातक का जन्म, यदि मंगल और चन्द्रमा की शक्तिशाली दृष्टि न पड़ती हो तो, उसकी दीर्घायु में बाधक है। जब भी ये ग्रह न घातक अंक्षाशों से गुजरें तो कोई मांगलिक कार्य नही करना चाहिए। जातक को, जब भी ये ग्रह इन घातक अक्षांशों से गुजरे तो सावधानी बरतनी चाहिए।

(iv) उपचार

(1) लहसनिया (Cats eye) तीन रत्ती सोने की अंगूठी में जड़वा कर बृहस्पतिवार को सूर्यास्त के दो घन्टे बाद तक दूसरी (शनि) अथवा तीसरी (सूर्य) अंगुल में धारण करे। तथा पुखराज भी पांच रत्ती का सोने की अंगूठी में जड़वा कर तीसरी अंगुली में धारण करें।

(2) नियमित रूप से मन्त्र संख्या 17 का जाप करें।

अध्याय-11

"पूर्वफाल्गुनी नक्षत्र"

ग्यारहवें राशिचक्र में 133.20 डिग्री से 146.40 डिग्री तक का विस्तार क्षेत्र पूर्वफाल्गुनी नक्षत्र है। अरब मंजिल में यह "अज-जुबराहू" अर्थात शेर की अयाल; ग्रीक इसे "ल्योनिस" तथा चीनी मतानुसार इसे "चांग" कहते हैं। पूर्वफाल्गुनी नक्षत्र के प्रतीक दो सितारे, एक वर्ग के दो किनारों पर स्थित होने के समान, अथवा पलंग के दो पाये प्रतीत होते हैं।

पूर्वफाल्गुनी नक्षत्र का अधिष्ठाता देवता "भग" है जो सूर्य की माता अदिति के बारह पुत्रों में से एक है।

1. पूर्वफाल्गुनी नक्षत्र में उत्पन्न जातकों के सामान्य परिणाम

(क) पुरुष जातक

1. शारीरिक गठन–आर्कषक व्यक्तित्व, स्थूल शरीर तथा मिश्रित रंग का होता है। उसे प्रायः अधिक पसीना आता है। उसकी चपटी नाक होती है।

2. स्वभाव तथा सामान्य घटना–वह पूर्ण स्वतन्त्रता चाहता है। देखा गया है कि जातक किसी एक क्षेत्र में प्रसिद्धि प्राप्त करता है फिर भी वह किसी न किसी कारण से उखड़ा-उखड़ा रहता है। उसमें दूसरों की परेशानियां ज्ञात करने की जन्मजात सहानुभूति होती है। अतः दूसरों द्वारा सहायता की याचना करने से पहले ही वह उनकी मदद को आ जाता है। वह मृदुभाषी तथा यात्राओं का शौकीन होता है।

3. शिक्षा, रोजगार/आय के साधन–वह किसी के बन्धन में नहीं रहता। अपनी इस विशेषता के कारण वह ऐसे कार्य अथवा पद ग्रहण नहीं करता जिनमें उसे दूसरों के समक्ष अधीनता में होना पड़े। उसमें एक कमी यह भी है कि वह नौकरी में होने पर भी अपने अधिकारी की चापलूसी नहीं करता। इसी कारण उसे अपने वरिष्ठ अधिकारियों की कृपादृष्टि तथा अन्य लाभों से वंचित होना पड़ता है।

वह प्रत्येक कार्य में, जो वह करता है, ईमानदार होता है। न तो वह अवैध कार्य करने वालों का साथ देता है और न ही वह ऐसे कार्यों को सहन

करता है। उसकी यह मानसिक स्थिति उसे विभिन्न जटिलताओं में खींच लेती है तथा वह भी इनका सामना करने को तैयार रहता है। वह दूसरों के सहारे कोई लाभ लेना नहीं चाहता। उसके कई परोक्ष शत्रु होते है, जो उसकी प्रगति में बाधा डालते हैं। फिर भी वह ऐसे शत्रुओं का मर्दन करने में सक्षम हो जाता है, और अपने हर कार्य में सफलता प्राप्त करता है। जातक शक्ति व्यवसायी होता है अर्थात वह पद, गरिमा और शक्ति को पैसे के आगे तरजीह देता है। वह उन्नति के सही मार्ग का अवलोकन करता है तथा उसमें अपना कीमती समय लगाता है। जातक योग्य और बुद्धिमान होता है मगर फिर भी जिस स्तर पर वह पहुंचना चाहता है नहीं जा पाता। इसका यह अर्थ भी नहीं है कि वह जीवन में उन्नति नहीं करेगा।

रोजगार के क्षेत्र में वह प्रायः अपने कार्य बदलता रहेगा। अपनी आयु के 22, 27, 30, 32, 35, 37 और 44वें वर्ष में ये परिवर्तन हो सकते हैं। वह वांछित पद या स्थिति पर अपने 45 वर्ष की आयु के बाद पहुंचेगा। जबकि वह दूसरों का धन नहीं चाहता पिफर भी वह उनके कारण प्रायः वित्तीय संकटों में फंसा रहेगा। दूसरे शब्दों में उधार लेने वाले उसका पैसा वापस नहीं करेंगे।

उपरोक्त नकारात्मक स्थितियों के बावजूद 45 वर्ष की आयु के बाद वह ऐसी दृढ़ स्थिति में होगा जिसमें शान्ति तथा अधिकार निहित होंगे। व्यवसाय के क्षेत्र में वह और अधिक दीर्घामान हो सकता है।

4. परिवारिक जीवन–उसका विवाहित जीवन सुखी होगा। उसकी नेक पत्नी तथा सन्तान होगी जिनसे उसे भरपूर सुख मिलेगा। कुछ मामलों में यह भी देखा गया है कि जातक अपनी पसन्द की लड़की से विवाह नहीं करता तथा कुछ अन्य मामलों में यदि ठीक 180 डिग्री स्थिति से शनि मंगल पर आक्रान्त हो तो उसकी पत्नी की मृत्यु अथवा तलाक होने का योग है। वह अपने परिवार तथा जन्मस्थान से दूर रहकर जीवन व्यतीत करेगा।

5. स्वास्थ्य–उसका स्वास्थ्य ठीक रहेगा। फिर भी उसे दांत के रोग, पेट की समस्याएं तथा मधुमेह हो सकते हैं। उसे कोई स्थायी रोग नहीं होगा।

(ख) स्त्री जातक–इस नक्षत्र में उत्पन्न स्त्री जातकों के विषय में ऋषि-मुनियों ने नकारात्मक विचार प्रकट किये हैं। लेकिन मेरे अनुभव के अनुसार ये नेक तथा प्यार करने वाले पति तथा सन्तान के मामलें में भाग्यशाली होगी।

1. शारीरिक गठन–मध्यम कद, गोल चेहरा, लम्बी नाक तथा दुहरी ठोडी की होती है। सब मिलाकर आर्कषक व्यक्तित्व होगा।

2. स्वभाव और सामान्य घटना–वह शिष्ट, अनुकूल स्वभाव की तथा नेक होगी और उसे कलाओं का ज्ञान होगा। वह दानपुण्य करने वाली प्रसन्नचित तथा धार्मिक अनुष्ठान करने वाली होगी। उपरोक्त विशेषताओं के होने के बावजूद उसमें एक विशेषता यह होगी कि वह स्वयं को सबसे श्रेष्ठ समझेगी तथा बहुत ही ज्यादा दिखावेबाज होगी। उसे सफलता प्राप्त करने के लिए ऐसी मनोवृति को बदलना चाहिए।

3. शिक्षा, रोजगार/आय के साधन–वह वैज्ञानिक विषयों में ज्ञान प्राप्त करने की इच्छुक होगी। अच्छी शिक्षा उपाधि प्राप्त करेगी। वह लेक्चरार हो सकती है। उसके पास संतुलित मात्रा में धन होगा।

4. पारिवारिक जीवन–उसका पति प्यार करने वाला तथा बच्चे नेक होंगे। वह स्वयं भी कर्तव्यनिष्ठ पत्नी होगी। वह अपने परिवार के लिए सबकुछ न्योछावर करने को तत्पर होगी और जरूरत के समय अपनी मदद करने वाले को हमेशा याद रखती है। फिर भी उसे हठी और दुस्साहसी कहा जायेगा। उसके अनुसार परिवार में एक वही बुद्धिमान है शेष सभी को वह बेवकूफ या मूर्ख समझती हैं। उसकी यह मनोवृति परिवार में झगड़े खड़े कर देगी। उसके अपने पड़ोसियों से भी अच्छे सम्बन्ध नहीं होंगे। यह सब उसका अपने पति की स्थिति तथा धनी होने के घमण्ड के कारण होगा।

5. स्वास्थ्य–वह प्रायः ऋतुचक्र की परेशानियों, अस्थमा, पीलिया या श्वास की समस्याओं से ग्रस्त होगी। यदि पूर्वफाल्गुनी नक्षत्र के प्रभाव के समय जातक में प्रथम ऋतुश्राव के लक्षण प्रकट हों तो वह दुखी, दूसरे लोगों की संगति में सोने वाली, क्रूर तथा प्रतिशोधी स्वभाव की होगी।

2. पूर्वफाल्गुनी नक्षत्र में ग्रहों की स्थिति से उत्पन्न परिणाम–

सूर्य

इस नक्षत्र में स्थित सूर्य पर यदि चन्द्रमा की दृष्टि हो तो जातक शत्रु तथा परिजनों दोनों के द्वारा व्याकुल होगा। वह परदेश में भटकेगा और धन विहीन होगा। यदि मंगल की दृष्टि हो तो वह मैनिनजाटिस या दिमागी बुखार

से ग्रस्त होगा। वह शत्रुओं से भयभीत होगा। यदि बुद्ध की दृष्टि हो तो उसके नेक सन्तान होगी जो उसके परिवार के लिए गहने के समान होगी। शासकों से कृपादृष्टि प्राप्त होगी। यदि बृहस्पति की दृष्टि हो तो जातक मन्त्रों में कुशल होगा तथा वह स्वतन्त्र विचारों का होगा तथा पत्नी और बच्चों से उसकी नहीं निभेगी। यदि शुक्र की दृष्टि हो तो जातक परदेश में जा बसेगा। वह शस्त्र, अग्नि अथवा विष द्वारा आक्रान्त होगा। यदि शनि की दृष्टि हो तो वह फिजूलखर्च करेगा तथा उसके कई सेवक होंगे और वह अवैध कार्य करेगा।

प्रथम भाग (133.20 डिग्री से 136.40 डिग्री)–इस भाग में यदि सूर्य पर शनि या मंगल की दृष्टि हो तो जातक मैनिनजाइटिस या दिमागी बुखार से ग्रस्त होगा। सरकारी नौकरी अथवा चिकित्सा के क्षेत्र में होगा कभी-कभी उग्र स्वभाव भी पाया गया है।

द्वितीय भाग (136.40 डिग्री से 140.00 डिग्री)–इस भाग में यदि चन्द्रमा शनि के साथ स्थित हो और अश्लेष नक्षत्र में मंगल हो तो जातक उच्च पदाधिकारी होगा। फिर भी उसकी पत्नी तथा सबसे छोटे पुत्र की दीर्घायु संदिग्ध है। उसका दुसरे विवाह का कोई संकेत नहीं है।

तृतीय भाग (140.00 डिग्री से 143.20 डिग्री)–सरकारी नौकरी अथवा चिकित्सा क्षेत्र में होगा। उसे दिल की खराबी, चक्कर आना रोग हो सकते हैं। वह अपने बचपन में विकट आर्थिक परेशानियां सहेगा। आमदनी में स्थिरता 33 वर्ष की आयु के बाद आयेगी।

चतुर्थ भाग (143.20 डिग्री से 146.40 डिग्री)–जातक किसी जल उद्योग अथवा हस्पताल सेवा द्वारा आय अर्जित करेगा। उसे आँखों की परेशानी, लू लगना, सूजन आदि रोग होंगे। यदि यहां केतू भी स्थित हो तो वह वाहन इंजीनियर या मैकेनिक होगा।

चन्द्रमा

इस नक्षत्र में स्थित चन्द्रमा पर सूर्य की दृष्टि हो तो जातक में विभिन्न प्रकार के व्यक्तियों से निपटने की कला होती है। वह दूसरों की सहायता करने वाला होगा मगर उसकी सहायता कोई नहीं करेगा। संतुलित रूप से धन संचय करेगा। यदि मंगल की दृष्टि हो तो वह बृद्धिमान, चालाक

तथा धनी होगा। यदि बुद्ध की दृष्टि हो तो वह साहसी, सुचरित्र, दूसरों की सहायता करने की प्रवृति वाला तथा शासक का समीपवर्ती होगा। यदि बृहस्पति की दृष्टि हो तो वह धर्मशास्त्रों में विद्वान तथा अपने इस ज्ञान के आधार पर धनार्जित करेगा। यदि शुक्र की दृष्टि हो तो उसके पास सांसारिक वैभव होंगे। लेकिन यदि प्रथम और द्वितीय भाग में चन्द्रमा पर शुक्र की दृष्टि हो तो उस पर अचानक विपत्ति पड़ेगी। यदि शनि की दृष्टि हो तो वह धन, स्त्री तथा अच्छे भोजन से वंचित होगा।

प्रथम भाग (133.20 डिग्री से 136.40 डिग्री)–वह साहसी होगा। मातृभक्त होगा। माता से अतिरिक्त अन्य स्त्रियों से घृणा करेगा। निर्धनता तथा भूख के कारण विभिन्न रोगों से ग्रस्त होगा। वह रसायनों अथवा हस्पताल से सम्बन्धित कार्यों द्वारा कमायेगा। नेक पत्नी तथा कर्तव्यनिष्ठ संतान होगी।

द्वितीय भाग (136.40 डिग्री से 140.00 डिग्री)–क्रोधी स्वभाव, मध्यावस्था में इस स्वभाव पर कम अंकुश होगा और वृद्धावस्था में कुछ भी होता रहे वह शान्त होगा। उसे दान्त तथा पेट की समस्याएं होगी।

तृतीय भाग (140.00 डिग्री से 143.20 डिग्री)–कई जिम्मेदारियां निभायेगा। दांत व घुटनों के दर्द से पीड़ित होगा। आक्रामक मगर दुखविहिन स्वभाव का होगा। घर में चोरी होगी मगर अधिक हानि नहीं होगी। चोरी गया सामान भी वापस मिल जायेगा।

चतुर्थ भाग (143.20 डिग्री से 146.40 डिग्री)–वह विभिन्न तरीकों द्वारा अपना कार्य निपटायेगा। अपने लोककार्यों के कारण बहुत प्रसिद्ध होगा। उसके कारण विभिन्न कार्यक्रम चलेंगे फिर भी उसे मानसिक शान्ति के अतिरिक्त कोई आर्थिक लाभ नहीं होगा।

मंगल

पूर्वफाल्गुनी नक्षत्र में स्थित मंगल पर सूर्य की दृष्टि हो तो जातक चिकित्सा व्यवसाय में होगा मगर परिवारिक सुख/सुविधाओं से वंचित होगा। यदि चन्द्रमा की दृष्टि हो तो वह जलीय रोगों से ग्रस्त होगा। वह विद्वान होगा तथा सराय या होटल की देखभाल करने वाला अथवा किसी सुरक्षा संस्थान में नियुक्त होगा। यदि बुद्ध की दृष्टि हो तो गणित में निपुण, काव्य में रूचि

लेने वाला मगर असत्यभाषी होगा। यदि बृहस्पति की दृष्टि हो तो परदेस में बसेगा। आरम्भ में कष्ट उठायेगा मगर बाद में अच्छी स्थिति में पहुंचेगा। यदि शुक्र की दृष्टि हो तो भरपूर मात्रा में धन, वस्त्र, भोजन इत्यादि की प्राप्ति होगी। वह कामुक प्रवृति का होगा। यदि शनि की दृष्टि हो तो अति साहसी मगर उसमें कई बुरी आदते होंगी।

प्रथम भाग (133.20 डिग्री से 136.40 डिग्री)–चिकित्सा व्यवसाय के लिए मंगल की सबसे अच्छी स्थिति जातक चिकित्सा औजारों का व्यवसाय करेगा। उसे मिरगी की बिमारी होगी। गलत दवा के कारण विषपान से स्नायुतन्त्र पर प्रभाव पड़ेगा। उसके विरूद्ध मुकदमेंबाजी भी हो सकती है।

द्वितीय भाग (136.40 डिग्री से 140.00 डिग्री)–वह सुरक्षा विभाग अथवा पुलिस में नियुक्त होगा। वह काले जादू का शिकार होकर किसी असाध्य तथा पता न लगने वाली बिमारी से ग्रस्त होगा।

तृतीय भाग (140.00 डिग्री से 143.20 डिग्री)–जातक मैकेनिक अथवा इंजीनियर के रूप में नियुक्त होगा। सुखों से भरपूर विवाहित जीवन होगा। यदि यहां पर बृहस्पति भी स्थित हो तो जातक कुशल वक्ता, बहुत धनी, मन्त्री अथवा इसके समकक्ष पद पर होगा। कुछ मामलों में देखा गया है कि इस अंश में बृहस्पति और मंगल के संयोग से जातक न्यायाधीश अथवा सेवा प्रमुख भी हो सकता है।

चतुर्थ भाग (143.20 डिग्री से 146.40 डिग्री)–इस भाग में यदि मंगल बगैर किसी अन्य ग्रह की दृष्टि अथवा संयोजन के स्थित हो तो जातक दूसरों का धन तथा बच्चों का अपहरण करेगा। वह अपनी पहली पत्नी को त्याग देगा या वह उसे त्याग देगी और संतानहीन होगा। अपने कार्य क्षेत्र में ईमानदार होगा। बहुत धन अर्जित करेगा।

बुद्ध

इस नक्षत्र में स्थित बुद्ध पर सूर्य की दृष्टि होने पर जातक सत्यवादी, ललितकलाओं में रूचि लेने वाला तथा शासक द्वारा सम्मानित होगा। यदि चन्द्रमा की दृष्टि हो तो बहुत वाचाल, विवादप्रिय तथा क्रोधी स्वभाव का होगा। मंगल की दृष्टि होने पर सुन्दर रूप का लेकिन धोखेबाज होगा। वह सरकारी नौकारी में होगा। यदि बृहस्पति की दृष्टि हो तो धन तथा अन्य सुखों

का भोग करेगा। शुक्र की दृष्टि होने पर वह सरकारी प्रतिनिधि होगा और शत्रुओं का नाश करेगा और सरकार द्वारा सम्मानित होगा। यदि शनि की दृष्टि हो तो उसे बिना प्रयास किये फल मिलेगा। वह आदरणीय व्यक्तित्व व अच्छे पहनावे का शौकीन होगा।

प्रथम भाग (133.20 डिग्री से 136.40 डिग्री)–जबकि वह धनी और प्रसिद्ध होगा उसकी याददाश्त कमजोर होगी। वह मजबूत कद काठी का होगा। यदि बृहस्पति संयुक्त अथवा शामिल न हो तो निम्नव्यवहार करने वाला होगा और पत्नी व बच्चों से रहित होगा। वह जो भी कार्य करेगा उससे दूसरों को तो लाभ होगा मगर उसके परिवार के लोगों को नहीं होगा।

द्वितीय भाग (136.40 डिग्री से 140.00 डिग्री)–उसके कर्त्तव्यनिष्ठ संतान होगी। वह स्त्रियों का रसिया होगा। वकील के पेशे के लिए उपयुक्त है। यदि यहां पर मंगल और बुद्ध संयुक्त हो तो उसे प्रायः खून चढ़ाना पड सकता है। उसे प्रायः ऐठन तथा हृदय रोग रहा करेंगे।

तृतीय भाग (140.00 डिग्री से 143.20 डिग्री)–किसी गलतफहमी के कारण उसे उसके समुदाय या जाति से बाहर कर दिया जायेगा। उसमें बुद्धिमता की कमी होगी और वह अपने जुडवा के प्रति मददगार नहीं होगा। उसे पत्नी और बच्चों से सुख नहीं मिलेगा। बिल्कुल भी संतान न होने की संभावना। उसकी याददाशत कमजोर होगी जिसके कारण उसे अप्रिय घटनाओं का सामना करना पड़ेगा।

चतुर्थ भाग (143.20 डिग्री से 146.40 डिग्री)–वह धनवान मगर कंजूस होगा। दूसरों की सहायता करने से कतरायेगा और अपने ही कुकर्मों के कारण अभिशप्त हो जायेगा। सुखी विवाहित जीवन से विहीन होगा। वह अवैध कार्यों तथा अवैध-काम सम्बन्धों से लिप्त होगा। उसे मधुमेह, फेफड़ों में पानी तथा हृदय रोग होने का संकेत है।

बृहस्पति

पूर्वफाल्गुनी नक्षत्र में स्थित बृहस्पति पर सूर्य की दृष्टि हो तो जातक गांव का मुखिया होगा मगर ज्यादा धन नहीं पा सकेगा। यदि चन्द्रमा की दृष्टि हो तो वह भाग्यवान तथा माता को प्रिय होगा। वह पत्नी तथा बच्चों से प्यार करने वाला होगा। यदि मंगल की दृष्टि हो तो उसे शीघ्र सफलता मिलेगी

अपनी कमाई से जमीन-जायदाद खरीदेगा। यदि बुद्ध की दृष्टि हो तो उसमें ज्योतिषी के गुण होंगे। वह मृदुभाषी और सहजता से दूसरों के आर्कषण का केन्द्र बनेगा। यदि शुक्र की दृष्टि हो तो जातक निर्माण कार्यों में कुशल होगा, पुराने समय में यह छोटा काम माना जाता था, मगर आधुनिक समय में इंजीनियर होगा। वह प्रचुर आय अर्जित करेगा। यदि शनि की दृष्टि हो तो जातक अपने वंश या समुदाय का मुखिया तथा धनी होगा।

प्रथम भाग (133.20 डिग्री से 136.40 डिग्री)–वह मजबूत तथा साहसी होगा। मित्रवत स्वभाव/विभिन्न विद्याओं में विद्वान तथा ज्ञानी होगा और धनी होगा।

द्वितीय भाग (136.40 डिग्री से 140.00 डिग्री)–यदि बुद्ध संयुक्त हो तो जातक वकील होगा। यदि मंगल भी यहां पर मिलता हो तो वह सरकार में ऊँचे पद पर प्रशासक के रूप में नियुक्त होगा। वह कई लोगों की देखभाल करेगा। वह मृदुभाषी व जनप्रिय होगा।

तृतीय भाग (140.00 डिग्री से 143.20 डिग्री)–जातक जीवन में यश और नाम के साथ उच्च शिखर पर होगा। यदि यहां पर मंगल संयुक्त हो तो वह प्रसिद्धि के शिखर पर पहुंचेगा तथा काफी धनवान होगा। उसके केवल पुत्र ही होंगे।

चतुर्थ भाग (143.20 डिग्री से 146.40 डिग्री)–यश, प्रसिद्धि तथा धन की प्राप्ति होगी। पेट के पास बड़ा सा काला धब्बा या निशान होगा यदि ऐसा है तो जातक महान अध्यात्मवादी होगा और विश्वप्रसिद्ध होगा। वह अपना स्वयं का धर्म स्थापित करेगा और विश्व में मान-सम्मान अर्जित करेगा।

शुक्र

इस नक्षत्र में स्थित शुक्र पर सूर्य की दृष्टि हो तो जातक विद्वान होगा और सरकारी नौकरी में होगा। यदि चन्द्रमा की दृष्टि हो तो उसका अति आकर्षक व्यक्तित्व होगा। वह धन और अन्य सुविधाओं से सम्पन्न होगा। यदि मंगल की दृष्टि हो तो स्त्रियों की संगति द्वारा पैतृक सम्पत्ति नष्ट करेगा उसके कई गन्दी आदतें होंगी। यदि बुद्ध की दृष्टि हो तो वह अपने संस्थान में अध्यक्ष होगा तथा धन सम्पत्ति वाहन इत्यादि से सम्पन्न होगा। यदि

बृहस्पति की दृष्टि हो तो जातक साहसी तथा हर प्रकार से भाग्यवान होगा। यदि शनि की दृष्टि हो तो वह दयनीय जीवन बितायेगा।

प्रथम भाग (133.20 डिग्री से 136.40 डिग्री)–जातक धन-सम्पदा के साथ सुख भोगेगा और परिजनों द्वारा चाहा जायेगा। जरूरतमन्दों की भरपूर सहायता करेगा। यदि राजपरिवार में उत्पन्न हुआ होगा तो विरासत में मिला धन गरीबों ओर जरूरतमन्दों पर व्यय कर देगा।

द्वितीय भाग (136.40 डिग्री से 140.00 डिग्री)–बुद्ध के संयुक्त होने पर वह वकील होगा अथवा अन्य ग्रहों के निमित के कारण वह अदालत का मुंशी भी हो सकता है।

तुतीय भाग (140.00 डिग्री से 143.20 डिग्री)–जातक स्त्रियों के द्वारा भरपूर लाभ और धन प्राप्त करेगा। उसके सुन्दर पत्नी तथा कर्तव्यनिष्ठ सन्तान होगी। उसके अधिक से अधिक दो पुत्र होंगे। उसे आँखों की बिमारी तथा गुप्तांगों की आतंरिक जलन से पीड़ित होगा।

चतुर्थ भाग (143.20 डिग्री से 146.40 डिग्री)–आर्कषक व्यक्तित्व का होगा तथा सुखी विवाहित जीवन। धन दौलत के लिहाज से भाग्यवान, मगर वह फिजूलखर्च करने वाला होगा। इस कारण 40 वर्ष की आयु में आर्थिक परेशानियों से घिर जायेगा।

शनि

इस नक्षत्र में स्थित शनि पर सूर्य की दृष्टि हो तो जातक को सुख नहीं होगा। वह निम्न स्तर के कार्य करेगा तथा अति क्रोधी स्वभाव का होगा। यदि चन्द्रमा की दृष्टि हो तो मुस्कराते व्यक्तित्व का होगा तथा सरकार में अथवा ऊँचे दर्जे के राजनीतिज्ञ की सेवा में होगा तथा इनसे धन कमायेगा। यदि मंगल की दृष्टि हो तो अति बुद्धिमान होगा तथा विभिन्न विद्याओं में कुशल होगा। यदि बुद्ध की दृष्टि हो तो वह युद्ध कला में तथा विभिन्न विद्याओं में कुशल होगा तथा धन सम्पतिशाली होगा। उसकी दीर्घ आयु में सन्देह है। यदि बृहस्पति की दृष्टि हो तो अच्छे गुणों वाला भद्र व्यक्ति होगा जो जरूरतमन्दों की सहायता करेगा। वह या तो राजनीति में होगा अथवा सरकारी सेवा में। यदि शुक्र की दृष्टि हो तो वह सुनार या धातु व्यापारी होगा तथा धार्मिक विचारों का होगा।

प्रथम भाग (133.20 डिग्री से 136.40 डिग्री)–उसका बचपन कष्टपूर्ण होगा। यदि बृहस्पति की दृष्टि से शनि अकेला स्थित हो तो जातक मन्दबुद्धि अथवा पागल, लकवे का शिकार, मिरगी या दौरे आने का रोगी होगा।

द्वितीय भाग (136.40 डिग्री से 140.00 डिग्री)–वह भावुक तथा दयालु होगा। लेखक के रूप में पैसा कमायेगा। 50 वर्ष की आयु के आसपास उसे मान्यता प्राप्त होगी। सुखी विवाहित जीवन। एक पुत्र और एक पुत्री होगी। पत्नी के कुछ गर्भपात होंगे। यदि सूर्य यहां पर स्थित हो और मंगल और शनि की दृष्टि हो तो जातक जन्मजात अन्धा नहीं होगा मगर उसकी आंखे खराब होंगी।

तृतीय भाग (140.00 डिग्री से 143.20 डिग्री)–वह सबका बोझ उठायेगा। यहां बोझ से तात्पर्य यह है कि जातक बिना किसी प्रतिफल के कई जिम्मेदारियां संभालेगा। वह सभी की जिम्मेदारियां सहर्ष स्वीकार करेगा। लोग भी उस पर इतनी जिम्मेदारियां सौप देंगे कि वह उसको निभाने में असमर्थ होगा। फिर भी वह किसी को ना नहीं कहेगा। बदले में उसे केवल शाबाशी मिलेगी तथा कोई आर्थिक लाभ नहीं। यहां तक कि वह अपनी अर्जित आय भी इन जन कार्यों में अर्पित कर देगा। फिर भी वह अपनी ईमानदारी तथा सत्यवादिता के लिए ख्याति प्राप्त होगा। काफी कार्य तो केवल उस पर ही निर्भर होंगे। इससे जनता पर यह प्रकट होगा कि उसके बिना सभी कार्य बन्द हो जायेंगे।

चतुर्थ भाग (143.20 डिग्री से 146.40 डिग्री)–वह अपने से बड़ी आयु की स्त्री से विवाह करेगा। वह मेहनत और श्रम के प्रति ईमानदारी से समर्पित होगा। लम्बी प्रतीक्षा तथा देर के बाद उसे सफलता मिलेगी।

राहू

प्रथम भाग (133.20 डिग्री से 136.40 डिग्री)–जातक बड़ी संस्थाओं का अध्यक्ष बनने लायक है। इस अंश में राहू के साथ होने पर जातक प्रायः विभिन्न उद्योगों से सम्बन्धित होता है। वह दयालु होता है तथा अपने मातहतों से काम लेना जानता है। अपने इस गुण के कारण उसकी हर जगह मांग होती है।

द्वितीय भाग (136.40 डिग्री से 140.00 डिग्री)–जातक स्वनिर्मित होता है। एक साधारण परिवार में उत्पन्न होकर वह अपने प्रयत्नों से शिखर पर

पहुंचा है। यह इस अंश में राहू की उपस्थिति के लिए घनात्मक संकेत है। उसके अच्छी पत्नी तथा नेक सन्तान होगी।

तृतीय भाग (140.00 डिग्री से 143.20 डिग्री)–उसमें कठिन कार्यों को निभाने तथा नियन्त्रित करने की क्षमता होती है। वह बहुत विदेश यात्राएं करेगा। विदेशों के सहयोग से अच्छा धन संचित करेगा।

चतुर्थ भाग (143.20 डिग्री से 146.40 डिग्री)–जातक बुद्धिमान, सक्षम तथा सरकार से सम्मान प्राप्त करने वाला होगा। बड़ी आयु में सन्तान प्राप्ति का संकेत है। उसे विवाहेत्तर अन्य काम-सम्बन्धों से बचना चाहिए। अन्यथा वह ब्लैकमेल का शिकार हो सकता है।

केतू

प्रथम भाग (133.20 डिग्री से 136.40 डिग्री)–केतू के लिए सबसे अच्छी स्थिति। जातक को जीवन की सभी इच्छाएं, सुख, धन, स्वास्थ्य प्रसिद्ध प्राप्त होगी। सुखी विवाहित जीवन होगा।

द्वितीय भाग (136.40 डिग्री से 140.00 डिग्री)–प्रथम अंश वाले उपरोक्त परिणाम लागू होते हैं।

तृतीय भाग (140.00 डिग्री से 143.20 डिग्री)–भगवान के प्रति पूरी तरह समर्पित होगा। विभिन्न तीर्थ यात्राएं करेगा। ईश्वर की उस पर कृपा होगी। फिर भी वह पत्नी की स्वास्थ्य समस्याओं से परेशान होगा। निष्कपट और सत्यवादी होगा। आँख और नाक के बीच (माथे के नीचे) तीसरी आँख के प्रतीक रूप से एक चिन्ह होगा।

चतुर्थ भाग (142.20 डिग्री से 146.40 डिग्री)–35 वर्ष की आयु के बाद उसकी स्थिति में धीरे-धीरे सुधार होगा। यदि बृहस्पति और मंगल भी यहां पर स्थित हो तो जातक बुद्धिमान, छोटे कद-काठी का तथा सुव्यवहारी होगा। पूर्वफाल्गुनी नक्षत्र में उत्पन्न जातकों को अश्लेष, स्वाति, हस्ता, मृगशीर्ष, नक्षत्रों में उत्पन्न व्यक्तियों से कोई सम्बन्ध नहीं बनाने चाहिए। इस नक्षत्र के प्रभाव के समय कोई भी मांगलिक कार्य नहीं करना चाहिए।

पूर्वफाल्गुनी नक्षत्र का दशा स्वामी शुक्र है, जिसके बाद सूर्य, चन्द्रमा, मंगल, राहू, बृहस्पति, शनि तथा बुद्ध का क्रय है।

III. पूर्वफाल्गुनी नक्षत्र में कुछ विशेष अक्षाशों पर कुछ ग्रहों की उपस्थिति के परिणाम

पूर्वफाल्गुनी नक्षत्र में कुछ ग्रह कुछ विशेष घातक अक्षांशों पर स्थित होते हें। विभिन्न ग्रहों के लिए घातक अक्षांश इस प्रकार है :

केतू – पूर्वफाल्गुनी नक्षत्र में 7.40 डिग्री (परिक्रमा कक्षा की 141.00 डिग्री)

राहू – पूर्वफाल्गुनी नक्षत्र में 10.40 डिग्री (परिक्रमा कक्षा की 144.00 डिग्री)

चन्द्रमा – पूर्वफाल्गुनी नक्षत्र में 7.40 डिग्री (परिक्रमा कक्षा की 141.00 डिग्री)

उपरोक्त से हम पाते हैं कि पूर्व-फाल्गुनी नक्षत्र में केतू तथा चन्द्रमा का ठीक रूप में संयुक्त होना जैसा कि इसी नक्षत्र में 10.40 डिग्री पर राहू का भी स्थित होना जातक के लिए घातक हैं उपरोक्त ग्रहीय आकृति में जातक का जन्म, यदि बृहस्पति की तीक्षण दृष्टि न हो तो, उसकी दीर्घायु के लिए बाधक है। जब ये तीनों ग्रह इन घातक अक्षाशों से गुजरें तो कोई भी मांगलिक कार्य नहीं करना चाहिए। जब भी ये ग्रह राशिचक्र में इन घातक अक्षांशो से गुजरें तो जातक को सावधानी बरतनी चाहिए।

IV. उपचार

1. हीरा तीन रत्ती सोने की अंगुठी में जड़वा कर शुक्रवार को प्रातः 7.30 से 10.00 बजे के बीच तीसरी (सूर्य) अंगुल में धारण करें।

2. मन्त्र संख्या 18 तथा 19 का नियमित जाप करें।

अध्याय-12
'उत्तरफाल्गुनी नक्षत्र'

बारहवें राशिचक्र में 146.40 डिग्री से 160.00 डिग्री तक का विस्तार क्षेत्र उत्तरफाल्गुनी नक्षत्र हैं। अरब मंजिल में इसे 'अश-सरफाह' (मोड़); ग्रीक इसे 'लायनिस' तथा चीनी मतानुसार यह 'वाई' है। पुर्वफाल्गुनी की भांति उत्तर फाल्गुनी नक्षत्र में भी पलंग के पायों के आकार के प्रतीक दो सितारे है।

उत्तरफाल्गुनी नक्षत्र का अधिष्ठाता देवता ''आर्यमान'' है जो सूर्य की माता अदिति के बारह पुत्रों में से एक है।

I. उत्तरफाल्गुनी नक्षत्र में उत्पन्न जातकों के सामान्य परिणाम–

(क) पुरुष जातक

1. शारीरिक गठन–प्रायः लम्बा और मोटा शरीर, लम्बी मुखाकृति, लम्बी नाक/गर्दन के दांयी भाग में एक काला तिल उनकी पहचान होता है।

2. स्वभाव और सामान्य घटना–जातक प्रसन्न-चित व आनन्द मग्न होता है। वह कई मामलों में भाग्यवान होता है। उसका व्यवहार अच्छा तथा प्रत्येक काम ईमानदारी व गंभीरता से करता है। धार्मिक विचारों का होता है। अपने सामाजिक कार्यों द्वारा प्रतिष्ठा प्राप्त करता है।

जहां वह साफ-दिल होता है, वहीं वह क्रोधी स्वभाव का भी होता है। उसमें वांछित सहनशीलता और धैर्य की कमी है। जब उसे क्रोध आता है तो वह सहज ही शान्त नहीं हो पाता। लेकिन बाद में जब वह अपने इस बतार्व के बारे में सोचता है तब तक देर हो चुकी होती है। फिर भी वह किसी कीमत पर अपनी गल्ती नहीं मानता। यदि उसे उसकी गलती का यकीन दिलाया भी जाये तब भी वह इसे नहीं मानता। फिर भी उसमें अच्छी विवेचन शक्ति होती है और वह व्यवहार कुशल होता है।

3. शिक्षा, रोजगार/आय के साधन–वह आजाद स्वभाव का होता है। फिर भी वह जो भी जिम्मेदारी लेता है उसे पूरी तरह से निभाता है। न तो वह दूसरों को धोखा देता है और न ही उनसे धोखा खाता है। वह जनसम्पर्क के कार्यों में दीप्तिमान हो सकता है। व्यवहार्य कौशल में निहित गुणों पर सफलता निर्भर है। जनता से लेन-देन के कार्य से प्राप्त कमीशन द्वारा अच्छा

पैसा कमाता है। जहां वह दूसरों के कामों में ईमानदार होता है वहीं अपने कामों में लापरवाह होता है। एक बार जो निर्णय वह कर लेता है उसी पर अन्त तक अडिग रहता है।

अपने जन्मजात मेहनती स्वभाव के कारण वह अच्छी स्थिति प्राप्त करता हैं। वह शिक्षक, लेखक अथवा वैज्ञानिक क्षेत्र में शोध छात्र के कार्य के लिए उपयुक्त है। कुछ मामलों में वह शिक्षापन द्वारा अतिरिक्त आय अर्जित करता है।

उसकी 32 वर्ष तक की आयु का समय अंधकार पूर्ण होता है। इसके बाद 38 वर्ष की अवस्था तक इसमें सुधार होता है। 38 वर्ष की आयु के बाद वह तेजी से उन्नति करेगा और वांछित सफलताएं पायेगा। 62 वर्ष की आयु तक उसका जीवन निर्विहन व्यतीत होगा। अपने आयु के पांचवे दशक में वह प्रसिद्धि तथा धन के मामले में भाग्यवान होगा। उसकी स्वार्जित पूंजी होगी। वह गणित या इंजीनियरिंग, खगोल शास्त्र अथवा ज्योतिष शास्त्र में निपुण होगा। वह विज्ञापन व्यवसाय में भी सफल हो सकता है।

4. पारिवारिक जीवन–उसका विवाहित जीवन कमोबेश अच्छा गुजरेगा। वह अपने परिवारिक जीवन से बिलकुल संतुष्ट होगा। यदि शुक्र बुद्ध पर आक्रान्त हो या इसके साथ संयुक्त हो तो उसके दो विवाह होने का योग है। उसकी पत्नी कुशल गृहिणी होगी।

5. स्वास्थ्य–उसका स्वास्थ्य सामान्य रूप से अच्छा होगा। फिर भी वह शरीर दर्द, दांतों की समस्या, गैस आदि से पीड़ित होगा। मंगल से आक्रान्त होने की दशा में उसे अन्त्र तथा जिगर की समस्याएं हो सकती है।

(ख) स्त्री जातक

उत्तरफाल्गुनी नक्षत्र में उत्पन्न मादा जातकों के इसी नक्षत्र में उत्पन्न नर जातकों के कमोबेश वही सामान्य परिणाम होंगे। इसके अतिरिक्त अन्य परिणाम इस प्रकार है :

1. शारीरिक गठन–मध्यम कद, कोमल शरीर, मध्यम रूप रंग तथा कुछ बड़ी नाक वाली होती है। उसमें पहचान चिन्ह के रूप में चेहरे पर काला तिल पाया जाता है।

2. स्वभाव और सामान्य घटना–वह बहुत शान्त तथा साधारण स्वभाव की होती है। वह लम्बे समय तक कटुता नहीं रखती। वह सिद्धान्तवादी होती है तथा सदैव प्रसन्नचित रहती है।

3. शिक्षा रोजगार/आय के साधन–उसमें जन्मजात गणितीय योग्यता अथवा वैज्ञानिक आधार होता है। अतः वह शिक्षक या लेक्चरार अथवा प्रशासनिक क्षेत्र के उपयुक्त होती है। वह सफाई विभाग अथवा हस्पताल से भी सम्बन्धित हो सकती है। वह मोडल अथवा अभिनेत्री के रूप में धन अर्जित करेगी।

4. पारिवारिक जीवन–वह पति तथा बच्चों से सुख पायेगी। गृहकार्यों के प्रबन्ध में कुशल/पति संतुलित ढ़ंग से धनी होगां उसे अपनी शान-शौकत व दिखावे की मनोवृति को नियन्त्रित करना चाहिए अन्यथा उसके पड़ौसी ईर्ष्या के कारण उनके परिवारिक माहौल में, ससुराल के लोगों से सम्बन्ध बिगड़वा कर, अनापेक्षित समस्याएं उत्पन्न करा दे सकते हैं।

5. स्वास्थ्य–सामान्यतः उसका स्वास्थ्य ठीक होगा। फिर भी उसे अस्थमा, ऋतुचक्र की परेशानी तथा तेज सिरदर्द हो सकता है। इस नक्षत्र के प्रभाव के सयम यदि उसमें प्रथम ऋतुश्राव के लक्षण प्रकट हों तो वह नेक, सर्वप्रिय, मित्रवर्ग में प्रमुख स्थान पर तथा पुण्यकार्यों में संलग्न होगी। उसे नेक संतान होगी।

II. उत्तरफाल्गुनी नक्षत्र में ग्रहों की स्थिति से उत्पन्न परिणाम–

सूर्य

इस नक्षत्र में स्थित सूर्य पर चन्द्रमा की दृष्टि हो तो जातक रिश्तेदारों द्वारा परेशान किया जायेगा। वह अपनी आजीविका के लिए जन्म स्थान को छोड़ेगा। लेकिन इसमें उसे आरम्भ में सफलता नहीं मिलेगी। यदि मंगल की दृष्टि हो तो उसके शत्रु उसके लिए कठिनाइयां उत्पन्न करेंगे और वह काहिल हो जायेगा। बुध की दृष्टि होने पर उसे कोई लाभ नहीं होगा लेकिन उसके बच्चे सरकार से पूर्ण सहायता प्राप्त करेंगे। बच्चों की समृद्धि के कारण उसके रिश्तेदार उससे विद्वेष करेंगे। यदि बृहस्पति की दृष्टि हो तो वह तन्त्रमन्त्र विद्या में निपुण होगा। उसे अच्छा परिवारिक जीवन नसीब नहीं होगा, वह भटकता रहेगा। यदि शुक्र की दृष्टि हो तो जातक विदेशों में जाकर अच्छा धन

कमायेगा मगर बृहस्पति की दशा में सब कुछ गंवा देगा। यदि शनि की दृष्टि हो तो जातक धूर्त प्रवृति का होगा और स्त्रियों के हाथों अपमानित होगा।

प्रथम भाग (146.40 डिग्री से 150.00 डिग्री)–इस भाग में सूर्य के साथ यदि पूर्वभाद्रपद नक्षत्र में लग्न भी पडता हो तो जातक के भाई की मृत्यु होने का संकेत है। जातक अतिरिक्त रूप से उत्साही, बातूनी तथा उग्र प्रकृति का होगा। उसके उच्च महत्वाकांक्षी होने के कारण वह किसी के अधीन रहकर कार्य नहीं कर सकता, अर्थात जातक उचित स्थिति में होगा।

द्वितीय भाग (150.00 डिग्री से 153.20 डिग्री)–वह अच्छा लेखक और दार्शनिक होगा। इस भाग में सूर्य के साथ यदि उत्तरभाद्रपद में लग्न पड़ता हो तो मादाजातक अच्छी विशेषताओं के बावजूद हठी स्वभाव की, पति को प्यार न करने वाली होगी। कुछ मामलों में उनमें अलगाव या तलाक भी होते देखा गया है।

तृतीय भाग (153.20 डिग्री से 156.40 डिग्री)–जातक का स्त्रियोचित शरीर होगा। वह कवि या चित्रकार होगा। अपने शर्मिले स्वभाव के कारण उसे लोगों से सम्बन्ध बनाने में कठिनाई होती है। वह पिता के प्रति समर्पित तथा सबसे अच्छा व्यवहार करेगा।

चतुर्थ भाग (156.40 डिग्री से 160.00 डिग्री)–यदि इस भाग में चन्द्रमा सूर्य के साथ स्थित हो और दुष्ट ग्रहों की दृष्टि हो तो जातक परिजनों द्वारा उत्पन्न दुष्कर समस्याओं में पड़ेगा अथवा वह मृत्यु को प्राप्त होगा।

चन्द्रमा

इस नक्षत्र में स्थित चन्द्रमा पर सूर्य की दृष्टि हो तो जातक गूढ़ अथवा अतिसूक्षम विज्ञानों में ज्ञान प्राप्त करेगा लेकिन धन अर्जित नहीं कर पायेगा। मंगल की दृष्टि होने पर जातक विद्वान तथा ऊंचे व्यक्तित्व का होगा। यदि बुध की दृष्टि हो तो वह शासन से सहायता प्राप्त करेगा। बृहस्पति की दृष्टि होने पर वह विद्वान तथा दूसरों को शिक्षा और ज्ञान बांटने वाला अर्थात शिक्षक या लेक्चरार होगा। शुक्र की दृष्टि हो तो उसे जीवन के सभी सुख प्राप्त होंगे। शनि की दृष्टि हो तो वह निर्धन होगा।

प्रथम भाग (146.40 डिग्री से 150.00 डिग्री)–जातक साहसी तथा घमण्डी दिमाग का होगा मगर अपनी माता के प्रति आज्ञाकारी होगा। उसके ऊँचा या चौड़े गाल होंगे। यदि इस खण्ड में लग्न भी हो और शनि यहां पर स्थित हो तो उसके बचपन में ही माता व बहन की मृत्यु का संकेत है। वह खूब कमायेगा तथा खूब गंवायेगा।

द्वितीय भाग (150.00 डिग्री से 153.20 डिग्री)–उसका मिश्रित स्वभाव होगा। वह मनोहर रूप का होगा। उसे भारी हानि होगी। ज्यादा पुत्रियां होगी कई पुत्रियों के बाद एक पुत्र की प्राप्ति। अति धार्मिक तथा दानशील स्वभाव। सट्टे में रुचि लेगा। सदा अपने वातावरण्या में परिवर्तन की खोज में रहेगा। वह अपच और जिगर की परेशानियों से ग्रस्त होगा।

तृतीय भाग (153.00 डिग्री से 156.40 डिग्री)–आर्कषक नैननक्श का होगा। उसके कई पुत्रियां होंगी। भाइयों से अच्छे सम्बन्ध नहीं होंगे। अपने काम में कुशल मगर लालची नहीं होगा। वेद-शास्त्रों में काफी रूचि लेगा। इस क्षेत्र में 40 वर्ष की आयु के बाद प्रसिद्ध होगा।

चतुर्थ भाग (156.40 डिग्री से 160.00 डिग्री)–वह नेक व धनी होगा। लालची नहीं होगा। अपने कम मुनाफे में ही संतुष्ट होगा। यदि इस भाग में मंगल के साथ लग्न हो और शुक्र चन्द्रमा के साथ यहां स्थित हो तो जातक के शरीर पर कोई पहचान चिन्ह अथवा काला दाग या धब्बा अथवा ऐसा ही कोई निशान होगा।

मंगल

इस नक्षत्र में स्थित मंगल पर सूर्य की दृष्टि हो तो जातक धन से सम्पन्न होगा। वह लकड़ी उद्योग अथवा सुरक्षा विभाग से सम्बन्धित कार्य पर नियुक्त होगा। यदि चन्द्रमा की दृष्टि हो तो वह पुलिस अथवा सेना में होगा तथा नीच स्त्रियों की संगति में रस लेगा तथा विभिन्न प्रकार के यौन रोगों से ग्रस्त रहेगा। बुध की दृष्टि हो तो वह निपुण ज्योतिषी बनेगा तथा अच्छी पत्नी तथा सन्तान के साथ जीवन यापन करेगा। यदि बृहस्पति की दृष्टि हो तो वह लेखक अथवा प्रकाशक के रूप में अर्जित करेगा तथा सुखी परिवारिक जीवन भोगेगा। शुक्र की दृष्टि हो तो उसकी पत्नी अच्छी हैसियत पर नियुक्त होगी तथा उससे अधिक कमायेगी। शनि की दृष्टि होने पर वह धूर्त होगा

तथा कई जगहों पर दासेचित कार्य करेगा लेकिन उसकी पत्नी एक सुसंस्कृत महिला होगी।

प्रथम भाग (146.40 डिग्री से 150.00 डिग्री)–मंगल के बिना किसी संयोजन अथवा दृष्टि के स्थित होने पर जातक को निर्धन व सहनशील बना देगा। वह जंगलों में भटकेगा। उसकी नेक पत्नी तथा कम बच्चे होंगे। यदि शताभिषज नक्षत्र में लग्न पड़ता हो और इस भाग में मंगल और शनि साथ हों तो स्त्रियों के विधवा होने अथवा वेश्यावृति द्वारा धन कमाने का संकेत है।

द्वितीय भाग (150.00 डिग्री से 153.20 डिग्री)–जब उत्तरभाद्रपद नक्षत्र में लग्न पड़ता हो ओर इस नक्षत्र के इस भाग में मंगल साथ हो तो मादा जातक 30 वर्ष की आयु में विधवा होगी। नर या माता दोनों के डॉक्टर, फार्मारिस्ट, सर्जन बनने का योग है।

तृतीय भाग (153.20 डिग्री से 156.40 डिग्री)–जब उत्तरभाद्रपद नक्षत्र में लग्न पड़ता हो और इस भाग में मंगल साथ हो तो माता जातक 44वें वर्ष में विधवा होगी। इसी संयोजन की स्थिति पर नर जातक के 40वें वर्ष की आयु में विधुर होने का संकेत। इन जातकों को अपने-अपने क्षेत्र में सफलता के लिए कड़ा संघर्ष करना पड़ेगा।

चतुर्थ भाग (156.40 डिग्री से 160.00 डिग्री)–जातक ज़िद्दी तथा जल्दबाद होगा। उत्तेजना के अभिभूत होगा। इस भाग में यदि मंगल पर शनि की दृष्टि हो तो जातक पागलपन, कैंसर, हिर्सटरीया से ग्रस्त होगा। उसके परिवार में खुशियों का होना एक दुस्वपन के बराबर होगा।

बुध

इस नक्षत्र में स्थित बुध पर सूर्य की दृष्टि हो तो जातक के किसी सरकारी संस्थान में नियुक्त होने की संभावना है तथा वह अपने नियोक्ता से भरपूर लाभ प्राप्त करेगा। यदि चन्द्रमा की दृष्टि हो तो वह गांव या शहर के प्रशासन में कुशल होगा तथा जनता द्वारा सम्मानित होगा। बृहस्पति की दृष्टि होने पर वह धनी और मेधावी होगा तथा लेखकार अथवा वित्तीय दलाल के रूप में अर्जित करेगा। शुक्र की दृष्टि हो तो वह कैमिकल इंजीनियर होगा लेकिन पत्नी के हाथों विपत्ति में पड़ेगा। यदि शनि की दृष्टि हो तो अच्छा व्यवहारी होगा तथा अनजाने रूप से सम्मान मिलेगा।

प्रथम भाग (146.40 **डिग्री से** 150.00 **डिग्री**)–जातक सरकारी संस्थानों में वित्तीय या लेखा अधिकारी होगा। उसे खगोलशात्र तथा ज्योतिष का ज्ञान होगा। कुछ मामलों में यदि चन्द्रमा की दृष्टि हो तो वह कैमीकल इंजीनियर हो सकता है।

द्वितीय भाग (150.00 **डिग्री से** 153.20 **डिग्री**)–वह वित्तीय या लेखा अधिकारी अथवा वाणिज्य (कामर्स) का शिक्षक होगा। वह धार्मिक पुस्तकों का लेखक होगा। सिविल इंजीनियर या भवन निर्माण ठेकेदार भी हो सकता है।

तृतीय भाग (153.20 **डिग्री से** 156.40 **डिग्री**)–उसमें कई प्रभावशाली विशेषताएं हैं। वह विद्वान तथा उदार विचारों का होगा। पर्यटन और इससे सम्बन्धित उद्योगों या होटल उद्योग में कार्यरत होगा। चन्द्रमा की दृष्टि होने पर वह कैमिकल इंजीनियर और मंगल की दृष्टि होने पर सिविल इंजीनियर होगा।

चतुर्थ भाग (156.40 **डिग्री से** 160.00 **डिग्री**)–वह साधन सम्पन्न होगा। आरम्भ में वह लेखाकार अथवा वित्तीय अधिकारी के रूप में नियुक्त होगा लेकिन 45 वर्ष की आयु के बाद वह नौकरी छोड़ देगा तथा दूसरे कार्य जैसे कि ज्योतिषी अथवा धार्मिक पुस्तकों के लेखन का कार्य करेगा।

बृहस्पति

इस नक्षत्र में स्थित बृहस्पति पर सूर्य की दृष्टि हो तो जातक अच्छी सन्तान, पत्नी, धन-दौलत तथा यश-मान से सम्पन्न होगा। यदि चन्द्रमा की दृष्टि हो तो वह गांव या कस्बे का मुखिया अथवा किसी सरकारी संस्था का अध्यक्ष होगा। यदि मंगल की दृष्टि हो तो जातक वाहन अथवा वायुयान सेवा सम्बन्धित पदों पर नियुक्त होगा। बुध की दृष्टि होने पर वह गणित में विद्वान तथा निपुण ज्योतिषी होगा। यदि शुक्र की दृष्टि हो तो जातक काफी धन संचय करेगा लेकिन उसका उपयोग नहीं कर पायेगा। शनि की दृष्टि होने पर वह लाखों में एक व्यक्ति होगा जिसे अच्छी पत्नी, सन्तान, धन-दौलत तथा यश-मर्यादा प्राप्त होगी।

प्रथम भाग (146.40 **डिग्री से** 150.00 **डिग्री**)–यदि पुष्य नक्षत्र में लग्न हो और बृहस्पति, मंगल व शनि इस भाग में तथा साथ में हस्ता नक्षत्र में राहू स्थित हो तो जातक के भाई की खतरे का संकेत है। वह भारी सट्टेबाज होगा।

द्वितीय भाग (150.00 डिग्री से 153.20 डिग्री)–यदि इस भाग में लग्न भी हो और साथ में रेवती नक्षत्र में राहू स्थित हो तो जातक के बांये हाथ पर कोई दाग या निशान होगा। वह साहित्य व्यवसाय अथवा सट्टे द्वारा कमायेगा। आँतों की बिमारी से ग्रस्त होगा।

तृतीय भाग (153.20 डिग्री से 156.40 डिग्री)–इस अंश में बृहस्पति तथा श्रवण नक्षत्र में मंगल, शनि राहू तथा सूर्य की उपस्थिति उसके पुत्रों के लिए खतरें उत्पन्न करेगी। मादा जातकों के मामले में, यदि यह भाग लग्न में हो तथा बुद्ध यहां पर बृहस्पति के साथ और मंगल श्रावण नक्षत्र में और चन्द्रमा पुष्य नक्षत्र में स्थित हो तो, जातक यदि दरिद्र परिवार में भी उत्पन्न हुई हो तो उसका विवाह सबसे धनी व्यक्ति से होगा।

चतुर्थ भाग (156.40 डिग्री से 160.00 डिग्री)–जातक उच्च राजनीतिक पद पर होगा। उसे सब प्रकार के सांसारिक सुख-साधन प्राप्त होंगे और वह बहुत प्रसिद्ध होगा। उसके नेक सन्तान तथा कई मित्र होंगे। उसे हृदय रोग तथा पीलिया हो सकता है।

शुक्र

इस नक्षत्र में स्थित शुक्र पर सूर्य की दृष्टि हो तो जातक चिकित्सक होगा तथा उसके दो पत्नियाँ होगी। यदि चन्द्रमा की दृष्टि हो तो वह संकोची प्रकृति का होगा अपने विचार दूसरों पर प्रकट न कर पाने के कारण दूसरों द्वारा गलत समझा जायेगा। प्रतिजाति वर्ग में प्रिय होगा। यदि मंगल की दृष्टि हो तो जातक हर प्रकार से भाग्यवान होगा। यदि बृहस्पति की दृष्टि हो तो वह बुद्धिमान, उच्चशिक्षा प्राप्त होगा तथा उसके कई सेवक होंगे। यदि शनि की दृष्टि हो तो जातक विभिन्न यौन-सम्बन्धों के कारण कई यौन रोगों से ग्रस्त होगा तथा अपने परिवार द्वारा त्यागा जायेगा।

प्रथम भाग (146.40 डिग्री से 150.00 डिग्री)–जातक एक स्त्री के द्वारा सम्पत्ति प्राप्त करेगा। अति सुन्दर पत्नी तथा कम सन्तान होगी। वह मर्यादित, हमदर्द तथा दूसरों की सहायता करने वाला होगा।

द्वितीय भाग (150.00 डिग्री से 153.20 डिग्री)–यदि इस भाग में लग्न पड़ता हो तथा रेवती नक्षत्र में राहू स्थित हो तो जातक के शरीर पर अथवा बांये कान पर कोई धब्बा या निशान होगा। वह सदैव आर्थिक रूप से तंगी

में रहेगा। अपनी पत्नी की बेवकूफी के कारण सुखी विवाहित जीवन नहीं जी सकेगा। वह कैमिस्ट अथवा कृषि व्यापारी होगा।

तृतीय भाग (153.20 डिग्री से 156.40 डिग्री)–यदि उत्तरभाद्रपद नक्षत्र में मंगल और इस भाग में शुक्र के साथ हो तो जातक के विधुर होने का योग है। वह पुर्नविवाह नहीं करेगा। फिर भी उसके अन्य स्त्रियों से काम-सम्बन्ध होंगे।

चतुर्थ भाग (156.40 डिग्री से 160.00 डिग्री)–इस भाग में शुक्र की स्थिति से मिश्रित तथा असंभावित घटनाओं के परिणाम होंगे। कुछ मामलों में जातक उच्च स्थिति में रहकर पूर्ण सामंजस्यपूर्ण विवाहित जीवन बिताता है तो कुछ मामलों में वह पत्नी के हाथों बहुत कष्ट उठाता है। और वह निर्धन भी होता है।

शनि

इस नक्षत्र में स्थित शनि पर सूर्य की दृष्टि हो तो जातक के अपने पिता से मधुर सम्बन्ध नहीं होंगे। न ही उसे पिता से कोई लाभ होगा। यदि चन्द्रमा की दृष्टि हो तो उसकी एक बहन के विधवा होकर उस पर निर्भर होने का संकेत है। यदि मंगल की दृष्टि हो तो उसके जुड़वा तथा पैतृक सम्पति को खतरा होगा। बुध की दृष्टि होने पर जातक उच्च शिक्षा प्राप्त होगा किसी वैज्ञानिक संस्थान में नियुक्त होगा लेकिन उसका वैवाहिक जीवन हार्दिक नहीं होगा। यदि बृहस्पति की दृष्टि हो तो वह सरकार से लाभान्वित सबके द्वारा सम्मानित व्यक्ति होगा। शुक्र की दृष्टि होने पर वह सुनार का कार्य करेगा अथवा विभिन्न धातुओं के लिए दलाली का काम करेगा। उसकी दो पत्नियां होंगी।

प्रथम भाग (146.40 डिग्री से 150.00 डिग्री)–यदि इस भाग में लग्न पड़ता हो, चन्द्रमा और राहू उत्तर भाद्रपद नक्षत्र में तथा मंगल और केतू हस्ता नक्षत्र में स्थित हों तो जातक की माता उसके जन्म के सात वर्ष के भीतर अपने तीसरे बच्चे के जन्म के समय मृत्यु को प्राप्त होगी। जातक के केवल एक ही भाई होगा। यदि उपरोक्त संयोजना के साथ रोहिणी नक्षत्र में शुक्र भी स्थित हो तो उसका भाई विदेश में स्थापित होगा अैर जातक उससे बहुत लाभान्वित होगा।

द्वितीय भाग (150.00 डिग्री से 153.20 डिग्री)–यदि इस नक्षत्र में शनि के साथ उत्तराभाद्रपद नक्षत्र में लग्न पड़ता हो तो अति सुन्दर मादा जातक उत्पन्न होगी, जिसके बाल 25 वर्ष की आयु के बाद सफेद हो जायेंगे और उसका रूप रंग भी बदल जायेगा। अतः उसका विवाह 22वें वर्ष की आयु से पूर्व कर देने की सलाह दी जाती है, अन्यथा बाद में विवाह की कोई संभावना नहीं है।

तृतीय भाग (153.20 डिग्री से 156.40 डिग्री)–इस नक्षत्र में शनि के साथ यदि उत्तर-भाद्रपद नक्षत्र में लग्न पड़ता हो तो मादा जातक का पति सदैव रोगी रहेगा। नर जातक गुप्तविद्या (तन्त्र-मन्त्र) में रूचि लेगा तथा प्राचीन विद्याओं की खोज में रहेगा।

चतुर्थ भाग (156.40 डिग्री से 160.00 डिग्री)–वाराह मिहिर के बृहत्जातक के अनुसार, इस भाग में शनि के साथ जातक निसंतान, निर्धन, दुखी, चित्रकारी न जानने वाला, सुरक्षा अधिकारी तथा मुखिया होगा। वह बदमाशों का सरदार होगा।

राहू

प्रथम भाग (146.40 डिग्री से 150.00 डिग्री)–जातक की गर्दन पर काला तिल होगा। वह बेईमान तथा गरीब होगा। दूसरों के धन की चोरी करेगा। किसी दुर्घटना से मृत्यु होगी।

द्वितीय भाग (150.00 डिग्री से 153.20 डिग्री)–अति महत्वाकांक्षी, स्थिर तथा नियमानुसार काम करने वाला। सट्टे तथा अन्य अवैध कार्यों द्वारा बहुत धन कमायेगा। वह सुखी विवाहित जीवन नहीं जी सकता।

तृतीय भाग (153.20 डिग्री से 156.40 डिग्री)–प्रायः देर से विवाह होगा। धन की बहुत बड़ी हानि सहेगा। अति रति-क्रियाओं में लिप्त रहने के कारण यौन रोगों से ग्रस्त होगा।

चतुर्थ भाग (156.40 डिग्री से 160.00 डिग्री)–बेईमान तथा निर्धनता में जीने वाला होगा। जातक मामा के लिए खतरें तथा परेशानियां उत्पन्न करेगा। किसी गम्भीर दुर्घटना में घायल होकर अपंग हो जायेगा।

केतू

प्रथम भाग (146.40 डिग्री से 150.00 डिग्री)–यह स्थिति कुछ अच्छी है। जातक स्वास्थ्य धन तथा संतुलित विवाहित जीवन बितायेगा। केवल पुत्रियाँ ही होंगी। वह अस्थमा, फेफड़ों या जिगर की समस्या से ग्रस्त होगा।

द्वितीय भाग (150.00 डिग्री से 153.20 डिग्री)–प्रतिशोधी स्वभाव होगा। पत्नी के द्वारा काफी धन लाभ होगा। लेकिन पत्नी ज्यादा देर तक जीवित नहीं रहेगी।

तृतीय भाग (153.20 डिग्री से 156.40 डिग्री)–उचित रूप से विद्वान। गुप्त विद्याओं, ज्योतिष और खगोल शास्त्र में रूचि होगी। कर्लक, स्टेनोग्राफर, टाइपिस्ट आदि के रूप में नौकरी करेगा। 40 वर्ष की आयु के बाद अपने व्यवसाय में अचानक उन्नति करेगा।

चतुर्थ भाग (156.40 डिग्री से 160.00 डिग्री)–उसके प्रायः दुर्घटनाग्रस्त होने के कारण जातक को सलाह दी जाती है कि वह वाहन चलाने से परहेज करें। जातक सरकारी नौकरी में होगा। यदि इस भाग में केतु पर अन्य ग्रहों का प्रभाव हो तो वह नौकरी छोड़ कर कोई व्यवसाय करेगा और भारी घाटा उठायेगा।

उत्तर-फाल्गुनी नक्षत्र में उत्पन्न जातकों को चित्रा, विशाखा, पूर्व-भाद्रपद तथा पुर्नवसु नक्षत्रों में उत्पन्न लोगों से कोई सम्बन्ध नहीं बनाने चाहिए।

उत्तर-फाल्गुनी नक्षत्र का दशा स्वामी सूर्य है, जिसके बाद चन्द्रमा, मंगल, बृहस्पति, शनि तथा बुद्ध का क्रम है।

III. उत्तर-फाल्गुनी नक्षत्र में कुछ विशेष अक्षाशों पर कुछ ग्रहों की उपस्थिति के परिणाम–

उत्तर-फाल्गुनी नक्षत्र में 10-40 डिग्री (परिक्रमा कक्षा की 154.00 डिग्री) पर बृहस्पति की उपस्थिति तथा इसी नक्षत्र में 7.40 डिग्री (परिक्रमा कक्षा की 151.00 डिग्री) पर चन्द्रमा की स्थिति जातक के लिए घातक है। उपरोक्त ग्रहीय संस्थिति में जातक का जन्म, यदि शुक्र की दृष्टि न हो, तो जातक की दीर्घायु के लिए अवरोधक हैं जब भी ये दोनों ग्रह इन घातक

अक्षाशों से गुजरें तो कोई शुभ कार्य नहीं करना चाहिए। जब भी चन्द्रमा और बृहस्पति उपरोक्त घातक अक्षाशों में से गुजरें तो जातक को सावधानी बरतनी चाहिए।

IV. उपचार

1. पन्ना सात रत्ती का सोने की अंगूठी में जड़वा कर बुद्धवार को सूर्योदय से तीन घन्टे के बीच दूसरी (शनि) अंगुल में धारण करें।

2. मन्त्र संख्या 24 और 28 का नियमित जाप करें।

अध्याय-13
"हस्त नक्षत्र"

तेरहवें राशिचक्र में 160.00 डिग्री से 173.20 डिग्री तक का विस्तार क्षेत्र हस्त नक्षत्र है। 'अरब-मंजिल' के अनुसार यह 'अल-ऑवा' अर्थात भौकनेवाला कुत्ता ग्रीक इसे 'कोरवी' तथा चीनी मतानुसार यह 'चिन' है। हस्त का तात्पर्य 'हाथ' है। हस्त नक्षत्र के प्रतीक पांच सितारे है, जो हाथ की पांच अंगुलियों के आकार में होते हैं।

हस्त नक्षत्र का अधिष्ठाता देवता आदित्य (सूर्य) है। विष्णु पुराण के अनुसार दक्ष की पुत्री अदिति ऋषि कष्यप को विवाह में दी गई जिससे बारह पुत्र हुए जो आदित्य कहलाये। सूर्य, अदिति के इन बारह पुत्रों में से एक है। एक अन्य विवरण के अनुसार जब देवताओं के राजा इन्द्र, जो वर्षा के भी देवता है, ने स्वर्ग को धरती से अलग कर लिया। सूर्य ने पृथ्वी की नाभि से उत्पन्न होकर तीनों लोंको, स्वर्ग, पृथ्वी तथा उनके बीच का स्थान जो आकाश या अंतरिक्ष है, को पृथक कर दिया।

1. हस्त नक्षत्र में उत्पन्न जातकों के सामान्य परिणाम–

हस्त नक्षत्र में पुष्य नक्षत्र की तरह ही पद दोष (नक्षत्र के किसी विशेष भाग में उत्पन्न होने पर विपत्ति का होना) होता है। इस नक्षत्र के प्रथम भाग (0.00 डिग्री से 3.20 डिग्री) में जातक का जन्म उसके पिता के लिए संकट उत्पन्न करेगा। इसी नक्षत्र के दूसरे भाग (3.2 डिग्री से 6.40 डिग्री) में उसका जन्म मामा के लिए संकट का; तीसरे भाग (6.40 डिग्री से 10.00 डिग्री) में जन्म स्वयं के लिए खतरा उत्पन्न करेगा। इसी नक्षत्र के चतुर्थ भाग (10.00 डिग्री से 13.20 डिग्री) में जातक का जन्म उसकी माता के लिए खतरा उत्पन्न करेगा। फिर भी ये परिणाम सीधे लागू नहीं हो सकते। भविष्यवाणी करने से पूर्व सप्ताह के दिन तथा तिथि को भी ध्यान में रखना चाहिए।

(क) पुरुष जातक

1. शारीरिक गठन–जातक लम्बे कद व गठीले बदन का होता है। मिश्रित रंग तथा शरीर के अनुपात में हाथ छोटे होते हैं। उसके दांये हाथ के ऊपरी भाग या कन्धे के नीचे कोई दाग का निशान होगा।

2. स्वभाव तथा सामान्य घटना–जातक शान्त स्वभाव का होता है। उसकी मुस्कान में एक विलक्षणता पाई जाती है। अर्थात उसकी मधुर मुस्कान में दूसरों को आर्कषित करने की चुम्बकीय शक्ति होती है। उसकी यह सहज विशेषता दूसरों में एक सिहरन सी उत्पन्न कर देती है और जब ऐसी जानकारी घटित होती है तो दूसरों द्वारा जातक को अस्वीकार करना कठिन हो जाता है। वह जनता से सम्मान तथा आदर बड़ी आसानी से प्राप्त कर लेता है। वह बदले में बिना कुछ चाहे प्रत्येक जरूरत मंद की सहायता करने को तत्पर रहता है। वह किसी भी हालत में दूसरों को धोखा नहीं देता। अपनी इस विशेषता के बदले उसे कुछ नहीं मिलता। यदि मिलती है तो निन्दा और विरोध। वह तड़क-भड़क पूर्ण जीवन में विश्वास नहीं करता।

अन्य नक्षत्रों में उत्पन्न व्यक्तियों के विपरीत हस्त नक्षत्र में उत्पन्न जातकों का जीवन अक्सर उतार-चढ़ाव पूर्ण होता है। एक पल में वह शिखर पर होता है तो दूसरे पल वह रसातल में पड़ा होता है। चाहे यह उसका व्यवसाय क्षेत्र हो अथवा उसका मानसिक संसार। दूसरे शब्दों में सौभाग्य या दुर्भाग्य बिना बताये उस पर टूट ही पड़ता हैं अतः हम उसे स्थायी रूप से अमीर अथवा गरीब की श्रेणी में नहीं रख सकते। जब वह किसी विशेष क्षेत्र में लक्ष्य के करीब पहुंचने ही वाला होता है तब भी उलट परिणाम उसके भाग्य में बढ़ा हो सकता है और जब वह इस प्रकार के उलट परिणामों से उबरने की कोशिश करता है तो प्रत्याशित स्थान से उसे सहायता प्राप्त हो जाती है और फिर से वह उस क्षेत्र में मध्यम सफलता प्राप्त कर लेता हैं। ऐसा प्रतीत होता है कि जातक पर किसी अदृश्य अभिशाप की छाया है, वरना उसके प्रत्येक कार्य में मेहनत, लग्न और ईमानदारी के कारण उसे उन्नति प्राप्त होनी ही चाहिए।

जब कि वह दूसरों को दुख देना नहीं चाहता है, वहीं जब उसे दूसरों से पीड़ा मिलती है तो वह बदला लेने की ताक में रहता है, मगर तभी वह ईश्वर के चरणों में गिर कर तसल्ली कर लेता है और सोच लेता है कि बुराई करने वाले को दण्ड ईश्वर देगा और वह इस कष्टप्रद प्रकरण से अलग हो जाता है।

3. शिक्षा, रोजगार/आय के साधन–अपने कार्य क्षेत्र में वह पूर्ण अनुशासन का पालन करता है। मातहत पदों पर नौकरी प्रायः उसके योग्य

नहीं होती। कुछ ही मामलों में हस्त नक्षत्र में उत्पन्न जातक ऐसे पदों पर पाये जाते हैं प्रायः मामलों में वे या व्यवसाय में हाते है अथवा किसी औद्योगिक संस्थान में उच्च पदों पर।

हस्त नक्षत्र में उत्पन्न जातक में अपनी अल्पशिक्षा के बावजूद हर क्षेत्र का अच्छा ज्ञान होता है। वह सिद्ध कर देता है कि वह किसी भी मामले में किसी से पीछे नहीं है। उसमें विभिन्न विवादित मामलों में दखल देने तथा उन्हें सुलझाने की क्षमता होने के कारण वह अच्छा सलाहकार हो सकता है। सफलता की पहली सीढ़ी पर चढ़ने से पूर्व उसे बहुत सी जिम्मेदारियां अथवा प्रयत्न निभाने पड़ते हैं।

उसकी 30 वर्ष तक की अवस्था का समय उसके परिवार के सम्मुख तथा साथ ही शिक्षा और कार्य अथवा व्यवसाय के क्षेत्र में अप्रत्याशित स्थितियों द्वारा बदलाव लाने वाला होगा। उसकी आयु के 30 से 42 वर्ष तक का समय उसके लिए सुनहरी समय होगा, जब वह अपने जीवन में स्थिरता प्राप्त कर लेगा। यदि जातक 64 वर्ष के पश्चात भी जीवित रहता है तो, उसे व्यवसायिक क्षेत्र में चौतरफा सफलता मिलेगी तथा वह असाधारण रूप से धन संचय करेगा।

4. परिवारिक जीवन–वह आर्दश विवाहित जीवन का आनन्द लेने के योग्य होगा, फिर भी जैसा कि हर परिवार में छोटा-मोटा मनमुटाव संभव होता हे, प्रायः इसके साथ भी होगा। उसकी पत्नी से कुशल गृहिणी वाले सभी गुण होंगे। हस्त नक्षत्र के जातक की पत्नी में एक परोक्ष बात देखने में यह आयेगी कि वह अपनी युवावस्था में समलिंगकामी क्रियाओं में लिप्त होगी।

5. स्वास्थ्य–उसे तेज खांसी, जुकाम, नजला, बलगम, अस्थमा अथवा स्वाश रोग से पीड़ित होने का योग है।

(ख) स्त्री जातक

हस्त नक्षत्र में उत्पन्न मादा जातक के कमोबेश वहीं परिणाम होंगे जो इसी नक्षत्र में नरजातकों के विषय में दिये गये है। इनके अतिरिक्त वे निम्नलिखित परिणाम और देखेंगी।

1. शारीरिक गठन–उसकी आँखे और कान, अन्य नक्षत्रों में उत्पन्न मादा जातकों की अपेक्षा, बहुत ही अधिक सुन्दर तथा अलग होते हैं।

2. स्वभाव तथा सामान्य घटना–इसमें स्त्रियोचित जन्मजात लज्जा होती हैं वह बुजुर्गों का सम्मान करेगी मगर किसी की आधीनता अथवा गुलामी में नहीं रहेगी। वह अपने विचारों को निःसंकोच प्रकट करने में नहीं हिचकेगी। उसे अपने विचारों की दूसरों पर प्रतिक्रिया की परवाह नहीं होती। इस कारण उसे अपने परिजनों की शत्रुता का भाजन बनना पड़ता है। यदि वह अपने विचारों को खुलेआम प्रकट करने की प्रवृति पर अंकुश रखे तो वह परिवार की समस्याओं को हल करने में अच्छी सफलता प्राप्त कर सकेगी और अपना जीवन सुख से भोगेगी।

3. शिक्षा, रोजगार/आय के साधन–अक्सर मामलों में हस्त नक्षत्र में उत्पन्न स्त्री अपने पिता अथवा पति की अच्छी आर्थिक स्थिति के कारण नौकरी नहीं करती। कुछ मामलों में यह भी देखा गया है कि इस नक्षत्र की जातक यदि गरीब परिवार में उत्पन्न हुई है तो वह कृषि तथा निर्माण कार्यों में नियुक्त होती है।

4. परिवारिक जीवन–अपने पति की दीर्घायु तथा परिवार में सामन्जस्य के लिए उसे मूल नक्षत्र में उत्पन्न व्यक्ति के साथ विवाह नहीं करना चाहिए। वह सुखी विवाहित जीवन का आनन्द लेगी। उसका पति प्रेम करने वाला तथा धनवान होगा। वह अपने बच्चों से सुख प्राप्त करेगी। उसके पहले एक पुत्र तथा बाद में दो पुत्रियां होगी।

5. स्वास्थ्य–उसका स्वास्थ्य प्राय ठीक रहेगा। फिर भी वह बृद्धावस्था में रक्त चाप, नाड़ी में ऐंठन तथा अस्थमा रोग से पीड़ित हो सकती है।

II. हस्त नक्षत्र में ग्रहों की स्थिति से उत्पन्न परिणाम–

सूर्य

इस नक्षत्र में स्थित सूर्य पर चन्द्रमा की दृष्टि हो तो जातक अपने जन्म स्थान से दूर रहेगा, वह अधिक धन संचय नहीं कर पायेगा तथा अपने परिजनों द्वारा पीड़ित होगा। यदि मंगल की दृष्टि हो तो वह काहिल आदतों का होगा और उसके शत्रु उसके लिए समस्याएं उत्पन्न करेंगे। यदि बुद्ध की दृष्टि हो तो वह अधिक लाभ प्राप्त नहीं कर सकेगा मगर उसके बच्चे सरकार से लाभान्वित होंगे। बृहस्पति की दृष्टि होने पर वह गुप्त विद्याओं में प्रवीण होगा। पत्नी तथा बच्चों से अच्छे सम्बन्ध न होने के कारण स्वतन्त्र रहना

चाहेगा। यदि शुक्र की दृष्टि हो तो वह प्रायः परदेश में रहकर धन अर्जित करेगा। यदि शनि की दृष्टि हो तो वह कई स्त्रियों से काम सम्बन्धों में लिप्त होगा।

प्रथम भाग (160.00 डिग्री से 163.20 डिग्री)–यदि शुक्र भी यहां पर स्थित हो तो मादा जातक का विवाह 35 वर्ष की आयु तक नहीं होगा। नर जातक इंजीनियर, सलाहकार अथवा ठेकेदार के रूप में कार्य करेंगे। वह पेट की बिमारियों तथा आंतों की खराबी से पीड़ित होगा।

द्वितीय भाग (163.20 डिग्री से 166.40 डिग्री)–जातक कर्लक या लेखाकार के रूप में नौकरी करेगा। वह टाईफाइड, खांसी-जुकाम से पीड़ित रहेगा। यह देखा गया है कि यदि इस भाग में सूर्य के साथ शुक्र भी हो तो जातक नाड़ी-तन्त्र की खराबी से पीड़ित होगा और यह उसकी पत्नी के कारण होगा।

तृतीय भाग (166.40 डिग्री से 170.00 डिग्री)–यदि शुक्र भी यहां पर स्थित हो तो मादा जातक का विवाह 35 वर्ष की आयु तक नहीं होगा। जातक अति विद्वान होगा और शिक्षक अथवा धर्मगुरु का कार्य करेगा। वह पेट की बिमारियों से भी ग्रस्त होगा।

चतुर्थ भाग (170.00 डिग्री से 173.20 डिग्री)–वह लेखक अथवा दुभाषियें का कार्य करके कमायेगा। यदि किसी भी ग्रह की दृष्टि न हो तो वह डाकिया बनेगा। वह पेट अथवा मुख के अल्सर से पीड़ित होगा।

चन्द्रमा

हस्त नक्षत्र में स्थित चन्द्रमा पर यदि सूर्य की दृष्टि हो तो जातक सुव्यवहारी तथा विद्वान होगा मगर निर्धन होगा। यदि मंगल की दृष्टि हो तो वह बुद्धिमान, विभिन्न विज्ञानों में कुशल तथा धनी होगा। बुद्ध की दृष्टि होने पर जातक सरकार अथवा अपने नियोक्ता से उत्तम सहायता प्राप्त करेगा। यदि बृहस्पति की दृष्टि हो तो जातक अपनी शैक्षणिक योग्यता के कारण प्रसिद्धि प्राप्त करेगा। यदि शुक्र की दृष्टि हो तो वह चिकित्सा व्यवसाय अपनायेगा। यदि शनि की दृष्टि हो तो वह पत्नी धन और जीवन के सुखों से वंचित होगा।

प्रथम भाग (160.00 डिग्री से 163.20 डिग्री)–रेवती नक्षत्र के लगन युक्त होने की स्थिति में मादा जातक पर्याप्त वस्त्राभूषण से सम्पन्न देवी लक्ष्मी के समान सुन्दर आभास लिए होगी। जिस घर में वह जन्म लेगी तथा जहां उसका विवाह होगा वहां लक्ष्मी का वास होगा अर्थात धन-दौलत आनी शुरू।

द्वितीय भाग (163.20 डिग्री से 166.40 डिग्री)–यदि रेवती नक्षत्र में मंगल, शनि, राहू और सूर्य स्थित हो तो मादा जातक के विधवा होने का संकेत। उसके आंतों तथा छाती में कष्ट होगा। वह नशीली दवाओं का आदि होगा। यदि वह इस को नहीं छोड़ता तो वह क्षयरोग अथवा कैंसर से ग्रस्त हो जायेगा।

तृतीय भाग (166.40 डिग्री से 170.00 डिग्री)–यह स्थिति जातक के नाविकीय इंजीनियर अथवा मौसम विभाग में काम करने के लिए अनुकूल है। विशेषकर जब मंगल भी यहां स्थित हो। वह खूनीबवासीर, आँतों के अल्सर से पीड़ित होगा। यदि व्यवसाय में होगा तो वह ऐजेन्सी का कार्य करेगा।

चतुर्थ भाग (170.00 डिग्री से 173.20 डिग्री)–यदि यहां पर बृहस्पति भी स्थित हो तो जातक को कैंसर होने का योग है। वह पुस्तक लेखन अथवा प्रकाशन क्षेत्र में होगा। रसायन तथा जलीय उत्पादन से संबन्धित व्यवसायों में भी होने का संकेत।

मंगल

इस नक्षत्र में स्थित मंगल पर यदि सूर्य की दृष्टि हो तो जातक साहसी, धनी तथा पर्यटन का शौकीन होगा। यदि चन्द्रमा की दृष्टि हो तो वह सेना अथवा पुलिस विभाग में नियुक्त होगा। नेक स्त्रियों की संगति में रहेगा। बुद्ध की दृष्टि होने पर वह गणित में कुशल तथा कवि होगा वह अवश्यकता पड़ने पर सफेद झूठ बोलेगा। यदि बृहस्पति की दृष्टि हो तो परदेश में, आरम्भ में तो कष्ट उठायेगा, मगर 40 वर्ष की अवस्था के बाद स्थिति में सुधार होगा तथा सुखी बनेगा। यदि शुक्र की दृष्टि हो तो वह अपना अधिकतर समय स्त्रियों की संगति में बितायेगा तथा धनवान होगा। शनि की दृष्टि होने पर वह धूर्त तथा आलसी होगा।

प्रथम भाग (160.00 डिग्री से 163.20 डिग्री)–जातक सरकारी सेवा में कर्लक, टाइपिस्ट अथवा लेखाकार के रूप में नियुक्त होगा बाद में 35 वर्ष की

आयु के पास मध्यम स्तर की स्थिति में पहुंच जायेगा। आंतों का अल्सर होगा जिसका आपरेशन होगा।

द्वितीय भाग (163.20 डिग्री से 166.40 डिग्री)–वह समुद्र से सम्बन्धित पदों पर अर्थात नौसेना अथवा नौपरिवहन सेवा में नियुक्त होगा। महिला जातक डॉक्टर भी हो सकती है। कुछ भी निजी सचिव के पद पर भी हो सकती है। वह ऋतुचक्र की परेशानी तथा नर जातक बवासीर अथवा मलद्वार में जलन से पीड़ित हो सकते हैं।

तृतीय भाग (166.40 डिग्री से 170.00 डिग्री)–जातक टाइपिंग अथवा प्रिटिंग कार्य करेगा। शुक्र के साथ होने पर वह वस्त्र निर्माण क्षेत्र में होगा। अस्थमा, श्वास की बिमारी अथवा लकवा मलद्वार में जलन से पीड़ित हो सकते हैं।

चतुर्थ भाग (170.00 डिग्री से 173.20 डिग्री)–सदैव मानसिक रूप से जागरूक। यदि बृहस्पति भी संयुक्त हो तो जातक बहुत धन-दौलत संचय करेगा। प्रकाशक, लेखाकार अथवा वित्तीय पदो पर होगा।

बुद्ध

हस्त नक्षत्र में स्थित बुद्ध पर यदि सूर्य की दृष्टि हो तो जातक सरकार से पर्याप्त लाभ प्राप्त करेगा तथा उच्च स्थिति में होगा। वह सत्यवादी होगा। यदि चन्द्रमा की दृष्टि हो तो वह मृदुभाषी, बातूनी, उत्तेजित स्वभाव का तथा सरकारी नौकरी में होगा। मंगल की दृष्टि होने पर वह आकर्षक व्यक्तित्व का विभिन्न कलाओं में माहिर होगा। यदि बृहस्पति की दृष्टि हो तो जातक नैतिकता सहित, साहसी तथा राजा या मन्त्री के समकक्ष पद पर आसीन होगा। यदि शुक्र की दृष्टि हो तो वह प्रतिनिधि के रूप में नौकरी करेगा, शत्रुओं का मर्दन करने वाला तथा योग्य व्यक्ति होगा। शनि की दृष्टि होने पर वह मेहनती होगा तथा अपने प्रयासों का फौरन फल पायेगा।

प्रथम भाग (160.00 डिग्री से 163.20 डिग्री)–इस भाग में यदि बुद्ध के साथ लग्न भी पड़ता हो, बृहस्पति, सूर्य तथा मंगल रेवती नक्षत्र में, शनि पुष्य में, शुक्र पूर्व-आषाढ़ नक्षत्र में स्थित हो तो जातक निश्चित रूप से सम्राट, राष्ट्रपति या प्रधानमन्त्री बनेगा और विश्व विजयी होगा। अकेले बुद्ध की स्थिति उसे मध्यम रूप से धन और स्वास्थ्य प्रदान करेगीं।

द्वितीय भाग (163.20 डिग्री से 166.20 डिग्री)–यदि रेवती नक्षत्र में लग्न पड़ता हो तो मादा जातक के पति की कई पत्नियां होगी तथा उसका पति धार्मिक अनुष्ठान कराने वाला होगा। वह स्वयं सुन्दरता, प्रसन्नता, सुख और वस्त्राभुषणदि से सम्पन्न होगीं

तृतीय भाग (166.40 डिग्री से 170.00 डिग्री)–इस भाग में बुद्ध की स्थिति से जातक प्रायः लेखा और वित्तीय अधिकारी के पद के उपयुक्त होता है। सूर्य के साथ जातक अच्छा ज्योतिषी होगा और ज्योतिष और धर्म पर लेख या पुस्तकें लिख कर आजीविका कमायेगा।

चतुर्थ भाग (170.00 डिग्री से 173.20 डिग्री)–जातक अपने खान-पान के प्रति लापरवाह होने से पेट और आंतों की समस्याओं से ग्रस्त रहेगा। वह सरकारी अथवा सार्वजनिक क्षेत्र में टाइपिस्ट, कर्लक, लेखाकार अथवा वित्तीय अधिकारी के रूप में नियुक्त होगा।

बृहस्पति

इस नक्षत्र में बृहस्पति पर यदि सूर्य की दृष्टि हो तो जातक नेक सन्तान, पत्नी, धन आदि से युक्त होगा तथा अपने परिजनों से सम्मान प्राप्त करेगा। यदि चन्द्रमा की दृष्टि हो तो वह सच्चरित्र होगा तथा कई गावों व शहरों की देखभाल करने वाला (प्रशासक) होगा। वह प्रसिद्ध होगा। यदि मंगल की दृष्टि हो तो वह सुरक्षा विभाग में कुछ असफलताओं के बाद अपने कार्यक्षेत्र में सफलता प्राप्त करेगा। यदि बुद्ध की दृष्टि हो तो उसका सुखी परिवारिक जीवन होगा। वह मृदुभाषी तथा ज्योतिष शास्त्र में प्रवीण होगा। यदि शुक्र की दृष्टि हो तो वह निर्धन होगा और स्त्रियों के द्वारा पीड़ित होगा। शनि की दृष्टि होने पर सरकार से बहुत से लाभ प्राप्त करेगा और राजनीतिक पदों पर आसीन होगा।

प्रथम भाग (160.00 डिग्री से 163.20 डिग्री)–यदि रेवती नक्षत्र में लग्न, इस भाग में बृहस्पति के साथ हो तो मादा जातक सदगुणों, धार्मिक विचारधाराओं से सम्पन्न और अपने पति को ईश्वर की तरह मानने वाली तथा अच्छी देखभाल करने वाली तथा धनवान होगी। नर जातक इसी संयोजन के कारण सरकार में वित्तीय या लेखा अधिकारी के उच्च पद पर होगा।

द्वितीय भाग (163.00 डिग्री से 166.40 डिग्री)–जातक जहाजरानी उद्योग अथवा नौसेना में नियुक्त होगा। यदि व्यवसाय होगा तो कपड़े का व्यापारी होगा। यदि शुक्र की दृष्टि हो तो वह कपड़ा उद्योगपति तथा शुक्र की दृष्टि के साथ राहू के होने पर वह कपड़ा मजदूर होगा।

तृतीय भाग (166.40 डिग्री से 170.00 डिग्री)–जातक अच्छी सेहत, धन तथा नेक पत्नी से युक्त होगा। यह स्थिति इंजीनियरिंग व्यवसाय या शिल्पकार के लिए उत्तम है।

चतुर्थ भाग (170.00 डिग्री से 173.20 डिग्री)–जातक खूनी बवासीर या आंतों के अल्सर से पीड़ित होगा। कुशल मैकेनिकल इंजीनियर होगा। वह प्रकाशन उद्योग से भी सम्बन्धित हो सकता है।

शुक्र

हस्त नक्षत्र में स्थित शुक्र पर सूर्य की दृष्टि हो तो जातक देश की सुरक्षा से सम्बन्धित उच्चतम पद पर होगा। यदि चन्द्रमा की दृष्टि हो तो वह काले रंग, मोटे बाल तथा अच्छा खाने पहनने वाला व्यक्ति होगा। मंगल की दृष्टि होने पर वह हर प्रकार से भाग्यशाली होगा; बुद्ध की दृष्टि हो तो वह विद्धान तथा धनी होगा। यदि बृहस्पति की दृष्टि हो तो वह उच्च शिक्षा प्राप्त करेगा। उसके कई सेवक होंगे लेकिन उसका परिवारिक जीवन कष्टपूर्ण होगा। शनि की दृष्टि होने पर जातक लोगों द्वारा धोखा दिये जाने तथा सताये जाने से पीड़ित होगा और सदा दयनीय स्थिति में रहेगा।

प्रथम भाग (160.00 डिग्री से 163.20 डिग्री)–जातक चालाक, चुस्त तथा स्वस्थ होगा। फिर भी वह बहुत मीठा खाने का शौकीन होने के कारण वह मधुमेह का रोगी हो सकता है। वह रसायन या दवा बेचने वाले संस्थान में टाइपिस्ट या सेल्समैन होगा। वह सुखी विवाहित जीवन नहीं पा सकता।

द्वितीय भाग (163.20 डिग्री से 166.40 डिग्री)–उसकी दो पत्नियां होगी। वह अपनी पत्नियों को छोड़कर अन्य स्त्रियों में आसक्त होगा। यदि शनि की दृष्टि हो तो पहली पत्नी से अलगाव, तलाक या उसकी मृत्यु का योग है।

तृतीय भाग (170.00 डिग्री से 173.20 डिग्री)–जातक कपड़ा उद्योग में नियुक्त अथवा कपड़ा व्यापारी होगा। अधिक मिठाई खाने का शौकीन। फिर भी वह 55 वर्ष की आयु तक मधुमेह से ग्रस्त नहीं होगा।

चतुर्थ भाग (170.00 डिग्री से 173.20 डिग्री)–मदिरा व्यसनी होने के कारण पेट की खराबी तथा बाद में पेट का ऑपरेशन भी हो सकता है। अति मैथुन-क्रिया रत्त होने के कारण यौन रोगों से ग्रस्त होने का संकेत।

शनि

हस्त नक्षत्र में स्थित शनि पर सूर्य की दृष्टि हो तो जातक जीवन के सुख प्राप्त नहीं कर सकेगा। वह बुरे लोगों की संगति में रूचि लेगा। यदि चन्द्रमा की दृष्टि हो तो उसका अच्छा व्यक्तित्व होगा और सरकार से प्राप्त शक्तियों और प्रसिद्धि का उपयोग करेगा। वह कई स्त्रियों पर प्रभारी होगा। यदि मंगल की दृष्टि हो तो वह बुद्धिमान तथा शास्त्रों और अन्य प्राचीन विद्याओं में कुशल होगा। यदि बुद्ध की दृष्टि हो तो जातक बुद्धिमान, धनवान तथा युद्धविद्या में कुशल होगा। बृहस्पति की दृष्टि होने पर वह अपने नियोक्ता अथवा सरकार पर निर्भर होगा। उसके अच्छे गुणों के कारण जनता द्वारा आदरणीय तथा धनी होगा। शुक्र की दृष्टि हो तो वह सुनार या सर्राफ होगा।

प्रथम भाग (160.00 डिग्री से 163.20 डिग्री)–जातक में कब्ज तथा बादि पायी जाती है। वह रेलवे या पुनडुब्बी उत्पादन के व्यापार द्वारा आय अर्जित करेगा।

द्वितीय भाग (163.20 डिग्री से 166.40 डिग्री)–पूर्वभाद्रपद नक्षत्र में लग्न हो तो मादा जातक का रोगी पति होगा। नर जातक, इसी संयोजन से, की पत्नी प्रायः ऋतुचक्र की परेशानी से ग्रस्त होगी।

तृतीय भाग (166.40 डिग्री से 170.00 डिग्री)–जातक केचुओं या टेपवार्म कीड़ो से होने वाले रोगों से ग्रस्त होगा। वह लेखक या प्रकाशक के रूप में कमायेगा। चमड़ा वस्तुओं का व्यापार भी कर सकता है।

चतुर्थ भाग (170.00 डिग्री से 173.20 डिग्री)–जातक स्वार्थी और धूर्त होगा। वह धोखेबाज चोर तथा ब्लैक मार्केट करने वाला होगा। वह केचुओं या टेपवार्न कीड़ों से होने वाले रोगों से पीड़ित होगा। कुछ जातकों में अच्छी गणितीय योग्यता भी पाई जाती हैं लकिन यह योग्यता सही दिशा में उपयोग नहीं की जायेगी और केवल एक दिखावामात्र बन कर रह जायेगी।

राहू

प्रथम भाग (160.00 डिग्री से 163.20 डिग्री)–जातक तकनीकी ज्ञान से शिक्षित होगा। यदि शनि संयुक्त हो तो 55 वर्ष की आयु में उसके व्यवसाय में बाधा आयेगी। उसे ठीक समय में उन्नति की आशा नहीं रखनी चाहिए।

द्वितीय भाग (163.20 डिग्री से 166.40 डिग्री)–जातक यातायात से सम्बन्धित उद्योग में नियुक्त होगा। वह सरकारी कर वसूली विभाग में नियुक्त होकर घूस द्वारा काफी धन इकट्ठा करेगा।

तृतीय भाग (166.40 डिग्री से 170.00 डिग्री)–शताभिषज नक्षत्र में लगन होने पर मादा जातक अति मैथुन क्रिया में लिप्त होगी। उसके परपुरुषों से काम-सम्बन्धों में लिप्त होने के कारण वह परिवार की बदनामी का कारण बनेगी। नर जातक चमड़े के व्यापार से सम्बन्धित होगा।

चतुर्थ भाग (170.00 डिग्री से 173.20 डिग्री)–इस भाग में राहू की स्थिति किसी भी प्रकार से शुभ नहीं होगी। जातक धूर्त, घमन्ड़ी, कष्ट देने वाला, चोर और झूठा होगा। प्रायः ऐसे लोग निम्न प्रकार के कार्य करते हैं और यौन रोगों से ग्रस्त रहते हैं।

केतू

प्रथम भाग (160.00 डिग्री से 163.20 डिग्री)–जातक भोजन की विषाक्तता के कारण उल्टी-दस्त से पीड़ित होगा। वह टाइपिस्ट, कर्लक, या लेखाकार के रूप में नौकरी करेगा। शुक्र के साथ होने पर वह गरीब और अनपढ़ होगा और घरेलू नौकर के कार्य करेगा।

द्वितीय भाग (163.20 डिग्री से 166.40 डिग्री)–उसकी याददाशत बहुत कमजोर होगी। प्रायः नाड़ी तन्त्र की खराबी से पीड़ित होगा। बवासीर, यक्ष रोग तथा कैंसर का योग है।

तृतीय भाग (166.40 डिग्री से 170.00 डिग्री)–वह उच्च शिक्षा प्राप्त तथा सरकारी नौकरी में उच्च पद पर होगा। आरम्भ में वह छोटे पद पर नियुक्त होगा। मंगल के साथ होने पर वह अचानक ऊँचे स्तर के पद पर उन्नीत करेगा। सुखी विवाहित जीवन होगा। मंगल के साथ होने पर उसके दो बच्चे होंगे।

चतुर्थ भाग (170.00 डिग्री से 173.20 डिग्री)–यह स्थिति केतू के लिए शुभ है। यदि बृहस्पति भी यहां पर स्थित है तो जातक बड़ा लेखक या प्रकाशक होगा। वह सरकार में वित्तीय और लेखा अधिकारी होगा।

हस्त नक्षत्र में उत्पन्न जातकों को स्वाति, अनुराधा, मूल, भरणी तथा पुर्नवसु नक्षत्रों में उत्पन्न व्यक्तियों से सम्बन्ध नहीं बनाने चाहिए।

हस्त नक्षत्र का दशा स्वामी चन्द्रमा है, जिसके बाद मंगल, राहू, बृहस्पति, शनि, बुध, केतू तथा शुक्र का क्रम है।

III. हस्त नक्षत्र में कुछ विशेष अक्षांशों पर कुछ ग्रहों की उपस्थिति के परिणाम–

हस्त नक्षत्र में कुछ ग्रहों के लिए कुछ घातक अक्षांश होते हैं। विभिन्न ग्रहों के लिए ये घातक अक्षांश इस प्रकार है :

शुक्र – हस्त नक्षत्र की 3.00 डिग्री (परिक्रमा कक्षा की 163.00 डिग्री)

शनि – हस्त नक्षत्र की 6.00 डिग्री (परिक्रमा कक्षा की 166.00 डिग्री)

बुध – हस्त नक्षत्र की 8.00 डिग्री (परिक्रमा कक्षा की 168.00 डिग्री)

केतू – हस्त नक्षत्र की 12.00 डिग्री (परिक्रमा कक्षा की 172.00 डिग्री)

राहू – हस्त नक्षत्र की 13.00 डिग्री (परिक्रमा कक्षा की 173.00 डिग्री)

यह देखा गया है कि उपरोक्त ग्रहीय आकृति में जातक का जन्म, यदि शक्तिशाली बृहस्पति तथा सूर्य की दृष्टि न हो, तो जातक के लिए घातक है तथा यह उसकी दीर्घायु के लिए अवरोधक है। जब भी ये ग्रह उपरोक्त घातक अक्षाशों से गुजरे तो कोई मांगलिक कार्य नहीं करना चाहिए। जब भी इन घातक अक्षांशों से सम्बन्धित ग्रह गुजरे तो जातक को सावधानी बरतनी चाहिए।

IV. उपचार–

1. पन्ना सात रत्ती का सोने की अंगूठी में जड़वा कर बुधवार को प्रातःकाल में दूसरी अंगुल में धारण करना चाहिए।

2. मन्त्र संख्या 24 का नियमित जाप करना चाहिए।

अध्याय-14

''चित्र नक्षत्र''

चौदहवें राशिचक्र में 173.20 डिग्री से 186.40 डिग्री तक के विस्तार का क्षेत्र चित्र नक्षत्र है। अरब-मंजिल में इसे 'अस-सिमाक'', ग्रीक इसे ''विर्जिनिस और स्पाईका'' तथा चीनी मतानुसार यह ''कियो'' है। चित्र का अर्थ चमकीला से है। यह नक्षत्र मोती के समान अथवा लैम्प जैसा प्रतीत होता है। चित्र को ''समृद्धि का सितारा'' के रूप में भी जाना जाता है।

चित्र नक्षत्र का अधिष्ठाता देवता ''त्वास्तक'' (विश्वकर्मा) अर्थात शिल्पकार है।

I. चित्र नक्षत्र में उत्पन्न जातकों के सामान्य परिणाम–

(क) पुरुष जातक

1. शारीरिक गठन–उसका पतला शरीर होता है। कुछ मामलों में, जहाँ बृहस्पति या सूर्य चन्द्रमा से अधिक शक्तिशाली हों तो देखा गया है कि चित्रा नक्षत्र में उत्पन्न जातक स्थूल व लम्बे शरीर के होते हैं। वह सैंकड़ों लोगों की भीड़ में अपने भव्य व्यवहार तथा अभिव्यंजना के द्वारा अलग पहचाना जाता है।

2. स्वभाव तथा सामान्य घटना–जातक बुद्धिमान तथा शान्तिप्रिय होता है। जब चन्द्रमा पर शनि आक्रान्त हो अथवा शनि की दृष्टि राशिचक्र के ठीक 180.00 डिग्री से 185.00 डिग्री पर से चन्द्रमा पर हो अथवा शनि चन्द्रमा के साथ संयुक्त हो तो, पाया गया है कि जातक सबके प्रति धूर्त और दुष्टतापूर्ण व्यवहार करता है। अपने स्वार्थ के लिए वह किसी भी हद तक गिर सकता है।

चित्र नक्षत्र में उत्पन्न जातकों में परोक्ष रूप से जन्मजात देन होती है अर्थात आरम्भ में उसके मत, विचार अथवा सलाह मूर्खतापूर्ण प्रतीत होते हैं मगर बाद में वही मत, विचार अथवा सलाह ही प्रभावोत्पादक या प्रचलित होते हैं। उसमें एक और जन्मजात देन अन्तर्दृष्टि की है। अतः यह व्यक्ति ज्योतिषी के व्यवसाय के लिए, जहां पर अन्तर्दृष्टि का होना अत्यन्त आवश्यक है, सर्वथा उपयुकत है।

कुछ मामलों में यह भी पाया गया है कि जातक अक्सर जो स्वपन देखता है, प्रायः वे सभी वास्तविकता में सत्य उतरते हैं। इससे परोक्ष रूप से यह सिद्ध होता है कि चित्र नक्षत्र में उत्पन्न जातकों के दिमाग में दैवीय शक्ति स्वयंमेव ही स्थापित होती है।

जातक ऐसा व्यक्ति होता है जिसे दूसरों की भावनाओं की परवाह नहीं करती, न ही वह दूसरों के प्रति स्वार्थी होता है। अपने इस कठोर रवैये के बावजूद वह समाज में गरीबों के प्रति स्नेहपूर्ण तथा दयालू होता है। प्रायः लोग उसे रूखा और डंकदार समझने की भूल करते हैं। वह किसी भी विषय पर बिना विचारे बोल जाता है और जब उसे आखिरी समय पर अपनी गलती का अहसास होता है तो उस गल्ती को ठीक करने का समय बीत चुका होता है।

प्रत्येक मामले में उसे शत्रुओं का सामना करना पड़ता है, लेकिन वह उनके षड़यंत्रों से बच जाने में सक्षम होता है। कमजोर वर्ग के लोगों के लिए उसके मन में कोमल भावनाऐं होती हैं और वह समाज के इस वर्ग की भलाई के लिए अपना समय लगाता है। लेकिन इस भलाई के पीछे पहले तो उसका निस्वार्थ भाव होता है मगर बाद में उसके स्वार्थता रूप लेता है। विशेषकर जब शनि राशिचक्र की 180.00 डिग्री से 187.00 डिग्री के बीच से मंगल पर दृष्टि डालता है।

3. शिक्षा, रोजगार/आय के साधन–उसके जीवन में अड़चन या रूकावटों का अधिक महत्व नहीं है। वह अपने साहस और मेहनत से इनको दूर कर देता है। 32 वर्ष की आयु तक उसका जीवन आराम से नहीं बीतेगा। उसके 33 वर्ष से 54 वर्ष की आयु का समय उसके लिए सुनहरा समय है।

चित्र नक्षत्र में उत्पन्न जातकों में एक विशेषता यह पायी जाती है कि वे बिना अधिक प्रयास किए अप्रत्याशित सहायता प्राप्त कर लेते हैं। विभिन्न जन्म कुण्डलियों की जांच करके मैने पाया कि उनकी आयु का 22, 27, 30, 36, 39, 43 तथा 48वां वर्ष उनके लिए हर प्रकार से अनिष्टकारी होता है। यदि इस नक्षत्र में सूर्य और चन्द्रमा एक साथ स्थित हों तो जातक किसी फैक्टरी में कारीगर या वास्तुकार की नौकरी करता है। यदि बृहस्पति भी संयुक्त हो तो जातक राजनीति में होगा और बुध के संयुक्त होने पर वह इंजीनियर या वस्त्र शिल्प वैज्ञानिक बनेगा।

4. पारिवारिक जीवन–एक तरफ तो वह अपने माता-पिता तथा सहजातकों को निष्कपट प्यार करता है वहीं वह उनके आचरणों पर भी सन्देह करता है। चित्र नक्षत्र में उत्पन्न व्यक्ति प्रायः अपने पिता से लाभ स्नेह व प्यार नहीं पाते। यह भी देखा गया है कि इनके पिता पृथ्क जीवन बिताते हैं अथवा यदि सूर्य पर शनि आक्रान्त हो तो उसके बचपन में पिता की मृत्यु का योग भी नकारा नहीं जा सकता। कुछ भी हो, जातक पिता से पृथक ही रहेगा। एक बात और देखी गयी है कि जातक का पिता उससे अलग होते हुए भी अपने कार्य क्षेत्र में प्रसिद्ध तथा नामी होता है। जातक माता के प्रति अधिक अनुरक्त होता है और माता अथवा माता सम्बन्धी से लाभान्वित होता है।

यह भी कहा जाता है कि चित्र नक्षत्र में उत्पन्न जातक, जिस घर में वह पैदा हुआ है, वहां नहीं टिकता। या तो वह उस मकान को छोड़कर कहीं और चला जायेगा अथवा वह मकान या तो बिक जायेगा या नष्ट हो जायेगां दूसरे शब्दों में वह अपने जन्म स्थान से दूर जाकर पुर्नस्थापित होता है।

उसका विवाहित जीवन प्रायः सुखी नहीं होता। सुखी विवाहित जीवन से तात्पर्य यह है कि उनका विवाह तो स्थायी होगा मगर दम्पत्ति में अक्सर झगड़ों के कारण सम्बन्ध सामान्य नहीं हो पाते। श्रविष्ठ (घनिष्ठ) अथवा शताभिषज या पुष्य नक्षत्रों में मंगल या शनि अथवा दोनों की स्थिति हो तो उसकी पत्नी की जल्दी मृत्यु होने का संकेत है। यदि शनि पर बृहस्पति की भरपूर दृष्टि हो और मंगल पर बृहस्पति या सूर्य की दृष्टि हो तो सकारात्मक परिणाम देते हैं अर्थात सामान्य विवाहित जीवन तथा खुशहाल बच्चें। फिर भी उसे जीवनपर्यन्त बहुत सी जिम्मेदारियों तथा आलोचनाओं का शिकार होना पड़ता है।

5. स्वास्थ्य–गुर्दों तथा मूत्राशयों की सूजन, दिमागी बुखार, कीड़ो द्वारा रोग होने का संकेत। पेट में फोड़ा या अपेन्डेसाइटिस भी पाया गया है।

(ख) स्त्री जातक

चित्र नक्षत्र में मादा जातकों के इसी नक्षत्र के नरजातकों वाले ही परिणाम होते हैं, सिवाय इसके कि वे दुर्भाग्य के हाथों अधिक वश में होती है।

1. शारीरिक गठन–उसका ईर्ष्याजनक सुन्दर शरीर होता है। वह लम्बे कद के साथ संतुलित शरीर गठन की होती है। उसके प्राकृतिक लम्बे बाल होते हैं मगर आज के आधुनिक युग में वे बाल कटा लेती हैं।

2. स्वभाव और सामान्य घटना–उसका अधिक स्वतन्त्रता की तीव्र इच्छा तथा अमर्यादित व्यवहार जटिल समस्याएं उत्पन्न कर देगा। वह बिना किसी कारण के गर्वीती होती है। वह लालची, पापी प्रकृति की और मन्द होती है। उसके बहुत कम मित्र होते हैं। वह पाप कर्म करती है।

3. शिक्षा, रोजगार/आय के साधन–वह विज्ञान विषयों में शिक्षित होगी। वह नर्स, मॉडल अथवा फिल्म अभिनेत्री होगी। यदि ग्रहों की स्थिति शुभ अथवा संतुलित न हो तो वह कृषि क्षेत्र में नौकरी करेगी।

4. परिवारिक जीवन–यदि जातक विवाह जन्म कुण्डली ठीक से मिलाये बगैर किया गया हो तो उसके विधवा होने, तलाक अथव पति से कोई भी सुख न मिलने का योग है। कुछ मामलों में उसके बांझ होने का भी संकेत है। जीवन में सुख तथा खुशी प्राप्त करने के लिए इस अध्याय के अन्त में दिये गये उपचारों को अपनाने की सलाह दी जाती है।

5. स्वास्थ्य–उसे गर्भाश्य की जलन अथवा सूजन, दिमागी बुखार, तेज सिर दर्द तथा अल्सर होने का संकेत है। इस नक्षत्र के प्रभाव के समय यदि उसमें प्रथम ऋतुश्राव के लक्षण प्रकट हो तो वह कामुक प्रवृति की, भद्रव्यवहार करने वाली तथा जीवन के आनन्द लेने में विश्वास रखने वाली होगी।

II. चित्र नक्षत्र में विभिन्न ग्रहों की उपस्थिति से उत्पन्न परिणाम–

सूर्य

इस नक्षत्र में स्थित सूर्य पर चन्द्रमा की दृष्टि हो तो जातक के आश्रित कई स्त्रियां होगी। वह जलीय उद्योगों या व्यवसाय द्वारा आमदनी करेगा। यदि मंगल की दृष्टि हो तो जातक वीर होगा तथा अपनी वीरता से सम्पति अर्जित करेगा। बुध की दृष्टि होने पर जातक अच्छे शारीरिक गठन का तथा लेखक होगा। बृहस्पति की दृष्टि हो तो जातक शासक वर्ग के सम्पर्क में होगा तथा उससे काफी धन प्राप्त करेगा। यदि शुक्र की दृष्टि हो तो उच्चतम राजनीतिक दर्जा मिलेगा तथा पत्नी, सन्तान तथा धन-दौलत से सम्पन्न होगा। शनि की दृष्टि होने पर जातक नीच प्रवृति का होगा तथा उसके अपने से बड़ी आयु की स्त्रियों से यौन सम्बन्ध होंगे।

प्रथम भाग (173.20 डिग्री से 176.40 डिग्री)–जातक कुशल मैकेनिक होगा। पत्नी के नियन्त्रण में रहेगा। धनवान होगा। यदि स्वाति या विशाखा

अथवा अश्लेष नक्षत्रों में लग्न पड़ता हो और बृहस्पति की दृष्टि न हो तो बालरिष्ठ (बचपन में मृत्यु) का योग है। ऐसे जातक अपने पिता की सम्पत्ति नष्ट करेंगे।

द्वितीय भाग (176.40 से 180.00 डिग्री)–जातक औषध, रसायन अथवा नशीली दवाओं के व्यवसाय करेगा। इस खण्ड में यदि लग्न भी पड़ता हो तो उसकी दीर्घायु संदिग्ध हैं। वह कैंसर से पीड़ित हो सकता है।

तृतीय भाग (180.00 डिग्री से 183.20 डिग्री)–उसका शारीरिक आभास स्त्रियोचित सा प्रतीत होता है। वह अति विद्वान, पुजारी अर्थात मन्दिर में देव पूजा करने वाला होगा।

चतुर्थ भाग (183.20 डिग्री से 186.40 डिग्री) जातक कुशल मैकेनिक होगा। यदि बृहस्पति की दृष्टि हो तो वह वैज्ञानिक शोध अथवा वाहन इंजीनियरी में ख्याति प्राप्त करेगा। वह धन प्राप्त करने की लालसावाला होगा।

चन्द्रमा

इस नक्षत्र में स्थित चन्द्रमा पर सूर्य की दृष्टि हो तो जातक कृषि पर निर्भर होगा तथा धनी और साहूकार होगा। यदि मंगल की दृष्टि हो तो अन्य स्त्री के कारण पहली पत्नी से सम्बन्ध विच्छेद तथा माता के लिए खतरे का कारण होगा। बुध की दृष्टि हो तो जातक अति शिक्षित तथा सर्वप्रिय होगा। बृहस्पति की दृष्टि होने पर वह पत्नी, सन्तान तथा धन-सम्पति के साथ जीवन के सुख भोगेगा तथा बहुत प्रसिद्ध होगा। शुक्र की दृष्टि हो तो माता से विरासत में सम्पति प्राप्त होगी तथा सुखपूर्वक दिन बितायेगा। यदि शनि की दृष्टि हो तो जातक धनहीन, माता की लम्बी आयु के लिए बाधक तथा उसके आज्ञाकारी सन्तान होगी।

प्रथम भाग (173.20 डिग्री से 176.40 डिग्री)–झुके कन्धों और हाथों वाला, मृदुभाषी तथा कामुक प्रवृति का होगा। उसके दो पुत्रियां होगी। विभिन्न कलाओं में कुशल। भाइयों से प्रायः झगड़ा। किसी पशु अथवा शस्त्र के द्वारा उसकी मृत्यु होने का योग।

द्वितीय भाग (176.40 डिग्री से 180.00 डिग्री)–विदेशों में रहेगा। दो पुत्रियां होगी। पित्रदोषयुक्त/यदि यह भाग भी लग्न में हो साथ में सूर्य और

मंगल स्थित हो तो जातक मिरगी का रोगी होगा। स्वास्थ्य के मामले में चार वर्ष तक की आयु का समय उसके लिए संकट पूर्ण होगा।

तृतीय भाग (180.00 डिग्री से 183.20 डिग्री)–वह शास्त्रों में विद्वान तथा बुद्धिमान और धीमा बोलने वाला होगा। रोगों से ज्वलनशील सनसनी होगी। छोटे लाभ से ही संतुष्ट। क्रोधी स्वभाव का। वातग्रस्त तथा बलगमयुक्त शरीर। अच्छी प्रतिष्ठा होगी। चन्द्रमा की यह दशा नर जातक के पिता के लिए तथा मादा की माता के लिए अति कष्टप्रद होगी।

चतुर्थ भाग (183.20 डिग्री से 186.40 डिग्री)–दानशील होगा। रोजगार के लिए यात्राएं करेगा। माता-पिता तथा गुरु की निष्ठापूर्वक सेवा करेगा। फिर भी उसे कुछ प्राप्त करने के लिए जीवन के विभिन्न कष्ट झेलने पड़ेंगे।

मंगल

इस नक्षत्र में स्थित मंगल पर सूर्य की दृष्टि हो तो जातक वन स्थान में रहेगा। वह स्त्री जाति से घृणा करेगा। साहसी होगा। यदि चन्द्रमा की दृष्टि हो तो जातक माता का मान गिराने वाला, वेश्यागामी, होगा तथा अन्त में उन्हीं के हाथों बरबाद होगा। बुध की दृष्टि होने पर जातक पुत्र तथा धन प्राप्त करेगा। यदि बृहस्पति की दृष्टि हो तो वह संगीत तथा संगीत वाद्यों में निपुण होगा तथा परिजनों का प्रिय होगा। शुक्र की दृष्टि हो तो वह विशिष्ट राजनीतिक दर्जा प्राप्त करेगा अथवा वह सुरक्षा या पुलिस विभाग में अच्छे पद पर होगा। यदि शनि की दृष्टि हो तो वह गांव या कस्बे का प्रमुख होगा।

प्रथम भाग (173.20 डिग्री से 176.40 डिग्री)–यदि सूर्य, चन्द्रमा तथा बृहस्पति भी यहां पर स्थित हो तो 5 वर्ष के भीतर बालक की मृत्यु हो जायेगी। उसे ज्वर गौथ, टाइफाइड या हरनिया होने का योग है।

द्वितीय भाग (176.40 डिग्री से 180.00 डिग्री)–जातक उत्साहहीन स्वर में बोलेगा। वह पेचिस, हैजा अथवा हरनिया से ग्रस्त होगा। इस भाग में लग्न भी हो तथा सूर्य भी स्थित हो तो जातक तीव्र अल्सर से ग्रस्त होगा।

तृतीय भाग (180.00 डिग्री से 183.20 डिग्री)–जातक अपनी पैतृक सम्पत्ति को नीच स्त्रियों की संगति में लुटा देगा, जबकि वह अपनी मेहनत से सामान्य धन इकट्ठा करेगा। वह पथरी, हरनिया अथवा नेफ्रिटस से पीड़ित होगा।

बुध

इस नक्षत्र में स्थित बुध पर चन्द्रमा की दृष्टि हो तो जातक धर्मनिष्ट तथा अपने परिवार को प्यार करने वाला होगा। यदि बृहस्पति की दृष्टि हो तो वह अति विद्वान होगा तथा अपने वचन का पक्का, समाज या नगर में शीर्ष पद पर होगा। यदि शुक्र की दृष्टि हो तो वह जीवन के सभी क्षेत्रों में सुखी होगा, भाग्यवान तथा धनी व्यक्ति होगा। यदि शनि की दृष्टि हो तो कई समस्याओं का सामना करेगा जिनमें से अधिकतर उसके परिजनों द्वारा उत्पन्न की जायेगी। वह निर्धन होगा।

प्रथम भाग (173.20 डिग्री से 176.40 डिग्री)–वह अत्यन्त नेक होगा और जीवन की सभी विपत्तियों से बचा रहेगा। फिर भी वह गैस के अल्सर या अस्थमा से पीड़ित हो सकता है।

द्वितीय भाग (176.40 डिग्री से 180.00 डिग्री)–जातक ज्ञान और धन प्राप्त करने के लिए प्रयत्नशील होगा। वह नेक और धार्मिक विचारों का होगा। सुखी विवाहित जीवन का आनन्द लेगा। उसकी पत्नी भी अच्छे पद पर नियुक्त होगी। उसे प्रचण्ड श्वास की शिकायत होगी लेकिन यह डायरिया अथवा अस्थमा के कारण नहीं होगी।

तृतीय भाग (180.00 डिग्री से 183.20 डिग्री)–जातक इंजीनियरिंग अथवा मैकेनिकल क्षेत्र में उच्च शिक्षा प्राप्त करेगा। यथेष्ठ धन संचय करेगा। वह कमर दर्द, खून की खराबी तथा तेज सिरदर्द से प्रभावित होगा।

चतुर्थ भाग (183.20 डिग्री से 186.40 डिग्री)–बुध के यह स्थिति शुभ नहीं है। जातक अपने परिजनों द्वारा त्रस्त होगा। वह उनकी कितनी भी सहायता करे, मगर उन्हें सन्तुष्टि नहीं होगी। छाती या फेफड़ों के कैंसर, रक्तदोष, पेशाब की परेशानियां आदि से पीड़ित होगा।

बृहस्पति

इस नक्षत्र में स्थित बृहस्पति पर यदि सूर्य की दृष्टि हो तो जातक शासक का निकटवर्ती होगा तथा उसके पास सेवक, धन-दौलत, भवन इत्यादि होंगे। चन्द्रमा की दृष्टि होने पर करोड़पति होगा तथा अवैध यौन सम्बन्धों में उसके लिप्त होने के कारण वह लोकनिन्दा तथा अपयश के संकट में फंस जायेगा। यदि मंगल की दृष्टि हो तो वह त्रिद्वान तथा साहसी होगा तथा धन

के मामले में भाग्यशाली होगा। लेकिन उसके पारिवारिक जीवन में छोटी-मोटी समस्याएं होगी। बुध की दृष्टि होने पर विद्वान, सदाचारी तथा धन-दौलत से सम्पन्न होगा। शुक्र की दृष्टि हो तो उसका गौरवपूर्ण भव्य व्यक्तित्व होगा तथा वह सुन्दर स्त्रियों के सानिध्य का आनन्द लेगा। शनि की दृष्टि होने पर वह अपनी बुद्धि तथा विभिन्न विषयों में प्रवीणता के लिए प्रशंसा का पात्र होगा लेकिन अच्छी पत्नी के सुख को तरसेगा।

प्रथम भाग (173.20 डिग्री से 176.40 डिग्री)–इस भाग में मंगल के साथ शनि तथा चन्द्रमा के स्थित होने पर बालक की आयु केवल पांच वर्ष होगी। अकेला बृहस्पति आन्तों की खराबी, पीलिया, जिगर या फेफड़ों के प्रभावित होने का कारण होगा। फिर भी जातक दीर्घायु होगा।

द्वितीय भाग (176.40 डिग्री से 180.00 डिग्री)–जातक अच्छे स्वास्थ्य, धन, सन्तान तथा स्त्रियों मित्रों से सम्पन्न होगा तथा प्रसिद्धि प्राप्त करेगा। प्रायः वह किसी वैज्ञानिक अथवा शैक्षणिक संस्थान में नियुक्त होगा।

चतुर्थ भाग (183.20 डिग्री से 186.40 डिग्री)–वह ओजस्वी या क्रियाशील होगा। यदि इस भाग में बृहस्पति के साथ लग्न पड़ता है तो जातक दीर्घायु होगा तथा बेदाग ज्ञान, धन तथा सुन्दरता का स्वामी होगा। वह फोड़े-फुन्सियों या गुर्दें में फोड़ा अथवा जिगर की खराबी से पीड़ित होगा।

शुक्र

इस नक्षत्र में स्थित शुक्र पर सूर्य की दृष्टि हो तो जातक की अति सुन्दर पत्नी होगी तथा वह भूमि व भवनों का मालिक होगा। चन्द्रमा की दृष्टि होने पर उसकी माता, समाज में उच्चतम स्थिति में होगी जिसके (माता के) कारण जातक जनजीवन में प्रसिद्धि प्राप्त करेगा। यदि मंगल की दृष्टि हो तो उसका विवाहित जीवन तहस-नहस हो जायेगा तथा स्त्रियों के कारण धन-सम्पति नष्ट हो जायेगी। बुध की दृष्टि होने पर वह प्रसन्नचित तथा भाग्यवान होगा। बृहस्पति की दृष्टि हो तो अच्छी पत्नी, सन्तान तथा धन-दौलत प्राप्त होगी। शनि की दृष्टि हो तो उसके लिए सुख-शान्ति का अभाव होगा तथा प्रायः अपनी पत्नी के हाथों पीड़ित रहेगा और पत्नी के मायके वालों की धमकियां भी सहता रहेगा।

प्रथम भाग (173.20 डिग्री से 176.40 डिग्री)–वह समाज में निम्नतम लोगों के लिए निर्धारित नैतिकता के नियमों का अनुसरण करेगा। उसकी अच्छी शिक्षा होगी, मगर 35 वर्ष की आयु तक वह इस शिक्षा से कोई लाभ नहीं उठा पायेगा।

द्वितीय भाग (176.40 डिग्री से 180.00 डिग्री)–जातक सुन्दर, विद्वान तथा नेक पत्नी व सन्तान से युक्त होगा। वह डॉयरिया तथा कीड़ों से उत्पन्न रोगों से पीड़ित होगा। डॉयरिया के कारण बचपन में बहुत कष्ट सहेगा।

तृतीय भाग (180.00 डिग्री से 183.20 डिग्री)–वह समाज अथवा समुदाय में मुखिया या नेता तथा सरकार द्वारा सम्मानित होगा। वह बुद्धिजीवी तथा धनवान व्यक्ति होगा।

चतुर्थ भाग (183.20 डिग्री से 186.40 डिग्री)–वह स्वार्जित सम्पत्ति का स्वामी होगा। प्रसिद्ध व साहसी होगा। महत्वपूर्ण व्यक्तियों का कृपापात्र। इन सम्बन्धों के कारण उसकी प्रत्येक इच्छा की पूर्ति होगी।

शनि

इस नक्षत्र में स्थित शनि पर सूर्य की दृष्टि हो तो जातक अति विद्वान, वेद शास्त्रों में आचार्य होगा। लेकिन वह प्रायः जीवन भर अपनी दैनिक आवश्यकताओं की पूर्ति के लिए दूसरों पर निर्भर रहेगा। यदि चन्द्रमा की दृष्टि हो तो वह राजनीतिक क्षेत्र में उच्चतम स्थान पर होगा अथवा किसी विभाग या संस्था का अध्यक्ष होगा। मंगल की दृष्टि होने पर वह सुरक्षा अथवा पुलिस विभाग में कार्यरत होगा और उसका अच्छा पारिवारिक जीवन होगा। बुध की दृष्टि हो तो जातक स्त्रियों के मातहत काम करेगा। वह अपने अनैतिक क्रियाकलापों में लिप्त होने की आलोचना सहन करेगा। यदि बृहस्पति की दृष्टि हो तो वह दूसरों के सुख-दुख का भागीदार होगा तथा जरूरतमन्दों की सहायता को तत्पर रहेगा। शुक्र की दृष्टि होने पर देश के शासक के निकट सम्पर्क में रहेगा तथा सुरा-सुन्दरी का आनन्द लेगा।

प्रथम भाग (173.20 डिग्री से 176.40 डिग्री)–मंगल की दृष्टि हो तो जातक के त्वचा के रोग लायेगा। उसके बहुत कम धन तथा सन्तान होगी।

द्वितीय भाग (176.40 डिग्री से 180.00 डिग्री)–जब इस भाग में मंगल के साथ लग्न भी पड़ता हो और बुद्ध यहां पर स्थित हो तो जातक को मुख की बिमारियां होगी। पैसे के मामलें में वह सदैव तंगी का सामना करेगा।

तृतीय भाग (180.00 डिग्री से 180.20 डिग्री)–पूर्व-आषाढ़ नक्षत्र में लग्न तथा अश्विनी में चन्द्रमा के होने पर जातक विपुल सम्पत्ति के साथ राजसी शक्त्यिों का उपभोग करेगा।

चतुर्थ भाग (183.20 डिग्री से 186.40 डिग्री)–शनि के आधिपत्य के लिए अति शुभ स्थिति। जातक प्रसिद्ध और समाज में प्रतिष्ठि और धनी होगा। उसे बिना मांगे मान व सम्मान प्राप्त होगा। अपने व्यवसायिक क्षेत्र में उसे अप्रत्याशित रूप से उन्नति प्राप्त होगी।

राहू

प्रथम भाग (173.20 डिग्री से 176.40 डिग्री)–यहां पर मंगल का भी उपस्थित होना जातक के कानों की परेशानी का कारण बनेगा। वह क्रूर तथा सहानुभूति तथा नैतिक गुणों से रहित होगा।

द्वितीय भाग (176.40 डिग्री से 180.00 डिग्री)–जातक दिलेर तथा धनी होगा। जहां उसके पास धन की कमी नहीं होगी, वहां वह विवाहित जीवन की खुशियों को तरसेगा। यह सब उसके अन्य स्त्रियों से अति-काम सम्बन्धों के कारण होगा।

तृतीय भाग (180.00 डिग्री से 183.20 डिग्री)–शनि और मंगल के साथ जातक प्रचण्ड अल्सर से पीड़ित होगा, जिस कारण उसका ऑपरेशन भी होगा। फिर भी वह नेक पत्नी तथा बच्चों से सम्पन्न होगा।

चतुर्थ भाग (183.20 डिग्री से 186.40 डिग्री)–जातक सुखी विवाहित जीवन नहीं भोग सकता। जबकि उसके पास धन तथा वासना संतुष्टि के लिए अनेक स्त्रियां होंगी।

केतू

प्रथम भाग (173.20 डिग्री से 176.40 डिग्री)–इस भाग में यदि केतू अकेला स्थित हो तो जातक दुश्कर स्वास्थ्य समस्याओं का सामना करेगा। वह धन लोलुप होगा।

द्वितीय भाग (176.40 डिग्री से 180.00 डिग्री)–यदि इस भाग में लग्न भी पड़ता हो और हितकारी ग्रहों की दृष्टि हो तो जातक राजसी वैभव का आनन्द लेगा। अन्य ग्रहों के साथ वह सामान्य परिणामों को प्राप्त करेगा।

तृतीय भाग (180.00 डिग्री से 183.20 डिग्री)–जातक का रोगी शरीर होगा और अपनी बिमारी के कारण कुंठित मनोदशा में होगा। वह केमिकल या स्टील के व्यवसाय से सम्बन्धित संस्थान में नियुक्त होगा।

चतुर्थ भाग (183.20 डिग्री से 186.40 डिग्री)–वह नेक तथा धनी होगा। केतू के आधिपत्य के लिए अति शुभ स्थिति। 35 वर्ष की आयु के बाद नेक पत्नी तथा बच्चों से युक्त होगा। यदि 32 वर्ष की आयु से पहले विवाह होगा तो जातक की पत्नी के दोष के कारण वह उसे तलाक देगा।

चित्र नक्षत्र में उत्पन्न जातकों को विशाखा, ज्येष्ठ, पूर्वआषाढ़, कार्तिक तथा पुष्य नक्षत्र में उत्पन्न व्यक्तियों से कोई सम्बन्ध नहीं बनाना चाहिए।

चित्र नक्षत्र का दशा स्वामी मंगल है, जिसके बाद राहू, बृहस्पति, शनि, बुध, केतू तथा शुक्र का क्रम है।

III. चित्र नक्षत्र में कुछ विशेष अक्षांशो पर कुछ ग्रहों की उपस्थिति से उत्पन्न परिणाम–

चित्र नक्षत्र में कुछ ग्रहों के लिए कुछ घातक अक्षांश होते हैं। विभिन्न ग्रहों के लिए ये घातक अक्षांश इस प्रकार हैं :

सूर्य – चित्र नक्षत्र की 0.40 डिग्री (परिक्रमा कक्षा की 174.00 डिग्री)

मंगल – चित्र नक्षत्र की 4.40 डिग्री (परिक्रमा कक्षा की 178.00 डिग्री)

शुक्र – चित्र नक्षत्र की 10.40 डिग्री (परिक्रमा कक्षा की 184.00 डिग्री)

शनि – चित्र नक्षत्र की 9.40 डिग्री (परिक्रमा कक्षा की 183.00 डिग्री)

चन्द्रमा– चित्र नक्षत्र की 10.40 डिग्री (परिक्रमा कक्षा की 184.00 डिग्री)

उपरोक्त तालिका से पाया जाता है कि शुक्र और चन्द्रमा का चित्र नक्षत्र के ठीक 10.40 डिग्री पर संयुक्त होना और अन्य ग्रहों की उपरोक्त अपने-अपने अक्षांशों पर उपस्थिति जातक के लिए घातक होती है। उपरोक्त

ग्रहीय आकृति में जातक का जन्म उसकी दीर्घायु के लिए अवरोधक होता है। जब भी ये ग्रह इन घातक अक्षांशों से गुजरें तो कोई भी मांगलिक कार्य नहीं करना चाहिए। इन ग्रहों के राशिचक्र में उपरोक्त घातक अक्षाशों से गुजरने के समय जातक को सावधानी बरतनी चाहिए।

IV. उपचार

1. नीलम तीन रत्ती का सोने अथवा पंचधातु की अंगूठी में जड़वा कर शनिवार को सायं 1.30 से 4.30 के मध्य चौथी (बुद्ध) अंगुल में धारण करें; तथा मूंगा नौ रत्ती का चांदी या तांबे की अंगूठी में जड़वा कर मंगलवार को प्रातः 10.30 बजे से पूर्वा 1.30 बजे तक धारण करें।

2. मन्त्र संख्या 28 और 36 का नियमित रूप से जाप करें।

अध्याय-15

"स्वाति नक्षत्र"

पन्द्रहवें राशिचक्र में 186.40 डिग्री से 200.00 डिग्री तक के विस्तार का क्षेत्र स्वाति नक्षत्र है। अरब मंजिल में इसे "अलगफ़र" अर्थात "ढ़कना" तथा ग्रीक इसे "बुटीस या आर्कटर्स" कहते हैं। चीनी मतानुसार यह "किंग" है। स्वाति का तात्पर्य तलवार से है। तैत्रीय ब्राह्मण के अनुसार स्वाति को "निष्टय" अर्थात फेक देना भी कहते हैं। हस्त नक्षत्र की भांति स्वाति नक्षत्र का प्रतीक एक सितारा है ज़ो मोती के समान प्रतीत होता है

स्वाति नक्षत्र का अधिष्ठाता देवता वायु अर्थात वरूण है।

I. स्वाति नक्षत्र में उत्पन्न जातकों के सामान्य परिणाम–

(क) पुरुष जातक

1. शारीरिक गठन–स्वाति नक्षत्र में उत्पन्न जातकों में एक विशेषता यह पायी जाती है कि इनके पांव नीचे से कुछ मुड़े हुए तथा घुटने उठे हुए से प्रतीत होते हैं। उसका शारीरिक गठन स्त्री वर्ग को आर्कषित करने वाला होता है तथा शरीर मासल होता है।

2. स्वभाव तथा सामान्य घटना–जातक शान्तिप्रिय और अटल और स्वच्छ ख्याल का होता है। वह न तो दूसरे की सम्पत्ति हड़पना चाहता है और न दूसरों को अपनी सम्पत्ति हड़पने देता है। उसे अपने काम की आलोचना पसन्द नहीं। जब उसे क्रोध आता है तो उसे शान्त करना कठिन होता हैं। उसे अच्छे भविष्य के लिए अपना दिमागी सन्तुलन ठीक रखना चाहिए।

वह दूसरों की सहायता करने को तत्पर रहता है बशर्ते कि उसकी स्वतन्त्रता पर कोई फर्क न पड़ता हो। वह दूसरों को, बिना उनके स्तर अथवा स्थिति में अन्तर किये, आदर देने में एक सीमा तक अनुसरण करता हैं। दूसरे शब्दों में वह आदर देने में छिद्रान्वेषी नहीं है। वह जरूरतमन्दों का सबसे अच्छा मित्र तथा घृणित लोगों का सबसे बड़ा शत्रु है। वह अपने विरोधियों से बदला लेने में नहीं हिचकता। उसका बचपन समस्याग्रस्ता होगा। वह पहले तो अपने सर्वप्रिय व्यक्ति के लिए सहायता और सुरक्षा प्रदान करता है मगर बाद में उनकी आलोचना किये जाने पर अपने विचार बदल लेता है।

3. शिक्षा, रोजगार/आय के साधन–उसमें बुद्धिमता तथा किसी कार्य को करने की अपूर्व योग्यता है। 25 वर्ष की अवस्था तक, सम्पन्न परिवार में उत्पन्न होने के बावजूद वह आर्थिक तथा मानसिक परेशानियों में घिरा रहेगा। फिर भी 30 वर्ष की आयु तक उसे अपने व्यवसाय अथवा पेशे में उन्नति की आशा नहीं रखनी चाहिए। बाद में 60 वर्ष की आयु तक उसके लिए सुनहरी समय होगा।

जातक सुनार, कैमिस्ट अथवा ट्रैवांलिग ऐजन्ट के व्यवसाय द्वारा कमायेगा। इस नक्षत्र में शुक्र के साथ चन्द्रमा के होने पर वह अभिनेता या नाटककार अथवा कपड़ा मिल का मजदूर होगा; मंगल के साथ होने पर वह ज्योतिषी या अनुवादक; सूर्य और मंगल के साथ होने पर वह मैकेनिकल इंजीनियर होगा।

4. पारिवारिक जीवन–विवाहित जीवन उसके लिए बहुत अनुकूल नहीं होगा। बाहर वालों को तो वे (दम्पति) संतुलित/व्यवस्थित दिखायी देते हैं मगर वास्तव में वे भीतर से ऐसे नहीं होते।

5. स्वास्थ्य–उसका स्वास्थ्य प्राय ठीक होगा। फिर भी मानव शरीर में कुछ रोग तो होते ही रहते हैं अतः वह पेट की बिमारियों, हृदय रोग, बवासीर या गठिया से ग्रस्त हो सकता है।

(ख) स्त्री जातक

स्त्री जातकों के परिणाम उपरोक्त नर जातकों के परिणाम से भिन्न होते हैं।

1. शारीरिक गठन–अपनी धीमी चाल के कारण वह सबसे अलग पहचानी जाती है।

2. स्वभाव और सामान्य घटना–वह प्यार और सहानुभूति रखने वाली, नेक तथा उच्च सामाजिक स्थिति का उपभोग करने वाली होगी। धार्मिक अनुष्ठान करने में रूचि रखेगी। सत्यभाषी होगी, उसके कई मित्र होंगे, शत्रुओं पर विजयी होगी। जब कि अन्य स्त्रियां घूमने की शौकीन होती हैं मगर इसे घूमने (पर्यटन) में कोई रूचि नहीं होती।

3. शिक्षा, रोजगार/आय के साधन–यदि वह नौकरी में होगी तो उसे अप्रत्याशित रूप से प्रसिद्धि मिलेगी। जैसा की उसकी प्रकृति कि उसे यात्राओं में रूचि नहीं होगी, फिर भी परिस्थितिवश उसे ऐसा काम या नौकरी मिलेगी जो पर्यटन से सम्बन्धित होगी।

4. परिवारिक जीवन–परिवार में वातावरण तथा परिस्थितियों के कारण उसे नैतिक रूप से अपनी अर्न्तात्मा के विरूद्ध चलना पड़ेगा। फिर भी उसे सन्तान से पूर्ण संतुष्टि प्राप्त होगी। यदि उसका विवाह उत्तर-आषाढ़-नक्षत्र में उत्पन्न युवक के साथ होगा तो उसके पुत्रियां ही उत्पन्न होगी।

5. स्वास्थ्य–बाहर से तो वह स्वस्थ नजर आयेगी, मगर उसकी भीतरी बनावट कमजोर होगी। वह श्वासरोग, अस्थमा छाती के दर्द, घुटनों में टूटन तथा गर्भाश्य की परेशानियों से ग्रस्त होगी। यदि इस नक्षत्र के प्रभाव के समय उसमें प्रथम ऋतुश्राव के लक्षण प्रकट हो तो वह नेक और विश्वासपात्र होगी और उसके नेक सन्तान होगी। मैकेनिकल व्यवसाय में रूचि लेगी तथा स्वस्थ और धनवान होगी।

II. स्वाति नक्षत्र में विभिन्न ग्रहों की स्थिति से उत्पन्न परिणाम–

सूर्य

इस नक्षत्र में स्थित सूर्य पर चन्द्रमा की दृष्टि हो तो जातक स्त्री वर्ग को अच्छी सेवा देगा तथा जहाजरानी अथवा जलीय उद्योगों से कमायेगा। मंगल की दृष्टि होने पर युद्धकला में प्रवीण होगा तथा धनी और यशस्वी होगा। बुद्ध की दृष्टि हो तो वह ललितकलाओं में रूचि लेगा तथा इनसे आजीविका कमायेगा। यदि बृहस्पति की दृष्टि हो तो वह परिवार तथा समाज में शीर्ष स्थल होगा। वह जनता से यश और मान प्राप्त करेगा तथा शासक वर्ग से लाभान्वित होगा। शुक्र की दृष्टि होने पर सुन्दर नेत्र, आकर्षक शरीर, मधुर मुखाकृति होगी तथा उसके मित्र व शत्रु बराबर तादाद में होंगे। शनि की दृष्टि होने पर स्वास्थ्य खराब रहेगा, आर्थिक लाभ का अभाव होगा तथा जीवन पर्यन्त निर्धन रहेगा। सदैव पत्नी का विरोधी रहेगा।

प्रथम भाग (186.40 डिग्री से 190.00 डिग्री)–जातक गठिया रोग से पीड़ित होगा। यदि किसी अन्य ग्रह की दृष्टि अथवा संयोजन न हो तो वह ताड़ी बेचने वाला या शराबी होगा। यदि हितकारी दृष्टि अथवा संयोजन हो तो जातक उच्चशिक्षा प्राप्त, बुद्धिमान और धनवान होगा।

द्वितीय भाग (190.00 से 193.20 डिग्री)–इस खण्ड में अकेले सूर्य की स्थिति से जातक सुनार, कैमिस्ट अथवा यात्राओं से सम्बन्धित व्यवसाय करेगा। जब शताभिषज नक्षत्र में लग्न पड़ता हो तो उसकी दांयी आंख प्रभावित होगी।

तृतीय भाग (193.20 डिग्री से 196.40 डिग्री)–यदि रेवती नक्षत्र में लग्न पड़ता हो और यह भाग में सूर्य तथा शनि भी स्थित हो तो बालक केवल दो मास तक जीवित रहेगा। इस भाग में सूर्य पर शनि की दृष्टि से आँखों का रोग होना।

चतुर्थ भाग (196.40 डिग्री से 200.00 डिग्री)–यदि अश्विनी नक्षत्र में लग्न पड़ता हो तो मादा जातक अपने पति को छोड़ देगी। वह क्रोधी स्वभाव की होगी। नर जातक का प्रभावी अथवा निर्भीक व्यक्तित्व होगा।

चन्द्रमा

स्वाति नक्षत्र में स्थित चन्द्रमा पर सूर्य, मंगल तथा शनि की तीव्र दृष्टि हो तो जातक नपुसंक होगा। यदि बुध की दृष्टि हो तो राजसी वैभव से युक्त होगा। यदि बृहस्पति की दृष्टि हो तो जातक टकसाल का मालिक होगा और शुक्र की दृष्टि होने पर वह व्यापारी होगा।

प्रथम भाग (186.40 डिग्री से 190.00 डिग्री)–जातक बुद्धिमान तथा ईश्वर भक्त होगा। कफपूर्ण शरीर सरंचना होगी। छोटी गर्दन तथा टेढ़े अंग होंगे। वह माता-पिता और गुरु की निष्ठापूर्वक सेवा करेगा।

द्वितीय भाग (190.00 से 193.20 डिग्री)–ऊँचा कद, लम्बी नाक तथा कमजोर अंग होंगे। अपनी सहायता करने वालों के प्रति आभारी होगा। अपने परिजनों से सम्मान पायेगा और उन्हीं के हाथों बाद में बरबाद होगा। हितकारी ग्रहों की दृष्टि से रहित होने पर मादा जातक के छोटी आयु में विधवा होने का योग।

तृतीय भाग (193.20 से 196.40 डिग्री)–अति चतुर व्यवसायी होगा। यात्राओं द्वारा आय अर्जित करेगा तथा धनी होगा। अपने सुकार्यों के कारण अच्छी प्रतिष्ठा पायेगा। परिवार से दूर रहेगा।

चतुर्थ भाग (196.40 डिग्री से 200.00 डिग्री)–रोगी शरीर। परिजनों की सहायता करेगा, मगर वे उसे ठुकरा देंगे। किसी नेता (प्रमुख) अथव परिजन के द्वारा या सापं के काटने से मृत्यु होगी। यदि इन भाग में लग्न भी पड़ता हो तो जातक कला, दस्तकारी अथवा संगीत के द्वारा काफी धन कमायेगा और वह गर्वीला, महत्वाकाक्षी तथा उच्च स्तर पर पहुंचने की इच्छा रखने वाला होगा। वह अपने विरोधियों पर विजय प्राप्त करेगा। वह राज्य करनेवाला भी हो सकता है।

मंगल

इस नक्षत्र में स्थित मंगल पर सूर्य की दृष्टि हो तो जातक पहाड़ों या जगलों में निवास करेगा। वह पत्नी को सुख नहीं दे पायेगा। यदि चन्द्रमा की दृष्टि हो तो वह माता की इच्छा के विपरीत कार्य करेगा तथा बहुत सी स्त्रियों के सानिध्य का आनन्द लेगा। यदि बुद्ध की दृष्टि हो तो वह धार्मिक ग्रन्थों में विद्वान होगा वह लड़ाका प्रवृत्ति का मगर आकर्षक व्यक्तित्व का तथा धनी व्यक्ति होगा। बृहस्पति की दृष्टि होने पर वह परिजनों के पास रहेगा और जरूरत पड़ने पर उनकी मदद करेगा। वह ललित कलाओं, संगीत में प्रवीण होगा तथा यही उसकी आजीविका होगी। यदि शुक्र की दृष्टि हो तो राजनीतिज्ञ के रूप में प्रसिद्धि पायेगा। शनि की दृष्टि हो तो सम्मानित व्यवहार, साफदिल, विद्वान होगा तथा उसके नगरपालिका अध्यक्ष बनने का योग।

प्रथम भाग (186.40 डिग्री से 190.00 डिग्री)–जातक इन्द्रिय सुखों के प्रति आसक्त होगा। वह अपने कार्य के प्रति लगन-मेहनत तथा सामन्जस्य के अभाव में किसी भी कार्य में सफल नहीं हो सकेगा। वह छोटे-मोटे काम करके गुजारा करेगा।

द्वितीय भाग (190.00 डिग्री से 193.20 डिग्री)–यदि रोहिणी नक्षत्र में लग्न पड़ता हो और इस भाग में शनि मंगल के साथ स्थित हो तो जातक कैंसर से पीड़ित होगा।

तृतीय भाग (193.20 डिग्री से 196.40 डिग्री)–जातक क्रूर निडर तथा आवारा होगा। वह अस्थिर स्वभाव का तथा रोगी होगा।

चतुर्थ भाग (196.40 डिग्री से 200.00 डिग्री)–वह सरकारी नौकरी में होगा मगर अपने कार्य पर निष्ठा न रखने के कारण दण्ड पायेगा। यदि व्यापार में होगा तो लोहे का या स्टील का काम अथवा जमीन जायदाद की दलाली करेगा।

बुध

इस नक्षत्र में स्थित बुध ग्रह पर सूर्य की दृष्टि हो तो जातक बिमार, कमजोर शरीर का तथा धन विहीन होगा मगर दूसरों की मदद करने का इच्छुक होगा। यदि चन्द्रमा की दृष्टि हो तो मेहनती, धनी तथा शासक वर्ग की निकटता में होगा। मंगल की दृष्टि होने पर शासक वर्ग से लाभ, लेकिन इस पर शनि की दशा हुई तो वह शासक वर्ग से दण्डित भी होगा। बृहस्पति की दृष्टि हो तो नगर या विभाग का अध्यक्ष, बुद्धिमान तथा धनवान होगा। शुक्र की दृष्टि होने पर अच्छे पहनावे तथा तड़क-भड़क में विश्वासी, प्रतिजाति की तरफ आकर्षित, कामव्यस्नी। यदि शनि की दृष्टि हो तो पत्नी, सन्तान तथा दूसरों द्वारा दुर्व्यव्यवहार के कारण पागलपन की स्थिति तथा लोगों का उसको दुतकारा जाना।

प्रथम भाग (186.40 डिग्री से 190.00 डिग्री)–जातक अति विद्वान होगा मगर धन का उपभोग नहीं कर पायेगा, क्योंकि सारा धन उसकी बिमारी पर खर्च हो जायेगा। वह क्षय रोग अथवा फेफड़ों में पानी अथवा लकवे से ग्रस्त होगा।

द्वितीय भाग (190.00 डिग्री से 193.20 डिग्री)–वह दानी होगा। नेक पत्नी व सन्तान होगी। बड़ों का आदर करेगा। यदि नौकरी में होगा तो अपने वरिष्ठ अधिकारियों का कृपापात्र होगा और यदि व्यवसाय में होगा तो उसके उदार स्वभाव के कारण उसके मातहत उसकी इज्जत करेंगे।

तृतीय भाग (193.20 डिग्री से 196.40 डिग्री)–इस भाग में शुक्र भी संयुक्त हो तो जातक डॉक्टर या कैमिस्ट होगा।

चतुर्थ भाग (196.40 डिग्री से 200.00 डिग्री)–यदि इस भाग में शुक्र की बुद्ध पर दृष्टि हो तो जातक विमान इंजीनियर या अंतरिक्ष वैज्ञानिक होगा। अन्यथा वह अपनी उच्च शैक्षणिक योग्यता के बावजूद साधारण शिक्षक का कार्य करेगा।

बृहस्पति

इस नक्षत्र में स्थित बृहस्पति पर सूर्य की दृष्टि हो तो जातक सशस्त्र सेनाओं में भरती होगा। वह युद्ध विद्या में प्रवीण होगा उसे सरकार से मान्यता (पदक) प्राप्त होंगे। वह युद्ध में शत्रु से लड़ते हुए घायल होगा। चन्द्रमा की

दृष्टि होने पर वह सत्यभाषी, भाग्यशाली, सम्मानित तथा जरूरतमन्दों की सहायता करने वाला होगा। मंगल की दृष्टि हो तो अच्छी पत्नी व सन्तान होगी। वह शासक वर्ग से लाभ प्राप्त करेगा और अच्छे सरकारी पद पर होगा। बुध की दृष्टि हो तो राजनीतिक क्षेत्र में प्रभावी तथा आकर्षक व्यक्तित्व का होगा जो सांस्कृतिक उन्नति में रूचि लेगा। यदि शुक्र की दृष्टि हो तो भाग्यशाली, धनवान तथा गरीबों का सहारा होगा। शनि की दृष्टि होने पर, जो कि इस अंश में अत्युत्तम है, जातक धन-सम्पत्ति, यश प्राप्त करेगा वह मन्त्री पद पर अथवा किसी संस्था के अध्यक्ष पद पर होगा।

प्रथम भाग (186.40 डिग्री से 190.00 डिग्री)–जातक स्वस्थ होगा, यथेष्ठ धन पायेगा तथा प्रसिद्ध होगा। उसके नेक संतान होगी। परिवार में होने वाले झगड़ों से पीड़ित होगा।

द्वितीय भाग (190.00 डिग्री से 193.20 डिग्री)–बृहस्पति के अधिग्रहण के लिए सर्वश्रेष्ठ स्थिति। जातक अच्छी शिक्षा, स्वास्थ्य तथा अच्छे परिवार से युक्त होगा। वह सलाहकार का कार्य करेगा।

तृतीय भाग (193.20 डिग्री से 196.40 डिग्री)–बृहस्पति के ऊपर दिये दूसरे भाग की भांति, जातक जीवन के सभी सुखों को प्राप्त करेगा। सिवाय इसके कि प्रायः मामलों में वह औद्योगिक संस्थानों से, या तो उसके अध्यक्ष अथवा मालिक के रूप में, सम्बन्धित पाया गया है।

चतुर्थ भाग (196.40 डिग्री से 200.00 डिग्री)–यदि शुक्र भी यहां पर स्थित हो तो जातक चिकित्सा के क्षेत्र में अच्छी स्थिति पायेगा। वह नामी तथा यशस्वी होगा।

शुक्र

इस नक्षत्र में स्थित शुक्र पर सूर्य की दृष्टि हो तो जातक स्त्रियों के कारण भूमि, सम्पति इत्यादि प्राप्त करेगा मगर उसका वैवाहिक जीवन सुखी नहीं होगा। यदि चन्द्रमा की दृष्टि हो तो कामवासना ग्रस्त, लेकिन मृदुभाषी तथा परिवार में अमूल्य। मंगल की दृष्टि होने पर क्रूर, सुखों से हीन तथा अनैतिक कार्यों द्वारा धन कमायेगा। यदि बुध की दृष्टि हो तो सुन्दर व्यक्तित्व, चुपचुपा स्वभाव। बृहस्पति की दृष्टि होने पर प्रसन्न वैवाहिक जीवन, आज्ञाकारी संतान, वाहन, भवन आदि से भरपूर सुखी जीवन। शनि की दृष्टि हो तो स्वास्थ्य की समस्या, आत्म सम्मान नष्ट होगा तथा निर्धन होगा।

प्रथम भाग (186.40 डिग्री से 190.00 डिग्री)–जातक साहसी होगा, स्वार्जित सहपति होगी तथा प्रसिद्ध होगा। उसके अस्थमा, हैजा अथवा जलीय रोगों से ग्रस्त रहने का योग है।

द्वितीय भाग (190.00 डिग्री से 193.20 डिग्री)–जातक कलर्क, टाइपिस्ट या स्टेनोग्राफर के रूप में नियुक्त होगा। यदि शनि भी यहां स्थित हो तो उसे आंखों का रोग होगा।

तृतीय भाग (193.20 डिग्री से 196.40 डिग्री)–जातक कलर्क, टाइपिस्ट या स्टेनोग्राफर के रूप में नियुक्त होगा। यदि शनि भी यहां स्थित हो तो उसे आंखों का रोग होगा।

चतुर्थ भाग (196.40 डिग्री से 200.00 डिग्री)–जातक सुरक्षा विभाग में होगा, जहां वह अपनी विशेषताओं से नाम और यश पायेगा। कुछ मामलों में दुर्घटना के कारण अपंगता अथवा घुटनों में फ्रेकचर भी पाया गया है।

शनि

इस नक्षत्र में स्थित शनि पर सूर्य की दृष्टि हो तो जातक गरीब तथा दूसरे के दिए धन-भोजन पर आश्रित होगा। यदि चन्द्रमा की दृष्टि हो तो वह सरकार से सम्मान प्राप्त करेगा तथा धनी और शक्तिशाली होगा। यदि मंगल की दृष्टि हो तो वाचाल तथा सदैव मुस्कराने वाला होगा। वह धनी होगा। बुध की दृष्टि होने पर वह पशड समान कामुक होगा तथा दुष्ट लोगों की संगति में रहेगा। यदि बृहस्पति की दृष्टि हो तो दूसरों की सेवा करने का सदैव इच्छुक, बिमारों व जरूरत मन्दों की सहायता करने वाला तथा मेहनती होगा। शुक्र की दृष्टि होने पर वह सोने-जवाहरात का कारोबार करेगा तथा अच्छा लाभ अर्जित करेगा। वह शराबी तथा कामुक प्रवृति का होगा।

प्रथम भाग (186.40 डिग्री से 190.00 डिग्री)–जातक अपने समुदाय में सम्मानित तथा प्रसिद्ध होगा। वह अपने ग्राम में हजारों में एक होगा तथा धनी होगा। उसके नथुनों से बदबू आयेगी तथा नासूर से पीड़ित होगा और अंग विकृत होंगे। यदि इस भाग में लग्न भी पड़ता हो तो ये परिणाम अवश्य होंगे।

द्वितीय भाग (190.00 डिग्री से 193.20 डिग्री)–इस भाग में मंगल और सूर्य भी स्थित हो और शताभिषज नक्षत्र में लग्न पडता हो तो बालक की एक

मास में मृत्यु हो जायेगी। यदि शनि अकेला यहां पर स्थित हो तो जातक यथेष्ठ आय अर्जित करने वाला तथा मेहनती होगा।

तृतीय भाग (193.20 डिग्री से 196.40 डिग्री)–रेवती नक्षत्र में लग्न इस भाग में शनि, सूर्य और चन्द्रमा के स्थित होने पर वह 29वें वर्ष की आयु में मृत्यु को प्राप्त होगा। अकेला शनि जातक को निम्न स्थिति से उबारकर उच्च स्थिति में ले आयेगा।

चतुर्थ भाग (196.40 डिग्री से 200.00 डिग्री)–जातक अपने समुदाय, नगर या गाँव में नेता या प्रमुख होगा। शुक्र के साथ होने पर वह मन्त्री या समकक्ष स्तर पर होगा।

राहू

प्रथम भाग (186.40 डिग्री से 190.00 डिग्री)–जातक क्रूर तथा सहानुभूति और नैतिकता से रहित होगा और विभिन्न प्रकार की व्याधियों से ग्रस्त रहेगा।

द्वितीय भाग (190.00 डिग्री से 193.20 डिग्री)–जातक गरीब और काहिल होगा वह अच्छे या बुरे किसी भी काम में रूचि नहीं लेगा।

तृतीय भाग (193.20 डिग्री से 196.40 डिग्री)–पतला शरीर, घृष्ट स्वभाव, खाने का शौकीन होगी। बादी की शिकायत होगी। अपच के कारण आँतों की समस्याएँ होगी।

चतुर्थ भाग (196.40 डिग्री से 200.00 डिग्री)–दुग्ध उत्पादनों द्वारा आय अर्जित करेगा। उसका मददगार स्वभाव होगा। कुछ मामलों में पाया गया है कि जनम के कुछ समय बाद जातक लंगड़ा हो जाता है।

केतू

प्रथम भाग (186.40 डिग्री से 190.00 डिग्री)–जातक दीर्घायु होगा। नृत्य संगीत का शौकीन। विभिन्न शास्त्रों में विद्वान।

द्वितीय भाग (190.00 डिग्री से 193.20 डिग्री)–जनसम्पर्क में श्रेष्ठ, स्त्रियों के प्रति बहुत अधिक आर्कषित। जीवन में निम्न स्तर पर और धन से रहित होगा।

तृतीय भाग (193.20 डिग्री से 196.40 डिग्री)–निम्नश्रेणी के लोगों की संगति करेगा। केवल पुत्रियां मगर उससे नहीं। क्षय रोग तथा जिगर की बिमारी होगी।

चतुर्थ भाग (196.40 डिग्री से 200.00 डिग्री)–जातक शक्तियों और अधिकार से पूर्ण होगा मगर अपने रोज के गुजारे लायक ही कमा पायेगा। घरेलू मामलों में वह कमो-बेश सुखी वातावरण में रहेगा।

स्वाति नक्षत्र में उत्पन्न जातकों को अनुराधा, मूल, उत्तर-आषाढ़, कार्तिक रोहिणी, मृगशीर्ष तथा अश्लेष नक्षत्र में उत्पन्न व्यक्तियों से सम्बन्ध नहीं बनाना चाहिए।

स्वाति नक्षत्र का दशा स्वामी राहू है, जिसके बाद बृहस्पति, शनि, बुद्ध, केतू, शुक्र तथा सूर्य का क्रम है।

III. स्वाति नक्षत्र में कुछ विशेष अक्षांशों पर कुछ ग्रहों की उपस्थिति के परिणाम–

स्वाति नक्षत्र में कुछ ग्रहों के लिए कुछ घातक अक्षांश निर्धारित हैं। विभिन्न ग्रहों के लिए ये घातक अक्षांश इस प्रकार है।

बृहस्पति – स्वाति नक्षत्र की 6.30 डिग्री (परिक्रमा कक्षा की 193.00 डिग्री)
मंगल – स्वाति नक्षत्र की 7.20 डिग्री (परिक्रमा कक्षा की 194.00 डिग्री)
सूर्य – स्वाति नक्षत्र की 12.20 डिग्री (परिक्रमा कक्षा की 199.00 डिग्री)

IV. उपचार

1. हीरा तीन रत्ती का सोने की अंगूठी में जड़वा कर शुक्रवार को प्रातः 7.30 से 10.30 के बीच तीसरी (सूर्य) अंगुल में धारण करें।

2. मन्त्र संख्या 18 का जाप करें।

अध्याय – 16
विशाखा नक्षत्र

सोलहवें राशिचक्र में 200.00 डिग्री से 213.20 डिग्री तक के विस्तार का क्षेत्र विशाखा नक्षत्र कहलाता है। अरब मंजिल में यह "अज्-जबनान" (बिच्छू के दो डंक) के नाम से जाना जाता है; ग्रीक इसे "लिबरे" तथा चीनी मतानुसार यह "ताई" कहा जाता है। 'शाक्य' और 'खण्ड कातक' के अनुसार विशाखानक्षत्र दो सितारों का बना है, जबकि बाद की धारणाएं इसे चार सितारों का समूह बताती हैं, जो कुम्हार के "चाक" के आकार का है।

विशाखा नक्षत्र का अधिष्ठाता देवता 'इन्द्रागिन' (इन्द्र और अग्नि का विशिष्ट निधारर्ण) है। इन्द्र सृष्टि (जीव) के शरीरों का शिल्पकार है। इसे वृषभ भी कहते हैं, जो सौ किलाओं का विनाशक तथा विश्व का प्राण या जीवन है। इन्द्र पांच प्राणों से बना है। ये प्राण हैं: (1) उदान; (2) प्राण; (3) अपान; (4) समान; तथा (5) व्यान। अमरावती इन्द्र का निवास है। वह भगवान शिव, जो तीन परमेश्वरों (ब्रह्मा, विष्णु, महेश) में से एक है, का अग्रज भी है। 'अग्नि' आग को कहते हैं।

(I) विशाखा नक्षत्र में उत्पन्न जातकों के सामान्य परिणाम

(क) पुरुष जातक

1. शारीरिक गठन–उसका गोल चमकदार चेहरा, शारीरिक रूप रंग अति आर्कषक होता है। मैंने दो तरह के शारीरिक रूप रंग देखे हैं पहला मोटा और लम्बा रूप तथा दूसरा पतला तथा छोटा रूप।

2. स्वभाव तथा सामान्य घटना–वह बल, ओजस्विता तथा बुद्धिमानी से परिपूर्ण होगा। वह ईश्वरभक्त होगा तथा सत्यनिष्ठापूर्वक जीवन व्यतीत करेगा। वह पुराने रीति रिवाजों तथा रूढ़ियों में विश्वास नहीं करता। वह आधुनिक विचारों को अपनाना चाहता है।

प्रायः वह अपने परिवार से दूर रहता है। वह प्रत्येक व्यक्ति से उसकी औकात या हैसियत के अनुसार व्यवहार करता है। किसी की गुलामी करना उसके लिए आत्महत्या के समान है। हालांकि वह धार्मिक विचारों का है मगर

वह किसी धार्मिक अन्धविश्वास और कट्टर पंथी में विश्वास नहीं रखता। वह सभी धर्मों तथा जातियों से एक जैसा व्यवहार करता है। वह गांधीवादी विचारधारा "अहिसा परमो धर्माः" तथा "सत्य ही ईश्वर है" में विश्वास रखता है। कुछ मामलों में मैंने पाया है कि ऐसे जातक 35 वर्ष की आयु में सन्यास ग्रहण कर लेते हैं। सन्यास लेने से मेरा तात्पर्य यह नहीं है कि वह घर की जिम्मेदारियों से पूर्णतया अलग हो जायेगा। वह सन्यासी रहते हुए भी अपने परिवार की पूरी देखभाल करेगा।

3. शिक्षा, रोजगार/आय के साधन–वह एक अच्छा वक्ता होगा तथा उसमें लोगों को आर्कषित करने की क्षमता होगी। वादविवाद प्रतियोगिता में वह कई पुरस्कार जीतेगा। अतः वह राजनीतिक क्षेत्र के लिए उपयुक्त व्यक्ति होगा। उसमें एक विशेषता यह पाई जाती है कि वह कहीं तो खर्च करने मे कंजूसी करता है तो कहीं अनावश्यक खर्च कर देता है।

वह स्वतन्त्र व्यवसायों अथवा जिम्मेदारीपूर्ण पदों जैसे बैंकिग तथा धार्मिक व्यवसाय, गणित या शिक्षण अथवा प्रकाशन आदि के योग्य है।

4. पारिवारिक जीवन–उसे माता से स्नेह और देखभाल नहीं मिलेगी। इसके पीछे प्रमुख कारण या तो उसकी माता की मृत्यु अथवा परिस्थितिवश माता का जातक से दूर रहना। कुछ जन्मकुण्डिलयों में बृहस्पति की दृष्टि के कारण माता की दीर्घायु का योग देखा गया है मगर वह (जातक) माता से स्नेह और देखभाल नहीं पा सकता। दूसरी तरफ उसके पिता में बहुत से गुण होंगे जिनके कारण उसे अपने पिता पर गर्व होगा। फिर भी उसे पिता से बहुत अधिक सहायता नहीं मिलेगी। दूसरे शब्दों में यह निष्कर्ष निकलता है कि कमोबेश वह माता-पिता के होते अनाथों का सी जीवन बिताता है। कई बातों में उसका अपने पिता से मतभेद होगा औरे इसका कोई सौहार्दपूर्ण हल संभव नहीं होगा। यही कारण है कि वह बचपन से ही मेहनती और स्वनिर्मित व्यक्ति होगा।

वह अपनी पत्नी तथा बच्चों से बहुत प्यार करेगा। फिर भी उसमें दो अवगुण होंगे प्रथम तो वह शराबी होगा और दूसरे वह अन्य स्त्रियों से बहुत अधिक काम-क्रियाओं में लिप्त होगा। इन कमजोरियों के बावजूद उसके परिवारिक या सामाजिक जीवन में कोई रूकावट नहीं आयेगी।

5. स्वास्थ्य–उसमें ईश्वरीय देन के रूप में बल और ओजस्विता होने के कारण उसका स्वास्थ्य प्रायः ठीक रहेगा। फिर भी वह लकवे का शिकार हो सकता है। मैने 55 वर्ष की आयु से अधिक के 70 प्रतिशत विशाखा नक्षत्र में उत्पन्न व्यक्तियों में लकवा पाया है। विशेषकर जब कि उनका जन्म इस नक्षत्र के दूसरे या तीसरे भाग में हुआ हो। शेष 30 प्रतिशत लोगों के विषय में मुझे सन्देह है कि वे अपने जन्म का ठीक समय नहीं दे पाये, अन्यथा उनमें लकवे का कोई न कोई लक्षण अवश्य पाया जाता। यह भी देखा गया है कि वे अस्थमा के भी रोगी पाये जाते है।

(ख) स्त्री जातक

इस नक्षत्र में उत्पन्न मादा जातकों के भी कमोबेश नर जातकों वाले ही सामान्य परिणाम होते हैं इसके अतिरिक्त वे निम्न परिणाम और अनुभव करेंगी।

1. शारीरिक गठन–उसका नाक-नक्शा उत्पन्न सुन्दर होगा। इसकी इस ईश्वरीय उपकार के रूप में प्राप्त इस सुन्दरता से लोग आर्कषित होंगे, इस कारण उसे बहुत सी समस्याओं का सामना करना पड़ेगा।

2. स्वभाव तथा सामान्य घटना–उसकी मीठी जुबान होगी। गृहकार्यों में निपुण और यदि नौकरी में होगी तो अपने कार्यालय के कामों में भी निपुण होगी। इन स्त्रियों में गर्व बहुत कम पाया जाता है। वह दिखावे बाजी में विश्वास नहीं करती तथा साधारण रहन-सहन पसन्द करती है। न ही वह सौन्दर्य प्रसाधनों का इस्तेमाल करती है। वह अपनी महिला मित्रों तथा परिजनों की ईष्या का भाजन होती हैं। वह धार्मिक अस्थाओं में अटूट विश्वास रखती है तथा व्रत-पूजा तथा तीर्थों की यात्रा करेगी।

3. शिक्षा, रोजगार/आय के साधन–वह काव्य में रूचि लेती है। यदि अन्य हितकारी संयोजन, विशेषकर चन्द्रमा और शुक्र सयुंक्त हो तो वह प्रसिद्ध लेखिका बनेगी। उसमें कला तथा साहित्य में शैक्षणिक श्रेष्ठता होगी।

4. पारिवारिक जीवन–वह पति में ईश्वर की भांति आस्था रखेगी। अपने धार्मिक विचारों के कारण ससुराल के लोगों से स्नेह और प्यार पायेगी। जैसा कि वह अपने परिजनों तथा दूर के रिश्तेदारों के हित साधन के कार्य करेगी, उसे काफी अधिकार और शक्तियां प्राप्त होगी। उसका अपने ससुर से अधिक स्नेह होगा। वह प्रायः तीर्थों की यात्राएं करेगी।

5. स्वास्थ्य–उसका स्वास्थ्य सामान्यतया ठीक रहेगा, फिर भी उसे गुर्दे की परेशानी, गलगण्ड तथा समलिंगकामुकता से कमजोरी हो सकती है।

II विशाखा नक्षत्र में ग्रहों की स्थिति से उत्पन्न परिणाम–

सूर्य

विशाखा नक्षत्र में स्थित सूर्य पर चन्द्रमा की दृष्टि हो तो जातक जहाजरानी अथवा जलीय उद्योगों से कमायेगा, उस पर कई स्त्रियां निर्भर होंगी।। यदि मंगल की दृष्टि हो तो वह वीर तथा युद्ध विद्या में कुशल होगा। बुध की दृष्टि होने पर ललित कलाओं में रुचि लेगा तथा यही उसका रोजगार होगा। यदि बृहस्पति की दृष्टि हो तो वह राजनीतिज्ञों के निकट सम्पर्क में होगा तथा अपने स्वार्थों की पूर्ति के लिए उनसे अनुचित लाभ उठायेगा। यदि शुक्र की दृष्टि हो तो वह उच्च राजनीतिक दर्जा प्राप्त करेगा तथा सुखी विवाहित जीवन होगा। यदि शनि की दृष्टि हो तो जातक धोखेबाज, पापी तथा बाद में शासन से दण्ड प्राप्त करेगा।

प्रथम भाग (200.00 डिग्री से 203.20 डिग्री)–यदि हस्त नक्षत्र में शुक्र के साथ इस भाग में सूर्य स्थित हो तो मादा जातक का किसी हालत में विवाह नहीं होगा। उसके अवैध सम्बन्ध हो सकते है। नर जातकों का विवाह देर से होगा और इस विवाह के बाद भी पत्नी की मृत्यु अथवा तलाक का योग है।

द्वितीय भाग (203.20 डिग्री से 206.40 डिग्री)–जातक के कम पुत्र होंगे। आरामदायक जीवन होगा। वह क्रूर प्रवृति का तथा कम खाने वाला, कंजूस व मितव्ययी होगा। दृष्टि खराब होगी। दूसरों के लिए परेशानी उत्पन्न करेगा तथा लड़ाका स्वभाव का होगा। अवैध कार्य करेगा और कभी भी पकड़े जाने पर दण्ड भोगेगा। यदि हितकारी ग्रहों की दृष्टि अथवा संयोजन न हो तो वह घरेलू नौकर होगा।

तृतीय भाग (206.40 डिग्री से 210.00 डिग्री)–जातक विभिन्न कलाओं से परिचित होगा। रोगों के कारण आंखें खराब होगी। कुछ मामलों में पूर्ण अन्धापन भी पाया गया है। वह विनोदप्रिय होगा।

चतुर्थ भाग (210.00 डिग्री से 213.20 डिग्री)–यदि यहां लग्न भी पड़ता हो और मंगल की दृष्टि हो तो उसे छाती, फेफड़ों अथवा दिल की समस्याएं

होगी। इस भाग में अकेले सूर्य के स्थित होने पर वह दूसरों के लिए परेशानी का कारण बनेगा और सरकार से सजा प्राप्त भी हो सकता है।

चन्द्रमा

इस नक्षत्र में स्थित चन्द्रमा पर यदि सूर्य की दृष्टि हो तो जातक साहूकारी अथवा कृषि व्यवसाय द्वारा कमायेगा। यदि मंगल की दृष्टि हो तो वह स्त्रियों से घिरा रहेगा लेकिन वह उनके लिए खतरे का कारण बनेगा। यदि बुध की दृष्टि हो तो वह बहुत बुद्धिमान होगा तथा ज्योतिषी अथवा इंजीनियर, जिसमें गणित की अवश्यकता हो, बनेगां यदि बृहस्पति की दृष्टि हो तो जातक माता-पिता का आज्ञाकारी, लेकिन पत्नी के लिए खतरे का कारण होगा; शुक्र की दृष्टि होने पर वह स्वास्थ्य और धन के साथ सुखी विवाहित जीवन व्यतीत करेगा। यदि शनि की दृष्टि हो तो उसकी अल्पायु में माता की मृत्यु हो जायेगी। वह प्रतिशोधी विचारों का तथा स्त्री वर्ग से घृणा करने वाला होगा।

प्रथम भाग (200.00 डिग्री से 203.20 डिग्री)–खांसी-बलगम से पीड़ित। यदि इस भाग में लग्न पड़ता हो और दुष्ट ग्रहों की दृष्टि हो तो जातक की 8 वर्ष की आयु में माता की मृत्यु हो जायेगी। वह मवेशी पालने के कार्य द्वारा अच्छा लाभ प्राप्त करेगा तथा धार्मिक प्रवृति का होगा।

द्वितीय भाग (203.20 डिग्री से 206.40 डिग्री)–यदि यहां पर शनि की दृष्टि के साथ सूर्य भी स्थित हो और अश्लेष नक्षत्र में लग्न पड़ता हो तो जातक को जन्म देकर उसकी माता की मृत्यु हो जायेगी। इस भाग में अकेले चन्द्रमा के स्थित होने पर जातक बहुत अधिक प्रतिक्रिया में लिप्त होगा और स्त्रियों के धन से अनुचित लाभ उठायेगा।

तृतीय भाग (206.40 डिग्री से 210.00 डिग्री)–इस भाग में यदि लग्न पड़ता हो तो जातक बहरा, अपंग तथा निम्न सेवक होगा अन्यथा वह घमण्डी तथा शत्रुओं पर विजयी होगा। वह ईश्वर में विश्वास रखेगा तथा तीर्थ यात्राएं करेगा।

चतुर्थ भाग (210.00 डिग्री से 213.20 डिग्री)–इस भाग में यदि लग्न भी पड़ता हो और चन्द्रमा पूर्ण कलाओं में हो तो जातक दीर्घायु तथा विद्वान होगा। वह 22 वर्ष की आयु तक संघर्ष करेगा तथा शिक्षक नियुक्त होगां वह

परदेश में बसेगा तथा सरकार से सम्मानित होगा। उसकी बहनों के लिए शुभ नहीं है।

मंगल

विशाखा नक्षत्र में स्थित मंगल पर यदि सूर्य की दृष्टि हो तो जातक प्रायः विदेश में रहेगा और पत्नी से घृणा करेगा। यदि चन्द्रमा की दृष्टि हो तो वह अपनी माता से स्नेह करेगा और पिता से नफरत। बुध की दृष्टि होने पर उसके स्वयं से अधिक बुद्धिमान तथा नेक संतान होगी। यदि बृहस्पति की दृष्टि हो तो वह अपने परिवार तथा परिजनों के प्रति अनुरक्त रहेगा और उनकी भरपूर सहायता करेगा। शुक्र की दृष्टि होने पर वह सरकार में ऊंचे पद पर होगा तथा प्रसिद्ध होगा। यदि शनि की दृष्टि हो तो वह सब प्रकार से नेक मगर कंजूस होगा।

प्रथम भाग (200.00 डिग्री से 203.20 डिग्री)–आय से अधिक खर्च करने की प्रवृति होगी। उसके शरीर और अंगों में कुछ खराबी होगी। वह किसी का भी सम्मान नहीं करेगा। स्त्रियों से उसे कष्ट मिलेगा। सब मिला कर एक दुखी व्यक्ति होगा।

द्वितीय भाग (203.20 डिग्री से 206.40 डिग्री)–इस भाग में सूर्य भी संयुक्त हो तो जातक झूठा, पापी होगा। चन्द्रमा के साथ होने पर वह रक्त-असंतुलन से ग्रस्त होगा तथा कारीगर या खनिक मजदूर के रूप में नौकरी करेगा।

तृतीय भाग (206.40 डिग्री से 210.00 डिग्री)–जातक चमड़े की वस्तुओं का व्यापारी अथवा कुम्हार होगां वह सुरक्षाकर्मी के रूप में भी नियुक्त हो सकता है। कुछ महत्वपूर्ण व्यक्ति अपने स्वार्थों के लिए उससे अनुचित लाभ उठायेंगे और वृद्धावस्था में उसे त्याग देंगे।

चतुर्थ भाग (210.00 डिग्री से 213.20 डिग्री)–पूर्व आषाढ़ नक्षत्र में बुध के स्थित होने पर जातक की शिक्षा अधूरी रहेगी। शनि के साथ जातक 38 वें वर्ष की आयु में छिपे (अप्रकटित) संकटों में पड़ेगा। यदि शुक्र भी यहां पर स्थित हो तो वह अपने वर्ग या समाज में प्रमुख व्यक्ति होगा। गणित और ज्योतिष शास्त्र में प्रवीणता प्राप्त करेगा।

बुध

इस नक्षत्र में स्थित बुध पर सूर्य की दृष्टि हो तो जातक सुखी विवाहित जीवन व्यतीत करेगा। किसी बड़े औद्योगिक संस्थान का अध्यक्ष होगा। यदि चन्द्रमा की दृष्टि हो तो वह मेहनती, धनी तथा शासक वर्ग के निकट सम्पर्क में होगां यदि बृहस्पति की दृष्टि हो तो वह बुद्धिमान तथा धनी होगा। शुक्र की दृष्टि होने पर वह भाग्यवान, धनी तथा जीवन के हर क्षेत्र में सुखी होगां यदि शनि की दृष्टि हो तो वह सभी विपत्तियों का सामना करेगा और दीनावस्था में होगा।

प्रथम भाग (200.00 डिग्री से 203.20 डिग्री)–यदि शनि संयुक्त हो और बुध की दृष्टि हो तो जातक इंजीनियर होकर किसी शिक्षण संस्थान में नियुक्त होगा। इस संयोजन के साथ जातक का विवाह 30 वें वर्ष की आयु में होगा तथा 30 वें या 31 वें वर्ष की आयु में वह सरकारी नौकरी करेगा।

द्वितीय भाग (203.20 डिग्री से 206.40 डिग्री)–इस खण्ड में यदि लग्न भी पड़ता हो तो वह कैंसर से पीड़ित होगा। सूर्य और केतू के साथ होने पर साधारण शिक्षा मगर वह बहुत बुद्धिमान होगा। यदि बुध के साथ सहयोग हो तो उसकी भाग्यहीन पत्नी होगी। सोने का व्यवसाय अथवा शिल्पकार के काम द्वारा कमायेगा। वह विधवाओं से अपनी वासना संतुष्टि करेगा।

तृतीय भाग (206.40 डिग्री से 210.00 डिग्री)–अनुराधा नक्षत्र में शनि के होने पर जातक व्यापारी होगा। यदि इस भाग में शनि भी स्थित हो तो वह अपने और अपने परिजनों की बिमारी पर बहुत धन खर्च करेगा। इन परिस्थितियों के कारण वह कई अवैध कार्य करेगा और भारी दण्ड भोगेगा।

चतुर्थ भाग (210.00 डिग्री से 213.20 डिग्री)–जातक फिजूल खर्च तथा केवल असत्य ही बोलेगा। हस्तकौशल में रूचि लेगा। नीच स्त्रियों की संगति पसन्द करेगा तथा पाप कार्य करेगा। फिर भी यदि शुक्र यहां पर स्थित हो तो वह धनी, विद्वान और सदाचारी होगा।

बृहस्पति

विशाखा नक्षत्र में स्थित बृहस्पति पर यदि सूर्य की दृष्टि हो तो जातक अच्छे स्वास्थ्य और धन के साथ सुखी परिवारिक जीवन बितायेगा।

यदि चन्द्रमा की दृष्टि हो तो धनी परिवार में उत्पन्न होगा। यदि मंगल की दृष्टि हो तो विद्वान तथा साहसी होगा। बुध की दृष्टि हो तो नेक तथा धनी होगा। यदि शुक्र की दृष्टि हो तो उसका प्रभावी व्यक्तित्व होगा और सुन्दर युवतियों की संगति में रहेगा। शानि की दृष्टि होने पर विभिन्न विषयों में प्रवीण तथा बुद्धिमान होगा लेकिन दुखी विवाहित जीवन होगा।

प्रथम भाग (200.00 डिग्री से 203.20 डिग्री)–जब पूर्व आषाढ़ नक्षत्र में बुध, शुक्र तथा केतू और इस भाग में बृहस्पति स्थित हो तो जातक के एक भाई व तीन बहनें होगी। मध्यम शिक्षा होगी। पैतृक सम्पति मिलेगी। शास्त्रों में प्रवीण होगा। वह मुकदमे बाजी में घिरा रहेगा।

द्वितीय भाग (203.20 डिग्री से 206.40 डिग्री)–जातक धार्मिक प्रवृति का तथा धार्मिक अनुष्ठान करने वाला तथा तन्त्र-मन्त्र के कार्य में रूचि लेगा। दयालू होगा, दूसरे उसके पास सहायता के लिए आयेगे।

तृतीय भाग (206.40 डिग्री से 210.00 डिग्री)–उसकी आय का प्रमुख साधन धार्मिक अनुष्ठान तथा इससे सम्बन्धित पवित्र कार्य होंगे। वह बहुत से ब्राह्मणों को भोजन करायेगा। यदि शुक्र भी यहां पर स्थित हो तो वह नीति शिक्षा देगा और नेक राहों पर चलकर सदाचारी जीवन बितायेगा।

चतुर्थ भाग (210.00 डिग्री से 213.20 डिग्री)–जब मूल नक्षत्र में केतू तथा इस भाग में बृहस्पति स्थित हो तो वह कृषक परिवार से सम्बन्धित होगा तथा अपने सहजातकों के लिए संकट उत्पन्न करेगा। व्यापार द्वारा कमाकर सुखी जीवन व्यतीत करेगा। अकेला बृहस्पति जातक को महत्वाकांक्षी बनाता है। यदि शनि की दृष्टि हो तो पांच वर्ष की आयु में वह गम्भीर रूप से बिमार होगा। वह धनी होगा। 30 वें वर्ष की आयु से अच्छा समय आयेगा। उसे आयु के 11 वें वर्ष, 29 वें, 33 वें तथा 37 वें वर्ष में संकटों का सामना करना पड़ेगा।

शुक्र

इस नक्षत्र में स्थित शुक्र पर यदि सूर्य की दृष्टि हो तो जातक की नेक व सुन्दर पत्नी होगी वह जमीन जायदाद का मालिक होगा। यदि चन्द्रमा की दृष्टि हो तो वह मृदुभाषी तथा परिवार में हीरा होगा। वह अति रति क्रिया में रत्त होगा यदि मंगल की दृष्टि हो तो वह क्रूर तथा अवैध तरीकों से कमाने वाला होगा। यदि बुध की दृष्टि हो तो जातक सुन्दर व्यक्तित्व का व शान्त

स्वभाव का होगा। बृहस्पति की दृष्टि होने पर वह वाहन, भवनों का स्वामी होगा तथा बुद्धिमान सन्तान के साथ सुखी विवाहित जीवन व्यतीत करेगा। यदि शनि की दृष्टि हो तो जातक क्रूर, बेईमान तथा किसी लोक निन्दा के काम में लगा होगा।

प्रथम भाग (200.00 डिग्री से 203.20 डिग्री)–शनि के साथ होने पर जातक बुद्धिजीवी होगा, सरकारी नौकरी तथा दो विवाह करेगा। 24 वर्ष की आयु के बाद अच्छा समय। दुखी विवाहित जीवन। 57 वर्ष की आयु के बाद निवास स्थान बदलेगा। यदि चन्द्रमा के साथ हो तो जातक खरीद-फरोख्त (दलाली) के काम में माहिर तथा परिवार में प्रिय व्यक्ति होगा।

द्वितीय भाग (203.20 डिग्री से 206.40 डिग्री)–बुध के साथ होने पर जातक प्रतिभाशाली होगा। सरकार में महत्वपूर्ण पद पर होगा। वह शिक्षा के क्षेत्र में अथवा किसी शिक्षा संस्थान में कार्य करेगा। जातक का पिता कपड़े का व्यापारी होगा।

तृतीय भाग (206.40 डिग्री से 210.00 डिग्री)–इस भाग में यदि सूर्य और चन्द्रमा संयुक्त हो तो जातक शास्त्रों में प्रवीण होगा। उसे दांत के रोग होंगे। माता से अच्छे सम्बन्ध नहीं होंगे। विवाह भी देर से होगा।

चतुर्थ भाग (210.00 से 213.20 डिग्री)–जातक कवि होगा और विदेश यात्राएं करेगा। काव्य प्रतिभा अथवा धार्मिक पुस्तकों के लेखन द्वारा अति धनशाली होगा।

शनि

इस नक्षत्र में स्थित शनि पर यदि सूर्य की दृष्टि हो तो जातक के अपने पिता से हार्दिक सम्बन्ध नहीं होंगे। वह गरीब होगा तथा पिता से कोई सहायता नहीं मिलेगी। यदि चन्द्रमा की दृष्टि हो तो जातक राजनीतिक क्षेत्र में बहुत ऊंचे स्तर पर होगा अथवा किसी औद्योगिक इकाई का अध्यक्ष होगा। यदि मंगल की दृष्टि हो तो हर मामले में उन्मादी होगा और अपने नियोक्ता के लिए समस्या बनेगा। यदि बुध की दृष्टि हो तो जातक कई विद्याओं और शास्त्रों में विद्वान होगा तथा वैभवशाली अस्तित्व का आनन्द लेगा। यदि बृहस्पति की दृष्टि हो तो जातक जीवन के सभी सुख पायेगा।

प्रथम भाग (200.00 डिग्री से 203.20 डिग्री)–इस भाग में लग्न हो और सम्मुख बृहस्पति हो तो जातक गैस और कब्ज से पीड़ित होगा। ज्येष्ठ नक्षत्र में सूर्य और बुध के स्थित होने पर जातक सरकारी संस्थान में वित्तिय या लेखा अधिकारी होगा।

द्वितीय भाग (203.20 डिग्री से 206.40 डिग्री)–यदि राहू और मंगल भी यहां स्थित हों तो उसका विषाक्त रक्त होगा। सूर्य के साथ होने पर जातक का पिता उसके जन्म के समय से ही कष्ट पायेगा। उसे स्वयं भी हर कदम पर रूकावटें मिलेंगी।

तृतीय भाग (206.40 डिग्री से 210.00 डिग्री)–अपनी विशेष नेकियों तथा मिलनसारी के प्रभाव से वह एक मन्त्री के समकक्ष तथा दीघार्यु होगा।

चतुर्थ भाग (213.20 डिग्री से 213.20 डिग्री)–यदि स्वाति नक्षत्र में लग्न पड़ता हो तो वह बहुत धनवान होगा लेकिन चेहरे या दांत में कोई रोग होगी और यदि चन्द्रमा भी यहां पर स्थित हो तो उसका बड़ा परिवार होगा।

राहू

प्रथम भाग (200.00 डिग्री से 203.20 डिग्री)–जातक व्यभिचारी मगर सम्पन्न होगा। फिर भी वह दूसरों की सहायता के तत्पर होगा। उसके अंगों में कुछ खराबी होगी।

द्वितीय भाग (203.20 डिग्री से 206.40 डिग्री)–जातक लड़ाका प्रवृति का होगा। राहू की यह स्थिति उसकी पत्नी की दीर्घायु के लिए ठीक नहीं है। यदि संयोगवश किसी हितकारी ग्रह की दृष्टि से उसकी पत्नी दीर्घायु का भी हो तो वह उसकी बिमारी के कारण मानसिक रूप से परेशान रहेगा तथा उत्तेजित व लड़ने को उद्वत स्वभाव का बन जायेगा।

तृतीय भाग (206.40 डिग्री से 210.00 डिग्री)–जातक जहां धनी और प्रसिद्ध होगा वहां उसकी अपने पिता से नहीं बनेगी वह उससे घृणा करेगा।

चतुर्थ भाग (210.00 डिग्री से 213.20 डिग्री)–जातक भूखा रहने से रोगी हो जायेगा। सूर्य के साथ होने पर वह पिता के दबाव में आकर अपनी बिना पसन्द की लड़की से विवाह करेगा।

केतू

प्रथम भाग (200.00 डिग्री से 203.20 डिग्री)–जातक में आत्मविश्वास नहीं होगा। मानसिक रूप से परेशान रहेगां पुरानी पेचिस से पीड़ित होगा। शनि के साथ होने पर जातक मशीनों से सम्बन्धित पद पर नियुक्त होगा। 35 से 40 वर्ष की आयु का समय शुभ होगा।

द्वितीय भाग (203.20 डिग्री से 206.40 डिग्री)–वह चंचल चित का व्यभिचारी तथा पैतृक सम्पति लुटा देने वाला होगा।

तृतीय भाग (206.40 डिग्री से 210.00 डिग्री)–वह उत्तेजित स्वभाव का वाक्पटु, नेकियों से रहित लेकिन बहादुर और माता-पिता का विरोधी होगा।

चतुर्थ भाग (210.00 डिग्री से 213.20 डिग्री)–अपने व्यवहार में आडम्बरपूर्ण तथा दम्भी व आलसी व्यक्तियों की संगति में आनन्द लेगा।

विशाखा नक्षत्र में उत्पन्न जातकों को पूर्व-आषाढ़, श्रावण, रोहिणी तथा माघ नक्षत्रों में उत्पन्न व्यक्तियों से कोई सम्बन्ध नहीं बनाना चाहिए।

विशाखा नक्षत्र का दशा स्वामी बृहस्पति है जिसके बाद शनि, बुध, केतू, शुक्र, सूर्य और चन्द्रमा का क्रम है।

(iii) विशाखा नक्षत्र में कुछ विशेष अक्षाशों पर कुछ ग्रहों की स्थिति से उत्पन्न परिणाम–

विशाखा नक्षत्र में कुछ ग्रहों के लिए कुछ घातक अक्षांश निर्धारित हैं। विभिन्न ग्रहों के लिए ये अक्षांश इस प्रकार हैंः

बुध–विशाखा नक्षत्र की 1.00 डिग्री (परिक्रमा कक्षा की 201.00 डिग्री)

राहू–विशाखा नक्षत्र की 2.00 डिग्री (परिक्रमा कक्षा की 202.00 डिग्री)

केतू–विशाखा नक्षत्र की 3.00 डिग्री (परिक्रमा कक्षा की 203.00 डिग्री)

उपरोक्त ग्रहीय आकृति में जातक का जन्म, यदि मंगल और बृहस्पति की तीक्षण दृष्टि न हो, तो उसकी दीर्घायु के लिए बाधक है। जब भी ये ग्रह इन घातक अक्षाशों से गुजरें तो कोई मांगलिक कार्य नहीं करना चाहिए। जब भी ये ग्रह इन घातक अक्षाशों से गुजरें तो जातक को सावधानी बरतनी चाहिए।

(iv) उपचार

(1) पुखराज पांच रत्ती का सोने की अंगूठी में जड़वा कर बृहस्पतिवार को दोपहर 12-00 बजे से 3-00 बजे के बीच तीसरी (सूर्य) अंगुल में धारण करें।

(2) मन्त्र संख्या 17 और 30 का जाप करें।

अध्याय – 17

अनुराधा नक्षत्र

सतरहवें राशिचक्र में 213.20 डिग्री से 226.40 डिग्री तक का विस्तार क्षेत्र अनुराधा नक्षत्र है। अरब मंजिल के अनुसार यह "अल-इकलिल" (ताज) है; ग्रीक इसे "स्कोरपिथॅनिस" तथा चीनी मतानुसार इसे "फैंग" कहते हैं। 'अनुराधा' का अर्थ 'सफलता' है। शाक्य के अनुसार अनुराधा नक्षत्र समूह तीन सितारों को होता है, जबकि अन्य धारणाएं संयोजन सितारे को मिलाकर चार सितारों का समूह होता है जो 'कमल' तथा कभी 'छतरी' के आकार का प्रतीत होता है।

अनुराधा नक्षत्र का अधिष्ठाता देवता 'मित्र' है जो बारह आदित्यों में से एक है। आदित्यों के विषय में पूर्ण विवरण हस्त नक्षत्र में दिया जा चुका है। मित्र मस्तिष्क के समरूप है, जिसमें दिमाग की कोशिकाएं, जो अनाज, बून्दों व गुफाओं की प्रतीक है तथा स्नायुतन्तु जो घास, बाल तथा धागे का प्रतीक है।

(I) अनुराधा नक्षत्र में उत्पन्न जातकों के सामान्य परिणाम

(क) पुरुष जातक

1. शारीरिक गठन–जातक का सुन्दर चेहरा तथा चमकीली आंखें होती है। कुछ मामलों में जहां ग्रहों के ठीक संयोजन नहीं होते जातक का चेहरा क्रूर दिखाई देता है।

2. स्वभाव तथा सामान्य घटना–जातक जीवन में बहुत सी बाधाऐं झेलता है। इस पर भी उसमें कठिन से कठिन स्थिति से नियोजित ढ़ंग से निपटने की योग्यता है। फिर भी जब हम उसके चेहरे को देखते हैं तो उस पर एक विलक्षण निराशा अंकित पाते है। उसके इस प्रकार के धुंधले से आभास के दिखाई देने का मुख्य कारण उसके द्वारा समय-समय पर विभिन्न समस्याओं का सामना करना है। और स्पष्ट करने के लिए उसे मानसिक शान्ति नहीं मिलती। एक छोटी सी समस्या भी उसके दिमाग को छेदना शुरू कर देती है और फिर बार-बार की समस्याओं की तो बात ही अलग है।

वह मौका मिलने पर प्रतिशोध लेने की सदा सोचता रहता है। इन कमियों के बावजूद वह अत्यन्त मेहनती होता है और अपने कार्य को पूरा निभाने को सदैव तत्पर रहता है। "कुछ भी हो जाये, अपना काम करते रहो", यही उसका लक्ष्य है। यहां मैं यह बता दूं कि विभिन्न बाधाओं के बावजूद अन्त में उसे इच्छित परिणाम पाने में सफलता मिलती है।

वह ईश्वर में पूर्ण विश्वास रखता है। वह किसी से भी स्थायी रूप से स्थिर सम्बन्ध नहीं रख पाता। उसका जीवन पूर्ण रूप से निस्सहाय मगर स्वच्छन्द होता है। विभिन्न रूकावटों में भी वह आशा का दामन नहीं छोड़ता।

3. शिक्षा, रोजगार/आय के साधन–वह व्यवस्था के क्षेत्र में सफल हो सकता है। यदि वह नौकरी में होगा तो उसमें अपने वरिष्ट अधिकारियों को अपने अनुकूल कर लेने की विशेष योग्यता होती है। वह अल्पायु अर्थात 17 या 18 वर्ष की अवस्था से ही रोजगार के फेर में पड़ जाता है। उसका 17 से 48 वर्ष तक की आयु का समय समस्याओं से पूर्ण होगां जब हम "समस्याओं से पूर्ण" कहते हैं तो इसका मतलब यह नहीं है कि उपरोक्त समय में उसके लिए अच्छा समय होगा ही नहीं। प्रायः वांछित परिणाम और लाभ निश्चित रूप से उसे मिलते दिखाई पड़ते हैं। 48 वर्ष की आयु के बाद का समय बहुत ही अच्छा होगा। इसी समय में वह अपने इच्छित तरीके से जीवन में स्थापित हो जायेगा और जीवन के कष्टों और परेशानियों से वह मुक्त हो जायेगा। यदि चन्द्रमा मंगल के साथ है तो वह डाक्टर अथवा कैमिस्ट बन सकता है।

4. पारिवारिक जीवन–किसी भी स्थिति में उसे अपने सहजातकों से कोई सहायता नहीं मिलेगी। उसे अपने पिता से कोई अवलम्बन या लाभ भी नहीं मिलेगा। कुछ मामलों में उसका अपने पिता से मनमुटाव भी देखा गया है। इसी प्रकार वह माता से भी स्नेह और देखभाल पाने भाग्यशाली नहीं होगा। प्रायः वह अपने जन्म-स्थान से दूर जाकर बसता है। फिर भी उसके जीवन में विभिन्न विपरीत परिणाम, जो ऊपर बताये गये हैं, के बावजूद उसका विवाहित जीवन पूर्णतया संतोषजनक होगा। उसकी पत्नी में एक अच्छी गृहिणी वाले गुण होंगे। जैसा की भगवान की देने के रूप में जब वह अपने बीते जीवन में पिता का अपने प्रति व्यवहार का याद करता है तो वह अपनी सन्तान की पूरी निष्ठा से देखभाल करता है और उनकी प्रत्येक आवश्यकताओं

की पूर्ति पूरे प्यार और स्नेह के साथ करता है। अतः उसकी सन्तान उससे भी ऊंची स्थिति में पहुंचती हैं।

5. **स्वास्थ्य**–उसका स्वास्थ्य सामान्यतः ठीक रहेगा। वह अस्थमा के प्रकोप, दांतों की समस्याएं, खांसी जुकाम कब्ज तथा गले की खराबी से पीड़ित रहेगा। अपने स्वास्थ्य के प्रति लापरवाही के कारण वह दवांए भी ठीक प्रकार से नहीं लेता।

(ख) स्त्री जातक

1. **शारीरिक गठन**–उसके चेहरे पर मासूमियत नजर आती है। कुरुप चेहरे की स्त्री अपनी सुन्दर कमर के कारण पुरुषों के आर्कषण का केन्द्र होती है। अनुराधा नक्षत्र में उत्पन्न स्त्री अपने आर्कषक चेहरे व शरीर के साथ सुन्दर कमर के कारण पुरुषों को अपनी और आकर्षित करती है।

2. **स्वभाव तथा सामान्य घटना**–उसके जीवन में घमण्ड या दर्प को कोई स्थान नहीं है। वह साफ दिल होती है। वह फैशन परस्त नहीं होती। उसका जीवन साधारण तरीके का होता है। उसका व्यक्तित्व निस्वार्थ, सामन्जस्यपूर्ण तथा आकर्षक आभास देता है। वह सामाजिक व राजनीतिक क्षेत्र में दीप्तिमान हो सकती है। वह अपने बुजुर्गों का सम्मान करती है। वह प्रायः अपने मित्र वर्ग में उनकी नेता के रूप में दिखाई पड़ती है।

3. **शिक्षा, रोजगार/आय के साधन**–वह संगीत और ललित कलाओं में अधिक रूचि लेगी। संगीत व नृत्य में कुशल जानकार तथा अकादमिक उपाधि प्राप्त होगी। पेशेवर नृत्यांगनाएं इसी नक्षत्र में उत्पन्न हुई होती हैं।

4. **पारिवारिक जीवन**–वह अपने पति के प्रति निष्ठावान तथा धार्मिक आदर्शों को मानने वाली होगी। अपने बच्चों के लालन-पालन के मामले में वह एक आदर्श माता होगी। अपने ससुराल के प्रति उसकी निष्ठा उसके निजी जीवन को और कीर्तिमान करेगी।

5. **स्वास्थ्य**–वह अनियमित मासिक चक्र से ग्रस्त होगी। श्राव के समय दूषित रक्त के पूर्णतया रूक जाने के कारण उसके तेज दर्द होगा। कुछ मामलों में यह बताया गया है कि माहवारी के प्रकट होने के बाद कुछ धन्टों या एक दो दिन के लिए ये श्राव रूक जाते हैं, तब वास्तविक श्राव शुरू होते हैं। वह सिरदर्द तथा नजला जुकाम से भी पीड़ित हो सकती है।

II अनुराधा नक्षत्र में ग्रहों की स्थिति से उत्पन्न परिणाम

सूर्य

इस नक्षत्र में स्थित सूर्य पर यदि चन्द्रमा की दृष्टि हो तो जातक के ऊपर बहुत सी स्त्रियां निर्भर होंगी। वह जहाजरानी तथा जल से सम्बन्धित उद्योगों द्वारा कमायेगा। यदि मंगल की दृष्टि हो तो वह वीर तथा युद्ध विद्या में निपुण होगा। बुध की दृष्टि हो तो वह ललित कलाओं में रूचि लेगा तथा यही उसकी आजीविका होगी। यदि बृहस्पति की दृष्टि हो तो वह राजनीतिज्ञों के निकट सम्पर्क में होगा तथा निजी स्वार्थों के लिए उनसे अनुचित लाभ उठायेगा। यदि शुक्र की दृष्टि हो तो वह स्वयं अच्छे राजनीतिक पद पर होगा और सुखी विवाहित जीवन पायेगा। यदि शनि की दृष्टि हो तो जातक धोखेबाज पाप करने वाला तथा शासन से सजा प्राप्त होगा।

प्रथम भाग (213.20 डिग्री से 216.40 डिग्री)–जातक वीर व सम्मानित होगा। शत्रुओं का विनाश करने की शक्ति होगी। सदैव स्त्री संसर्ग को लालायित। प्रायः वह विदेश में या अपने जन्म स्थान से दूर बसेगा।

द्वितीय भाग (216.40 डिग्री से 220.00 डिग्री)–जातक देखने में क्रूर, बेवकूफ, अति चंचल मन का धनवान और विद्वान होगा। उसका घमण्ड शत्रु बनायेगा।

तृतीय भाग (220.00 डिग्री से 223.20 डिग्री)–वह समाज में दीन-हीन व्यक्तियों के पास भी नहीं फटकेगा जबकि वह स्वयं भी मध्यम या निम्नवर्ग से सम्बन्धित होगा। बेकार की शान-शौकत दिखायेगा।

चतुर्थ भाग (223.20 डिग्री से 226.40 डिग्री)–वह विभिन्न कलाओं में प्रवीण होगा। उसमें सही निर्णय करने की प्रतिभा। सुन्दर स्त्रियों की संगति में वह खुशियाँ प्राप्त करेगा। प्रत्येक कार्य जो वह करेगा ईमानदारी से पूरा करेगा।

चन्द्रमा

अनुराधा नक्षत्र में स्थित चन्द्रमा पर सूर्य की दृष्टि हो तो जातक के दो माता तथा दो पिता होगें। मंगल की दृष्टि होने पर वह राजा का विश्वासपात्र तथा बुध की दृष्टि होने पर नीच और ऊधम होगा। यदि

बृहस्पति की दृष्टि हो तो रोगी होगा। शुक्र की दृष्टि होने पर वह निर्धन तथा शनि की दृष्टि होने पर मन्त्री के समकक्ष राजनीतिक पद पर होगा या स्वयं मन्त्री होगा।

प्रथम भाग (213.20 डिग्री से 216.40 डिग्री)–जातक भाषण कला में प्रवीण, धैर्यवान सम्मानित, प्रसिद्ध तथा शक्तिशाली होगा। यदि राहू भी यहां स्थित हो तो उसे मुख के रोग होंगे।

द्वितीय भाग (216.40 डिग्री से 220.00 डिग्री)–इस भाग में चन्द्रमा तथा उत्तर फाल्गुनी नक्षत्र में शुक्र की स्थिति जातक को सरकार में उच्च पदाधिकारी बनायेगी।

तृतीय भाग (220.00 डिग्री से 223.20 डिग्री)–इस भाग में सूर्य भी स्थित हो और पूर्वफाल्गुनी नक्षत्र में लग्न पड़ता हो और इस भाग में शनि की दृष्टि सूर्य और चन्द्रमा पर हो तो जातक की माता की मृत्यु का योग है।

चतुर्थ भाग (223.20 डिग्री से 226.40 डिग्री)–वह लापरवाह तथा रोगी होगा और प्रतापी सा दिखाई देगा। उसे परिवार का सुख प्राप्त नहीं हो सकेगा। कुछ मामलों में उसका विवाह ही नहीं होगा और यदि होता भी है तो वह पत्नी को छोड़ देगा।

मंगल

अनुराधा नक्षत्र में स्थित मंगल पर सूर्य की दृष्टि हो तो जातक अपनी पत्नी से नफरत करेगा और दूर जा बसेगा। यदि चन्द्रमा की दृष्टि हो तो वह माता से प्यार करेगा मगर पिता से बैर होगा। यदि बुध की दृष्टि हो तो उसके स्वयं से अधिक बुद्धिमान संतान होगी। बृहस्पति की दृष्टि हो तो वह अपने परिवार के प्रति अनुरक्त होगा और अपने परिजनों की सहायता करेगा। यदि शुक्र की दृष्टि हो तो वह सरकार में उच्च पद पर तथा प्रसिद्ध होगा। यदि शनि की दृष्टि हो तो नेक मगर साथ ही कंजूस होगा।

प्रथम भाग (213.20 डिग्री से 216.40 डिग्री)–इस भाग में मंगल चन्द्रमा के साथ हो ओर इसी भाग में लग्न भी पड़ता हो तो मादा जातक अवैध कार्य करेगी तथा दिल से क्रूर होगी। इसी संयोजन के साथ नर जातक सख्त दिल, मलिन दुराग्रही, तथा सबके लिए समस्याएं उत्पन्न करने वाला होगा।

द्वितीय भाग (216.40 डिग्री से 220.00 डिग्री)–इस भाग में सूर्य और चन्द्रमा के साथ अश्लेष नक्षत्र में लग्न होने पर जातक 9 वर्ष की आयु में मर जायेगा।

तृतीय भाग (220.00 डिग्री से 223.20 डिग्री)–जातक कामलोलुप होगा तथा अपने धनी मित्रों का अनुग्रह प्राप्त करेगा। यदि बृहस्पति की दृष्टि हो तो वह आकर्षक, खुश धनी तथा माता-पिता का दुलारा होगा।

चतुर्थ भाग (223.20 डिग्री से 226.40 डिग्री)–उसकी विशाल कृषि जायदाद होगी और इससे अच्छी आय होगी।

बुध

इस नक्षत्र में स्थित बुध पर सूर्य की दृष्टि हो तो जातक सुखी विवाहित जीवन व्यतीत करेगा तथा किसी बड़े औद्योगिक संस्थान का अध्यक्ष होगा। यदि चन्द्रमा की दृष्टि हो तो वह मेहनती, धनी तथा शासक वर्ग के निकट सम्पर्क में होगा। बृहस्पति की दृष्टि होने पर वह धनी तथा बुद्धिमान होगा; शुक्र की दृष्टि होतो जीवन के हर क्षेत्र में सुखी, भाग्यवान होगा तथा धन संचय करेगा। यदि शनि की दृष्टि हो तो वह सभी विपत्तियों का सामना करेगा तथा दरिद्र होगा।

प्रथम भाग (213.20 डिग्री से 216.40 डिग्री)–जातक हाजिर जवाब व प्रसन्नचित होगा। जीवन में रूकावटों तथा बाधाओं का सामना करेगा। उसमें एक कमी यह होगी कि वह अपने धन की परवाह नहीं करेगा और उसके परिजन सारे धन को हड़प जायेगें। अन्त में वह अपना धन वापस लेने की कोशिश करेगा मगर मिलेगा नहीं। फिर भी यदि अनुकूल दशा हो तो कुछ क्षतिपूर्ति हो जायेगी।

द्वितीय भाग (216.40 डिग्री से 220.00 डिग्री)–यदि यहां पर बृहस्पति भी अशुभ दृष्टि के साथ स्थित हो तो जातक निसंतान होगा। कुछ मामलों में एक पुत्री होती पायी गयी है। अकेला बुध उसे पर्याप्त धन तथा सुख प्रदान करेगा, फिर भी उसे पत्नी से व्यवहार करते हुए सावधान रहना चाहिए, क्योंकि एक छोटी सी पराकाण्ठा सारा खेल बिगाड़ देगी, परिणाम स्वरूप उसका विवाहित जीवन दुखमय हो जायेगा।

तृतीय भाग (220.00 डिग्री से 223.20 डिग्री)–जब रोहिणी नक्षत्र में लग्न पड़ता हो तो मादा जातक का विवाह सौभाग्य सूचक होगा लेकिन उसके पति में कामप्रवृति की कमी होगी तथा रतिक्रिया के बाद कलह शुरू हो जाती है। फिर भी उसका पति धनवान तथा सुख प्रदान करने वाला और अन्य प्रत्येक प्रकार से ठीक होगा।

चतुर्थ भाग (223.20 डिग्री से 226.40 डिग्री)–जातक अच्छे शरीर का, गुणवान अच्छा जीवन साथी पाने में भाग्यशाली होगा। वह शिक्षक या महिला हॉस्टल का वार्डन होगा। यदि शनि और मंगल की अशुभ दृष्टि हो तो वह नीच स्त्रियों के दल का नेता होगा।

बृहस्पति

अनुराधा नक्षत्र में स्थित बृहस्पति पर यदि सूर्य की दृष्टि हो तो जातक धन, स्वास्थ्य तथा सुखी परिवारिक जीवन से युक्त होगा। यदि चन्द्रमा की दृष्टि हो तो जातक राजसी वैभव में उत्पन्न होगा। मंगल की दृष्टि हा तो वह विद्वान तथा साहसी व्यक्ति होगा। यदि बुध की दृष्टि हो तो नेक तथा धनी होगा। शुक्र की दृष्टि होने पर उसका प्रभावशाली व्यक्तित्व होगा तथा सुन्दर युवतियों की संगति में रहेगा। यदि शनि की दृष्टि हो तो उसमें विभिन्न विषयों में उच्च बुद्धिमता तथा कुशलता होगी मगर विवाहित जीवन सुखी नहीं होगा।

प्रथम भाग (213.20 डिग्री से 216.40 डिग्री)–जब सूर्य भी यहां पर स्थित हो और लग्न भी पड़ता हो तो जातक की 22 वर्ष की आयु में मृत्यु हो जायेगी।

द्वितीय भाग (216.40 डिग्री से 220.00 डिग्री)–वह सुरक्षा या पुलिस विभाग में दूसरों से वरियता पर होगा। वह धन और पुत्रों से युक्त नेक तथा उदार व्यक्ति होगा।

तृतीय भाग (220.00 डिग्री से 223.20 डिग्री)–यदि शुक्र की दृष्टि हो तो वह गणित में कुशल होगा। मंगल की साथ होने पर वह प्रोस्टैन्ट-ग्रन्थी के बढ़ जाने के रोग से ग्रस्त होगा।

चतुर्थ भाग (223.20 डिग्री से 226.40 डिग्री)–यदि इस भाग में मंगल की बृहस्पति पर दृष्टि हो तो जातक साहसी, बड़ों के प्रति विनम्र लेकिन कमाऊ खाऊ होगा।

शुक्र

इस नक्षत्र में स्थित शुक्र पर यदि सूर्य की दृष्टि हो तो जातक की सुन्दर पत्नी होगी तथा वह जमीन जायदाद का मालिक होगा। यदि चन्द्रमा की दृष्टि हो ता वह परिवार में नगीना होगा और मृदुभाषी होगा। वह अति कामक्रीड़ा में लिप्त होगा। यदि मंगल की दृष्टि हो तो वह क्रूर तथा अवैध कार्यों द्वारा धन वाला होगा। बुध की दृष्टि होने पर वह सुन्दर व्यक्तित्व व शान्त स्वभाव का होगा। यदि बृहस्पति की दृष्टि हो तो भवनों, वाहनों तथा स्त्रियों का स्वामी होगा उसके बुद्धिमान सन्तान होगी तथा सुखी विवाहित जीवन होगा। यदि शनि की दृष्टि हो तो वह क्रूर, बेईमान तथा मुकदमों में फंसा हुआ व्यक्ति होगा।

प्रथम भाग (213.20 डिग्री से 216.40 डिग्री)–उसके लिए विवाह एक खेल जैसा होगा उसका लक्ष्य केवल काम-वासना शान्त करना होगा और वह रतिक्रिया में आनन्द लेगा। मादाजातक पेशाब की बिमारी से ग्रस्त होगी।

द्वितीय भाग (216.40 डिग्री से 220.00 डिग्री)–जातक आर्थिक कमी से परेशान होगा तथा वह नीच स्त्रियों की मोहबत में रहेगा तथा यौन रोगों से ग्रस्त रहेगा। उस पर मुकदमा भी चलेगा।

तृतीय भाग (220.00 डिग्री से 223.20 डिग्री)–नरजातक मूत्राशय की खराबी तथा मादा गर्भाश्य या डिम्ब की परेशानी से पीड़ित होगें। फिर भी वे सामान्य रूप से जीवन बितायेगें।

चतुर्थ भाग (223.20 से 226.40 डिग्री)–रसायन क्षेत्र में कार्यरत होगा। चूना बनाने में कुशल। वह अनिन्द्रारोगी अथवा नींद में चलने की बिमारी से ग्रस्त होगा।

शनि

अनुराधा नक्षत्र में स्थित शनि पर यदि सूर्य की दृष्टि हो तो जातक गरीब होगा। पिता से अच्छे सम्बन्ध न बनने के कारण पिता के सहारे से

वंचित होगा। यदि चन्द्रमा की दृष्टि हो तो वह राजनीतिक क्षेत्र में बहुत अच्छे स्तर पर होगा या किसी औद्योगिक इकाई में अध्यक्ष होगा। मंगल की दृष्टि होने पर हर मामले में उन्मादी तथा अपने नियोक्ता के लिए एक समस्या होगा। यदि बुध की दृष्टि हो तो वह कई शास्त्रों में विद्वान तथा धन-वैभव का आनन्द लेने वाला होगा। यदि बृहस्पति की दृष्टि हो तो वह जीवन के सभी सुखों से सम्पन्न होगा।

प्रथम भाग (213.20 डिग्री से 216.40 डिग्री)–जातक अनैतिक तथा अवैध कार्य करेगा। वह हत्यारा तथा चोर होगा। मध्यम कद। वह दूसरों को परेशानी में डालने वाला साहसिक कार्यों को करने में विश्वास करता है।

द्वितीय भाग (216.40 डिग्री से 220.00 डिग्री)–जातक मूर्ख होता है। चौड़े कन्धे व गन्जा होता है। उसका लड़ाका स्वभाव उसके व्यवसाय की प्रगति में बाधक होता है। दूसरों की सम्पति के दुरूपयोग की प्रवृति उसे कानूनी मामलों में फंसा देगी।

तृतीय भाग (220.00 डिग्री से 223.20 डिग्री)–वह क्रूर हृदय होगा। 52 वर्ष की आयु के बाद उसका अच्छा समय आयेगा। यदि मूल नक्षत्र में केतू स्थित है तो वह सरकार से लाभान्वित होगा। भीतर से दुखी मगर प्रकट में खुश दिखाई देगा।

चतुर्थ भाग (223.20 डिग्री से 226.40 डिग्री)–जातक को अग्नि और शास्त्र से खतरा होगा। उस पर अभियोग चलेगा। वह किसी संक्रामक रोग से भी पीड़ित होगा। आय से अधिक खर्च करेगा। वह काले रंग का होगा। विषय-वासना को छोड़कर बाकि के अवगुण अर्थात जुआ, रेस आदि होंगे वह क्रूर प्रकार का व्यक्ति होगा।

राहू

प्रथम भाग (213.20 डिग्री से 216.40 डिग्री)–यदि इस भाग में लग्न भी पड़ता हो तो उसका स्वास्थ्य कमजोर होगा। परिवार में समस्याएं होगी तथा उसे उसकी शिक्षा तथा स्तर से नीचे के व्यवसाय मिलेगें।

द्वितीय भाग (216.40 डिग्री से 220.00 डिग्री)–स्वार्थी स्वभाव का होगा। यदि चन्द्रमा भी यहां स्थित हो तो जातक राजसी वैभव पायेगा।

वृद्धावस्था में धनी होगा। इसी संयोजन से तथा माघ नक्षत्र में लग्न के साथ होने पर वह निसंतान होगा यदि उसकी पत्नी के बच्चे हुए भी तो वह छोटी आयु में मर जायेगें।

तृतीय भाग (220.00 डिग्री से 223.20 डिग्री)–हस्त नक्षत्र में लग्न, चित्रा नक्षत्र के चर्तुथ भाग में शनि और मंगल का आधिपत्य तथा इस भाग में राहू के स्थित होने पर बालक एक वर्ष से अधिक जीवित नही रहेगा। इस भाग में अकेला राहू जातक को ठीक जीवन तथा अच्छा परिवार प्रदान करेगा।

चतुर्थ भाग (223.20 डिग्री से 226.40 डिग्री)–जब पूर्व आषाढ़ नक्षत्र में बुध, बृहस्पति तथा शनि के साथ लग्न पड़ता हो और यहां पर राहू स्थित हो तो बालक कुछ घन्टे ही जीवित रहेगा।

केतू

प्रथम भाग (213.20 डिग्री से 216.40 डिग्री)–शनि और बुध के साथ जातक विद्वान, तथा अच्छी स्थिति में होगा। लेकिन शनि के कारण उसकी प्रगति धीमी और विलम्ब से होगी। वह धार्मिक शिक्षक होगा।

द्वितीय भाग (216.40 डिग्री से 220.00 डिग्री)–केतू के आधिपत्य के लिए बिल्कुल भी शुभ स्थिति नहीं है। वह सम्पति के मामलों में मुकदमें बाजी में पड़ा रहेगा तथा भारी हानि उठायेगा। वह अन्य नीच जाति की स्त्रियों से काम-सम्बन्ध रखेगा। उसके शत्रु उसके लिए सभी संभावित मुश्किलें उत्पन्न करेंगे।

तृतीय भाग (220.00 डिग्री से 223.20 डिग्री)–शनि के साथ होने पर जातक इंजीनियर होगा। 24 वर्ष की आयु तक उसे कोई स्थायी काम नहीं मिलेगा। 30 वर्ष की आयु के बाद अच्छी स्थिति प्राप्त करेगा तथा जीवन के सभी सुख-ऐश्वर्यों का आनन्द लेगा।

चतुर्थ भाग (223.20 डिग्री से 226.40 डिग्री)–जातक का निवास प्रायः बदलता रहेगा। पैतृक सम्पति बेच कर वह परदेश में भटकता रहेगा। स्त्रियों के द्वारा हानि उठायेगा।

अनुराधा नक्षत्र में उत्पन्न जातकों को मूल, उत्तर-आषाढ़, अश्लेष, आर्द्रा तथा पुनर्वसु लक्षत्रों में उत्पन्न व्यक्तियों के साथ सम्बन्ध नहीं बनाने चाहिए।

इस नक्षत्र का दशा स्वामी शनि है, जिसके बाद बुध, केतू, शुक्र, सूर्य, चन्द्रमा, मंगल और राहू का क्रम है।

(iii) अनुराधा नक्षत्र में कुछ विशेष अक्षाशों पर कुछ ग्रहों की उपस्थिति से उत्पन्न परिणाम–

अनुराधा नक्षत्र में कुछ ग्रहों के लिए कुछ घातक अक्षांश होते हैं। विभिन्न ग्रहों के लिए ये घातक अक्षांश इस प्रकार हैं :

शुक्र–अनुराधा नक्षत्र की 2.40 डिग्री (परिक्रमा कक्षा की 216.00 डिग्री)

बुध–अनुराधा नक्षत्र की 6.40 डिग्री (परिक्रमा कक्षा की 220.00 डिग्री)

बृहस्पति–अनुराधा नक्षत्र की 6.40 डिग्री (परिक्रमा कक्षा की 220.00 डिग्री)

उपरोक्त ग्रहीय आकृति में जातक का जन्म, यदि शक्तिशाली चन्द्रमा की दृष्टि न हो, उसकी दीर्घायु के लिए बाधक है। जब भी उपरोक्त ग्रह अपने-अपने घातक अक्षांशों से गुजरे तो कोई मांगलिक कार्य नहीं करना चहिए। इन ग्रहों के उपरोक्त घातक अंक्षाशों से गुजरने के समय जातक को सावधानी बरतनी चाहिए।

(iv) उपचार

(1) मूंगा ग्यारह रत्ती का चांदी अथवा ताम्बे की अंगूठी में जड़वा कर मंगलवार का प्रातः 10.30 बजे से दोपहर 1.30 बजे के बीच तीसरी (सूर्य) अंगुल में धारण करें; और मोती चार रत्ती का चान्दी की अंगूठी में जड़वा कर सोमवार को प्रातः 6-00 और 7-00 के बीच चौथी (बुध) अंगुल में धारण करें।

(2) मन्त्र संख्या 21 और 27 का नियमित जाप करें।

अध्याय – 18

ज्येष्ठ नक्षत्र

अठारहवें राशिचक्र के विस्तार में 226.40 डिग्री से 240.00 डिग्री तक का क्षेत्र ज्येष्ठ नक्षत्र है। अरबमंजिल के अनुसार यह "अल्-कलब" (बिच्छु का दिल)"; ग्रीक इसे 'अन्तेरेस' कहते हैं। चीनी "स्यू" के अनुसार यह 'सिन' है। ज्येष्ठ नक्षत्र समूह में सीधी दिशा में तीन सितारें जो पेन्डन्ट अर्थात कान में लटकने वाली बाली के होते हैं। ज्येष्ट का अर्थ "वृद्ध" है। एक सिद्धान्त के अनुसार नक्षत्रों की श्रृंखला या श्रेणी ज्येष्ट नक्षत्र से आरम्भ हुई थी। अगर ऐसा है तो इसका अर्थ प्राचीनतम उचित है।

ज्येष्ट नक्षत्र का अधिष्ठाता देवता इन्द्र है। इन्द्र सृष्टि के जीवों का शरीर निर्माता है। वह वृषभ तथा शत किलाओं का विनाशक तथा सार्वभौम प्राण व जीवन के रूप में जाना जाता है। इन्द्र पाँच प्राणों (1-उदान; 2-प्राण; 3-अपान; 4-समान तथा 5-व्यान) में समविष्ट है। भगवान इन्द्र का निवास अमरावती में हैं।

(I) ज्येष्ट नक्षत्र में उत्पन्न जातकों के सामान्य परिणाम

(क) पुरुष जातक

1. शारीरिक गठन–उसकी बहुत अच्छी शारीरिक ऊर्जस्विता तथा आर्कषक मुखाकृति होगी। यह देखा गया है कि इस नक्षत्र में उत्पन्न प्रायः जातकों के दांत खराब होते हैं। ये दांत या तो छिदरे होते है या बाहर को निकले हुए होते हैं। अलग ये दोनों खराबियां न भी हों तो उनके दाँतों की रंगत अलग तरह की होती है।

2. स्वभाव तथा सामान्य घटना–जातक मन का साफ तथा मर्यादित होता है लेकिन उसके अपने विचारों को दूसरों पर प्रकट न करने की आदत के कारण उसकी ये विशेषताएं छुपी रहती है। वह छोटी सी भी समस्या का सामना नहीं कर सकता। यह ऐसा व्यक्ति होता है जिसे कोई भेद की बात अथवा गुप्त बात नहीं बतानी चाहिए। वह किसी भी बात को, चाहे वह उससे ही सम्बन्धित क्यों न हो, मन में नहीं रख सकता। जब तक वह इसे दूसरों पर प्रकट नही कर लेता वह बेचैन रहता है और ठीक से सो भी नहीं पाता

इस नक्षत्र में उत्पन्न कई व्यक्ति मेरे पास आये कि उन्हें ठीक से नींद न आने की शिकायत है। जब उनसे इस शिकायत के पीछे कारणों का पता किया गया तो सभी ने माना कि उनके मन में एक विलक्षण सी उथल-पुथल रहती है और जब तक इस उथल-पुथल का कारण प्रकट न कर दिया जाये उन्हें चैन नहीं पड़ता। इसलिए वह अगली सुबह को सबसे पहले मिलने वाले व्यक्ति को सब बता देता है।

जातक क्रोधी तथा दुराग्रही होता है। अपनी इस प्रवृति के कारण वह अक्सर समस्याओं का सामना करता है और अपनी प्रगति के मार्ग में बाधाएं पाता है। वह दूसरों की सलाह कभी नही मानता। वह अपनी अर्न्तात्मा के अनुसार कार्य करता है।

सिद्धान्तों के मामले में विभिन्न विषयों पर वह बिना कोई मौका या परिस्थिति देखे फौरन निर्णय कर लेता है जिस कारण वह संदिग्ध अथवा खतरनाक परिस्थिति में फंस जाता है। अपने क्रोधी स्वभाव के कारण वह अपने हितकारियों, जिन्होने जरूरत पड़ने पर उसकी सहायता की थी, के लिए भी समस्याऐं तथा मुसीबते उत्पन्न कर देता है और उनसे बुरा बर्ताव भी करता है। उसे अपने परिजनों से किसी भी सहायता की आशा नहीं होती। ऊपर से तो वह दम्भी नजर आता है मगर जब हम उसे नजदीक से परखते हैं तो पाते हैं कि वह वास्तव में उससे विपरीत है।

जातक को नशीली दवाओं, शराब आदि से दूर रहना चाहिए। क्योंकि इनके नशें में वह बहक जाने पर अपनी अर्जित प्रतिष्ठा खो बैठेगा, जिससे उसके व्यवसास तथा परिवारिक जीवन पर आघात लगेगा।

3. शिक्षा, रोजगार/आय के साधन–छोटी आयु में वह घर छोड़कर दूर स्थान पर आश्रय लेगा। अपने प्रयत्नों से ही वह अपनी रोजी कमा पायेगा। अपने कार्यक्षेत्र में ईमानदारी के कारण वह अपनी वर्तमान स्थिति से जल्दी उभरता है। उसके व्यवसायों व कार्यों में अक्सर बदलाव पाया गया है।

उसकी 50 वर्ष तक की आयु का समय कड़े परीक्षण का होगा। इसके बाद ही उसके जीवन में ठहराव आयेगा। 18 से 26 वर्ष की आयु का समय उसके लिए ज्यादा कष्टकारक होगा। इस समय मं आर्थिक तथा मानसिक परेशानियों से गुजरेगा यहां तक कि उसका मानसिक संतुलन भी बिगड़ सकता

है। 27 वर्ष की आयु के बाद उसका जीवन ठहराव को और अग्रसर होगा और फिर भी 50 वर्ष की आयु तक यह उन्नति बहुत धीमी होगी।

4. पारिवारिक जीवन–वह अपनी माता तथा सहजातक से किसी भी सहायता की आशा नहीं रख सकता बल्कि वे उसके शत्रु बन जायेंगे। अपने परिजनों द्वारा वह पसन्द नहीं किया जायेगा। यह सब इस कारण है कि ज्येष्ट नक्षत्र में उत्पन्न जातकों का अस्तित्व व पहचान अलग होती है।

उसकी पत्नी उस पर हावी रहेगी तथा उसके नशे के प्रति आदतों का प्राणपण से विरोध करेगी। जबकि उसका विवाहित जीवन सुव्यवस्थित होगा तथा इससे वह पूर्ण सुख प्राप्त करेगा। समय-समय पर पत्नी की स्वास्थ्य समस्याएं अथवा न टलने वाली परिस्थितियों के कारण उससे अलगाव उसके मन पर बहुत प्रभाव डालेगी।

5. स्वास्थ्य–जातक बुखार, पेचिस, खांसी-जुकाम, अस्थमा के प्रकोप तथा पेट की समस्याओं से प्रायः ग्रस्त रहेगा। यह देखा गया है कि ऐसे लोग प्रायः किसी न किसी रोग से ग्रस्त रहते हैं। उसे कन्धो व बाजुओं में भी तेज दर्द रहेगा।

(ख) स्त्री जातक

ज्येष्ट नक्षत्र में उत्पन्न स्त्री जातकों के परिणाम कमो-बेश इसी नक्षत्र के पुरुष-जातकों वाले ही होंगे। इसके अतिरिक्त निम्न परिणाम और होंगेः

1. शारीरिक गठन–लम्बे बाजुओं के साथ सुगठित और संतुलित शरीर। साधारण से ऊचाँ कद। चौड़ा चेहरा, छोटे घुंघराले बाल होंगे।

2. स्वभाव तथा सामान्य घटना–उसमें अति भावुकता, कामुकता, ईष्या तथा गहरे प्रेम की अनुभूति होती है। वह बुद्धिमान, विचारशील तथा अनुबोधक होती है। वह अपने बारे में लोगों के विचार जानने की इच्छुक होती है। फिर भी उसकी स्वाभाविक जन्मजात स्त्रियोचित गुण उसे परिवार में दबंग नहीं बनने देंगे। वह एक अच्छी व्यवस्थापक होगी।

3. शिक्षा, रोजगार/आय के साधन–खेलों में निपुण, माध्यमिक शिक्षा होगी। प्रायः घर में अपने पति की सफलता के द्वारा अपने जीवन को संवारने में संघर्षशील रहेगी। अतः ज्येष्ट नक्षत्र में उत्पन्न स्त्रियां कोई व्यवसाय या रोजगार नहीं करती।

4. पारिवारिक जीवन–उसका संतानरहित अव्यवस्थित विवाहित जीवन देखा गया है। कुछ मामलों में यह भी पाया गया है कि वह अपने ससुराल वालों की प्रताड़ना की शिकार होती है और उसके अपने परिजनों तथा पड़ौसियों से सावधानी पूर्वक व्यवहार करना चाहिए क्योंकि यही लोग उसके जीवन में जहर घोल सकते है। उसके लिए निश्चिन्त होने का कोई समय नहीं होता। जबकि वह अपने बच्चों को अपने नियमानुसार चलाना चाहती है, मगर वे बड़े होकर उसका अपने प्रति बचपन का व्यवहार देख कर, बदला लेने के लिए उसे नकार देते है।

5. स्वास्थ्य–उसका स्वास्थ्य बहुत अच्छा नहीं होगा। इस नक्षत्र में उत्पन्न जातक गर्भाशय की अव्यवस्था (गड़बड़ी) से ग्रस्त पायी गयी हैं। उसे कन्धे और बाजुओं में दर्द, निर्बल ग्रन्थियों के फैलाव से ग्रस्त होने का योग है।

II ज्येष्ट नक्षत्र में ग्रहों की स्थिति से उत्पन्न परिणाम

सूर्य

इस नक्षत्र में सूर्य पर यदि मंगल की दृष्टि हो तो जातक क्रूर तथा लाल नेत्रों वाला होगा। यदि बुध की दृष्टि हो तो अच्छे व्यक्तित्व का तथा सुखी होगा मगर अपनी आयु के चौथे दशक में धन विहीन होगा। यदि बृहस्पति की दृष्टि हो तो जातक राजनीति में प्रसिद्ध होगा अथवा सरकार या किसी शिक्षण संस्थान में ऊंचे पद पर आसीन होगा। वह अति धनी होगा तथा गरीबो को भीख अथवा दान देगा। शुक्र की दृष्टि होने पर वह अन्य स्त्रियों के साथ काम-वासनाओं में लिप्त होगा तथा धन विहीन होगा। यदि शनि की दृष्टि हो तो जातक गरीब, काहिल तथा रोगी होगा, लेकिन शनि की यह दृष्टि अगर नवमस स्थिति में हो तो जातक बुद्धिमान, अमीर तथा सरकार में शक्तिशाली स्थिति में होगा और अपने पिता का बैरी होगा।

प्रथम भाग (226.40 डिग्री से 230.00 डिग्री)–विष, अग्नि या शास्त्र से खतरा। यदि शनि और चन्द्रमा भी यहां पर स्थित हो तो जातक 9 वर्ष की आयु तक जीवित रहेगा।

द्वितीय भाग (230.00 डिग्री से 233.20 डिग्री)–जब यह भाग सूर्य के स्थित होने के साथ लग्न युक्त भी हो तो जातक कम बालों वाला या गंजा,

लम्बे कद का होगा। वह खुजली से परेशान, आंखों का रोगी होगा। वह किसी भी मामले में धैर्य तथा किसी के भी प्रति सहानुभूति नही रखेगा।

तृतीय भाग (233.20 डिग्री से 236.40 डिग्री)–यदि नर जातक का जन्मदिन के समय हो और इस भाग में सूर्य पर शनि और मंगल की दृष्टि हो तो जातक के जन्मते ही उसके पिता की मृत्यु हो जायेगी। (मादा जातकों के जन्म के कारण पिता को कोई खतरा नहीं है)।

चतुर्थ भाग (236.40 डिग्री से 240.00 डिग्री)–इस भाग में यदि सूर्य अशुभ ग्रहों से घिरा हो तो, प्राचीन मान्यताओं के अनुसार जातक के जन्मते ही पिता की मृत्यु होगी। मगर मेरी खोज के अनुसार यह देखा गया है कि इस संयोजन से जातक को पिता दीर्घायु होता है। फिर भी यह पाया गया है कि इस भाग में सूर्य का अशुभ ग्रहों से घिरा होना और मृगशीर्ष नक्षत्र के चौथे भाग में अथवा आर्द्रा नक्षत्र में मंगल और शनि के स्थित होने से जातक के जन्मते ही उसके पिता की मृत्यु दुर्घटनाओं के कारण होगी।

चन्द्रमा

इस नक्षत्र में स्थित चन्द्रमा पर यदि सूर्य की दृष्टि हो तो जातक सहायता के लिए आये याचकों के प्रति दयालू होगा मगर सब मिला कर वह क्रूर प्रवृति का होगा और सरकार से प्राप्त शक्तियों और अधिकारों का उपयोग करेगा। यदि मंगल की दृष्टि हो तो वह समाज के कुछ वर्गों पर आश्रित होगा और उसे दांत और कान का कष्ट होगा। यदि बुध की दृष्टि हो तो वह जीवन के सभी सुखों, प्रसिद्धि तथा यश का आनन्द लेगा। बृहस्पति की दृष्टि होने पर वह अति विद्वान तथा दूसरों को ज्ञान देने वाला होगा। यदि शुक्र की दृष्टि हो तो वह धनी तथा स्त्रियों की अच्छी संगति में रहेगा। शनि की दृष्टि होने पर उसका स्वास्थ्य खराब होगा। वह दूसरों के प्रति क्रूर तथा नेक बच्चों के मामलें में भाग्यशाली नहीं होगा।

प्रथम भाग (226.40 डिग्री से 230.00 डिग्री)–इस भाग में यदि चन्द्रमा पर अशुभ ग्रहों की दृष्टि हो तो अग्नि या शस्त्र द्वारा मृत्यु होने का संकेत है। इस भाग में उत्पन्न हुए बच्चे के विषय में भविष्यवाणी उसके एक वर्ष का हो जाने के बाद ही करनी चाहिए, क्योंकि प्रथम वर्ष में बच्चे के जीवन को खतरा हो सकता है।

द्वितीय भाग (230.00 डिग्री से 233.20 डिग्री)–इस भाग में जब चन्द्रमा पर शनि की दृष्टि हो तो जातक स्वार्थी होगा, बड़े भाई से घृणा करेगा। पाखण्डी होगा मगर सुखी होगा। क्रोधी स्वभाव का तथा अनजान स्त्रियों के साथ अति काम-सम्बन्धों में लिप्त होगा।

तृतीय भाग (223.20 डिग्री से 236.40 डिग्री)–यदि शनि भी यहां पर स्थित हो तो जातक अपने से बड़ी आयु की स्त्रियों का शौकीन तथा शास्त्रों में निपुण होगा। उसकी पत्नी चरित्रहीन होगी। वह माता-पिता की निन्दा करने वाला तथा सम्पति रहित होगा।

चतुर्थ भाग (236.40 डिग्री से 240.00 डिग्री)–यदि हस्त नक्षत्र में लग्न के साथ बृहस्पति भी हो तो जातक अपने जीवन साथी से बिछुड़ेगा फिर भी वह अति शिक्षित तथा पेशे से डाक्टर या वैज्ञानिक होगा। वे आपस में बिछुड़ने के अतिरिक्त अपनी सन्तान के कारण मानसिक परेशानी में रहेंगे।

मंगल

इस नक्षत्र में स्थित मंगल पर सूर्य की दृष्टि हो तो जातक बुद्धिमान, माता-पिता का आज्ञाकारी तथा धनवानों में आदरणीय स्थान पर होगा। यदि चन्द्रमा की दृष्टि हो तो वह पुलिस विभाग में होगा तथा क्रूर, दुष्ट एवं स्त्रीगामी चरित्र का होगा। यदि बुद्ध की दृष्टि हो तो चन्द्रमा की दृष्टि होने की भांति स्त्रीगामी चरित्र का, दिखावेबाज और दूसरों की धन-सम्पत्ति हड़पने के प्रति दिलचस्पी होगी। कुछ मामलों में नामी चोर या तस्कर भी बनते देखे गये हैं। लेकिन यदि बृहस्पति की भी बुद्ध के स्थित मंगल पर साथ दृष्टि हो तो यह नकारात्मक विशेषता नहीं होगी। भरणी नक्षत्र में बृहस्पति की दृष्टि होने पर जातक परिवार में शीर्ष स्थान पर होगा। वह धनी लेकिन क्रोधी होगा। शुक्र की दृष्टि हो तो जातक अच्छे खानपान में रूचि नहीं लेगा तथा स्त्रीगामी चरित्र का होगा। फिर भी वह समाज तथा परिवार के लिए अच्छे कार्य करेगा। शनि की दृष्टि हो तो वह परिवार से दूर और माता के स्नेह से वंचित रहेगा। पतला शरीर होगा और परिवार विरोधी कार्यकलापों में लिप्त रहेगा।

प्रथम भाग (226.40 डिग्री से 230.00 डिग्री)–अग्नि, शस्त्र तथा विष द्वारा खतरे का संकेत। यदि बृहस्पति की दृष्टि हो तो जातक धनी, आर्कषक तथा माता-पिता का प्यारा होगा।

द्वितीय भाग (230.00 डिग्री से 233.20 डिग्री)–जातक को सरकार से अप्रत्याशित रूप से लाभ प्राप्त होगा। वह कृषि अथवा कृषि से सम्बन्धित अन्य भ्रमणकारी व्यवसायों द्वारा कमायेगा।

तृतीय भाग (233.20 डिग्री से 236.40 डिग्री)–जब इस भाग में लग्न के साथ मंगल, बुध, शुक्र और शनि की स्थित हो तो जातक पर कुबेर की असीम कृपा होगी।

चतुर्थ भाग (236.40 डिग्री से 240.00 डिग्री)–यदि इस भाग में मंगल इसी भाग से तीसरे नक्षत्र पर राहू और राहू से तीसरे स्थान पर शनि स्थित हो तो जातक की पत्नी की अवश्य मृत्यु होगी।

बुध

इस नक्षत्र में स्थित बुध पर सूर्य की दृष्टि हो तो जातक सबका चहेता, सत्य भाषी तथा सरकार से सभी लाभ प्राप्त करेगा। यदि चन्द्रमा की दृष्टि हो तो वह संगीत और ललितकलाओं में रूचि लेगा तथा यही उसकी आजीविका होगी। वह स्त्रियों, वाहन तथा भवनों के साथ सभी सुख भोगेगा। यदि मंगल की दृष्टि हो तो वह राजनीतिज्ञों के निकट सम्पर्क में रहेगा तथा उनके द्वारा अपने स्वार्थों की पूर्ति करेगा। बृहस्पति की दृष्टि होने पर वह अच्छे परिवार, सन्तान तथा धन सम्पति से युक्त होगा। यदि शुक्र की दृष्टि हो तो जिन व्यक्तियों से उसका सम्पर्क होगा वे उसे पसन्द करेंगे तथा धन यश और नाम अर्जित करेगा। यदि शनि की दृष्टि हो तो वह समाज की भलाई के कार्य करेगा, मजबूत कद-काठी का तथा विवाद प्रिय व्यक्ति होगा।

प्रथम भाग (226.40 डिग्री से 230.00 डिग्री)–यदि इस भाग में लग्न पड़ता हो तो जातक संगीत और कला में प्रवीण होगा तथा पर्याप्त धन अर्जित करेगा।

द्वितीय भाग (230.00 डिग्री से 233.20 डिग्री)–सूर्य के साथ होने पर जातक मृदुभाषी और अभिजात्य होगा, आर्थिक मामलों में अकस्मात उतार-चढ़ाव होंगे, सरकारी नौकरी में होगा। मंगल के साथ होने पर जातक की पत्नी दुर्भागी होगी, वह हर मामलें में दखल देगी तथा जातक को दयनीय दशा में पहुंचा देगी। जातक निर्धन भी होगा। फिर भी इस संयोजन पर यदि शुक्र की दृष्टि हो तो वह सोने के व्यापार द्वारा कमायेगा और पत्नी दुर्भागी नहीं होगी।

तृतीय भाग (233.20 डिग्री से 236.40 डिग्री)–यदि सूर्य और मंगल संयुक्त हो तो जातक प्रसिद्ध लेकिन क्रूर और बेशर्म तथा धन, सन्तान और पत्नी रहित होगा।

चतुर्थ भाग (236.40 डिग्री से 240.00 डिग्री)–यदि यहां पर बृहस्पति और शनि संयुक्त हो तो वह धनी तथा कुशल कारीगर होगा, लेकिन उसकी आंखे प्रभावित होगी।

बृहस्पति

इस नक्षत्र में स्थित बृहस्पति पर सूर्य की दृष्टि हो तो वह धार्मिक विचारों का तथा किसी भी अवैध कार्य को न करने वाला होगा। यदि चन्द्रमा की दृष्टि हो तो वह धन, यश और नाम अर्जित करेगा। मंगल की दृष्टि होने पर वह क्रूर, दूसरों का अहंकार तोड़ने वाला तथा शासक वर्ग से धन और अन्य लाभ प्राप्त करने वाला होगा। यदि बुध की दृष्टि हो तो वह अच्छे व्यवहार से रहित होगा और अवांछित झगड़ों में रूचि लेगा। यदि शुक्र की दृष्टि हो तो वह प्रसाधन सामग्री अथवा स्त्रि उपयोगी वस्तुओं का व्यवसाय करेगा और स्त्री वर्ग में आनन्द में रहेगा। यदि शनि की दृष्टि हो तो पारिवारिक सुखों से वंचित और क्रूर होगा।

प्रथम भाग (226.40 डिग्री से 230.00 डिग्री)–कार्तिक नक्षत्र के प्रथम भाग में लग्न हो और इस भाग में बृहस्पति सूर्य, चन्द्रमा, मंगल और शनि की दृष्टि से युक्त हो तो बालक की तीन वर्ष के अन्दर मृत्यु हो जायेगी।

द्वितीय भाग (230.00 डिग्री से 233.20 डिग्री)–जातक विद्वान, धनी तथा शास्त्रों में प्रवीण होगा। यदि मंगल और सूर्य यहां पर संयुक्त हो तो वह जीवन में धन, सुख और खुशियों के साथ उच्च स्थिति प्राप्त करेगा और मन्त्री भी बन सकता है।

तृतीय भाग (233.20 डिग्री से 236.40 डिग्री)–यदि यहां पर सूर्य, चन्द्रमा तथा मंगल संयुक्त हो तो जातक बहुत धनी, स्त्रियों का चहेता दुखों से परे तथा सभी कलाओं का ज्ञाता होगा।

चतुर्थ भाग (236.40 डिग्री से 240.00 डिग्री)–यहां पर सूर्य, चन्द्रमा तथा मंगल के संयोजन से बालक की मृत्यु 5 वर्ष के भीतर हो जायेगी। यदि

यहां मंगल और शनि संयुक्त हो जातक नीच, बेरहम, तथा घायल होगा। फिर भी वह सरकार द्वारा सम्मानित होगा।

शुक्र

इस नक्षत्र में स्थित शुक्र पर सूर्य की दृष्टि हो तो जातक प्रत्येक कार्य का संभालने की अपनी योग्यता के कारण सरकार द्वारा लाभान्वित होगा। लेकिन वह अपनी पत्नी के हाथों धोखे और फरेब से पीड़ित होगा। यदि चन्द्रमा की दृष्टि हो तो जातक समाज में उच्चतम स्तर पर होगा मगर साथ ही उसके अन्य स्त्रियों के साथ सम्बन्धों के कारण तीव्र आलोचना का सामना करेगा। यदि मंगल की दृष्टि हो तो वह कुरूप और निर्धन होगा। बुध की दृष्टि होने पर वह जीवन में बहुत सी बाधाओं का सामना करेगा और मनवांछित तरह से जीवन नहीं भोग पायेगा। यदि बृहस्पति की दृष्टि हो तो वह आर्कषक रूप का होगा अच्छी पत्नी प्राप्त करेगा तथा जीवन के सभी सुखों से सम्पन्न होगा। यदि शनि की दृष्टि हो तो उसके पास बहुत सा काला धन होगा। वह शान्तिप्रिय, सम्मानित तथा जरूरतमन्दों के प्रति दयालू होगा।

प्रथम भाग (226.40 डिग्री से 230.00 डिग्री)–यदि मंगल भी यहां पर स्थित हो तो वह गणित में कुशल तथा माना हुआ ज्योतिषी होगा। वह समुदाय में सम्मानित तथा अनुकरणीय होगा। इस संयोजन से जातक में जुऐ की प्रवृति भी पायी जाती है।

द्वितीय भाग (230.00 डिग्री से 233.20 डिग्री)–जातक अति मैथुन क्रिया में रत्त तथा झूठा होगा। रसायनों तथा स्त्रियोंपयोगी सामान बनाने वाले उद्योग द्वारा कमाएगा।

तृतीय भाग (233.20 डिग्री से 236.40 डिग्री)–शुक्र की इस स्थिति स्त्री जातक के डाक्टर तथा पुरुष जातक के इंजीनियर बनने का योग है। धातू व्यापार भी पाया गया है।

चतुर्थ भाग (236.40 से 240.00 डिग्री)–धन को नष्ट करेगा। दुखी परिवार होगा। 43 वर्ष की आयु के बाद शक्ति और अधिकारों का उपयोग करेगा। इस आयु के बाद वह खोया हुआ धन पुनः प्राप्त कर लेगा।

शनि

ज्येष्ट नक्षत्र में स्थित शनि पर यदि सूर्य की दृष्टि हो तो जातक

मवेशियों व दुध उत्पादन के द्वारा कमायेगा तथा अच्छे कार्य करेगा। यदि चन्द्रमा की दृष्टि हो तो वह दुष्ट लोगों का विचारधारा आचरण करेगा तथा क्रूर और धूर्त होगा। निर्धन होगा। यदि मंगल की दृष्टि हो तो वह बड़बोला होगा और किसी की सहायता नहीं करेगा। यदि बुध की दृष्टि हो तो वह अनैतिक कार्यों द्वारा धन कमाने की प्रवृति वाला होगा तथा अच्छे परिवारिक जीवन का सुख नहीं पा सकेगा। बृहस्पति की दृष्टि होने पर वह सरकार में बहुत ऊंचे पद पर होगा तथा काफी धन कमायेगा। वह नेक पत्नी और बच्चों के साथ सुखी परिवारिक जीवन का आनन्द लेगा। शुक्र की दृष्टि होने पर बहुत यात्राएं करेगा। उसका व्यक्तित्व प्रभावी नहीं होगा। वह काम-क्रियाओं में रूचि लेगा।

प्रथम भाग (226.40 डिग्री से 230.00 डिग्री)–इस भाग में शनि के साथ कार्तिक नक्षत्र में सूर्य संयुक्त हो तो जातक दिमागी-फोड़े से पीड़ित होगा। ईष्यालू मनोवृति होगी। वह साहसी, क्रोधी तथा लड़ाका स्वभाव का होगा। अपने विरुद्ध न्यायिक प्रक्रिया का सामना करेगा।

द्वितीय भाग (230.00 डिग्री से 233.20 डिग्री)–काला रंग। अनार्कषक व्यक्तित्व। धूर्त और धोखे बाज होगा। फिर भी अपनी स्वार्थी तकनीकों के बल पर शक्तियों और अधिकारों का भोग करेगा। वह किसी संक्रामक रोग से भी ग्रस्त होगा।

तृतीय भाग (233.20 डिग्री से 236.40 डिग्री)–उसके एक से अधिक पत्नियां होंगी। वह खुशियों और सुखों से हीन होगा। प्रथम वास्तविक विवाह 22 वर्ष की आयु में होगा। कुछ मामलों में देखा गया है कि उसके गलत व्यवहार के कारण उसकी पत्नी उसको छोड़कर दूसरे के साथ चली जाती है।

चतुर्थ भाग (236.40 डिग्री से 240.00 डिग्री)–जातक चुस्त तथा धनी होगा। अवैध तरीकों से धन कमायेगा फिर भी सुख प्राप्त करने में भाग्यशाली नहीं होगा। वह बहुत से रोगों से ग्रस्त होगा। माध्यमिक शिक्षा होगी।

राहू

प्रथम भाग (226.40 डिग्री से 230.00 डिग्री)–इस भाग में राहू की स्थिति से उसके दो पत्नियां होगी तथा जब यहां पर लग्न भी पड़ता हो तो

ऐसा अवश्य होगा। उसकी प्रथम संतान की दीर्घायु संदिग्ध है। यदि इसी संयोजन पर दुष्ट ग्रहों की दृष्टि हो तो जातक का जीवन केवल सात वर्ष होगा।

द्वितीय भाग (230.00 डिग्री से 233.20 डिग्री)–जातक क्रूर और धोखेबाज होगा वह अपने माता-पिता और सहजातकों को भी धोखा देने में संकोच नहीं करेगा। अपने रोगी शरीर के होने के बावजूद वह नीच स्त्रियों (वेश्याओं) से बहुधा काम-सम्बन्ध रखेगा।

तृतीय भाग (233.20 डिग्री से 236.40 डिग्री)–जातक में अपनी बात दूसरों को अच्छी तरह समझा देने की योग्यता होती है फिर भी वह जीर्ण-शीर्ण अवस्था में रहेगा।

चतुर्थ भाग (236.40 डिग्री से 240.00 डिग्री)–जातक अपने परिजनों द्वारा त्याग दिया जायेगा। रोगी शरीर होगा। उसकी धूर्त और धोखेबाज मनोवृति होगी।

केतू

प्रथम भाग (226.40 डिग्री से 230.00 डिग्री)–सरकारी नौकरी के लिए अच्छी स्थिति। मंगल के साथ होने पर वह शीर्ष स्थान पर होगा। विभिन्न प्रशिक्षणों के लिए चुना जायेगा तथा विदेश यात्राएं करेगा।

द्वितीय भाग (230.00 डिग्री से 233.20 डिग्री)–जातक प्रथम भाग वाले ही परिणाम पायेगा। यदि शुक्र संयोजन अथवा दृष्टि के द्वारा सहयोग में हो तो जातक वाहन व्यवसाय के द्वारा यथेष्ट लाभ अर्जित करेगा।

तृतीय भाग (233.20 डिग्री से 236.40 डिग्री)–वह अच्छे मित्रों का साथ होगा। खेल प्रतियोगिता या मनोरंजन के क्षेत्र में विभिन्न जिम्मेदारियाँ संभालेगा तथा धनी होगा।

चतुर्थ भाग (236.40 डिग्री से 240.00 डिग्री)–ऐसे जातक प्राय व्यवसाय के क्षेत्र में होते हैं। ये सदैव प्रसन्नचित तथा सुखी होते हैं। वह धार्मिक संस्थाओं से भी जुड़े होते हैं।

(iii) ज्येष्ट नक्षत्र में विशिष्ट डिग्रीयों पर जातक के जन्म से उत्पन्न परिणाम

(क) ज्येष्ट नक्षत्र को 10 बराबर भागों में विभक्त करें अर्थात 13.20 डिग्री को 10 भागों में विभाजित करें। उदाहरणार्थ डिग्री को मिनटों में बदलों– 13 डिग्री × 60 मिनट = 780 मिनट + 20 मिनट = 800 मिनट अतः ज्येष्ट नक्षत्र का प्रत्येक दसवां भाग 80 मिनट या 1.20 डिग्री के बराबर होगा। यदि किसी विशेष भाग में जन्म होता है तो परिणाम इस प्रकार होंगे :

भाग	डिग्रीयों के बीच जन्म	विशेष परिणाम
I	0.00 से 1.20 डिग्री (परिक्रमा कक्षा की 226.40 से 228.00 डिग्री)	खतरा/नानी की मृत्यु का योगा।
II	1.20 से 2.40 डिग्री 228.00 से 229.20 डिग्री)	खतरा/नाना की मृत्यु का योग।
III	2.40 से 4.00 डिग्री 229.20 से 230.40 डिग्री)	खतरा/मामा की मृत्यु का योग।
IV	4.00 से 5.20 डिग्री 230.40 से 232.00 डिग्री)	खतरा/माता की मृत्यु का योग।
V	5.20 से 6.40 डिग्री 232.00 से 233.20 डिग्री)	बालक की स्वयं की मृत्यु
VI	6.40 से 8.00 डिग्री 233.20 से 234.40 डिग्री)	घर के पशु को खतरा/धन की हानि
VII	8.00 से 9.20 डिग्री 234.40 से 236.00 डिग्री)	पूरे परिवार को खतरा
VIII	9.20 से 10.40 डिग्री 236.00 से 237.20 डिग्री)	परिजनों को गम्भीर कष्ट
IX	10.40 से 12.00 डिग्री 237.20 से 238.40 डिग्री)	ससुर को खतरा
X	12.00 से 13.20 डिग्री 238.40 से 240.00 डिग्री)	बालक से सम्बन्धित सब को खतरा या गम्भीर संकट।

ज्येष्ट नक्षत्र में मंगलवार को कन्या का जन्म उसके बड़े भाई की मृत्यु का कारण होगा। ज्येष्ट नक्षत्र के प्रथम भाग (226.40 से 230.00 डिग्री) में जातक का जन्म होते ही उसके बड़े भाई की मृत्यु का कारण होगा।

इसी नक्षत्र के दूसरे भाग (230.00 से 233.20 डिग्री) में जातक का जन्म उसके बड़े भाइयों में सब से छोटे भाई की मृत्यु का कारण होगा। अर्थात उसके जन्मते ही उससे बड़े भाई की मृत्यु हो जायेगी।

इसी नक्षत्र के तीसरे भाग (233.20 से 236.40 डिग्री) में जातक का जन्म उसके पिता की मृत्यु का कारण होगा।

इसी नक्षत्र के चौथे भाग (236.40 से 240.00 डिग्री) में जातक का जन्म उसकी स्वयं की मृत्यु का कारण होगा।

(ख) ज्येष्ट नक्षत्र में कुछ ग्रहों के लिए कुछ घातक अक्षांश होते हैं। विभिन्न ग्रहों के लिए ये घातक अक्षांश इस प्रकार हैं :

सूर्य–ज्येष्ट नक्षत्र की 0.20 डिग्री (परिक्रमा कक्षा की 227.00 डिग्री)

शनि–ज्येष्ट नक्षत्र की 1.20 डिग्री (परिक्रमा कक्षा की 228.00 डिग्री)

राहू–ज्येष्ट नक्षत्र की 4.20 डिग्री (परिक्रमा कक्षा की 231.00 डिग्री)

केतू–ज्येष्ट नक्षत्र की 7.20 डिग्री (परिक्रमा कक्षा की 234.00 डिग्री)

चन्द्रमा–ज्येष्ट नक्षत्र की 6.20 डिग्री (परिक्रमा कक्षा की 233.00 डिग्री)

उपरोक्त ग्रहीय आकृति में जातक का जन्म उसकी दीर्घायु के लिए अवरोधक है। जब भी ये ग्रह इन घातक अंक्षाशों से गुजरें तो कोई मंगल कार्य नहीं करना चाहिए। जब भी ये ग्रह सम्बन्धित अक्षाशों से गुजरे तो जातक को सावधानी बरतनी चाहिए।

ज्येष्ट नक्षत्र में उत्पन्न जातकों को पूर्व-आषाढ़, श्रावण, शतभिषज, आर्द्रा, पुर्नवसु तथा उत्तर-फाल्गुनी नक्षत्रों में उत्पन्न व्यक्तियों से सम्बन्ध नहीं बनाने चाहिए।

इस नक्षत्र का दशा स्वामी बुध है जिसके बाद केतू, शुक्र, सूर्य, चन्द्रमा, मंगल तथा राहू का क्रम है।

(iv) उपचार

(1) पुखराज सात रत्ती, सोने की अंगूठी में जड़वा कर बृहस्पतिवार को दोपहर 12.00 से 3.00 बजे के बीच तीसरी (सूर्य) अंगुल में धारण करें।

(2) मन्त्र संख्या 20 तथा मंगल के लिए दिये गये मन्त्र का नियमित जाप करें।

अध्याय – 19

मूल नक्षत्र

उन्नीसवें राशि चक्र में 240.00 डिग्री से 253.20 डिग्री तक के विस्तार क्षेत्र को मूल नक्षत्र कहते हैं। अरब मंजिल के अनुसार इसे "अश-शौलह" (बिच्छु का डंक), ग्रीक इसे "स्कारपर्यन" तथा चीनी मतानुसार यह "उई" हैं। मूल अर्थात 'जड़'। यह नक्षत्र शाक्य के अनुसार, शेर की पूंछ के आकार में नौ सितारों का समूह है। अन्य धारणा इस समूह में ग्यारह सितारे बताती है। खण्ड कातक, केवल दो सितारों के होने का कहता है। मूल को विच्रतौ भी कहता है जिसका अर्थ "दो छोड़ने वाले" है। अथर्ववेद भी दो सितारों का होना मानता है। इसमें वर्णित है कि जब मूल नक्षत्र का उदय होता है तो "चिरकालिक बिमारियों" में राहत मिलती है।

बेन्टली का कथन है कि मूल की आरम्भिक गिनती प्रथम तारापुंज के रूप में होती है। इसीलिए इसे मूल या जड़ का नाम दिया गया है। इस प्रकार मूल का अर्थ "प्रथम" या "शुरू करना" अथवा "आदि" भी हो सकता है।

मूल नक्षत्र का अधिष्टाता देवता "नृति" है। नृति एक देवी है जिसकी रंग काली है और वह काली रंग का कपडा पहनती है। विश्वास है कि वह मृतकों के जगत में निवास करती है। वह बुराई का प्रतिनिधित्व करती है, इस कारण किसी अनुष्ठान से पूर्व, इस देवी को दूर रखने के लिए एक विशेष प्रार्थना या पूजा की जाती है।

(I) मूल नक्षत्र में उत्पन्न जातकों के सामान्य परिणाम

(क) पुरुष जातक

1. **शारीरिक गठन**–अच्छा शारीरिक आभास होता है, सुन्दर अंग, चंचल तथा चमकदार आंखे होती हैं। वह परिवार में सबसे आर्कषक व्यक्ति होता है।

2. **स्वभाव तथा सामान्य घटना**–जातक मीठे स्वभाव का शान्तिप्रिय व्यक्ति होता है। जीवन में उसके निर्धारित नियम होते हैं। मूल नक्षत्र में उत्पन्न व्यक्तियों के बारे में एक आम भय होता है। यह भय सदा नही होता। वह

किसी भी विपरीत स्थिति का सामना कर सकता है। वह उस विपरीत स्थिति को भेद कर मंजिल प्राप्त करने में सक्षम होता है।

उसे न तो आने वाले कल की चिन्ता होती है और नही वह अपने मामलों में गम्भीर होता है। वह सब कुछ ईश्वर पर छोड़ कर आशावाद का शिकार हो जाता है।

3. शिक्षा, रोजगार/आय के साधन–वह आय और व्यय में संतुलन न कर पाने के कारण कर्जों में डूबा रहता है। वह वो व्यक्ति है जो दूसरों को तो सलाह देता है मगर स्वयं उन्ही सिद्धान्तों पर अमल करने में असमर्थ होता है। उसकी यह विलक्षण आदत उसे आर्थिक या धार्मिक सलाहकार के काम के लिए योग्य पाती है।

उसकी विभिन्न क्षेत्रों में कुशलता के कारण, उसके कार्य क्षेत्रों में प्रायः बदलाव होता रहेगा। किसी भी जगह पर ठहराव की स्थिति बहुत कम देखने को मिलेगी। अपनी अक्सर बदलाव की इस जन्मजात आदत के कारण वह सदैव पैसे का जरूरतमन्द रहेगा। मूल नक्षत्र में उत्पन्न जातकों में एक विशेष बात यह देखने में आती है कि वह मित्र वर्ग में अपनी आय का बड़ा भाग खर्च कर डालता है। यह स्वाभाविक है कि जब उसका खर्च आय से अधिक होगा और वह किसी गैरकानूनी काम द्वारा भी नही कमायेगा तो परिणाम नकारात्मक होंगे अतः उसे ऐसे मित्रों से दूर रहना चाहिए और जहां वह यह भी सोचता है कि दुनिया में जो कुछ भी होता है ईश्वर की इच्छा से होता है, उसे थोड़ा सा स्वार्थी बनना चाहिए और अपनी आय को बढ़ाने के प्रयत्न करने चाहिए।

इस पुस्तक में, जो मैंने सभी 28 नक्षत्रों के बारे में कहा है, इनसे मैं इस निष्कर्ष पर पहुंचा हूं कि मूल नक्षत्र में उत्पन्न व्यक्ति ही अपने नियोक्ता तथा उन व्यक्तियों के प्रति जो उस पर विश्वास करते हैं, पूरी ईमानदारी तथा लग्न के साथ समर्पित होते हैं। इन लोगों के जीवन के गहन अध्यक्ष के बाद यह तथ्य प्रकट होता है कि अन्य नक्षत्रों में उत्पन्न व्यक्तियों से ये अलग अस्तित्व लिए होते हैं अर्थात कोई आन्तरिक या बाहृय शक्ति इन्हें (मूल नक्षत्र में उत्पन्न) प्रत्येक कार्य में, जो वे करते हैं, सुशिक्षित करती है।

जातक अपनी आजीविका परदेश में कमायेगा। अतः यह सलाह दी जाती है कि उसे जहां तक हो सके, व्यवसाय या पेशे किसी में भी विदेश में जाने के अवसर प्रदान करने चाहिए, क्योंकि वह अपने जन्म स्थान पर अच्छा भाग्य नहीं पा सकता, जबकि वह विदेश में अच्छी सफलता प्राप्त कर सकता है।

जैसा कि पहले कहा गया है कि वह जीवन के प्रत्येक क्षेत्र में दीप्तिमान होगा, विशेषकर ललितकला लेखन और समाजसेवा के क्षेत्र में।

4. पारिवारिक जीवन–अपवादों को छोड़कर, प्रायः देखा गया है कि मूल नक्षत्र में उत्पन्न व्यक्ति अपने माता-पिता से कोई लाभ नहीं पाते, वे स्वनिर्मित व्यक्ति होते हैं। उनका विवाहित जीवन कमोबेश संतोषजनक होता है। उसकी पत्नी में एक अच्छी गृहणी के सभी गुण होते हैं।

5. स्वास्थ्य–उसकी जन्मकुण्डली में यदि सूर्य, चन्द्रमा तथा शुक्र आक्रान्त हैं तो जातक क्षय रोग अथवा (Isnophelia) से प्रभावित होगा। यदि यह आक्रान्त मंगल, शनि या राहू के कारण है तो लकवा या पेट की समस्याएं होगी। कोई भी रोग क्यों न हो, जातक के चेहरे या हावभाव से वह प्रकट नही होता। यहां तक कि उसके सख्त बिमार पड़ने पर भी उसके चेहरे के हावभाव तथा आर्कषण में कोई फर्क नजर नहीं आता। प्रायः देखा गया है कि जातक अपनी सेहत के प्रति लापरवाह होता है। इस कारण उसकी आयु के 27 वें, 31 वें, 44 वें, 48 वें, 56 वें तथा 60 वें वर्ष में दुष्कर स्वास्थ्य समस्याओं का उसे सामना करना पड़ेगा।

एक बार वह किसी नशे का आदी हो जाये तो उसे छोड़ना जातक के लिए बहुत कठिन है। अतः उसे किसी भी प्रकार के नशे से दूर रहना चाहिए।

(ख) स्त्री जातक

1. शारीरिक गठन–मध्यम रंग-रूप, न काला न गोरा और न ही गर्म देशों वाला सांवला रंग होगा। ठन्डे देशों में लालिमायुक्त रंग होगा। उसके मुख्य दांत घने न होकर छिदरे होते हैं जो धनवान होने की निशानी है।

2. स्वभाव तथा सामान्य घटना–प्राय ये साफ-दिल होती हैं। फिर भी उनमें जिद्दीपन को नकार नहीं सकते। छोटे-छोटे मामले में भी वह बहुत

अडियल होती है। उसमें व्यवहार शीलता की कमी होने के कारण उसे प्रायः विभिन्न समस्याओं का सामना करना पड़ता है।

3. शिक्षा, रोजगार/आय के साधन–प्रायः मूल नक्षत्र में उत्पन्न स्त्रियां ज्यादा शिक्षित नहीं होती। इन्हें पढ़ाई में कोई रूचि नही होती। प्रायः प्रत्येक क्लास दो साल में पास करती है और अन्त में वह पढ़ना ही छोड़ देती है। अपवाद के रूप में यदि बृहस्पति परोक्ष में स्थित हो अर्थात माघ नक्षत्र में स्थित हो या दृष्टिगत हो तो वह डाक्टर या किसी ईर्ष्या करने योग्य अच्छे पद पर होंगी अर्थात ऐसी स्त्रियों का उत्तम शैक्षाणिक रिकार्ड होता है तथा वे शिखर पर पहुंचती हैं।

4. पारिवारिक जीवन–इस नक्षत्र में नर जातकों के विपरीत मादा जातकों का वैवाहिक जीवन पूर्णता संतोषजनक नही होता। उसका पति से तलाक हो जाने अथवा विधवा हो जाने के कारण एकाकी जीवन देखा है। यह परिणाम प्रत्येक पर लागू नहीं होता, दूसरी हितकारी ग्रहीय स्थिति; किसी सीमा तक इन दुष्प्रभावों को नष्ट कर देती है। उसके विवाह में कोई रूकावट आ सकती है या विवाह देर से हो सकता है। यदि मंगल की स्थिति प्रतिकूल है तो उसे पति या बच्चों के कारण बहुत सी समस्याओं का सामना करना पड़ सकता है।

5. स्वास्थ्य–उसे गठिया, कमर दर्द, कूल्हों, हाथों या कन्धों में दर्द होने का योग है।

II मूल नक्षत्र में विभिन्न ग्रहों की स्थिति से उत्पन्न परिणाम

सूर्य

इस नक्षत्र में स्थित सूर्य पर चन्द्रमा की दृष्टि हो तो जातक के सुन्दर पुत्र होगा। उसमें आर्कषण भाषण-कला होगी। यदि मंगल की दृष्टि हो तो वह पुलिस या सुरक्षा विभाग में होगा तथा नाम और यश अर्जित करेगा। मगर वह अपने परिवार के लोगों द्वारा उपेक्षित होगा। यदि बुध की दृष्टि हो तो वह धनी होगा तथा सोना, चांदी, हीरे-जवाहरात आदि के संगह में रूचि लेगा। वह शास्त्रों, मन्त्रों आदि में विद्वान होगा। बृहस्पति की दृष्टि होने पर वह मन्त्री या समकक्ष पद पर होगा। यदि शुक्र की दृष्टि हो तो वह बहुत धनी होगा मगर अपनी काम-वासना की पूर्ति के लिए बहुत सा धन खर्च कर देगा। यदि

शनि की दृष्टि हो तो वह बुरे लोगों की संगति में रहेगा तथा मवेशियों द्वारा कमायेगा।

प्रथम भाग (240.00 डिग्री से 243.20 डिग्री)–बुध के साथ होने पर जातक का ईश्वर समान विद्वान पिता होगा। उसके माता पिता बड़ी संख्या में दरिद्रों को भोजन देंगे तथा दान पुण्य करेंगे।

द्वितीय भाग (243.20 डिग्री से 246.40 डिग्री)–यदि अन्य हितकारी दृष्टि न हो तो वह छोटा-मोटा व्यवसाय करेगा। यदि शुक्र सयुंक्त हो तो वह रेशम व्यापार से कमायेगा।

तृतीय भाग (246.40 डिग्री से 250.00 डिग्री)–जातक का गला खराब रहेगा। मजाकिया तथा कल्पनाशील स्वभाव। मादा जातक छाती के दर्द से पीड़ित होगी। वह तेल अथवा पेट्रोल का व्यवसाय करेगा।

चतुर्थ भाग (250.00 डिग्री से 253.20 डिग्री)–स्वास्थ्य की दृष्टि से यह स्थिति शुभ नहीं है। वह बेहोशी, अनुमस्तिष्कीय रक्तक्षीणता, तेज सिरदर्द से पीड़ित होगा। यदि मंगल और शुक्र भी साथ हों तो जातक बिमार जैसा दिखने वाला डाक्टर होगा।

चन्द्रमा

मूल नक्षत्र में स्थित चन्द्रमा पर यदि सूर्य की दृष्टि हो तो जातक प्रसिद्धि प्राप्त तथा राजसी वैभव का आनन्द लेगा। यदि मंगल की दृष्टि हो तो वह किसी सुरक्षा संस्थान या सेना में नियुक्त होगा। बुध की दृष्टि होने पर वह शिल्पकार तथा कुशल ज्योतिषी होगा और उसे नेक सेवको का सुख प्राप्त होगा। यदि बृहस्पति की दृष्टि हो तो वह सुन्दर व्यक्तित्व का तथा उच्च स्थिति में होगा। वह विभिन्न औद्योगिक संस्थाओं का स्वामी होगा। यदि शुक्र की दृष्टि हो तो जातक धार्मिक विचारों का, धनी तथा नेक सन्तान से सम्पन्न होगा। शनि की दृष्टि होने पर वह देखने में क्रूर मगर शास्त्रों तथा धार्मिक मामलों में अति विद्वान होगा।

प्रथम भाग (240.00 डिग्री से 243.20 डिग्री)–यहां पर मंगल और शुक्र भी स्थित होने पर और आर्द्रा नक्षत्र में लग्न पड़ने पर मादा जातक पति की अनुमति से वेश्यावृति करेगी।

द्वितीय भाग (243.20 डिग्री से 246.40 डिग्री)–जातक प्रत्येक काम में बेईमान मगर साथ ही वाक्पटु होगा। अपनी बेईमानी की जन्मजात विशेषता के कारण उसका विवाहित जीवन सुखी नहीं होगा। कुछ मामलों में देखा गया है कि उसकी पत्नी उसे छोड़कर दूसरे व्यक्ति के साथ रहने लगती है।

तृतीय भाग (246.40 डिग्री से 250.00 डिग्री)–यदि मंगल, सूर्य अथवा शनि की दृष्टि हो तो जातक वकील अथवा अधिवक्ता तथा वह स्त्री-बाजी का आदि होगा।

चतुर्थ भाग (250.00 डिग्री से 253.20 डिग्री)–इस भाग में चन्द्रमा के साथ उत्पन्न होने वाले जातक के विषय में कोई भी भविष्यवाणी उसकी चार वर्ष की आयु से पहले नहीं करनी चाहिए, क्योंकि पहले चार वर्ष तक उसके जीवन को खतरा रहेगा।

मंगल

इस नक्षत्र में स्थित मंगल पर यदि सूर्य की दृष्टि हो तो जातक दुनिया द्वारा सम्मानित और भाग्यशाली होगा मगर व्यवहार में क्रूर होगा। यदि चन्द्रमा की दृष्टि हो तो शारीरिक अपंगता से पीड़ित, विद्वान होगा और किसी अपराध के अभियोग का सामना करेगा। बुध की दृष्टि होने पर वह विभिन्न कलाओं और विषयों मे विद्वान तथा बहुत से विषयों में अच्छे स्तर की प्रवीणता प्राप्त करेगा। यदि बृहस्पति की दृष्टि हो तो उसके धनी तथा सुखी जीवन के लिए सभी साधनों से सम्पन्न होने के बावजूद उसका विवाहित जीवन सुखी नहीं होगा। शुक्र की दृष्टि हो तो वह दान-धर्म करेगा मगर इस दान-ध र्म के पीछे यदि वह किसी स्त्री के लिए करेगा तो उसमें काम-वासना की भावना प्रधान होगी। यदि शनि की दृष्टि हो तो उसमें शारीरिक अपंगता तथा आवारा स्वभाव दिखाई पड़ेगा।

प्रथम भाग (240.00 डिग्री से 243.20 डिग्री)–वह शत्रुओं पर विजयी होगा तथा सभी सुखों और आराम से भरपूर होगा। फिर भी उसके विवाह के बाद पहले पांच वर्ष समस्याओं से भरे होंगे तथा अलगाव या तलाक की स्थिति तक पहुंच सकते हैं।

द्वितीय भाग (243.20 डिग्री से 246.40 डिग्री)–जातक का घायल शरीर, रूक्ष वाणी बोलनेवाला तथा वह दूसरों पर आश्रित होगा। काफी संघर्ष

के बाद सफलता मिलेगी। उसमें 40 वर्ष की आयु तक परिपक्वता नहीं आयेगी। अतः उसे जीवन में सफलता इस आयु के बाद ही मिल पायेगी।

तृतीय भाग (246.40 डिग्री से 250.00 डिग्री)–जातक का घायल शरीर, रूक्ष आवाज होगी तथा वह छोटी-छोटी बातों पर भी दूसरों पर आश्रित होगा। सफलता तथा सुख काफी संघर्ष के बाद प्राप्त होंगे।

चतुर्थ भाग (250.00 डिग्री से 253.20 डिग्री)–उत्तेजित तथा लड़ाका स्वभाव। वह सुरक्षा विभाग में होगा। मुकदमें का सामना करेगा। निराशा के कारण तन्त्रविद्या में रूचि लेगा।

बुध

मूल नक्षत्र में स्थित बुध ग्रह पर सूर्य की दृष्टि हो तो जातक शान्त स्वभाव का होगा और मूल सम्बन्धी परेशानी से ग्रस्त होगा। यदि चन्द्रमा की दृष्टि हो तो विश्वासपात्र व्यक्ति होगा, मिलनसार स्वभाव तथा विख्यात लेखक होगा। यदि मंगल की दृष्टि हो तो वह लेखक के रूप में कमायेगा मगर उसके लेखन कार्य समाज को उचित नहीं लगेगें। बृहस्पति की दृष्टि होने पर वह अत्यन्त बुद्धिमान, आकर्षक व्यक्तित्व का कुलीन और उच्च राजनीतिक स्तर प्राप्त करेगा। यदि शुक्र की दृष्टि हो तो वह मृदुभाषी तथा शिक्षक होगा। शनि की दृष्टि होने पर वह क्रूर तथा धूर्त होगा और उसका दुखी अस्तित्व होगा।

प्रथम भाग (240.00 डिग्री से 243.20 डिग्री)–वह शासक अथवा मन्त्री स्तर के किसी व्यक्ति का कृपापात्र होगा।

द्वितीय भाग (243.20 डिग्री से 246.40 डिग्री)–यदि शुक्र और राहू यहां पर स्थित हो तो जातक आरम्भ में इंजीनियर होगा। बाद में यह स्वयं का औद्योगिक उत्पादन आरम्भ करेगा। उसका जीवन प्रायः सुखमय होगा। अकेले बुध के होने पर सामान्य सरकारी नौकरी करेगा।

तृतीय भाग (246.40 डिग्री से 250.00 डिग्री)–जातक स्वतन्त्र व्यवसाय के निर्मित है। बृहस्पति के साथ होने पर वह शीर्ष स्थान पर पहुंचेगा। वह चार्टड अकाउटैन्ट या वैदिक स्कालर होगा।

चतुर्थ भाग (250.00 डिग्री से 253.20 डिग्री)–यदि बुध पर बृहस्पति की दृष्टि हो तो जातक बहुत धनी होगा। वह दस्तकार तथा वेद और धर्मग्रन्थों में विद्वान होगा।

बृहस्पति

इस नक्षत्र में स्थित बृहस्पति पर यदि सूर्य की दृष्टि हो तो जातक निर्धन होगा और कोई भी उसे पसन्द नहीं करेगा। यदि चन्द्रमा की दृष्टि हो तो बहुत भाग्यवान स्थिति होगी, प्रचुर धन तथा ऐशो-आराम के साथ अच्छा परिवारिक जीवन होगा। मंगल की दृष्टि होने पर वह क्रूर होगा और दूसरों के लिए समस्याएं उत्पन्न करेगा,। शत्रु के हाथों घायल होगा। यदि बुध की दृष्टि हो तो वह मन्त्री के समकक्ष पद पर होगा। शुक्र की दृष्टि होने पर दीर्घ जीवन होगा तथा हर प्रकार से भाग्यशाली होगा। शनि की दृष्टि होने पर जातक में चीजें चुराने की आदत होगी तथा वह समाज द्वारा त्याग दिया जायेगा।

प्रथम भाग (240.00 डिग्री से 243.20 डिग्री)–जातक किसी शिक्षा विभाग में अध्यक्ष या प्रोफेसर होगा। वह अत्यन्त नेक राह पर चलने वाला ईमानदारी व निष्कपटता का जीवन जीयेगा।

द्वितीय भाग (243.20 डिग्री से 246.40 डिग्री)–जातक धन, शक्तियों तथा स्तर में राजा के बराबर होगा। यदि शुक्र की दृष्टि हो तो वह स्त्रियों के कारण समस्याओं का सामना करेगा।

तृतीय भाग (246.40 डिग्री से 250.00 डिग्री)–जातक दीर्घायु, जीवन के सुखों से सम्पन्न विवाहित जीवन व्यतीत करेगा। बुध के संयुक्त होने पर वह विद्वान तथा मंगल की दृष्टि होने पर बड़े समुदाय का धर्मगुरु होगा।

चतुर्थ भाग (250.00 डिग्री से 253.20 डिग्री)–उपरोक्त तीसरे भाग में दिये परिणामों के अतिरिक्त जातक किसी धार्मिक या वैज्ञानिक संस्था का अध्यक्ष होगा।

शुक्र

मूल नक्षत्र में स्थित शुक्र पर सूर्य की दृष्टि होने पर जातक विद्वान धनी मगर क्रोधी स्वभाव का होगा। यदि चन्द्रमा की दृष्टि हो तो राजसी वैभव प्राप्त करेगा। यदि मंगल की दृष्टि हो तो धन-सम्पति, वाहन और भवनों का

स्वामी होगा। बृहस्पति की दृष्टि होने पर उसके एक से अधिक विवाह होंगे और बड़ा परिवार होगा। यदि शनि की दृष्टि हो तो जातक प्रचुर धन सम्पति व सौभाग्य के साथ जीवन की सभी खुशियाँ प्राप्त करेगा।

प्रथम भाग (240.00 डिग्री से 243.20 डिग्री)–बृहस्पति तथा सूर्य भी यहां स्थित हो तो वह मुखर तथा बुद्धिमान होगा। वह मन्त्री या समकक्ष स्तर प्राप्त करेगा लेकिन उसे आंखों की समस्याएं होगी।

द्वितीय भाग (243.20 डिग्री से 246.40 डिग्री)–वह धर्मपिता होगा तथा स्त्रियों के उद्धार अथवा अनाथ स्त्रियों की देखभाल करने वाली संस्था से सम्बद्ध होगा।

तृतीय भाग (246.40 डिग्री से 250.00 डिग्री)–यहां पर शुक्र के अकेले होने पर वह निर्धन होगा तथा पत्नी, सन्तान व सुखों से हीन होगा।

चतुर्थ भाग (250.00 से 253.20 डिग्री)–शुक्र, शनि और सूर्य जातक को धर्मग्रन्थों में अतिविद्वान बनायेगें। मगर अन्य क्षेत्रों में जातक निम्न स्तर पर होगा, उसके पास अपनी दैनिक जरूरतों की पूर्ति के लिए भी कोई पैसा नहीं होगा। फिर भी उसका परिवार सामन्जस्यपूर्ण और समझौतावादी होगा।

शनि

इस नक्षत्र में स्थित शनि पर यदि सूर्य की दृष्टि हो तो यह स्थिति अन्य नक्षत्रों में शनि पर सूर्य की दृष्टि होने की तुलना में काफी हद तक शुभ है। जातक ईश्वर प्रदत सुखों, धन, नाम और प्रसिद्धि प्राप्त करेगा। यदि चन्द्रमा की दृष्टि हो तो जातक की माता के लिए खतरा होगा तथा जातक का स्वयं का अच्छा परिवार होगा। यदि मंगल की दृष्टि हो तो सभी उसे नापसन्द करेंगे वह कानूनी सजा प्राप्त होगा तथा वह धूर्त व क्रूर होगा। यदि बुध की दृष्टि हो तो अच्छी प्रतिष्टा प्राप्त मन्त्री या उसके समकक्ष स्तर पर होगा। बृहस्पति की दृष्टि होने पर वह शिक्षक या शोधक्षात्र होगा। यदि शुक्र की दृष्टि हो तो जातक का पालन पोषण माता द्वारा न करके अन्य स्त्री द्वारा किया जायेगा। उस पर बहुत सी जिम्मेदारियां होगी।

प्रथम भाग (240.00 डिग्री से 243.20 डिग्री)–जातक पत्नी, सन्तान तथा धन-सम्पति के साथ गोरवान्वित होगा। वह परिवार में सबसे उदार व्यक्ति होगा।

द्वितीय भाग (243.20 डिग्री से 246.40 डिग्री)–विभिन्न शास्त्रों में विद्वान होगा तथा सफलता और प्रसिद्धि प्राप्त करेगा। उसकी सहायता और सलाह के इच्छुक मित्रों द्वारा वह घिरा रहेगा। उसका लम्बा व पुष्ट शरीर होगा।

तृतीय भाग (246.40 डिग्री से 250.00 डिग्री)–इस स्थिति में शनि के होने पर प्रायः अच्छे सुरक्षा कर्मी पाये जाते हैं। सुरक्षा विभाग में होने पर जातक परिवार और देश का सम्मान बढ़ायेगा। यदि मंगल की भी दृष्टि हो तो यह भविष्यवाणी और पुष्ट होगी

चतुर्थ भाग (250.00 डिग्री से 253.20 डिग्री)–जातक गांव या शहर का मुखिया अथवा किसी शिक्षण संस्थान में उच्च स्तर, जो संस्थान के अध्यक्ष के समकक्ष पद पर नियुक्त होगा। यदि शुक्र भी यहां शामिल हो तो जातक की पत्नी भी नौकरी करेगी।

राहू

प्रथम भाग (240.00 डिग्री से 243.20 डिग्री)–यदि पुष्य नक्षत्र में शनि, चन्द्रमा और मंगल इस भाग में राहू के साथ स्थित हों तो नर जातक अपने बच्चों के कारण मानसिक तनाव में होगा। मादा जातक बच्चादानी में विकार से पीड़ित होगी तथा अपने पुत्र के कारण मानसिक व्यथा सहेगी।

द्वितीय भाग (243.20 डिग्री से 246.40 डिग्री)–जब इस भाग में राहू के साथ मृगशीर्ष नक्षत्र में लग्न पड़ता हो तो मादा जातक अपने परिवार के विनाश का कारण बनेगी तथा सुख और आराम से वंचित होगी।

तृतीय भाग (246.40 डिग्री से 250.00 डिग्री)–वेदों में अति विद्वान। उसके पास काफी जमीन जायदाद होगी, जिसे वह अपनी आयु के पांचवे दशक में खो देगा। यदि ज्येष्ट नक्षत्र में चन्द्रमा हो तो यह अवश्य होगा।

चतुर्थ भाग (250.00 डिग्री से 253.20 डिग्री)–इस भाग में राहू के साथ विशाखा नक्षत्र में प्रथम और द्वितीय भाग में लग्न पड़ता हो तो जातक सक्षम अधिकारी प्रायः विदेश यात्राएं करेगा लेकिन बेशर्म चरित्र का होगा।

केतू

प्रथम भाग (240.00 डिग्री से 243.20 डिग्री)–यदि अनुराधा नक्षत्र में

लग्न पड़ता हो तो जातक भव्य भवनों तथा जमीन-जायदाद तथा सुखों से सम्पन्न होगा। फिर भी उसकी 31 वर्ष की आयु में उसे भारी हानि होगी। लेकिन इस खोई हुई सम्पति को वह अपनी 35 वर्ष की आयु में पुनः प्राप्त कर लेगा।

द्वितीय भाग (243.20 डिग्री से 246.40 डिग्री)–प्रथम भाग की भांति धन और सुखों से सम्पन्न होगा। यदि मंगल भी यहां सम्मिलत हो तो जातक मन्त्री या समकक्ष पद पर होगा।

तृतीय भाग (246.40 डिग्री से 250.00 डिग्री)–जातक ऊपर दिये गये प्रथम और द्वितीय भागों वाले ही परिणाम प्राप्त करेगा तथा उसे हृदय रोग अथवा रक्त विषाक्तता की परेशानी होगी।

चतुर्थ भाग (250.00 डिग्री से 253.20 डिग्री)–इस स्थिति में केतू जहां जातक को अधिकतम उन्नति प्रदान करेगा, वहां उसके परिवार में गतिरोध उत्पन्न कर देगा। उसके परिज़न उसके शत्रु बन जायेगें और उसके लिए समस्याएं उत्पन्न करेगें।

(iii) मूल नक्षत्र में विशेष/डिग्री पर जन्म से उत्पन्न परिणाम

(क) मूल नक्षत्र को 15 भागों में विभक्त करें। एक विशेष भाग में जन्म के परिणाम इस प्रकार होंगेः

भाग संख्या	मूल नक्षत्र डिग्री (बीच में चन्द्रमा की स्थिति)	विशेष भाग में जन्म का परिणाम
1	0.00.00 से 0.53.20 परिक्रमा कक्ष (डिग्री) (240.00.00 से 240.53.30)	पिता की मृत्यु
2	0.53.00 से 1.46.40 परिक्रमा कक्ष (डिग्री) (241.53.20 से 241.46.40)	चाचा की मृत्यु
3	1.46.40 से 2.40.00 परिक्रमा कक्ष (डिग्री) (241.46.40 से 242.40.00)	बहिन का विधवा होना

4	2.40.00 से 3.33.20 परिक्रमा कक्ष (डिग्री) (242.40.00 से 243.33.20)	दादा की मृत्यु
5	3.33.20 से 4.26.40 परिक्रमा कक्ष (डिग्री) (243.33.20 से 244.26.40)	माता की मृत्यु
6	4.26.40 से 5.20.00 परिक्रमा कक्ष (डिग्री) (244.26.40 से 245.20.00)	मौसी की मृत्यु
7	5.20.00 से 6.13.20 परिक्रमा कक्ष (डिग्री) (245.20.00 से 246.13.20)	मामा की मृत्यु
8	6.13.20 से 7.06.40 परिक्रमा कक्ष (डिग्री) (246.13.20 से 247.06.40)	चाची की मृत्यु
9	7.06.40 से 8.00.00 परिक्रमा कक्ष (डिग्री) (247.06.40 से 248.00.00)	पूरे आस-पड़ोस के लिए अशुभ।
10	8.00.00 से 8.53.20 परिक्रमा कक्ष (डिग्री) (248.00.00 से 248.53.20)	घर के पालतू जानवरों व मवेशियों के लिए अशुभ।
11	8.53.20 से 9.46.40 परिक्रमा कक्ष (डिग्री) (248.53.20 से 249.46.40)	घर के सेवकों के लिए बरबादी का संकेत।
12	9.46.40 से 10.40.00 परिक्रमा कक्ष (डिग्री) (249.46.40 से 250.40.00)	स्वयं जातक की मृत्यु

13	10.40.00 से 11.33.20 परिक्रमा कक्ष (डिग्री) (250.40.00 से 251.33.20)	सबसे बड़े भाई की मृत्यु
14	11.33.20 से 12.26.40 परिक्रमा कक्ष (डिग्री) (251.33.20 से 252.26.40)	सबसे बड़े भाई की मृत्यु
15	12.26.40 से 13.20.00 परिक्रमा कक्ष (डिग्री) (252.26.40 से 253.20.00)	नाना की मृत्यु

मूल नक्षत्र में रविवार के दिन कन्या के जन्म होने पर ससुर की मृत्यु। यदि मूल नक्षत्र के प्रथम भाग में कन्या का जन्म हो तो भी ससुर को खतरे का संकेत है।

मूल नक्षत्र के प्रथम भाग में जन्म जातक पिता की मृत्यु का कारण बनेगा। इसी नक्षत्र के दूसरे भाग में जन्म घातक माता की मृत्यु का कारण होगा। इसी प्रकार तीसरे भाग में जन्म से धन की हानि और चौथे भाग में जातक का जन्म होने पर वह सम्पूर्णता से जीवन जीयेगा अर्थात शुभ हैं

पुरानी मान्यताओं के अनुसार "अभुक्त मूल" में उत्पन्न बालक को त्याग देना चाहिए। यदि ऐसा संभव नहीं है तो बालक का पिता उसे 8 वर्ष तक न देखें। कुछ धार्मिक जप और शान्ति पाठ कराने के बाद नौंवे वर्ष में वह बालक को देख सकता है। एक अन्य वृतान्त के अनुसार पिता पर ऐसा अनिष्टकारी प्रभाव 8 वर्ष तक रहता है।

हमारे ऋषि आगे कहते है मूल में कन्या का जन्म अपने पिता के परिवार के लिए अनिष्टकारी होता है। यदि मूल में लड़का जन्म लेता है तो वह राजसी वैभव पायेगा तथा जीवन में शीर्ष स्थान पर होगा। किसी युवक का विवाह मूल नक्षत्र में उत्पन्न कन्या से होता है तो युवक की माता एक वर्ष में विधवा हो जायेगी।

यह भी कहा गया है कि मूल नक्षत्र में उत्पन्न बालक को उसका पिता 28 दिन तक न देखें। 28 दिन के बाद वह बालक का चेहरा सीधे न देख कर पहले तिल के तेल में उसकी परछाई देखे।

ज्येष्ट नक्षत्र की आखिरी डिग्री तथा मूल नक्षत्र की प्रथम दो डिग्री मिल कर "अभुक्त-मूल" बनाती है और अभुक्त मूल में उत्पन्न बालक अपने अस्तित्व के लिए संघर्ष करता है तथा जिस वर्ग में वह बालक उत्पन्न हुआ है उसी के विकास या प्रगति के विरुद्ध कार्य करेगा। इसी प्रकार अश्लेष नक्षत्र की अंतिम दो डिग्री तथा माघ नक्षत्र की प्रथम डिग्री में उत्पन्न बालक का भी यही परिणाम होगा।

मूल को 62 भागों में विभक्त करें। इसके प्रथम 31 भागों पर निम्नलिखित देवताओं का आधिपत्य होता है। यही चक्र दुबारा चलता है। अर्थात 32 वें भाग पर प्रथम भाग वाले देवता का आधिपत्य होता है। ये आधिपत्य इस प्रकार हैं।

भाग	अधिपति देवता	भाग	अधिपति देवता
1 और 32	राक्षस	16 और 47	दिवाकर सूर्य
2 और 33	येतु (धान)	17 और 48	गन्धर्व
		18 और 49	यम
3 और 34	चन्द्रमा	19 और 50	ब्रह्म
4 और 35	शुक्र	20 और 51	विष्णु
5 और 36	वृश्चिक (बिच्छु)	21 और 52	यम
6 और 37	पित्तर	22 और 53	ईश्वर (शिव)
7 और 38	मातस	23 और 54	विष्णु
8 और 39	यम	24 और 55	ग्यारह रूचस
9 और 40	काल (यम का सेवक)	25 और 56	पवन
10 और 41	विश्वदेवता	26 और 57	मुनिगण
11 और 42	महेश्वर (शिव)	27 और 58	सुब्रःमण्य (भगवान शिव का पुत्र)

12 और 43	श्रवण	28 और 59	नन्दीकेश्वर
13 और 44	वैश्रवणन	29 और 60	गौरी गाय
14 और 45	शुक्र	30 और 61	सरस्वती
15 और 36	मेघ	31 और 62	प्रजापति

मूल नक्षत्र की सम्बन्धित डिग्री में उत्पन्न जातकों को सुख और शान्ति के लिए तथा बुरे प्रभावों से मुक्ति के लिए सम्बन्धित देवताओं की पूजा अर्चना करनी चाहिए।

(ख) मूल नक्षत्र में कुछ ग्रहों के लिए कुछ घातक अक्षांश दिये गये हैं। विभिन्न ग्रहों के लिए ये घातक अक्षांश इस प्रकार हैं :

मंगल–मूल नक्षत्र की 2.00 डिग्री (परिक्रमा कक्षा की 242.00 डिग्री)

राहू–मूल नक्षत्र की 10.00 डिग्री (परिक्रमा कक्षा की 250.00 डिग्री)

केतू–मूल नक्षत्र की 11.00 डिग्री (परिक्रमा कक्षा की 251.00 डिग्री)

उपरोक्त ग्रहीय आकृति में जातक का जन्म, यदि शक्तिशाली बृहस्पति या चन्द्रमा की दृष्टि न हो तो, उसकी दीर्घायु के लिए बाधक है। जब ये ग्रह इन घातक अक्षांशो से गुजरे तो कोई मांगलिक कार्य नहीं करना चाहिए। इन ग्रहों के सम्बन्धित घातक अक्षांशों से गुजरने के समय जातक को सावधानी बरतनी चाहिए।

(iv) उपचार

(1) लहसनिया (Cats eye) तीन रत्ती का सोने की अंगूठी में जड़वा कर बृहस्पतिवार को सूर्यास्त से 8-00 बजे के बीच दूसरी (शनि) अथवा तीसरी (सूर्य) अंगुल में धारण करें। तथा पुखराज पांच रत्ती का सोने की अंगूठी में जड़वा कर दूसरी या तीसरी अंगुली में धारण करें।

(2) मन्त्र संख्या 19 में दिये तिलिस्मी यन्त्र को पहनें तथा उसकी अनुसार मन्त्रों का जाप करें।

अध्याय – 20

पूर्व आषाढ़ नक्षत्र

बीसवें राशिचक्र में 253.20 डिग्री से 266.40 डिग्री तक का विस्तार क्षेत्र पूर्व-आषाढ़ नक्षत्र कहलाता है। अरब मंजिल के अनुसार इसे "अन-नायिम" (चरते हुए पशु); ग्रीक "सेगिट्टारी" कहते है। चीनी मतानुसार यह "की" है। "पूर्व" का तात्पर्य "पहले का" तथा आषाढ़ का अर्थ 'अविजीत' अथवा "अशान्त" है। पूर्व आषाढ नक्षत्र समूह में हाथी की सूंड के आकार के चार सितारें होते हैं।

पूर्व आषाढ़ नक्षत्र का अधिष्ठाता देवता 'जल' है। इसे पानी या नीर भी कहते हैं।

(I) पूर्व आषाढ़ नक्षत्र में उत्पन्न जातकों के सामान्य परिणाम

पूर्व आषाढ़ नक्षत्र में किसी विशेष भाग में जन्म होने के कारण प्राप्त कष्ट या दोषों को पद-दोष कहते हैं। इस नक्षत्र के प्रथम भाग (0.00 से 3. 20 डिग्री) में जातक का जन्म माता के स्वास्थ्य अथवा दीर्घायु पर प्रभाव डालता है। इसी नक्षत्र के दूसरे भाग (3.20 से 6.40 डिग्री) में जन्म उसके पिता के स्वास्थ्य या दीर्घायु पर प्रभाव डालता है। इसी नक्षत्र के तीसरे भाग (6.40 से 10.00 डिग्री) में जन्म मामा के स्वास्थ्य या दीर्घायु पर तथा चौथे भाग (10.00 से 13.20) में जन्म स्वयं जातक के स्वास्थ्य अथवा दीर्घायु पर प्रभाव डालते हैं।

उपरोक्त पद-दोष प्राचीन कहावतों अथवा मान्यताओं के आधार पर होते हैं, लेकिन मेरे अनुभव के अनुसार ये पद-दोष शतप्रतिशत ठीक नहीं होते। पद-दोष के साथ जन्म का समय, सप्ताह का दिन तथा तिथि को भी ध्यान में रखकर कोई निष्कर्ष निकालना चाहिए।

(क) पुरुष जातक

1. शारीरिक गठन–जातक का लम्बा व पतला शरीर होता है। उसके अति सुन्दर दांत, लम्बे कान, चमकदार आंखे, पतली कमर तथा लम्बे बाजू होते है। दूसरे शब्दों में उसका शारीरिक **गठन** आकर्षक होता है।

2. स्वभाव तथा सामान्य घटना–उसमें अनुकरणीय बुद्धिमता होती है। उसमें किसी भी सम्पर्क में आने वाले मामले के फौरन निष्कर्ष निकालने की प्रवृति होती है। उससे कोई बातों में जीत नहीं सकता। उसमें दूसरे को कायल कराने की असाधारण योग्यता होती है। चाहे ठीक हो या गलत किसी भी स्थिति में वह दूसरे के सामने हथियार नहीं डालता। एक तरफ तुम उससे जितनी चाहे सलाह ले लो मगर वह दूसरे की सलाह नहीं मानता।

हालांकि वह साहसी होने का दम भरता है, मगर वह साहस पूर्ण कार्य तब तक नहीं कर सकता जब तक कि परिस्थितियाँ अथवा कोई व्यक्ति उसे ऐसा करने को बाध्य न कर दे।

निर्णय करने के मामले में तो वह अति अस्थिर चित है। छोटे-छोटे मामलों पर भी वह निर्णय नहीं ले सकता। एक बार वह उक्साने पर या विवाद के कारण उत्तेजित हो जाता है तो किसी भी अच्छे-बुरे की सोच-समझे बिना वह एक निर्णय ले लेता है और फिर अन्त तक उसी निर्णय पर अड़ा रहता है। यदि वह अपने मामले में गलत भी हो तो कोई उसके निर्णयों को बदल नहीं सकता। वह ऐसे अड़ियल स्वभाव का होता है।

बदले में कुछ पाने की इच्छा किए बगैर वह दूसरों के लिए सब कुछ करना चाहता है मगर वह तीखी आलोचना का शिकार हो जाता है। अनजान व्यक्तियों से उसे भरपूर लाभ मिलता है। वह किसी से भी स्थायी सम्बन्धी नहीं रख सकता। यदि वह विशेष लक्ष्ण तथा ईमानदारी और लग्न के साथ किसी कार्य को करे तो वह जीवन में शीर्ष स्थान पर पहुंच सकता है। वह बाहरी दिखावे से घृणा करता है। वह धार्मिक, ईमानदार, विनम्र तथा पाखण्ड से दूर रहता है। वे ऐसा काम करने की सोच भी नहीं सकता जिससे दूसरों की उन्नति में बाधा पड़ती हो।

वह अति धार्मिक होगा तथा श्रद्धालु लोगों को भोजन कराने में रूचि रखने वाला होता है। अपना प्रायः समय पूजा-पाठ अथवा अन्य धार्मिक अनुष्ठानों में बितायेगा। वह प्राचीन वस्तुओं का अच्छा संग्रहकर्ता होता है तथा कविताएं लिखने में रूचि लेता है।

3. शिक्षा, रोजगार/आय के साधन–यद्यपि वह प्रत्येक क्षेत्र में दीप्तीमान हो सकता है, फिर भी वह डाक्टरी पेशे या ललित कलाओं के लिए विशेष रूप

से योग्य होता है। उसे जब तक भरोसेमन्द कर्मचारी या मैनेजर न मिले व्यवसाय में पदार्पण नहीं करना चाहिए। वह गुप्त विद्याओं तथा दर्शनशास्त्र की तरफ आकर्षित होगा तथा दीप्तिमान होगा। 32 वर्ष तक की आयु का समय उसकी भूलों तथा संकट का समय होगा। बाद में वह सफलता की सीढ़ियां चढ़ेगा। 32 वर्ष से 50 वर्ष तक की आयु का समय उसके लिए बहुत अच्छा होगा।

4. पारिवारिक जीवन–उसे अपने माता-पिता से कोई लाभ नहीं मिलेगा। फिर भी अपने भाइयों अथवा सहजातकों से लाभ प्राप्त करने में भाग्यशाली होगा। अपना अधिकतर जीवन वह विदेशों में बितायेगा।

उसका विवाहित जीवन कमोबेश सुखी होगा। विवाह देर से हो सकता है। देखा गया है कि उसका विवाह अति प्रतिस्पर्धात्मक रूप से होगा। पत्नी व ससुराल वालों की तरफ उसका झुकाव होगा। फिर भी दम्पत्ति में प्रायः विवाद होते रहेंगे। अन्त में उसे पत्नी के सान्धिय में ही शान्ति मिलेगी। वह अति योग्य तथा आज्ञाकारी सन्तान के मामले में भाग्यशाली होगा। उसके अधिकतम दो बच्चे होंगे जो उसका नाम रोशन करेंगे।

5. स्वास्थ्य–वह बाहर से तो बिल्कुल सामान्य नजर आता है मगर उसका भीतरी ढांजा ठीक नहीं होगा अर्थात स्वास्थ्य खराब रहेगा। अक्सर पाया गया है कि उसके किसी असाध्य रोग से ग्रस्त होने का संकेत है। फिर भी वह अपने स्वास्थ्य की परवाह नहीं करेगा। उसे तेज खाँसी, श्वास की समस्या आदि से पीड़ित होने का योग है। इसके अतिरिक्त यदि चन्द्रमा और शुक्र पर दुष्ट ग्रहों का प्रभाव हो तो ऐसे जातकों में क्षय रोग, दिल का दौरा, मलेरिया भी पाया जाता है। गम्भीर बिमारी की हालत में भी वह आवश्यक कार्यों को करने से परहेज नहीं करता। उसे जांघों तथा गठिया के दर्द का सामना करना पड़ सकता है। उसे अपने फेफड़ों का ध्यान रखना चाहिए।

(ख) स्त्री जातक

पूर्व आषाढ़ नक्षत्र में उत्पन्न मादा जातकों के भी इसी नक्षत्र में उत्पन्न स्त्री जातकों वाले कमोबेश बड़ी परिणाम होंगे। इनके अतिरिक्त निम्न परिणाम और होगें।

1. शारीरिक गठन–वह अति सुन्दर होगी। उसकी बादाम जैसी आंखों में गजब की चुम्बकीय शक्ति होगी। लम्बी नाक, मनोहर रूप, साफ रंग तथा भूरे बाल होंगे।

2. स्वभाव तथा सामान्य घटना–वह बुद्धिमान होगी। उसमें शक्ति-उत्साह, तेज और ओजस्विता पायी जाती है। अतः उसमें हर वस्तु के प्रति लालसा होती है। फिर भी वह जिद्दी या हठीली नहीं होती। विपरीत परिस्थितियों में भी वह अधिक सफलता प्राप्त कर सकती है। वह किसी भी फैसलें पर पहुंचने से पूर्व उसके अच्छे बुरे की गहन परख करती है। जो उसके विचार में ठीक है, वही वह कहती है चाहे दूसरे इसे माने या न माने। कुत्ते आदि पालतू जानवरो से उसे लगाव होता है। वह अपने वायदों पर कायम नहीं रहती। अपने भाइयों और माता-पिता के प्रति उसमें द्वेष भावना पायी जाती है। अपने परिजनों में वह प्रमुख स्थान पर होती है। दृढ़ निश्चयी तथा सत्य निष्ट चरित्र की होती है।

3. शिक्षा, रोजगार/आय के साधन–इस नक्षत्र में उत्पन्न स्त्रियां ज्यादातर शिक्षित होती हैं। वह शिक्षिका, बैंककर्मचारी, अथवा धार्मिक संस्थाओं से सम्बद्ध होगी। यदि चन्द्रमा के साथ बुद्ध भी स्थित हो तो वह प्रकाशक या लेखक के रूप में कमायेगी।

4. पारिवारिक जीवन–वह गृह कार्यों में दक्ष होगी। आयु के बीतने के साथ-साथ उसका अपने पति के प्रति लगाव बढ़ता जाता है, परिणाम स्वरूप उसका जीवन अधिक खुशहाल होता जाता है। एक निश्चित सीमा तक संतान से लाभ प्राप्त करेगी।

5. स्वास्थ्य–सामान्यतः उसका स्वास्थ्य ठीक रहेगा। पुरुष जातकों के विषय में बताए गये रोगों के अलावा उसे गम्भीर रूप से गर्भाशय और बच्चादानी की समस्याओं का सामना करना पड़ेगा। उसे जांघों की भी परेशानी होगी।

II पूर्व-आषाढ़ नक्षत्र में ग्रहों की स्थिति से उत्पन्न परिणाम

सूर्य

इस नक्षत्र में स्थित सूर्य पर चन्द्रमा की दृष्टि हो तो जातक के सुन्दर पुत्र होगा। उसमें आर्कषण भाषण-कला होगी। यदि मंगल की दृष्टि हो तो

वह पुलिस या सुरक्षा विभाग में होगा तथा नाम और यश अर्जित करेगा। मगर वह अपने परिवार के लोगों द्वारा उपेक्षित होगा। यदि बुध की दृष्टि हो तो वह धनी होगा तथा सोना, चांदी, हीरे-जवाहरात आदि के संगह में रूचि लेगा। वह शास्त्रों, मन्त्रों आदि में विद्वान होगा। बृहस्पति की दृष्टि होने पर वह मन्त्री या समकक्ष पद पर होगा। यदि शुक्र की दृष्टि हो तो वह बहुत धनी होगा मगर अपनी काम-वासना की पूर्ति के लिए बहुत सा धन खर्च कर देगा। यदि शनि की दृष्टि हो तो वह बुरे लोगों की संगति में रहेगा तथा मवेशियों द्वारा कमायेगा।

प्रथम भाग (253.20 डिग्री से 256.40 डिग्री)–जातक का उद्देश्य शक्ति, अधिकार तथा सुख वैभव प्राप्त करना होगा। दोहरा चरित्र-आधा भौतिकवादी तथा आधा आध्यात्मवादी होगा। 21 वर्ष की आयु में नौकरी करेगा। यदि व्यवसाय करेगा तो अपने पिता वाला ही व्यवसाय अपनायेगा।

द्वितीय भाग (256.40 डिग्री से 260.00 डिग्री)–जातक सम्मानित और धनी होगा। उसका घमण्डपूर्ण व्यवहार कईयों से शत्रुता का कारण बनेगा। उसे किसी बाहरी व्यक्ति से घायल होने का खतरा है अतः उसे ऐसे लोगों से सावधानीपूर्वक व्यवहार करना चाहिए।

तृतीय भाग (260.00 डिग्री से 263.20 डिग्री)–जातक साहसी होगा। बृहस्पति की दृष्टि होने पर वह औद्योगिक क्षेत्र में अच्छी स्थिति प्राप्त करेगा। वह नौकरी के साथ व्यापार भी करेगा। 35 से 44 वर्ष की आयु का समय उसक लिए सर्वश्रेष्ट होगा।

चतुर्थ भाग (263.20 डिग्री से 266.40 डिग्री)–इस भाग में सूर्य की उपस्थिति से जातक व्यवसायिक विचारधारा का होगा। बृहस्पति के साथ होने पर उसका व्यवसायिक संस्थाओं का विशाल साम्राज्य होगा। कई भवनों का मालिक होगा।

चन्द्रमा

इस नक्षत्र में स्थित चन्द्रमा पर यदि सूर्य की दृष्टि हो तो जातक प्रसिद्धि प्राप्त तथा राजसी वैभव का आनन्द लेगा। यदि मंगल की दृष्टि हो तो वह किसी सुरक्षा संस्थान या सेना में नियुक्त होगा। बुध की दृष्टि होने

पर वह शिल्पकार तथा कुशल ज्योतिषी होगा और उसे नेक सेवको का सुख प्राप्त होगा। यदि बृहस्पति की दृष्टि हो तो वह सुन्दर व्यक्तित्व का तथा उच्च स्थिति में होगा। वह विभिन्न औद्योगिक संस्थाओं का स्वामी होगा। यदि शुक्र की दृष्टि हो तो जातक धार्मिक विचारों का, धनी तथा नेक सन्तान से सम्पन्न होगा। शनि की दृष्टि होने पर वह देखने में क्रूर मगर शास्त्रों तथा धार्मिक मामलों में अति विद्वान होगा।

प्रथम भाग (253.20 डिग्री से 256.40 डिग्री)–सूर्य और मंगल के साथ होने पर जातक श्वास की बिमारी से पीड़ित होगा। माता को खतरा। 13 वर्ष की आयु में उसके स्वास्थ्य को गंभीर खतरा होगा यदि उसका ठीक समय पर उपचार नहीं किया तो मृत्यु होना भी संभव है।

द्वितीय भाग (256.40 डिग्री से 260.00 डिग्री)–जातक के 6 मास की अवस्था में उसके पिता को खतरा। जातक के सुन्दर अंग तथा चमकदार आंखे होगी। व्यक्तित्व के मामले में वह परिवार में अमूल्य होगा। शास्त्रों में अति विद्वान और गरीबों व जरूरतमन्दों की सहायता करने वाला होगा।

तृतीय भाग (260.00 डिग्री से 263.20 डिग्री)–मामा को खतरा। जातक अच्छा व्यवहार करने वाला, उच्च सम्मान प्राप्त, सौभागयशाली और शान्तचित होगा। उसके अधिकतम दो बच्चे होंगे। 40 वर्ष की आयु तक बहुत धनवान होगा। उसके बाद प्रत्याशित खर्चों के कारण उसकी सम्पति का बहुत सा भाग खर्च हो जायेगा। उसे जीवन के बाद के समय के लिए कुछ धन बचा कर रखना चाहिए।

चतुर्थ भाग (263.20 डिग्री से 266.40 डिग्री)–स्वयं को खतरा। हितकारी ग्रहों के प्रभाव से वह दीर्घायु हो सकता है। जब बालक एक वर्ष का होगा तो उस पर प्रेतबाधा अथवा इसी प्रकार की कोई व्याधि होगी। इस कारण से वह बहुत कमजोर हो जायेगा तथा मृत्यु के मुख तक करीब-करीब पहुंच जायेगा। इस भाग में चन्द्रमा पर यदि बहुत से ग्रहों की दृष्टि होगी तो जातक की आयु 100 वर्ष तक होगी। प्राचीन ज्योतिष विद्या के जानने वालों के अनुसार आषाढ़ शुक्ल पंचमी को, शुक्रवार की रात्रि में जब अश्लेष नक्षत्र का प्रभाव हो, इस जातक की मृत्यु का योग है।

मंगल

इस नक्षत्र में स्थित मंगल पर यदि सूर्य की दृष्टि हो तो जातक दुनिया द्वारा सम्मानित और भाग्यशाली होगा मगर व्यवहार में क्रूर होगा। यदि चन्द्रमा की दृष्टि हो तो शारीरिक अपंगता से पीड़ित, विद्वान होगा और किसी अपराध के अभियोग का सामना करेगा। बुध की दृष्टि होने पर वह विभिन्न कलाओं और विषयों मे विद्वान तथा बहुत से विषयों में अच्छे स्तर की प्रवीणता प्राप्त करेगा। यदि बृहस्पति की दृष्टि हो तो उसके धनी तथा सुखी जीवन के लिए सभी साधनों से सम्पन्न होने के बावजूद उसका विवाहित जीवन सुखी नहीं होगा। शुक्र की दृष्टि हो तो वह दान-धर्म करेगा मगर इस दान-ध र्म के पीछे यदि वह किसी स्त्री के लिए करेगा तो उसमें काम-वासना की भावना प्रधान होगी। यदि शनि की दृष्टि हो तो उसमें शारीरिक अपंगता तथा आवारा स्वभाव दिखाई पड़ेगा।

प्रथम भाग (253.20 डिग्री से 256.40 डिग्री)–अनुराधा नक्षत्र में शनि, श्रावण नक्षत्र में बृहस्पति तथा इस भाग में मंगल के होने पर छोटी आयु में जातक के एक भाई की मृत्यु हो ज़ायेगी। अकेले मंगल के होने पर जातक साहसी लेकिन दृष्ट होगा। बृहस्पति के साथ होने पर वह प्रशासनिक स्तर पर सरकारी नौकरी में होगा।

द्वितीय भाग (256.40 डिग्री से 260.00 डिग्री)–बृहस्पति की दृष्टि होने पर जातक पत्नी और सुखों से रहित होगा। चिन्ताग्रस्त रहेगा। कुछ मामलों में हल्का उन्माद भी पाया गया है। शनि के साथ होने पर जातक अपने जीवन के कष्टों के लिए स्वयं उत्तरदायी होगा।

तृतीय भाग (260.00 डिग्री से 263.20 डिग्री)–इस भाग में मंगल पर बृहस्पति की दृष्टि होने पर जातक दीर्घायु तथा दृढ़ निश्चयी चरित्र का होगा। वह परिजनों का प्रिय होगा। वह निचले स्तर से उन्नति करके उच्च स्थिति में पहुंचेगा।

चतुर्थ भाग (263.20 डिग्री से 266.40 डिग्री)–जातक साहसी होगा तथा राजनीतिक क्षेत्र में उच्च स्थिति में होगा। फिर भी उसके कई शत्रु होंगे। 52 वर्ष की अवस्था में किसी घातक शस्त्र से जीवन को खतरा। उसके कम सन्तान होगी।

बुध

इस नक्षत्र में स्थित बुध ग्रह पर सूर्य की दृष्टि हो तो जातक शान्त स्वभाव का होगा और मूल सम्बन्धी परेशानी से ग्रस्त होगा। यदि चन्द्रमा की दृष्टि हो तो विश्वासपात्र व्यक्ति होगा, मिलनसार स्वभाव तथा विख्यात लेखक होगा। यदि मंगल की दृष्टि हो तो वह लेखक के रूप में कमायेगा मगर उसके लेखन कार्य समाज को उचित नहीं लगेगें। बृहस्पति की दृष्टि होने पर वह अत्यन्त बुद्धिमान, आकर्षक व्यक्तित्व का कुलीन और उच्च राजनीतिक स्तर प्राप्त करेगा। यदि शुक्र की दृष्टि हो तो वह मृदुभाषी तथा शिक्षक होगा। शनि की दृष्टि होने पर वह क्रूर तथा धूर्त होगा और उसका दुखी अस्तित्व होगा।

प्रथम भाग (253.20 डिग्री से 256.40 डिग्री)–शनि के साथ होने पर जातक का पेशा व्यापार होगा। 21 वर्ष की आयु के बाद अच्छा समय आयेगा। शुक्र की दृष्टि होने पर विदेश यात्राएं करेगा और प्रचुर धन अर्जित करेगा। इस संयोजन में यदि चन्द्रमा भी सम्मिलत हो तो जातक अपने जन्म स्थान पर न आकर विदेश में बस जाएगा।

द्वितीय भाग (256.40 डिग्री से 260.00 डिग्री)–जातक सरकारी नौकरी में होगा। वह शासक या मन्त्री का प्रमुख सलाहकार होगा। यदि स्वतन्त्र व्यवसाय में होगा तो वह कानून विशेषज्ञ या विभिन्न संस्थाओं के लेखा नियन्त्रक का काम देखेगा। आधुनिक समय में इसे चार्टड अकाउंटेट कहते है।

तृतीय भाग (260.00 डिग्री से 263.20 डिग्री)–जातक के कमोबेश उपरोक्त प्रथम भाग वाले ही परिणाम होंगे। इनके अतिरिक्त इस भाग में बुध के होने पर जातक अपने स्त्री वर्ग से सम्बन्धों क कारण धन की हानि का सामना करेगा।

चतुर्थ भाग (263.20 डिग्री से 266.40 डिग्री)–बृहस्पति के साथ होने पर जातक सरकारी अधिकारी होगा तो सरकारी कार्यो से विदेश यात्राएं करेगा। वह 45 वर्ष की आयु में तथा फिर 52 वर्ष की आयु में अपने जीवन चरित्र में गम्भीर बाधाओं का सामना करेगा।

बृहस्पति

इस नक्षत्र में स्थित बृहस्पति पर यदि सूर्य की दृष्टि हो तो जातक

निर्धन होगा और कोई भी उसे पसन्द नहीं करेगा। यदि चन्द्रमा की दृष्टि हो तो बहुत भाग्यवान स्थिति होगी, प्रचुर धन तथा ऐशो-आराम के साथ अच्छा परिवारिक जीवन होगा। मंगल की दृष्टि होने पर वह क्रूर होगा और दूसरों के लिए समस्याएं उत्पन्न करेगा,। शत्रु के हाथों घायल होगा। यदि बुध की दृष्टि हो तो वह मन्त्री के समकक्ष पद पर होगा। शुक्र की दृष्टि होने पर दीर्घ जीवन होगा तथा हर प्रकार से भाग्यशाली होगा। शनि की दृष्टि होने पर जातक में चीजें चुराने की आदत होगी तथा वह समाज द्वारा त्याग दिया जायेगा।

प्रथम भाग (253.20 डिग्री से 256.40 डिग्री)–शनि के साथ सूर्य इस भाग में स्थित हो और मंगल की दृष्टि होने पर जातक के पिता का जीवन छोटा होगा। उसके कई भाई और दो बहने होंगी। एक बहन की जल्दी मृत्यु होगी।

द्वितीय भाग (256.40 डिग्री से 260.00 डिग्री)–रोहिणी नक्षत्र में लग्न तथा इस भाग में हितकारी ग्रहों की दृष्टि के साथ बृहस्पति हो तो तीर्थ यात्रा के समय जातक की मृत्यु का संकेत। यदि चन्द्रमा की दृष्टि भी हो तो वह किसी पवित्र नदी में डूबेगा।

तृतीय भाग (260.00 डिग्री से 263.20 डिग्री)–जातक नेक पत्नी, सन्तान और धन सम्पति के साथ सुखी होगा। 25 से 45 वर्ष की आयु का समय उसके लिए सर्वश्रेष्ट होगा। यदि बृहस्पति की दशा भी प्रभाव में हो तो वह बहुत धन सम्पति अर्जित करेगा। फिर भी यदि मंगल भी यहां पर साथ हो तो वह अपनी सन्तान से कष्ट पायेगा।

चतुर्थ भाग (263.20 डिग्री से 266.40 डिग्री)–वह विभिन्न शास्त्रों और विद्याओं में विद्वान होगा और किसी वैज्ञानिक अनुसंधान कार्य में गम्भीरता से लगा होगा। यदि मंगल और बुध की दृष्टि हो तो वह किसी सुरक्षा संस्थान में शस्त्र उत्पादन के लिए वैज्ञानिक प्रयोगें में लगा होगा।

शुक्र

इस नक्षत्र में स्थित शुक्र पर सूर्य की दृष्टि होने पर जातक विद्वान धनी मगर क्रोधी स्वभाव का होगा। यदि चन्द्रमा की दृष्टि हो तो राजसी वैभव प्राप्त करेगा। यदि मंगल की दृष्टि हो तो धन-सम्पति, वाहन और भवनों का स्वामी होगा। बृहस्पति की दृष्टि होने पर उसके एक से अधिक विवाह होंगे

और बड़ा परिवार होगा। यदि शनि की दृष्टि हो तो जातक प्रचुर धन सम्पति व सौभाग्य के साथ जीवन की सभी खुशियाँ प्राप्त करेगा।

प्रथम भाग (253.20 डिग्री से 256.40 डिग्री)–राहू के साथ होने पर जातक के केवल पुत्रियां ही होंगी। इस भाग में शुक्र की स्थिति से प्रायः जल्दी विवाह होते हैं। स्त्रियों के मामले में उनका विवाह 18 वर्ष से भी कम आयु में होने का संकेत है। लेकिन देखा गया है कि ऐसे विवाह टिकाऊ नहीं होते।

द्वितीय भाग (256.40 डिग्री से 260.00 डिग्री)–शनि, मंगल और सूर्य के साथ होने पर जातक पिता को नहीं देख पायेगा। उसके कोई बहन नहीं होगी। संभवत वही माता-पिता की इकलौती सन्तान हो। इस मामले में भी जल्दी विवाह का योग है। इस पर भी शुक्र का शत्रु बृहस्पति साथ हो तो स्थिर और सुखद विवाह होगा।

तृतीय भाग (260.00 डिग्री से 263.20 डिग्री)–शुक्र पर चन्द्रमा की दृष्टि होने पर जातक एक कुशल डाक्टर होगा। मध्यम कद। मादा जातक सामान्यता नौकरी नहीं करेगी। फिर भी वह शिक्षित होगी। रोजगार का कोई संकेत नहीं है। यह परिणाम तभी प्रभावी होगा जब किसी अन्य ग्रह की दृष्टि न हो।

चतुर्थ भाग (263.20 से 266.40 डिग्री)–उदार और मुखर व्यक्तित्व। धनी ओर दयालू। बहुत से जरूरतमन्दों का ध्यान रखेगा। दार्शनिक विचारधारा जिसे वह आर्थिक लाभ के लिए इस्तेमाल नहीं करेगा।

शनि

इस नक्षत्र में स्थित शनि पर यदि सूर्य की दृष्टि हो तो यह स्थिति अन्य नक्षत्रों में शनि पर सूर्य की दृष्टि होने की तुलना में काफी हद तक शुभ है। जातक ईश्वर प्रदत सुखों, धन, नाम और प्रसिद्धि प्राप्त करेगा। यदि चन्द्रमा की दृष्टि हो तो जातक की माता के लिए खतरा होगा तथा जातक का स्वयं का अच्छा परिवार होगा। यदि मंगल की दृष्टि हो तो सभी उसे नापसन्द करेंगे वह कानूनी सजा प्राप्त होगा तथा वह धूर्त व क्रूर होगा। यदि बुध की दृष्टि हो तो अच्छी प्रतिष्टा प्राप्त मन्त्री या उसके समकक्ष स्तर पर होगा। बृहस्पति की दृष्टि होने पर वह शिंक्षक या शोधक्षात्र होगा। यदि शुक्र की दृष्टि हो तो जातक का पालन पोषण माता द्वारा न करके अन्य स्त्री द्वारा किया जायेगा। उस पर बहुत सी जिम्मेदारियां होगी।

प्रथम भाग (253.20 डिग्री से 256.40 डिग्री)–इस भाग में यदि बृहस्पति शनि के साथ सयुंक्त हो या इसकी शनि पर दृष्टि हो तो जातक प्रधान शासक या सरकार में किसी महत्वपूर्ण पद पर होगा। वह दूसरों से व्यवहार करने में चतुर तथा धार्मिक होगा।

द्वितीय भाग (256.40 डिग्री से 260.00 डिग्री)–माध्यमिक शिक्षा होगी। भाइ होंगे मगर वे उसकी सहायता नहीं करेगें। अपने साथियों द्वारा धोखा खायेगा। यदि इस भाग में लग्न भी पड़ता हो तो जातक 10 वर्ष की आयु तक गम्भीर मानसिक और स्वास्थ्य समस्याओं से पीड़ित होगा तथा सिर पर चोट का साफ निशान होगा।

तृतीय भाग (260.00 डिग्री से 263.20 डिग्री)–मंगल की दृष्टि होने पर श्वास की बिमारियां होगी। बुद्ध के साथ होने पर जातक संचार विभाग में होगा तथा सुखी जीवन पायेगा।

चतुर्थ भाग (263.20 डिग्री से 266.40 डिग्री)–मंगल के साथ होने पर शिक्षा तथा रोजगार में बाधा आयेगी। व्यवसायिक गतिविधियों में व्यवधान आयेगा। 45 वर्ष की आयु के बाद ही स्थिरता आयेगी। पित्ताशय अथवा गठिया के रोग से पीड़ित होगा।

राहू

प्रथम भाग (253.20 डिग्री से 256.40 डिग्री)–जब पुष्य नक्षत्र में शनि, मंगल और शुक्र स्थित और राहु इस भाग में हो तो जातक जीवन में बहुत कष्ट उठायेगा। वह अल्सर से पीड़ित होगा। उस पर विधवा बहन, पागल भाई और बिमार माता की जिम्मेदारी होगी।

द्वितीय भाग (256.40 डिग्री से 260.00 डिग्री)–इस भाग में लग्न के साथ राहू, मंगल और शनि स्थित हो तो जातक निश्चित रूप से मूत्राशय की समस्या तथा अण्डकोषों की सूजन से ग्रस्त होगा।

तृतीय भाग (260.00 डिग्री से 263.20 डिग्री)–जातक अनावश्यक रूप से दूसरों के मामलों में दखल देगा तथा प्रायः आमन्त्रित मुसीबतों और विपरीत परिस्थितियों का सामना होगा।

चतुर्थ भाग (263.20 डिग्री से 266.40 डिग्री)–जातक अति मनोहर और प्रभावशाली होगा। नेक और विश्वासपात्र। कलात्मक विशेषताओं के साथ दानशील। फिर भी बाहर से उसका शारीरिक ढांचा ठीक मगर भीतर से बहुत कमजोर होगा।

केतू

प्रथम भाग (253.20 डिग्री से 256.40 डिग्री)–यदि यहां लग्न भी पड़ता हो तो गठिया रोग का संकेत। अच्छी धन दौलत अर्जित करेगा। उसका बहुत विस्तृत परिवार होगा।

द्वितीय भाग (256.40 डिग्री से 260.00 डिग्री)–इस भाग में बृहस्पति तथा मूल अथवा पूर्वआषाढ़ नक्षत्रों में बुध हो तो जातक बुद्धिमान, बड़ों का आदर करने वाला होगा। उसके पांच भाई और तीन बहनें होगी। बृहस्पति के अकेले और बिना किसी अन्य ग्रह की दृष्टि के होने पर जातक किसी लोह-मशीन फैक्ट्ररी में काम करेगा।

तृतीय भाग (260.00 डिग्री से 263.20 डिग्री)–शतभिषज नक्षत्र में सूर्य के साथ जातक डाक्टर होगा और पत्नी के द्वारा धन प्राप्त करेगा। 55 वर्ष की आयु के बाद विदेश यात्रा करेगा।

चतुर्थ भाग (263.20 डिग्री से 266.40 डिग्री)–राजनीतिज्ञों के निकट सम्पर्क में रहने से वह शक्ति और अधिकार प्राप्त करेगा, मगर धन नही होगा। उसके अनपढ़ होने तथा शक्ति व्यापारी होने, अधिक दिखावेबाज होने के कारण वह अपनी गाढ़े पसीने की कमाई खर्च कर डालेगा, मगर बदले में कुछ नहीं पायेगा।

पूर्व आषाढ़ नक्षत्र में उत्पन्न जातकों को श्रावण, शतभिषज, उत्तर-भाद्रपद, पुष्य, अश्लेष और चित्रा नक्षत्र में उत्पन्न व्यक्तियों के साथ सम्बन्ध नहीं बनाने चाहिए।

इस नक्षत्र का दशा स्वामी शुक्र है जिसके बाद सूर्य, चन्द्रमा, मंगल राहू, बृहस्पति तथा शनि का क्रम है। पूर्व आषाढ़ नक्षत्र में उत्पन्न व्यक्ति की आयु लगभग 86 वर्ष की आंकी गई है।

(iii) पूर्व-आषाढ़ नक्षत्र में विशेष अक्षांशो पर कुछ ग्रहों की उपस्थिति से उत्पन्न परिणाम

पूर्व-आषाढ़ नक्षत्र में कुछ ग्रहों के लिए कुछ घातक अक्षांश दिये गये हैं। विभिन्न ग्रहों के लिए ये घातक अक्षांश इस प्रकार हैं :

बृहस्पति–पूर्व आषाढ़ नक्षत्र की 3.40 डिग्री (परिक्रमा कक्षा की 257.00 डिग्री)

सूर्य–पूर्व आषाढ़ नक्षत्र की 8.40 डिग्री (परिक्रमा कक्षा की 262.00 डिग्री)

बुध–पूर्व आषाढ़ नक्षत्र की 7.40 डिग्री (परिक्रमा कक्षा की 261.00 डिग्री)

चन्द्रमा–पूर्व आषाढ़ नक्षत्र की 2.40 डिग्री (परिक्रमा कक्षा की 256.00 डिग्री)

उपरोक्त ग्रहीय आकृति में जातक का जन्म उसकी दीर्घायु के लिए बाधक हैं। जब भी ये ग्रह इन घातक अक्षांशों से गुजरें तो कोई मांगलिक कार्य नहीं करना चाहिए। इन घातक अक्षांशो से सम्बन्धित ग्रहों के गुजरने के समय जातक को सावधनी बरतीन चाहिए।

(iv) उपचार

(1) हीरा दो रत्ती का सोने की अंगूठी में जड़वा का शुक्रवार को प्रातः 7.30 से 10.30 बजे के मध्य तीसरी (सूर्य) अंगुल में धारण करें।

(2) मन्त्र संख्या 19 पर दिये गये तालिस्मन (यन्त्र) को पहने तथा उसी के अनुसार मन्त्रों का जाप करें।

अध्याय-21

''उत्तर-आषाढ़ नक्षत्र''

इक्कीसवें राशिचक्र के विस्तार में 266.40 डिग्री से 280.00 डिग्री तक का विस्तार क्षेत्र उत्तर आषाढ़ नक्षत्र कहलाता है। (भविष्यवाणी के कारण अभिजीत नक्षत्र को भी शामिल किया जाये तो उत्तरआषाढ़ नक्षत्र का विस्तार केवल 266.40 से 276.40 डिग्री तक ही होगा)। अरब मंजिल में इस नक्षत्र को 'अल-बल्दाह' (शहर) और ग्रीक में 'सैजिजट्राई' कहते हैं। चीनी मतानुसार यह 'तेऊ' है। 'उत्तर' का अर्थ 'बाद में' तथा आषाढ़ का अर्थ 'अविजित' अथवा 'अशान्त' है। उत्तर-आषाढ़ नक्षत्र समूह में 'पलंग' के आकार के चार सितारे हैं।

इस नक्षत्र का अधिष्ठाता देवता 'विश्वदेव' अर्थात 'देवसमूह' या विश्व के देवता है। मस्तिष्क की कोशिकाएं आकाश के सितारों की भांति होती है इनको भी विश्वदेव कहा जाता है। दूसरे शब्दों में विश्वदेव मस्तिष्क की कोशिकाओं का नियन्त्रण करने वाले देवता होते हैं।

I. स्वाति नक्षत्र में उत्पन्न जातकों के सामान्य परिणाम–

(क) पुरुष जातक

1. **शारीरिक गठन**–सही अनुपात में शरीर, चौड़ा सिर, लम्बा कद, लम्बी नाक तथा चमकदार आँखे होती है। साफ रंग के साथ मनोहर तथा ललित रूप होता है।

2. **स्वभाव तथा सामान्य घटना**–जातक संस्कारी, मृदुभाषी, साफदिल तथा मासूम चेहरे वाला प्रतीत होता है। यदि वह समाज में बहुत अच्छी स्थिति में होगा तो आडम्बर और तड़क-भड़क दिखाना पसन्द नहीं करेगा। उसका पहनावा भी साधारण होगा। वह सभी का, विशेषकर स्त्रीवर्ग का सम्मान करता है। धार्मिक होता है। लोगों के लिए उसके गुण और अवगुणों के बारे में जानना आसान नहीं होता। उससे कई बार मिलने तथा व्यवहार करने के बाद ही जातक के स्वभाव के बारे में कोई निश्चित राय बन पाती है। प्रायः सभी मामलों में देखा गया है कि उसकी पीठ या चेहरे पर कोई तिल का निशान होता है। उसकी आँखों में लालिमा देखी गयी है।

वह अपने व्यवहार में स्पष्ट होता है तथा प्रत्येक कार्य पूरी ईमानदारी

से करता है। वह न तो दूसरों को धोखा देता है और न ही उनके लिए परेशानी उत्पन्न करता है। इस पर भी अपने जन्मजात अच्छी व्यवहारिक विशेषताओं के कारण वह कई बार बिना बुलाई समस्याओं में फंस जाता है। जबकि वह स्पष्ट दिल होता है वह किसी के दबाव में आकर झुकता नहीं है, और न ही किसी के प्रति पूर्ण विश्वास प्रकट करता है। लेकिन, जिसको वह विश्वास में ले लेता है, तो कोई भी उसके इस विश्वास को बदल नहीं सकता। कुछ हद तक वह चापलूसी का गुलाम होता है और दूसरों से अपनी भलाई की आशा करता है। वह निर्णय करने में जल्दबाज नहीं होता। अपने विश्वासी व्यक्तियों से पूर्ण सलाह करने के बाद ही वह किसी निष्कर्ष पर पहुंचता हैं हालांकि वह अपने सभी करने वाले कामों में रत्त होता है मगर फिर भी आदतन आराम-पसन्द होता है।

मतभेद की हालत में भी वह किसी से कटुवचन नहीं बोलता तथा अपने विरोधी को भी, उस पर अपनी अप्रसन्नता अथवा नाराजगी को प्रकट नहीं होने देता। वह अपनी दुर्भावना को प्रकट किये बिना दूसरों से गंभीर विचार विर्मश करता है। अपनी अल्पायु में ही उसे जिम्मेदारियां उठानी पड़ती हैं, इस कारण से वह किसी भी प्रकार की जिम्मेदारी को निभाने में दक्ष होता है। एक बार वह कायल कर दिया जाये कि उसका कोई कृत्य अथवा कथन गलत है तो उस पर पछताने तथा अफसोस प्रकट करने में संकोच नहीं करता।

उसका प्रत्येक कार्य दूसरों की मान्यता पर निर्भर होता है, अन्यथा वह कष्टप्रद स्थिति में पड़ जाता है। एक स्तर पर वह पूर्णता सुखी होता है तो दूसरे स्तर पर वह पूर्ण दुखों के सागर में गोते लगा रहा होता है।

3. शिक्षा, रोजगार/आय के साधन–किसी भी विवादास्पद व्यवहार में उसे सावधानी अपनानी चाहिए। किसी भी साझेदारी में पड़ने से पहले उसे उस व्यक्ति को अच्छी प्रकार से परख लेना चाहिए, जिसके साथ वह संयुक्त कारोबार करने जा रहा है। अन्यथा उसे असफलताओं का मुंह देखना पड़ेगा। 38 वर्ष की आयु के बाद का समय उसके लिए चौतरफा सफलता और समृद्धि का समय होगा।

4. पारिवारिक जीवन–सामान्यतया उसका बचपन अच्छा होगा। प्रायः उसकी पत्नी जिम्मेदार तथा स्नेहमयी होगी। साथ ही पत्नी का स्वास्थ्य उसकी

चिन्ता का भी कारण होगा। साथ ही पत्नी का स्वास्थ्य उसकी चिन्ता का भी कारण होगा। उसकी पत्नी को अम्लता तथा गर्भाशय की समस्याएं होंगी। उपरोक्त तुलनात्मक फायदों के अतिरिक्त, उसे बच्चों से सुख नहीं मिलेगा, वहीं उसके दुखों का मुख्य कारण भी यही बच्चे होंगे।

5. स्वास्थ्य–उसे पेट की समस्याओं, लकवा, फेफड़ों की बिमारियां होने का योग है। कमजोर नज़र तथा आँखों के दोष से भी वह पीड़ित होगा।

(ख) स्त्री जातक

उत्तरआषाढ़ नक्षत्र में उत्पन्न स्त्री जातकों के इसी नक्षत्र में उत्पन्न पुरुष जातकों वाले कमो-बेश वहीं परिणाम होंगे। इनके अतिरिक्त निम्न परिणाम और होंगे–

1. शारीरिक गठन–उसका चौड़ा माथा, लम्बी नाक, आकर्षक आँखें, सुन्दर दांत तथा सुगठित शरीर होगा मगर बाल सुन्दर नहीं होंगे।

2. स्वभाव और सामान्य घटना–इन स्त्रियों में सबसे बड़ा दोष यह होता है कि वे हठी किस्म की तथा दुसाहसी होती है। वह बिना सोचे विचारे बोलती है तथा दूसरों से झगड़े मोल लेती हैं। ऐसी स्त्रियां आ बैल मुझे मार वाली प्रकृति की होती है। इनके बावजूद उनके रहन सहन का स्तर बहुत सादा होता है।

3. शिक्षा, रोजगार/आय के साधन–इस नक्षत्र में उत्पन्न स्त्रियां प्रायः शिक्षित होती हैं। वह शिक्षिका, बैंक कर्मचारी अथवा किसी धार्मिक संस्थान से सम्बद्ध होगा। यदि चन्द्रमा के साथ बुद्ध भी स्थित हो तो वह लेखक या प्रकाशक के रूप में भी कमायेंगी।

4. परिवारिक जीवन–वह सदैव अपने पति के बिछुड़ने अथवा किसी अन्य समस्या के बारे में चिंतित रहेगी, जिस कारण वह विवाहित जीवन की सही खुशियां प्राप्त नहीं कर पायेगी। वह धार्मिक विचारों की होगी तथा सभी व्रत अनुष्ठान आदि धार्मिक कृत्य करेगी। रेवती अथवा उत्तरभाद्रपद नक्षत्रों में उत्पन्न युवक से उसका विवाह उसे पूर्ण सुख प्रदान करने वाला होगा।

5. स्वास्थ्य–वह गैस, हरन्या अथवा गर्भाशय आदि की समस्याओं से पीड़ित होगी।

II. उत्तर-आषाढ़ नक्षत्र में ग्रहों की स्थिति से उत्पन्न परिणाम–

सूर्य

इस नक्षत्र में स्थित सूर्य पर चन्द्रमा की दृष्टि हो तो जातक के सुन्दर पुत्र होगा। उसमें आर्कषण भाषण-कला होगी। यदि मंगल की दृष्टि हो तो वह पुलिस या सुरक्षा विभाग में होगा तथा नाम और यश अर्जित करेगा। मगर वह अपने परिवार के लोगों द्वारा उपेक्षित होगा। यदि बुध की दृष्टि हो तो वह धनी होगा तथा सोना, चांदी, हीरे-जवाहरात आदि के संग्रह में रूचि लेगा। वह शास्त्रों, मन्त्रों आदि में विद्वान होगा। बृहस्पति की दृष्टि होने पर वह मन्त्री या समकक्ष पद पर होगा। यदि शुक्र की दृष्टि हो तो वह बहुत धनी होगा मगर अपनी काम-वासना की पूर्ति के लिए बहुत सा धन खर्च कर देगा। यदि शनि की दृष्टि हो तो वह बुरे लोगों की संगति में रहेगा तथा मवेशियों द्वारा कमायेगा।

प्रथम भाग (266.40 डिग्री से 270.00 डिग्री)–जातक कमर दर्द से पीड़ित होगा। वह क्रोधी स्वभाव का तथा जिद्दी होगा। फिर भी वह धार्मिक, जनप्रिय तथा धनी होगा।

द्वितीय भाग (270.00 से 273.20 डिग्री)–जातक चुप्पा लेकिन विषादग्रस्त, समदर्शी और मेहनती लेकिन संदिग्ध चरित्र का होगा। वह संगीत में निपुण होगा तथा संगीत और ललित कलाओं के द्वारा अर्जित करेगा।

तृतीय भाग (273.20 डिग्री से 276.40 डिग्री)–वह प्रत्येक कार्य में चतुर होगा। इस भाग में मंगल की दृष्टि के साथ लग्न भी पड़ता हो तो जातक अस्थमा तथा क्षय रोग से ग्रस्त होगा।

चतुर्थ भाग (275.00 डिग्री से 278.20 डिग्री)–स्वास्थ्य की दृष्टि से यह स्थिति शुभ नहीं है। वह बेहोशी, अनुमस्तिष्कीय रक्तक्षीणता, तेज सिरदर्द से पीड़ित होगा। यदि मंगल और शुक्र भी साथ हों तो जातक बिमार जैसा दिखने वाला डाक्टर होगा।

चन्द्रमा

इस नक्षत्र में स्थित चन्द्रमा पर यदि सूर्य की दृष्टि हो तो जातक प्रसिद्धि प्राप्त तथा राजसी वैभव का आनन्द लेगा। यदि मंगल की दृष्टि हो तो वह किसी सुरक्षा संस्थान या सेना में नियुक्त होगा। बुध की दृष्टि होने

पर वह शिल्पकार तथा कुशल ज्योतिषी होगा और उसे नेक सेवको का सुख प्राप्त होगा। यदि बृहस्पति की दृष्टि हो तो वह सुन्दर व्यक्तित्व का तथा उच्च स्थिति में होगा। वह विभिन्न औद्योगिक संस्थाओं का स्वामी होगा। यदि शुक्र की दृष्टि हो तो जातक धार्मिक विचारों का, धनी तथा नेक सन्तान से सम्पन्न होगा। शनि .की दृष्टि होने पर वह देखने में क्रूर मगर शास्त्रों तथा धार्मिक मामलों में अति विद्वान होगा।

प्रथम भाग (266.40 डिग्री से 270.00 डिग्री)—संगीत का बहुत शौकीन होगा। अन्य स्त्रियों के साथ उसके काम-सम्बन्ध होंगे। बड़े दांत वाला होगा। पैतृक धन सम्पत्ति का उत्तराधिकारी होगा। रिश्तेदारों से अच्छे सम्बन्ध नहीं होंगे। 5 वर्ष की आयु में उसका स्वास्थ्य बहुत खराब होगा। 7 वर्ष की आयु में उसके डूबने का योग है; अतः उसे पानी से सावधान रहना चाहिए। फिर भी यदि चन्द्रमा पर अनिष्टकारी दृष्टि हो तो दुर्घटना स्थल पर उपस्थित लोगों द्वारा वह बचा लिया जायेगा।

द्वितीय भाग (270.00 से 273.40 डिग्री)—सम्मानित व्यक्ति। विद्वान, सुखी तथा धन से सम्पन्न होगा। पत्नी और संतान के प्रति समर्पित होगा। वह स्वयं को दानशील प्रकट करेगा जबकि वास्तव में वह कंजूस और धूर्त व्यक्ति होगा। 10 वर्ष की आयु में वह पेड़ से गिरेगा तथा 12 वर्ष की आयु में किसी शस्त्र से घायल होगा।

तृतीय भाग (273.20 से 276.40 डिग्री)—जातक के शरीर का निचला भाग पतला तथा ऊपरी भाग तुलना में बड़ा तथा मोटा होगा। वह सर्दी से डरने वाला अर्थात उसकी सेहत ठण्डे प्रदेश में रहने के काबिल नहीं होगी। 20 वर्ष की आयु में लम्बे समय तक लगातार तेज बुखार से पीड़ित होगा। 35 वर्ष की आयु में उसके शरीर का बायां भाग अग्नि से जल जायेगा।

उपरोक्त तीनों भागों में से किसी में भी चन्द्रमा के साथ उत्पन्न जातक 90 वर्ष तक की आयु वाला होगा। उसकी मृत्यु श्रावण शुक्ल दशमी को मंगलवार के दिन, जबकि ज्येष्ठ नक्षत्र प्रभाव में होगा, तब होगी।

चतुर्थ भाग के लिए कृपया अभिजीत नक्षत्र में दिये गये परिणाम देखें।

मंगल

इस नक्षत्र में स्थित मंगल पर यदि सूर्य की दृष्टि हो तो जातक

दुनिया द्वारा सम्मानित और भाग्यशाली होगा मगर व्यवहार में क्रूर होगा। यदि चन्द्रमा की दृष्टि हो तो शारीरिक अपंगता से पीड़ित, विद्वान होगा और किसी अपराध के अभियोग का सामना करेगा। बुध की दृष्टि होने पर वह विभिन्न कलाओं और विषयों मे विद्वान तथा बहुत से विषयों में अच्छे स्तर की प्रवीणता प्राप्त करेगा। यदि बृहस्पति की दृष्टि हो तो उसके धनी तथा सुखी जीवन के लिए सभी साधनों से सम्पन्न होने के बावजूद उसका विवाहित जीवन सुखी नहीं होगा। शुक्र की दृष्टि हो तो वह दान-धर्म करेगा मगर इस दान-धर्म के पीछे यदि वह किसी स्त्री के लिए करेगा तो उसमें काम-वासना की भावना प्रधान होगी। यदि शनि की दृष्टि हो तो उसमें शारीरिक अपंगता तथा आवारा स्वभाव दिखाई पड़ेगा।

प्रथम भाग (266.40 डिग्री से 270.00 डिग्री)–सूर्य और शनि के साथ होने पर मशीनों से सम्बन्धित रोजगार होगा। उसकी शिक्षा में प्रायः प्रतिबन्ध आने के कारण उसकी पढ़ने में रूचि नहीं होगी। जातक को पिता का व्यवसाय अधिक उपयुक्त रहेगा।

द्वितीय भाग (270.00 डिग्री से 273.20 डिग्री)–बृहस्पति के साथ होने पर उसे पैतृक सम्पत्ति प्राप्त होगी तथा कृषि और पशु पालन से आय होगी। 65 वर्ष की आयु होगी।

तृतीय भाग (273.20 डिग्री से 276.40 डिग्री)–जातक राजा के समकक्ष धन, शक्ति तथा स्थिति प्राप्त करेगा। दूसरे शब्दों में वह शीर्ष स्थान प्राप्त करेगा।

चतुर्थ भाग के लिए कृपया अभिजीत नक्षत्र में दिये गये परिणाम देखें।

बुध

इस नक्षत्र में स्थित बुध ग्रह पर सूर्य की दृष्टि हो तो जातक शान्त स्वभाव का होगा और मूल सम्बन्धी परेशानी से ग्रस्त होगा। यदि चन्द्रमा की दृष्टि हो तो विश्वासपात्र व्यक्ति होगा, मिलनसार स्वभाव तथा विख्यात लेखक होगा। यदि मंगल की दृष्टि हो तो वह लेखक के रूप में कमायेगा मगर उसके लेखन कार्य समाज को उचित नहीं लगेगें। बृहस्पति की दृष्टि होने पर वह अत्यन्त बुद्धिमान, आकर्षक व्यक्तित्व का कुलीन और उच्च राजनीतिक

स्तर प्राप्त करेगा। यदि शुक्र की दृष्टि हो तो वह मृदुभाषी तथा शिक्षक होगा। शनि की दृष्टि होने पर वह क्रूर तथा धूर्त होगा और उसका दुखी अस्तित्व होगा।

प्रथम भाग (266.40 डिग्री से 270.00 डिग्री)–जातक में वैज्ञानिक प्रतिभा होगी। ऊँचा तथा संगठित शरीर। शैक्षणिक रूप से उच्च शिक्षा प्राप्त। अपनी उच्च शिक्षा के कारण वह सामान्यता 25 वर्ष की आयु में नौकरी करेगा।

द्वितीय भाग (270.00 डिग्री से 273.20 डिग्री)–जातक अपने कार्यों तथा व्यवहार में अविवेकी तथा उतावला होगा। धूर्ततापूर्ण स्वभाव। आदर तथा शक्ति प्राप्त करेगा। उसका यह व्यवहार सबसे शत्रुता उत्पन्न करेगा तथा उसकी जरूरत के समय कोई भी सहायक नहीं होगा। प्रायः निम्न स्तर पर नियुक्त होगा। बृहस्पति की दृष्टि होने पर वह व्यवसाय करेगा मगर अधिक प्रगति नहीं कर पायेगा।

तृतीय भाग (273.20 डिग्री से 276.40 डिग्री)–जातक के उपरोक्त द्वितीय भाग वाले ही परिणाम होंगे। यदि चन्द्रमा की दृष्टि हो तो वह आरम्भ में निम्न स्तर पर नियुक्त होगा मगर 30 वर्ष की आयु के बाद विदेश यात्राएं करेगा और यथेष्ट धन जमा करेगा।

चतुर्थ भाग के लिए कृपया अभिजत नक्षत्र में दिये गये परिणाम देखें।

बृहस्पति

इस नक्षत्र में स्थित बृहस्पति पर यदि सूर्य की दृष्टि हो तो जातक निर्धन होगा और कोई भी उसे पसन्द नहीं करेगा। यदि चन्द्रमा की दृष्टि हो तो बहुत भाग्यवान स्थिति होगी, प्रचुर धन तथा ऐशो-आराम के साथ अच्छा परिवारिक जीवन होगा। मंगल की दृष्टि होने पर वह क्रूर होगा और दूसरों के लिए समस्याएं उत्पन्न करेगा,। शत्रु के हाथों घायल होगा। यदि बुध की दृष्टि हो तो वह मन्त्री के समकक्ष पद पर होगा। शुक्र की दृष्टि होने पर दीर्घ जीवन होगा तथा हर प्रकार से भाग्यशाली होगा। शनि की दृष्टि होने पर जातक में चीजें चुराने की आदत होगी तथा वह समाज द्वारा त्याग दिया जायेगा।

प्रथम भाग (266.40 डिग्री से 270.00 डिग्री)–इस भाग में बृहस्पति और शनि के साथ यदि लग्न भी पड़ता हो तो जातक उच्च शिक्षा प्राप्त करेगा।

द्वितीय भाग (270.00 डिग्री से 273.20 डिग्री)–यदि मंगल दुर्बल स्थान पर स्थापित हो तो जातक महत्वपूर्ण राजनीतिज्ञ तथा शास्त्रों में विद्वान होगा। लेकिन जीवन के सुख नहीं भोग पायेगा। वह रक्ताघात (फुफ्स रोग) तथा गाऊट रोग से ग्रस्त होगा।

तृतीय भाग (273.20 डिग्री से 276.40 डिग्री)–वह आवारा तथा चिन्ताग्रस्त व्यक्ति होगा। वह उच्च प्रभावशाली, मनोहर तथा आर्कषक होगा। काव्य तथा कला प्रतिभा का धनी होगा। ननिहाल की तरफ से उसे उत्तराधिकार में काफी धन सम्पत्ति मिलेगी।

चतुर्थ भाग के लिए कृपया अभिजीत नक्षत्र में दिये गये परिणाम देखें।

शुक्र

इस नक्षत्र में स्थित शुक्र पर सूर्य की दृष्टि होने पर जातक विद्वान धनी मगर क्रोधी स्वभाव का होगा। यदि चन्द्रमा की दृष्टि हो तो राजसी वैभव प्राप्त करेगा। यदि मंगल की दृष्टि हो तो धन-सम्पति, वाहन और भवनों का स्वामी होगा। बृहस्पति की दृष्टि होने पर उसके एक से अधिक विवाह होंगे और बड़ा परिवार होगा। यदि शनि की दृष्टि हो तो जातक प्रचुर धन सम्पति व सौभाग्य के साथ जीवन की सभी खुशियाँ प्राप्त करेगा।

प्रथम भाग (266.40 डिग्री से 270.00 डिग्री)–जातक फोड़े, मधुमेह तथा कमजोर दृष्टि से ग्रस्त होगा। 28 वर्ष की आयु में उसका विवाह होगा।

द्वितीय भाग (270.00 डिग्री से 273.20 डिग्री)–जातक सदैव सुखों की तलाश में रहेगा। मादा जातक का विवाह देर से होगा, संभवतः 28 वर्ष की आयु में। नर जातक का विवाह 32 वर्ष की आयु में।

तृतीय भाग (193.20 डिग्री से 196.40 डिग्री)–जातक न्यायप्रिय, साहसी तथा हमदर्द होगा। उसे कुत्ते, बिल्लियों आदि घरेलू जानवरों से लगाव होगा। अत्यधिक मैथुन क्रिया में मग्न रहेगा तथा यौन रोगों से ग्रस्त होगा। वह फोड़े तथा मधुमेह से भी पीड़ित होगा। कुछ मामलों में अस्थमा भी पाया गया है।

चतुर्थ भाग के लिए कृपया अभिजीत नक्षत्र में दिये गये परिणाम देखें।

शनि

इस नक्षत्र में स्थित शनि पर यदि सूर्य की दृष्टि हो तो यह स्थिति अन्य नक्षत्रों में शनि पर सूर्य की दृष्टि होने की तुलना में काफी हद तक शुभ है। जातक ईश्वर प्रदत सुखों, धन, नाम और प्रसिद्धि प्राप्त करेगा। यदि चन्द्रमा की दृष्टि हो तो जातक की माता के लिए खतरा होगा तथा जातक का स्वयं का अच्छा परिवार होगा। यदि मंगल की दृष्टि हो तो सभी उसे नापसन्द करेंगे वह कानूनी सजा प्राप्त होगा तथा वह धूर्त व क्रूर होगा। यदि बुध की दृष्टि हो तो अच्छी प्रतिष्टा प्राप्त मन्त्री या उसके समकक्ष स्तर पर होगा। बृहस्पति की दृष्टि होने पर वह शिक्षक या शोधक्षात्र होगा। यदि शुक्र की दृष्टि हो तो जातक का पालन पोषण माता द्वारा न करके अन्य स्त्री द्वारा किया जायेगा। उस पर बहुत सी जिम्मेदारियां होगी।

प्रथम भाग (266.40 डिग्री से 270.00 डिग्री)–जातक का विशाल शरीर, मध्यम रंग रूप, दूसरों के प्रति दयालू तथा सहायता करने वाली मनोवृत्ति होगी।

द्वितीय भाग (270.00 डिग्री से 273.20 डिग्री)–यदि आर्द्रा नक्षत्र में सूर्य, शुक्र तथा चन्द्रमा तथा इस भाग में शनि स्थित हो तो जातक का माध्यमिक शिक्षा प्राप्त तथा व्यापारी का पुत्र होगा। बार-बार अपना व्यवसाय बदलेगा। बिमार पत्नी होगी। भारी आर्थिक हानि सहेगा। वह मानसिक रूप से व्याकुल अथवा अशान्त होगा।

तृतीय भाग (273.20 डिग्री से 276.40 डिग्री)–जातक शासक के द्वारा बहुत लाभान्वित होगा। किसी संस्था का अध्यक्ष बन सकता है। अति विद्वान होगा। अपनी आर्थिक उन्नति के बजाये दूसरों की उन्नति में रूचि लेगा।

चतुर्थ भाग के लिए कृपया अभिजीत नक्षत्र में दिये गये परिणाम देखें।

राहू

प्रथम भाग (266.40 डिग्री से 270.00 डिग्री)–यदि राहू के साथ लग्न पड़ता हो तो जातक के लम्बे दांत होंगे। वह संकीर्ण विचारों का तथा शेखीबाज होगी। गैरसिद्धान्तिक जीवन होगा। उसकी अनिष्टकारी तथा दुष्ट मनोवृत्ति होगी।

द्वितीय भाग (270.00 डिग्री से 273.20 डिग्री)–काला गठीला शरीर। स्वच्छन्द तथा चुस्त होगा। वह मशीनी विद्याओं में कुशल होगा। स्त्रियों के द्वारा धन अर्जित करेगा, अर्थात उसकी पत्नी रोजगार युक्त होगी। वह स्वयं के लिए फिजूलखर्च पर अपने परिवार के ऊपर एक पैसा भी खर्च नहीं करेगा।

तृतीय भाग (273.20 डिग्री से 276.40 डिग्री)–उसका मध्यम कद होगा। वह निम्न वर्ग की स्त्रियों का रसिया होगा। अनैतिक कार्य करने वाला तथा धोखे बाज होगा। पैसे के लिए अपनी पत्नी तक को बेचने में नहीं हिचकेगा। पत्नी व संतान से कोई सुख नहीं पा सकता। उसके बच्चे उससे घृणा करंगे। इस भाग में राहू के अकेले स्थित होने पर देखा गया है कि जातक को वृद्धावस्था में उसके घर से निष्काशित कर दिया जाता है।

चतुर्थ भाग के लिए कृपया अभिजीत नक्षत्र में दिये गये परिणाम देखें।

केतू

प्रथम भाग (266.40 डिग्री से 270.00 डिग्री)–इस भाग में केतू की स्थिति एक स्तर पर तो जातक को उसके कार्य क्षेत्र में शीर्ष स्थान पर पहुंचाएगी तथा दूसरे स्तर पर उसे गिरा भी देगी।

द्वितीय भाग (270.00 डिग्री से 273.20 डिग्री)–सूर्य के साथ होने पर जातक का पिता सरकारी नौकरी में होगा। फिर भी वह अपने पिता से कोई लाभ प्राप्त नहीं कर पायेगा। वह बुद्धिमान तथा धार्मिक विचारों का होगा। शरीर दर्द से पीड़ित रहेगा।

तृतीय भाग (273.20 डिग्री से 276.40 डिग्री)–इस भाग में केतू और ज्येष्ठ नक्षत्र में चन्द्रमा के स्थित होने पर जातक वकील और 55 वर्ष की आयु में विशिष्ट राजनयिक होगा तथा सुखी जीवन व्यतीत करेगा।

चतुर्थ भाग के लिए कृपया अभिजीत नक्षत्र में दिये गये परिणाम देखें।

उत्तर-आषाढ़, रेवती, माध तथा स्वाति नक्षत्रों में उतपन्न व्यक्तियों से सम्बन्ध नहीं बनाने चाहिए।

इस नक्षत्र का दशा स्वामी सूर्य है, जिसके बाद चन्द्रमा, मंगल, राहू, बृहस्पति, शनि, बुद्ध तथा केतू का क्रम है।

III. उत्तर-आषाढ़ नक्षत्र में विशेष अक्षांशों पर कुछ ग्रहों की स्थिति से उत्पन्न परिणाम–

उत्तर-आषाढ़ नक्षत्र में कुछ ग्रहों के लिए ये घातक अक्षांश इस प्रकार है :

शुक्र – उत्तर-आषाढ़ नक्षत्र की 0.20 डिग्री (परिक्रमा कक्षा की 267.00 डिग्री)

शनि – उत्तर-आषाढ़ नक्षत्र की 1.20 डिग्री (परिक्रमा कक्षा की 268.00 डिग्री)

सूर्य – उत्तर-आषाढ़ नक्षत्र की 5.20 डिग्री (परिक्रमा कक्षा की 272.00 डिग्री)

उपरोक्त ग्रहीय आकृति में जातक का जन्म, यदि शक्तिशाली बृहस्पति की दृष्टि न हो तो, उसकी दीर्घायु में बाधक होगा। जब भी ये ग्रह इन घातक अक्षांशो से गुजरें तो कोई मांगलिक कार्य नहीं करना चाहिए। जब भी ये ग्रह सम्बन्धित घातक अक्षांशों से होकर गुजरे तो जातक को सावधानी अपनानी चाहिए।

IV. उपचार

1. हीरा दो रत्ती का सोने की अंगूठी में जड़वाकर शुक्रवार को प्रातः 7.30 से 10.30 बजे के मध्य तीसरी (सूर्य) अंगुल में धारण करें।

2. बृहस्पति और शुक्र के लिए दिये गये मन्त्रों का जाप करें। मन्त्र संख्या 36 का नियमित जाप सभी बुरे प्रभावों, विशेषकर बृहस्पति, शुक्र तथा शनि के अनिष्ट को दूर कर देगा।

अध्याय-22
"अभिजीत नक्षत्र"

बाइसवें राशिचक्र में 276.40 डिग्री से 280.54.13 डिग्री तक के विस्तार का क्षेत्र अभिजीत नक्षत्र कहलाता है। अरब मंजिल में यह 'साद-अध-दबिह' (बलिदानी का परमानन्द) और ग्रीक भाषा में यह 'बेगा' कहलाता है। चीनी मतानुसार यह 'नियु' है। यह तीन सितारे के समूह में सबसे चमकदार तथा त्रिकोणात्मक आकार में प्रतीत होता है।

अभिजीत नक्षत्र का अधिष्ठाता देवता 'ब्रह्मा' है। ब्रह्मा खगोलीय जगत अथवा ब्रह्माण्ड का पिता तथा जीवों का ईश्वर हैं सामवेद में वर्णित है कि भगवान ब्रह्मा की उत्पत्ति भगवान विष्णु की नाभि से निकले कमल से हुई है।

महर्षि व्यास के अनुसार एक बार अभिजीत नक्षत्र आकाश में अपने स्थान से गिर गया। आगे महर्षि बताते हैं कि जब यह नक्षत्र गिरने लगा तो इन्द्र ने स्कन्द से बिनती की कि इसको गिरने से बचाने का उपाय किया जायें, क्योंकि आकाश की पक्तादश 27 नक्षत्रों के द्वारा ही हो सकती है, 26 के द्वारा नहीं। यह कथन कुछ उलझनपूर्ण है। क्योंकि अभिजीत को निकाल कर भी 27 नक्षत्र बचते हैं। अभिजीत नक्षत्र के गिरने से पूर्व क्या कोई अन्य नक्षत्र गिर गया था या बाद में अन्य कोई नक्षत्र इनमें शामिल किया गया?

अष्टोतरी दशा नियम अभिजीत नक्षत्र को मान्यता देता हैं 'सूर्य प्रजापति' के अनुसार जब सूर्य और चन्द्रमा अभिजीत नक्षत्र के प्रथम बिन्दु पर संयुक्त हुए तो मकरसक्रान्ति हुई अर्थात ग्रहण बिन्दु, जोकि 'जेता पिश्चम' सितारे के 175.55.10 पूर्व में स्थित था और इसी काल में पंच वर्षीय वैदिक कलैन्डर की शुरूआत हुई।

अमेरिकन-ब्रिटिश-डच्च परियोजना के अर्न्तगत छोड़े गये अंतरिक्ष यान पर स्थापित शक्तिशाली 'इन्फ्रा-रेड-टैलीस्कोप' ने वेगा सितारे के गिर्द कणों के एक घेरे (वृत्त) का पता लगाया तथा संकेत दिया कि वेगा सितारे के पास एक और सौर-परिवार का अस्तित्व हो सकता है। हमें ज्ञात होना चाहिए कि इससे पूर्व खगोल-शास्त्रियों ने गणना की थी कि सूर्य अन्य ग्रहों के साथ वेगा वृत

की तरफ 12 मील प्रति सैकंड की गति से बढ़ रहा है। वेगा नामक सितारा लीरा तारामण्डल समूह में 61.44 डिग्री अक्षांतर तथा 285.03 डिग्री रेखान्तर पर स्थित है। यह हिन्दु नक्षत्र अभिजीत के अतिरिक्त और कोई नहीं है। क्या यह आश्चर्य की बात नहीं है कि आधुनिक यंत्रों से की गई गणना हमारे प्राचीन ऋषियों द्वारा की गणना के समतुल्य है!

मध्यरात्रि को 28 मिनट पहले तथा 28 मिनट बाद का समय तथा इसी प्रकार मध्यान्ह में 28 मिनट पहले तथा 28 मिनट बाद का समय (11.32 से 12.28 तथा 23.32 से 00.28 बजे) अभिजीत मुहुरत कहलाता हैं यह मुहुरत सभी अज्ञात पिण्डों, सितारों तथा ग्रहों वी अनिष्टकारी प्रवृतियों को नष्ट कर देता हैं इस समय में सम्पूर्ण विश्व पर एक बुलेट-प्रूफ कार की भांति सुरक्षा आवरण होता है। अतः यह समय किसी भी मांगलिक कार्य करने के लिए सर्वथा उपयुक्त होता है। यदि कोई व्यक्ति इस मुहुरत में दक्षिण दिशा को छोड़ कर, कंही की भी यात्रा आरम्भ करे, तो उसकी यात्रा का उद्देश्य अवश्य सफल होता है।

यही रात्रि का मुहुरत था जब भगवान कृष्ण का जन्म हुआ था। आजकल ज्योतिषी अभिजीत नक्षत्र को भविष्यवाणियों के लिए सम्मलित नहीं करते हैं। इस नक्षत्र को छोड़ देने का कारण अज्ञात है।

अभिजीत नक्षत्र में स्थित ग्रह रोहिणी नक्षत्र में स्थित ग्रहों के अवरोधक होते हैं। इसी प्रकार इनकी विपरीत स्थिति के भी विपरीत परिणाम होते हैं।

I. अभिजीत नक्षत्र में उत्पन्न जातकों के सामान्य परिणाम–

(क) पुरुष जातक

1. शारीरिक गठन–मध्यम कद, सानुपातिक शरीर, चुंबकीय व्यक्तित्व। दीप्तिमान आभास तथा मनोहर अभिव्यक्ति और छेदती हुई दृष्टि होता है।

2. स्वभाव तथा सामान्य घटना–जातक विद्वानों तथा अभिजात्य वर्ग में सम्मानित होता है। उसका व्यवहार अत्यन्त शिष्ट होता है। वह प्रत्येक क्षेत्र में प्रसिद्ध होता है। धार्मिक व्यक्ति, मृदु भाषी जन्मजात महत्वाकांक्षी और आशावादी होता है। उसमें गुप्त विद्याओं को जानने की प्रवृत्ति होती है।

3. शिक्षा, रोजगार/आय के साधन–जातक अपने परिवार में अति विद्वान, अति प्रसिद्ध तथा उच्च स्थान पर होगा। यदि इस नक्षत्र में शनि स्थित न हो तो वह ऐसे कामों में रत्त होगा जिनमें शक्ति और अधिकार निहित होंगे। इस नक्षत्र में शनि की स्थिति होने पर जातक का मिश्रित व्यवसाय होगा अर्थात उसके कार्य क्षेत्र में अक्सर बदलाव होता रहेगा। यदि व्यवसाय में होगा तो एक से दूसरे व्यवसाय को अपनाता रहेगा।

4. पारिवारिक जीवन–एक से अधिक पत्नियां होने का संकेत। 23 वर्ष की आयु में अथवा आस-पास विवाह होगा। बहुत अधिक सन्तान होगी। परिवार नियोजन के तरीके नहीं अपनायेगा। 27 वर्ष की आयु तक आर्थिक समस्याएं होंगी। उसके बाद उसे धन की कमी नहीं रहेगी। एक या दो बच्चों की उनके बीसवें वर्ष के दशक में मृत्यु होने का योग। जीवित बच्चे आरामदायक स्थिति में पहुंचेंगे। फिर भी वह सबसे बड़े पुत्र के साथ रहेगा।

5. स्वास्थ्य–बचपन में स्वास्थ्य खराब रहेगा। जातक के माता-पिता उसके स्वास्थ्य की गिरती हालत पर कई बार चिंतित होंगे। 20 वर्ष की आयु के बाद उसके स्वास्थ्य में सुधार होगा। वह पीलिया तथा बवासीर से पीड़ित हो सकता है। आयु के 19वें या 20वें वर्ष में उसके जीवन को संकट हो सकता है। यदि वह यह समय निकाल गया तो आगे कोई गम्भीर स्वास्थ्य समस्या नहीं होगी।

(ख) स्त्री जातक

1. शारीरिक गठन–लम्बा चेहरा, पतला शरीर, लम्बी और दोहरी ठोड़ी लम्बे पांव वाली होगी। 16 वर्ष की आयु तक बहुत मोटी होगी।

2. स्वभाव और सामान्य घटना–उसकी आयु के 18वें वर्ष में एक अप्रत्याशिक घटना घटेगी। इस घटना के बाद वह पूर्णता परिपक्व स्त्री बन जायेगी, जिसे जीवन के महत्व का पता होता है। वह हर क्षेत्र में विद्यमान होगी। उसमें एक ही समय में कई कामों को निपटाने की क्षमता होती है। उसमे अति उत्तम कार्यकारी योग्यता होती है। वह मालिक भी होगी तथा कार्यकर्ता भी। दूसरे शब्दों में वह मालिक और सेवक के भेद को नहीं मानती। वह अपने अधीनस्थ कर्मचारियों के साथ मिल बैठ कर सभी कार्य निपटाती है। अपने उद्यम से यथेष्ट धन अर्जित करेगी।

3. शिक्षा, रोजगार/आय के साधन–आशावादी तथा महत्वाकांक्षी होने के कारण वह अपना जीवन स्वयं बनायेगी। अपनी स्वयं की प्रगति से अधिक वह व्यवसाय को महत्व देगी।

4. परिवारिक जीवन–अपनी छोटी आयु में, 12 या 14 वर्ष की अवस्था में बलात्कार की शिकार होने के कारण, वह पुरुषवर्ग से घृणा करेगी तथा आरम्भ में विवाह के नाम से कतरायेगी। फिर भी उसका विवाह 27 से 30 वर्ष की आयु में होगा। उसका विवाहित जीवन अच्छा होगा तथा नेक सन्तान होगी।

5. स्वास्थ्य–बचपन में स्वास्थ्य बहुत खराब होगा। वह काली-खांसी, दमा, गठिया अथवा त्वचा के रोगों से ग्रस्त हो सकती है। उसका 15वां वर्ष कष्टमय बीतेगा। माता-पिता को चाहिए कि वे इस जातक को डांट-डपट में या खतरे के काम में न डाले। वे उस परोक्ष से निगाह में रखें तथा प्रेम पूर्वक उसकी गलतियों के बारे में समझाये। यदि वह 18वां वर्ष पार कर लेती है तो आगे चिन्ता की कोई बात नहीं है, इसके बाद तो वह शीर्ष स्थान पर होगी।

II. अभिजीत नक्षत्र में ग्रहों की स्थिति से उत्पन्न परिणाम–

सूर्य

इस नक्षत्र में सूर्य अपनी स्थिति अथवा उत्कर्ष से अधिक शक्तिशाली होता है। इस नक्षत्र से गुजरते हुए सूर्य कुछ समय के लिए स्थिर हो जाता है, जिससे अभिजीत नक्षत्र अपना अस्तित्व बनाये रखने के लिए सूर्य की कुछ किरणें समाविष्ट कर लेता है।

इस नक्षत्र में सूर्य की स्थिति से जातक दीर्घायु होता है क्योंकि उसके एक कवच या आवरण में होने के कारण किसी भी ग्रह से उसका कोई अनिष्ट नहीं हो सकता। जातक अपने जन्म स्थान में अधिकतम शक्तियों तथा अधिकारों का उपभोग करेगा।

चन्द्रमा

इस नक्षत्र में मानसिक तथा स्वास्थ्य के क्षेत्र में, जिनका ऊपर वर्णन किया जा चुका है, वे अतिरिक्त चन्द्रमा के लिए कोई प्रमुख कार्य नहीं होगा।

मंगल

मंगल जातक को सुरक्षा विभाग अथवा विमानिक सेवा के क्षेत्र में

उच्च पदाधिकारी बनायेगा। वह राजनीतिक क्षेत्र से भी सम्बद्ध होगा। जातक को राजनीति की अपेक्षा अन्य क्षेत्रों में सफलता की गारन्टी है, अतः उसे राजनीति से दूर ही रहना चाहिए।

बुध

इस नक्षत्र में बुद्ध की सकारात्मक या नकारात्मक कोई भूमिका नहीं है।

बृहस्पति

वंश या कुल वर्गीकरण नियम के अनुसार इस नक्षत्र में बृहस्पति अधिक शक्तिशाली हो जाता है। जातक के दुर्बल शकुन में होने से अन्य दूसरे अनिष्टकारी दृष्टि या संयोजन को बृहस्पति नष्ट कर देता है। जातक सरकार में उच्च पद प्राप्त करता है। वह मन्त्री, गर्वनर या प्रशासक हो सकता है।

शुक्र

यहां पर शुक्र की स्थिति विवाह में विलम्ब का कारण होती है। परस्पर परिचय या मेल जोल के कुछ वर्ष पश्चात प्रेम-विवाह होने की संभावना है। यह विवाह स्थिर तथा सामंजस्यपूर्ण होगा।

शनि

इस स्थिति में शनि जातक को दयनीय स्थिति में पहुंचा देता है। उसके जीवन में कोई अप्रत्याशित रूकावटें और बाधाएं आती है। जातक को इसके निदान के लिए मन्त्र संख्या 36 का नियमित जाप करना चाहिए और सात रत्ती का पुखराज शनि की अंगुली में धारण करना चाहिए।

राहू

अकेला राहू बहुत विनाशकारी होगा। जातक अपने प्रियजनों तथा जनता के ऊपर पड़ी बहुत सी विपदाओं तथा समस्याओं के प्रति उत्तरदायी होगा। यदि बृहस्पति की दृष्टि हो अथवा राहू बृहस्पति के साथ संयुक्त हो तो कुछ सकारात्मक रूप में बदले हुए परिणाम हो सकते हैं।

केतू

इस नक्षत्र में केतू बृहस्पति और शुक्र के उत्कर्ष का परिणाम देता है। जातक उच्च विद्वान, सरकार में उच्च पदाधिकारी अथवा बड़ा उद्योगपति होगा।

III. उपचार–

1. पुखराज सात रत्ती का सोने की अंगूठी में जड़वा कर रविवार को प्रातः 5.30 से 7.00 बजे के बीच तीसरी (सूर्य) अंगुल में धारण करें।

2. प्रतिदिन नियमित रूप से 'ओंम नमो शिवायं' का जाप करें।

3. सूर्य तथा बृहस्पति के लिए दिये गये मन्त्रों का जाप करें।

4. प्रति वर्ष बिना नागा किये 41 दिन तक मन्त्र संख्या 36 का जाप करें।

अध्याय-23

"श्रावण नक्षत्र"

तेइसवें राशिचक्र में 280.00 डिग्री से 293.20 डिग्री तक के विस्तार का क्षेत्र श्रावण नक्षत्र कहलाता है। (यदि अभिजीत नक्षत्र को भी शामिल किया जाए तो श्रावण नक्षत्र का विस्तार केवल 280.54.13 डिग्री से 293.20 डिग्री तक का होगा) अरब मंजिल के अनुसार इसे 'सद्-बुला' (भक्षण करने में आनन्द करने वाला) अथवा 'अलबुला' (भक्षण करने वाला) कहते हैं, ग्रीक इसे 'अक्वेरी' तथा चीनी मतानुसार यह 'न्' कहलाता है। श्रावण का तात्पर्य 'सुनना' है। तैत्रिय में श्रावण को 'श्रोण' भी कहते हैं जिसका अर्थ 'लगंड़ा' है। श्रावण नक्षत्र के प्रतीक तीन सितारे हैं।

इस नक्षत्र का अधिष्ठाता देवता विष्णु है। श्रावण के तीन सितारें भगवान विष्णु के तीन पद-चिन्ह है। विष्णु हिन्दु विचारधारा में तीन ईश्वरों में से एक है। विष्णु (वि + ष्णु) अर्थात 'वह जिसने ऊँचाइयों को पार कर लिया है' अथवा दूसरे शब्दों में हर काम में "उन्नति" किया हो।

विश्वास किया जाता है कि श्रावण की देवी सरस्वति, जो विद्या की भी देवी है, का नक्षत्र है। इसकी पूजा शुक्ल पक्ष की पंचमी को की जाती है (जबकि सूर्य श्रावण नक्षत्र में तथा चन्द्रमा रेवती नक्षत्र में होता है)।

I. श्रावण नक्षत्र में उत्पन्न जातकों के सामान्य परिणाम–

(क) पुरुष जातक

1. शारीरिक गठन–जातक का आकर्षक शरीर होगा, प्रायः छोटा कद, चेहरे पर कोई विलक्षण चिन्ह, तिल अथवा अन्य कोई निशान होगा, जो कुछ कुरूपता लिए होगा। कुछ मामलों में कन्धों के नीचे काला तिल पाया जाता है।

2. स्वभाव तथा सामान्य घटना–जातक मधुर भाषी तथा प्रत्येक कार्य सफाई व कुशलता से करने वाला होगा। उसके जीवन में निश्चित सिद्धान्त होते हैं। वह अपना वातावरण साफ चाहता है और जो व्यक्ति सफाई न रखने की प्रकृति के होते हैं, उन्हें वह पसन्द नहीं करता। बेढ़ंगे व्यक्ति को देख कर वह उसे टोकने से संकोच नहीं करता। वह दूसरों की दुर्दशा में देखकर द्रवित

हो जाता है और उनकी हर संभव सहायता करता है। वह साफसुथरा भोजन करता है, इस कारण से वह एक अच्छा आतिथ्य करने वाला भी होता है।

वह धार्मिक तथा गुरुभक्त व्यक्ति होता है। वह 'सत्यमेव जयते' में विश्वास रखता है। जिनकी वह निस्वार्थ सहायता करता है उनसे वह कुछ भी पाने की आशा नहीं रखता मगर देखा गया है कि उसे दूसरों से धोखा व फरेब ही मिलता है। यदि वह किसी चोर को पकड़ लेता है तो पहले वह उसके चोर बनने के पीछे कारणों का पता करेगा और उसकी बेगुनाही का यकीन हो जाने पर वह उसे छोड़ भी देगा। उसका शान्तिपूर्ण आभास तथा उनकी अर्न्तनिष्ट विशेषता तथा व्यवहार कुशलता लोगों के मन को मचती है अतः वह आधुनिक समय में एक कुशल राजनीतिज्ञ हो सकता है। उसकी एक मुस्कान लोगों को आर्कषित करने के लिए यथेष्ट होती है और एक बार आर्कषित होने के बाद उसे भुला पाना कठिन होता है।

उसके जीवन में कितने ही उतार-चढ़ाव आये वह न तो शीर्ष पर उठेगा और न ही रसातल में गिरेगा। दूसरे शब्दों में वह सामान्य जीवन व्यतीत करेगा।

इस नक्षत्र में उत्पन्न अनपढ़ व्यक्ति भी पूर्ण परिपक्वता दिखाते हैं तथा अवसर पाने पर ज्ञान अर्जित करने की इच्छा रखते हैं।

वह अच्छा सलाहकार होता है। व्यक्तिगत तथा सामूहिक समस्याओं के समाधान के लिए लोग उस पर निर्भर होते हैं। वह बहुमुखी तथा प्रतिभा सम्पन्न व्यक्ति होगा। उसमें एक समय में कई कार्यों को सम्पन्न करने की क्षमता होगी। यदि वह किसी ऐसे पद पर नियुक्त हो जहां कुछ शक्ति और अधिकार निहित हो तो वह बहुत दीप्तिमान होगा। वह सदैव इसी प्रकार के अधिकारपूर्ण कार्यों/पदों की तलाश में रहता है।

वह बहुत सी जिम्मेदारियां दिलाता है और उन पर खर्च भी करता है, इस कारण वह सदा धन का जरूरतमन्द रहेगा। अपने कट्टर शत्रु से भी बदला लेना नहीं चाहता उसका विचार होता है कि ईश्वर उसके किये की सजा देगा।

3. शिक्षा, रोजगार/आय के साधन–सामान्यता उसकी 30 वर्ष तक की आयु का समय परिवर्तनशील होगा। 30 से 45 वर्ष की आयु के बीच उसके जीवन के क्षेत्र में स्थिरता आयेगी। हितकारी ग्रहों की स्थिति के कारण वह यदि 6ः वर्ष की आयु के बाद भी जीवित रहता है तो उसे सामाजिक तथा आर्थिक उन्नति की आशा करनी चाहिए।

जातक मशीनी या तकनीकी अथवा इंजीनियरिंग कार्यों के लिए उपयुक्त हैं। वह पैट्रोलियम अथवा तेल उत्पादन से भी सम्बद्ध हो सकता है।

4. पारिवारिक जीवन–उसका विवाहित जीवन असाधारण रूप से सुखी होगा। उसकी पत्नी एक अच्छी गृहिणी के गुणों से सम्पन्न और आज्ञाकारिणी होगी। फिर भी जातक के अन्य स्त्रियों से काम-सम्बन्धों को नकारा नहीं जा सकता।

5. स्वास्थ्य–वह कान की समस्याओं, त्वचा के रोग, एग्जीमा, दमा, क्षय रोग तथा अपच से पीड़ित हो सकता है।

(ख) स्त्री जातक–श्रवण नक्षत्र में उत्पन्न स्त्री जातकों के कमोबेश इसी नक्षत्र में उत्पन्न पुरुष जातकों वाले ही परिणाम होंगे। इनके अतिरिक्त निम्न परिणाम और होंगे :

1. शारीरिक गठन–लम्बा व पतला शरीर। चौड़े चेहरे तथा तुलनात्मक रूप से बड़ा सिर। बड़े-बड़े दांत, सामने के दांतो के बीच अन्तर होगा। उन्नत नाक होगी।

2. स्वभाव और सामान्य घटना–दान करने में विश्वासी तथा धार्मिक प्रकृति की होगी, कई तीर्थ यात्राएं करेगी। भीतर से वह कपटी होगी। फिर भी गरीबों से सहानुभूति तथा जरूरतमन्दों के प्रति उसमें दयालुता पायी जाती है। वह दिखावेबाज होती है। उसमें परिस्थिति के अनुसार स्वयं को ढ़ालने की योग्यता है, मगर अपने पति के अनुसार स्वयं को नहीं ढ़ालेगी। अति बातूनी होगी तथा अपनी जिव्हा पर काबू नहीं कर पाती।

3. शिक्षा, रोजगार/आय के साधन–अच्छी नृत्यांगना होगी और विभिन्न ललित कलाओं में उसकी रूचि होगी। अनपढ़ स्त्रियां खेत-खलिहान

अथवा कुआं खोदने का कार्य करेंगी। माध्यमिक शिक्षा के साथ अन्य स्त्रियां टाइपिस्ट कर्लक या स्वागतकर्ता की नौकरी करेगी।

4. परिवारिक जीवन–उसके परिवार को उस पर गर्व होगा। वह हर मामले में पूर्ण दक्षता चाहती है, इस कारण से उसका समय-समय पर अपने पति से विवाद होता रहेगा। उसे दूसरों से पूर्ण दक्षता की आशा नहीं रखनी चाहिए। जैसा कि पहले कहा गया है कि वह किसी भी परिस्थिति के अनुसार स्वयं को ढ़ाल सकती है, उसका यह व्यवहार केवल बाहर वालों के लिए होगा न कि अपने पति के प्रति, जिसे वह पूर्ण संभ्रान्त समझती है।

5. स्वास्थ्य–वह किसी त्वचा के रोग से ग्रस्त होगी। उसे एग्जीमा, फिलेरिया, मवाद पड़ना, क्षय रोग आदि से पीड़ित होने का संकेत है। मामूली प्रकार के कुष्ट रोग को भी नकारा नहीं जा सकता। उसे कान की भी समस्या होगी। सामान्य विश्वास है कि इस नक्षत्र के प्रभाव के समय यौवनाशम (रजोनिवृति) होने पर उसके नेक संतान होगी।

II. श्रावण नक्षत्र में विभिन्न ग्रहों की उपस्थिति के परिणाम–

सूर्य

इस नक्षत्र में स्थित सूर्य पर यदि चन्द्रमा की दृष्टि हो तो जातक स्त्रियों के सानिध्य के द्वारा धन गंवायेगा और अन्त में खुशियों से वंचित होगा। यदि मंगल की दृष्टि हो तो वह दूसरों के झगड़ों द्वारा धन कमायेगा अर्थात वकील का कार्य करेगा। कुछ मामलों में स्वयं भी ऐसे झगड़ों में पड़ कर धन गवाएंगा। उसका बिमार शरीर होगा तथा पागलपन की अवस्था में रहेगा। बुद्ध की दृष्टि होने पर पागलों की भांति व्यवहार करेगा, सदैव दूसरों को सताने में रूचि लेगा। भले लोग उससे दूर रहेंगे। यदि बृहस्पति की दृष्टि हो तो समाज के लिए अच्छे कार्य करेगा और बुद्धिमान तथा दयालू होगा। उसे समय पर हर तरफ से सहायता मिलेगी। यदि शुक्र की दृष्टि हो तो धन सम्पत्ति के साथ प्राप्ति होगी। शनि की दृष्टि होने पर वह जिद्दी स्वभाव का शत्रुओं पर विजय पाने वाला शासक का निकटवर्ती रहकर उनसे लाभ प्राप्त करेगा।

प्रथम भाग (280.54.13 डिग्री से 283.20 डिग्री)–इस भाग में सूर्य और चन्द्रमा पर शनि की दृष्टि हो तो जातक के माता और पिता दोनों को खतरा

होगा। इस भाग में लग्न पड़ने के साथ सूर्य, शनि और मंगल भी बुद्ध, बृहस्पति या शुक्र के सहयोग के बिना स्थित हो तो जातक के जन्मते ही उसके पिता और पितामह की मृत्यु का योग।

द्वितीय भाग (283.20 डिग्री से 286.40 डिग्री)–इस भाग में सूर्य और चन्द्रमा के संयुक्त होने के साथ मूलनक्षत्र में लगन पड़ता हो तो जातक की एक पत्नी और एक ही पुत्र होगा। यदि सूर्य दुष्ट ग्रहों से घिरा हो और जन्म, दिन के समय में हो तो जातक के पिता की जल्दी मृत्यु।

तृतीय भाग (286.40 डिग्री से 290.00 डिग्री)–इस भाग में सूर्य पर विभिन्न ग्रहों की अनिष्टकारी दृष्टि के साथ रेवती नक्षत्र में लग्न पड़ता हो तो जन्मते ही बालक की मृत्यु हो जायेगी। यह एक ही ग्रह की अनिष्टकारी दृष्टि हो तो बालक की मृत्यु एक मास के भीतर हो जायेगी।

चतुर्थ भाग (290.00 डिग्री से 293.20 डिग्री)–जातक लालची और चंचल मन होगा। भटकने का शौकीन, वेश्यागमन करेगा। माता-पिता तथा परिजनों से मनमुटाव के कारण भारी हानि। कई छिपे शत्रु होंगे। बहुत कष्ट पायेगा। यदि हितकारी ग्रहों की दृष्टि हो तो परिणाम कुछ सकारात्मक हो सकते हैं।

चन्द्रमा

इस नक्षत्र में स्थित चन्द्रमा पर यदि सूर्य की दृष्टि हो तो जातक राजा के समकक्ष शक्तियां, अधिकार तथा धन दौलत का भोग करेगा। मंगल की दृष्टि होने पर विद्वान तथा बृहस्पति की दृष्टि होने पर वह मन्त्री हो सकता है। यदि बुध की दृष्टि हो तो वह अमीर हो सकता है। शुक्र की दृष्टि होने पर गरीब तथा शनि की दृष्टि होने पर वह भूमिपति जन्मेगा।

प्रथम भाग (280.54.13 डिग्री से 283.20 डिग्री)–जब इस भाग में लग्न पड़ने के साथ अश्लेष नक्षत्र में शनि और मंगल स्थित हो तो जातक शराबी होगा तथा उसका पेट का ऑपरेशन होगा। विवाह की संभावनाएं नहीं के बराबर है।

द्वितीय भाग (283.20 डिग्री से 286.40 डिग्री)–यदि इस भाग में लग्न पड़ने के साथ शुक्र स्थित हो और इस पर सूर्य की दृष्टि हो तो मादा जातक और उसकी माता वेश्यावृति करेगी और वे यौन रोगों से ग्रस्त होगी।

तृतीय भाग (286.40 डिग्री से 290.00 डिग्री)–जातक विभिन्न शास्त्रों में कुशल होगा उसके कई पुत्र होंगे। बुर्जुगों का सम्मान करेगा तथा प्राचीन ग्रन्थों जैसे रामायण, महाभारत, गीता, बाइबिल, कुरान आदि का श्रवण करने में रुचि लेगा।

चतुर्थ भाग (290.00 डिग्री से 293.20 डिग्री)–जातक पुजारियों आदि का सम्मान करने वाला, रोबीले स्वभाव का तथा धार्मिक व्यक्ति होगा। उसका काला रंग तथा रूखा स्वभाव होगा। यदि चन्द्रमा ठीक 290.00 डिग्री पर स्थित हो तो बालक की दीर्घ आयु संदिग्ध है। उसकी आयु का 20वां वर्ष उसके लिए संकटमय होगा।

मंगल

इस नक्षत्र में स्थित मंगल पर यदि सूर्य की दृष्टि हो तो जातक पत्नी, सन्तान तथा धन के साथ सुखी जीवन व्यतीत करेगा। वह काले रंग तथा रूखे स्वभाव का होगा। यदि चन्द्रमा की दृष्टि हो तो वह माता के सुख से वंचित होगा, किसी एक ही व्यक्ति से देर तक मित्रता नहीं रखेगा तथा यथेष्ठ रूप से धनी होगा। यदि बुद्ध की दृष्टि हो तो वह मृदुभाषी, यात्राओं से सम्बन्धित व्यवसाय अथवा व्यवसायिक झूठ बोलेगा। उसमें काफी शारीरिक शक्ति होगी। यदि बृहस्पति की दृष्टि हो तो वह दीर्घायु, अच्छे गुणों वाला, अपने परिजनों की देखभाल करने वाला तथा शासक के निकट सर्म्पक में होगा। शुक्र की दृष्टि होने पर उसे यौन-सुख प्राप्त करने के बहुत अवसर प्राप्त होंगे। झगडालु प्रवृति का तथा भाग्यशाली होगा। यदि शनि की दृष्टि हो तो शासक द्वारा लाभान्वित होगा, स्त्री वर्ग से घृणा करेगा। वह बुद्धिमान तथा प्रसिद्धि प्राप्त करेगा।

प्रथम भाग (280.54.13 डिग्री से 283.20 डिग्री)–जब इस भाग में मंगल के साथ पुनर्वसु नक्षत्र के प्रथम भाग में शनि स्थित हो तो जातक चोर होगा तथा एक अन्य चोर के हाथों घायल होगा।

द्वितीय भाग (283.20 डिग्री से 286.40 डिग्री)–शताभिषज नक्षत्र में लग्न होने पर जातक को आंखों के रोग होंगे। सूर्य, शनि तथा चन्द्रमा के साथ संयुक्त होने पर जातक की 40 वर्ष की आयु में दुर्घटना से मृत्यु होने का संकेत।

तृतीय भाग (286.40 डिग्री से 290.00 डिग्री)–इस नक्षत्र में मंगल के साथ ज्येष्ठ नक्षत्र में लग्न पड़ता हो तो, प्राचीन धारणाओं के अनुसार जातक अपने बड़े और छोटे भाइयों को तबाह करेगा। हालांकि यह धारणा ठीक है मगर मैं इससे थोड़ा सा असहमत हूँ कि मंगल जातक के भाइयों को तबाह करेगा। मेरे विचार से यह कथन केवल नर जातकों के लिए ही लागू होगा न कि मादा जातकों पर भी। इस भाग में मंगल जातक के छोटे भाई को उत्पन्न होने से पहले ही गर्भपात के रूप में नष्ट कर देगा। जातक सबसे बड़ा होगा अतः बड़े भाई के विनाश का तो प्रश्न ही नहीं उठता।

चतुर्थ भाग (290.00 डिग्री से 293.20 डिग्री)–जातक प्रथम संतान होगी और काफी समय के बाद भाई का जन्म होगा। इस स्थिति में जातक सफल डॉक्टर बनेगा। यदि बृहस्पति की दृष्टि हो तो वह सरकार में अधिकारी होगा।

बुध

श्रवण नक्षत्र में स्थित बुद्ध पर यदि सूर्य की दृष्टि हो तो जातक कुशल पहलवान, अपनी शक्ति के कारण जिद्‌दी (उद्दण्ड) और धूर्त होगा। यदि मंगल की दृष्टि हो तो जातक धनी होते हुए भी पैसे के लिए निम्न किस्म के कार्य करने में भी संकोच नहीं करेगा। वह क्रूर हृदय का होगा। चन्द्रमा की दृष्टि होने पर जलीय उत्पादनों से कमायेगा, यथेष्ट धन होगा तथा डरपोक होगा। यदि बृहस्पति की दृष्टि हो तो वह गांव या कस्बे का प्रमुख व्यक्ति अथवा किसी सरकारी विभाग अथवा फैक्ट्ररी का अध्यक्ष होगा। शुक्र की दृष्टि होने पर जातक के कुरूप सन्तान होंगे। वह विद्वानों द्वारा त्यागा हुआ बुरे रास्ते पर चलने वाला व्यक्ति होगा। शनि की दृष्टि हो तो वह क्रूर कार्य करेगा, सुखी नहीं होगा तथा निर्धन होगा।

प्रथम भाग (280.54.13 डिग्री से 283.20 डिग्री)–इस भाग में बुध, मूलनक्षत्र में लग्न होने पर जातक अपनी पैतृक सम्पत्ति गंवा देगा। यदि बुध पर चन्द्रमा की दृष्टि हो तो यह हानि और अधिक होगी।

द्वितीय भाग (283.20 डिग्री से 286.40 डिग्री)–इस भाग में बुद्ध के साथ शुक्र तथा पुनर्वसु नक्षत्र में लग्न होने पर जातक के आजीवन अविवाहित

रहने का संकेत। फिर भी यदि इस संयोजन पर हितकारी ग्रह की दृष्टि हो तो 40 वर्ष की आयु के बाद उसे पत्नी प्राप्ति का संकेत है।

तृतीय भाग (286.40 डिग्री से 290.00 डिग्री)–जातक व्यापार द्वारा कमायेगा। अर्थशास्त्र अथवा वाणिज्यशास्त्र विषयों में अच्छा ज्ञान तथा उपाधि प्राप्त होगा। अशान्त तथा स्वार्थी व्यक्ति।

चतुर्थ भाग (290.00 डिग्री से 293.20 डिग्री)–जातक में होटल उद्योग का तकनीकी ज्ञान होगा वह इसी के द्वारा कमायेगा। वह जमीन जायदाद की दलाली भी करेगा। कंजूस तथा धूर्त प्रत्येक मामले में सामंजस्यहीन होगा।

बृहस्पति

इस नक्षत्र में स्थित बृहस्पति पर यदि सूर्य की दृष्टि हो तो जातक का आर्कषक व्यक्तित्व, ओजस्वी स्वरूप योग्य वक्ता तथा दूसरों की सहायता करने की प्रवृति वाला होगा। यदि चन्द्रमा की दृष्टि हो तो वह अपने समाज या नेता अथवा मन्त्री होगा। मंगल की दृष्टि होने पर शासक का विश्वासपात्र होगा तथा उसके द्वारा धन प्राप्त करेगा। यदि बुद्ध की दृष्टि हो तो वह शन्तिप्रिय, स्त्रियों में पसन्द किया जाने वाला तथा धार्मिक अनुष्ठान करने में रूचि लेगा। यदि शुक्र की दृष्टि हो तो अति विद्वान, सर्वगुणसम्पन्न, शासक का समीपवर्ती अथवा मंत्री होगा। यदि शनि की दृष्टि हो तो उसके जीवन की सभी आकाक्षाएं पूरा होंगी।

प्रथम भाग (280.54.13 डिग्री से 283.20 डिग्री)–सूर्य, चन्द्रमा तथा मंगल के यहां पर संयोजन से बालक की मृत्यु 5 वर्ष के अन्दर हो जायेगी।

द्वितीय भाग (283.20 डिग्री से 286.40 डिग्री)–इस भाग में बृहस्पति पर दो या दो से अधिक ग्रहों की अशुभ दृष्टि के साथ आर्द्र नक्षत्र में लग्न पड़ने पर जातक की मृत्यु 11 दिन के भीतर हो जायेगी।

तृतीय भाग (286.40 डिग्री से 290.00 डिग्री)–इस भाग में बृहस्पति के साथ सूर्य, बुद्ध तथा चन्द्रमा संयुक्त हो तो जातक की मृत्यु 5 वर्ष के भीतर हो जायेगी।

चतुर्थ भाग (290.00 डिग्री से 293.20 डिग्री)–जातक का व्यवहार लज्जाजनक, लेकिन प्रवृति उदार होगी। उत्तेजित तथा असंगत स्वभाव। 32

वर्ष की आयु तक बहुत कष्ट पायेगा। 37 वर्ष की आयु के बाद स्थिरता की आशा है।

शुक्र

इस नक्षत्र में स्थित शुक्र पर सूर्य की दृष्टि होने पर जातक धनी, साहसी तथा स्थायी चरित्र का व्यक्ति होगा। यदि चन्द्रमा की दृष्टि हो तो मुस्कराते चेहरे के साथ आर्कषक व्यक्तित्व होगा। मंगल की दृष्टि हो तो जातक मेहनत करके हारा हुआ होगा। वह आर्थिक और मानसिक पेरशानियों का सामना करेगा। यदि बुद्ध की दृष्टि हो तो वह धार्मिक शास्त्रों में कुशल होगा और अपने इसी ज्ञान के द्वारा आय अर्जित करेगा। बृहस्पति की दृष्टि हो तो वह कला-संगीत प्रेमी तथा धनी होगा। यदि शनि की दृष्टि हो तो वह सुन्दर, भाग्यशाली तथा काम-क्रीडा में ज्यादा रूचि रखेगा।

प्रथम भाग (280.54.13 डिग्री से 283.20 डिग्री)–जातक देखने में युवा तथा परिस्थिति के अनुसार स्वयं को ढालने में सक्षम तथा महत्वाकांक्षी होगा और उन्नति के शिखर पर पहुँचेगा।

द्वितीय भाग (283.20 डिग्री से 286.40 डिग्री)–जातक उदार, धार्मिक तथा विनीत स्वभाव का होगा। 32वें वर्ष की आयु के बाद धन का प्रवाह होगा। 44 वर्ष की आयु में, जब शुक्र प्रसव के समय चार्ट के अनुसार स्थित डिग्री पर से गुजरें (जो इसी भाग की एक ही डिग्री होगा) तो उसे भारी हानि होगी।

तृतीय भाग (286.40 डिग्री से 290.00 डिग्री)–यहां पर शुक्र सूर्य और शनि के साथ संयुक्त होने पर बालक की अल्पायु में मृत्यु होने में सक्षम होता है। यदि इसी संयोजन पर बृहस्पति की दृटि हो तो जातक की 9वें वर्ष की आयु में मृत्यु होगी।

चतुर्थ भाग (290.00 डिग्री से 293.20 डिग्री)–जातक उच्च महत्वाकांक्षी लेकिन असैद्धान्तिक होगा। वह बड़बोला, कमजोर शरीर का होगा। फिर भी जातक अति विद्वान होगा।

शनि

श्रावण नक्षत्र में स्थित शनि पर यदि सूर्य की दृष्टि हो तो जातक की

पत्नी बदसूरत होगी। वह निर्धन होगा तथा दूसरे के ऊपर निर्भर होगा। यदि चन्द्रमा की दृष्टि हो तो वह माता की देखभाल से वंचित होगा। उसका उच्च नैतिक चरित्र होगा। उसके दो नाम होंगे तथा पत्नी, धन व सन्तान से सम्पन्न होगा। यदि मंगल की दृष्टि हो तो वह लकवे से पीड़ित होगा, दूसरों के विपरीत कार्य करेगा और विदेशों में रहेगा। यदि बुध की दृष्टि हो तो वह नेक, धनी तथा सरकार अथवा समाज में प्रतिष्ठित लोगों से लाभान्वित होगा। यदि बृहस्पति की दृष्टि हो तो जातक मन्त्री या समकक्ष पद पर अथवा सुरक्षा प्रमुख होगा। उसका शरीर मजबूत होगा। वह संवेदनशील होगा।

प्रथम भाग (280.54.13 डिग्री से 283.20 डिग्री)–जातक का पतला शरीर होगा। वह बुद्धिमान मगर स्वार्थी होगा। ससुराल से दहेज में काफी धन दौलत प्राप्त होगी। इस पर भी वह संतुष्ट नहीं होगा और अधिक धन की मांग करेगा।

द्वितीय भाग (283.20 डिग्री से 286.40 डिग्री)–मध्यम शरीर/ प्रतिशोधी स्वभाव का/विदेश में रहेगा/जीवन सुखी होगा/पत्नी बिमार होगी फिर भी सुखी विवाहित जीवन होगा।

तृतीय भाग (286.40 डिग्री से 290.00 डिग्री)–बुद्धिमान और विद्वान लेकिन शकालू स्वभाव का होगा। वह अपने माता-पिता पर भी विश्वास नहीं करेगा औरों की तो बात अलग है। इसी कारण से जातक भी दूसरों का विश्वास पात्र नहीं होगा।

चतुर्थ भाग (290.00 डिग्री से 293.20 डिग्री)–काला रंग, हड्डियां तक दिखाई देने वाला पतला शरीर। बहुत अच्छी स्थिति में होगा। कम बोलने वाला उसकी इस आदत के लोग समझने लगते हें कि वह उनकी बात सुनना नहीं चाहता।

राहू

प्रथम भाग (280.54.13 डिग्री से 283.20 डिग्री)–अश्लेष नक्षत्र में लग्न पड़ता हो और इस भाग में राहू पर अनिष्टकारी ग्रहों की दृष्टि हो तो जातक की मृत्यु 10 वर्ष में हो जायेगी। कुछ अन्य विचारों के अनुसार मृत्यु 16 वर्ष के भीतर हो जायेगी।

द्वितीय भाग (283.20 डिग्री से 286.40 डिग्री)–जातक शान्त, आस्थावान तथा उदार होगा। वह नेक तथा अच्छी पत्नी का सुख नहीं पा सकता। वह मेहनती होगा उसे उसकी मेहनत का इच्छित फल नहीं मिलेगा।

तृतीय भाग (286.40 डिग्री से 290.00 डिग्री)–जातक विद्वान और बुद्धिमान होगा। उसके प्रतिशोधी स्वभाव के कारण दुश्मनी का अन्त नहीं होगा। फिर भी उसका जीवन आरामदायक और खुशियों से भरा होगा।

चतुर्थ भाग (290.00 डिग्री से 293.20 डिग्री)–वह हाजिर जवाब और व्यवहार कुशल मगर साथ ही तंग दिमाग और बेइमान होगा। सरकस के जोकर की भांति सबका दिल बहलाने वाला मगर स्वयं दुखी होगा। जीवन का अधिकांश भाग कष्टों से भरा होगा।

केतू

प्रथम भाग (280.54.13 डिग्री से 283.20 डिग्री)–जब इस भाग मे लगन भी पड़ता हो तो जातक सदा का धनी तथा संतानवान होगा।

द्वितीय भाग (283.20 डिग्री से 286.40 डिग्री)–पुत्रियों के कारण मानसिक रूप से परेशान होगा। अनिष्टकारी ग्रहों से आक्रांत होने पर उसका जीवन बच्चों के कारण बहुत दुखी होगा।

तृतीय भाग (286.40 डिग्री से 290.00 डिग्री)–पत्नी उसके लिए समस्याएं उत्पन्न करेगी। इस कारण उसकी प्रगति में बाधा आयेगी।

चतुर्थ भाग (290.00 डिग्री से 293.20 डिग्री)–जातक श्वास रोग, निमोनिया अथवा क्षयरोग से ग्रस्त होगा। पत्नी और बच्चों के कारण उसे खतरा होगा।

श्रावण नक्षत्र में उत्पन्न जातकों को शताभिषज, उत्तर-भाद्रपद, अश्विनी, माध ओर पूर्वफाल्गुनी नक्षत्रों में उत्पन्न व्यक्तियों के साथ सम्बन्ध नहीं बनाने चाहिए।

श्रावण नक्षत्र का दशा स्वामी चन्द्रमा है, जिसके बाद मंगल, राहू, बृहस्पति, शनि, बुद्ध, केतू और शुक्र का क्रम है।

III. कुछ विशेष अक्षाशों पर कुछ ग्रहों की उपस्थिति के परिणाम–

श्रावण नक्षत्र में कुछ ग्रहों के लिए कुछ घातक अक्षांश होते हैं। विभिन्न ग्रहों के लिए ये घातक अक्षांश इस प्रकार हैं :

मंगल – श्रावण नक्षत्र की 5.00 डिग्री (परिक्रमा कक्षा की 285.00 डिग्री)
बुद्ध – श्रावण नक्षत्र की 12.00 डिग्री (परिक्रमा कक्षा की 292.00 डिग्री)
राहू – श्रावण नक्षत्र की 10.00 डिग्री (परिक्रमा कक्षा की 290.00 डिग्री)
बृहस्पति – श्रावण नक्षत्र की 1.00 डिग्री (परिक्रमा कक्षा की 281.00 डिग्री)
शुक्र – श्रावण नक्षत्र की 2.00 डिग्री (परिक्रमा कक्षा की 282.00 डिग्री)
शनि – श्रावण नक्षत्र की 4.00 डिग्री (परिक्रमा कक्षा की 284.00 डिग्री)
केतू – श्रावण नक्षत्र की 2.00 डिग्री (परिक्रमा कक्षा की 282.00 डिग्री)
चन्द्रमा – श्रावण नक्षत्र की 10.00 डिग्री (परिक्रमा कक्षा की 290.00 डिग्री)

उपरोक्त ग्रहीय आकृति में जातक का जन्म उसकी दीर्घायु के लिए बाधक है। जब भी ये ग्रह इन घातक अक्षांशों से गुजरें तो कोई भी मांगलिक कार्य नहीं करना चाहिए। जब भी ये ग्रह सम्बन्धित अक्षांशो से गुजरें जो जातक को सावधानी बरतनी चाहिए।

IV. उपचार

1. मोती 6 रत्ती का चांदी की अंगूठी में जड़वा कर शुक्लपक्ष में सोमवार को प्रातः 6.00 बजे से 7.00 बजे अथवा सायं 7.00 से 10.00 बजे के बीच चौथी (बुद्ध) अंगुल में धारण करें।

2. बृहस्पति के लिए दिये गये मन्त्र तथा मन्त्र संख्या 36 का नियमित जाप करें।

अध्याय-24

''श्रविष्ठा (धनिष्ठा) नक्षत्र''

चौबीसवें राशिचक्र में 293.20 डिग्री से 306.40 डिग्री तक का विस्तार क्षेत्र श्रविष्ठा नक्षत्र कहलाता है। अरब मंजिल में इसे 'साद-अस-सूद' (अति-प्रसिद्ध) तथा ग्रीक इसे 'डेलफिनी' कहते हैं। चीनी मतानुसार इसे 'हय' कहते हैं। श्रविष्ठा का अर्थ 'अति प्रसिद्ध' है। इसे 'धनिष्ठ' जिसका भी अर्थ यही है, भी कहते हैं। लेकिन यदि इसके संक्षिप्त रूप 'धनिन' को अपनाये तो इसका अर्थ 'धनि' होगा। इस नक्षत्र समूह के 'ढोल' के आकार के चार सितारे हैं।

श्रविष्ठा नक्षत्र का अधिष्ठाता देवता 'अष्ट वसवास' है। ये अष्ट वास आठ वेदिक देवता है, जो इस प्रकार है : धरा, ध्रुव, सोम, विष्णु, अनल, अनिल, प्रत्युस और प्रोवास। बंगाल में मान्यता है कि ये वावस (बंगला भाषा में बासु) गंगा नदी से उत्पन्न हुए हैं।

I. श्रविष्ठा नक्षत्र में उत्पन्न जातकों के सामान्य परिणाम–

(क) पुरुष जातक

1. शारीरिक गठन–सामान्य जातक लम्बे कद का व पतले शरीर का होता है। अपवाद के रूप में कुछ स्थूल शरीर भी पाये जाते हैं।

2. स्वभाव तथा सामान्य घटना–वह अपने प्रत्येक कार्य में दक्ष होता है। वह तेज दिमाग, बुद्धिमान तथा ज्ञानवान होता है। वह मन, वचन तथा कर्म द्वारा किसी को भी कष्ट नहीं देता। फिर भी वह धर्मात्मा पाया गया है और अपने चरित्रबल, योग्यता तथा प्रयत्नों के द्वारा सदैव शुभ आचरण करता है। अंतिम क्षण तक वह किसी के प्रति अपनी नापसन्दगी को प्रकट नहीं करता। जिस प्रकार हाथी अपने पर वार को चुपचाप सह लेता है और उस अवसर का इंतजार करता है जबकि वह शत्रु को असावधान पाकर कुचल डालता है। इसी प्रकार श्रविष्ठा नक्षत्र में उत्पन्न जातक भी अपने विरोधी अथवा शत्रु पर वार करने के लिए उचित अवसर की प्रतिक्षा करता है।

3. शिक्षा, रोजगार/आय के साधन–मैंने जितनी भी जन्मकुंडलियां देखी है तो पाया है कि प्रायः वैज्ञानिक और इतिहासकार इसी नक्षत्र में उत्पन्न हुए हैं। इन जातकों में किसी बात या भेद को गुप्त रखने की जन्मजात

योग्यता होने के कारण वे खुफिया विभाग, उच्चाधिकारियों के निजी सचिव के पद के लिए पूर्णता योग्य होते हैं। उसकी शिक्षा कुछ भी हो मगर उसकी बुद्धिमता तथा समझ संदेह से परे है। वाद-विवाद में भी वह सर्वोपरि होने के कारण वकील के पेशे के लिए भी उपयुक्त है। सामान्यता 24 वर्ष की आयु के बाद वह अपने उपार्जन क्षेत्र में उन्नति करेगा। वह ऐसे व्यवसाय अथवा धन्धों में लगा होगा जिनमें दूसरों पर भरोसा करना होता है अतः उसे किसी पर भी विश्वास करने से पूर्व पूर्ण सावधानीपूर्वक जांच कर लेनी चाहिए।

4. पारिवारिक जीवन–अपने परिवार के क्षेत्र में भी वह सर्वोच्च प्रशासक होता है। उसके परिजन उसके लिए बहुत सी उलझनें तथा परेशानियां उत्पन्न करेंगे। वह अपने बहन-भाइयों के प्रति समर्पित होगा। ग्रहों की शुभ स्थिति होने की दशा में उसे उत्तराधिकार में काफी सम्पत्ति मिलेगी। अपनी ससुराल की तरफ से कोई विशेष लाभ नहीं होगा। लेकिन यह दोष उसकी पत्नी के सदगुणों के कारण परोक्ष में चला जायेगा। उसकी पत्नी लक्ष्मी का रूप होगी। अधिक स्पष्ट करने के लिए जातक की आर्थिक उन्नति उसके विवाह के बाद ही होगी।

यह भी पाया गया है कि श्रविष्ठा नक्षत्र में उत्पन्न जिन जातकों की जन्म कुण्डली में सूर्य और बुद्ध इक्टठे स्थित हो तो जातक की पत्नी की मृत्यु होती देखी गई है।

5. स्वास्थ्य–उसका स्वास्थ्य बहुत अच्छा नहीं होगा। उसे अपने स्वास्थ्य की चिन्ता नहीं होगी। जब उसका रोग चरम सीमा पर पहुंचता है तब वह उसके उपचार की सोचता है। थोड़ा सा रोग में आराम पाते ही वह फिर से अपने काम में जुट जाता है। उसे सूखी खांसी, अनिमिया आदि रोग होने का संकेत है। फिर भी वह लम्बे समय तक बिमार नहीं रहेगा।

(ख) स्त्री जातक–श्रविष्ठा नक्षत्र में उत्पन्न स्त्री जातकों के इसी नक्षत्र में उत्पन्न पुरुष जातकों वाले कमोवेश वही परिणाम होंगे।

1. शारीरिक गठन–मनोहर व कमनीय रूप। अपनी प्रोढ़ावस्था में भी कमनीय तथा आकर्षक नजर आयेगी। भारी होंठों के साथ चुम्बकीय व्यक्तित्व। कुछ मामलों में उसके बाहर को निकले हुए दांतों के कारण भद्दापन भी मिलता है।

2. स्वभाव और सामान्य घटना–जीवन में महत्वाकांक्षी होने के साथ फिजूल खर्च होगी। सुशील तथा उदार व्यक्तित्व। कमजोरो के प्रति सहानुभूतिपूर्ण। श्रावण नक्षत्र में उत्पन्न मादा जातकों की भांति कार्यान्वित करने वाली होगी। उसे परिवार में अनुकूल वातावरण बनाये रखने के लिए अपनी भावनाओं पर काबू पाना चाहिए।

3. शिक्षा, रोजगार/आय के साधन–शिक्षा के क्षेत्र में मिश्रित प्रतिभाएं देखी गई हैं। कुछ साहित्य में तथा कुछ विज्ञान में रूचि रखती हैं। अतः वे प्रायः शिक्षिका, प्राध्यापिका अथवा रिसर्च छात्रा पायी जाती है।

4. परिवारिक जीवन–गृह प्रबन्ध में कुशल पाई जाती है।

5. स्वास्थ्य–उसका स्वास्थ्य अच्छा नहीं होगा। वह अनिमिया, रक्तदोष तथा गम्भीर रूप से गर्भाशय की बिमारियों से ग्रस्त होगी। यह भी विश्वास किया जाता है कि इस नक्षत्र के प्रभाव के दौरान यौवन (रजोधर्म) को प्राप्त करने वाली स्त्रियों के पास धन-दौलत की प्रचुरता होगी।

II. श्रविष्ठा नक्षत्र में ग्रहों की स्थिति से उत्पन्न परिणाम–

सूर्य

इस नक्षत्र में स्थित सूर्य पर यदि चन्द्रमा की दृष्टि हो तो जातक स्त्रियों के सानिध्य के द्वारा धन गंवायेगा और अन्त में खुशियों से वंचित होगा। यदि मंगल की दृष्टि हो तो वह दूसरों के झगड़ों द्वारा धन कमायेगा अर्थात वकील का कार्य करेगा। कुछ मामलों में स्वयं भी ऐसे झगड़ों में पड़ कर धन गवाएंगा। उसका बिमार शरीर होगा तथा पागलपन की अवस्था में रहेगा। बुद्ध की दृष्टि होने पर पागलों की भांति व्यवहार करेगा, सदैव दूसरों को सताने में रूचि लेगा। भले लोग उससे दूर रहेंगे। यदि बृहस्पति की दृष्टि हो तो समाज के लिए अच्छे कार्य करेगा और बुद्धिमान तथा दयालू होगा। उसे समय पर हर तरफ से सहायता मिलेगी। यदि शुक्र की दृष्टि हो तो धन सम्पत्ति के साथ प्राप्ति होगी। शनि की दृष्टि होने पर वह जिद्दी स्वभाव का शत्रुओं पर विजय पाने वाला शासक का निकटवर्ती रहकर उनसे लाभ प्राप्त करेगा।

प्रथम भाग (293.20 डिग्री से 296.40 डिग्री)–जातक में चतुराई होती है। मगर साथ ही वह स्वार्थी व बड़बोला होता है। साफ रंग, छोटा कद/विधवाओं तथा तलाकशुदा स्त्रियों की ओर अधिक रूचि होगी।

द्वितीय भाग (296.40 डिग्री से 300.00 डिग्री)–इस भाग में चन्द्रमा, मंगल और शनि का संयोजन 5 वर्ष के भीतर बालक की मृत्यु का कारण होगा। वह अच्छे व्यक्तित्व का लेकिन नीच स्वभाव का, कंजूस तथा मित्रों से हीन होगा।

तृतीय भाग (300.00 डिग्री से 303.20 डिग्री)–बुद्धिमान, दीप्तिमान शरीर, छोटे खूबसूरत दांत, सुविकसित चेहरा तथा 76 वर्ष की आयु होगी। देखा गया है कि शुभ दृष्टि के साथ सूर्य के होने पर वह प्रायः बिमार रहेगा मगर यह बिमारी उसकी मृत्यु का कारण नहीं बनेगी।

चतुर्थ भाग (303.20 डिग्री से 306.40 डिग्री)–जातक खुशियों से हीन होगा। साफ रंग, मनोहर रूप, स्वस्थ तथा सुखी होगा। संगीत व मनोरंजन में अधिक रूचि होगी। शुरू में 35 वर्ष की आयु तक परिवार की उपेक्षा करेगा, बाद में अपनी गल्ती को सुधारेगा तथा घर-परिवार को खुशहाल बनायेगा। फिर भी उसका अपने पिता से बैर होगा।

चन्द्रमा

इस नक्षत्र में स्थित चन्द्रमा पर यदि सूर्य की दृष्टि हो तो जातक राजा के समकक्ष शक्तियां, अधिकार तथा धन दौलत का भोग करेगा। मंगल की दृष्टि होने पर विद्वान तथा बृहस्पति की दृष्टि होने पर वह मन्त्री हो सकता है। यदि बुध की दृष्टि हो तो वह अमीर हो सकता है। शुक्र की दृष्टि होने पर गरीब तथा शनि की दृष्टि होने पर वह भूमिपति जन्मेगा।

प्रथम भाग (293.20 डिग्री से 296.40 डिग्री)–अश्लेष नक्षत्र के दूसरे भाग में शनि और मंगल के साथ इस भाग में चन्द्रमा स्थित हो तो मादा जातक के विभिन्न गर्भपात अथवा गर्भश्राव होंगे। नर जातक की पत्नी प्रसव के बाद मर जाने अथवा उसके कोई भी सन्तान न होने का संकेत। 5 वर्ष की आयु में जातक गम्भीर रूप से बिमार होगा। 10 वर्ष की आयु में कोई दुर्घटना होगी तथा 12 वर्ष की आयु में किसी शस्त्र द्वारा घायल होगा।

द्वितीय भाग (296.40 डिग्री से 300.00 डिग्री)–जातक धनी और कान का कच्चा होगा। उसकी गर्दन और जांघे किसी रोग विशेष से फूली हुई होगी। वह प्रसन्नचित होगा। 20 वर्ष की आयु में वह तेज बुखार तथा पीलिया से ग्रस्त होगा तथा 25 वर्ष की आयु में उसके शरीर का कोई भाग बुरी तरह प्रभावित होगा।

तृतीय भाग (300.00 डिग्री से 303.20 डिग्री)–जातक साहसी, सत्यवादी तथा सबके प्रति दयालू होगा। वह अति भक्षक होगा जिसके कारण 22 वर्ष की आयु में पेट की बिमारी के कारण हस्पताल में भर्ती होगा जहां वह लम्बे समय तक रहेगा। ऐसे जातकों को अपने खाने पर कहीं भी कुछ भी खा लेने की अपनी आदत पर नियन्त्रण रखना चाहिए।

चतुर्थ भाग (303.20 डिग्री से 306.40 डिग्री)–जातक की दो पत्नियां होगी तथा दो ही बच्चे होंगे। वह अन्य स्त्रियों से भी काम- सम्बन्धों में लिप्त होगा। उसके बायें हाथ पर कोई पहचान का चिन्ह होगा। 5 वर्ष की आयु में जलने का भय, 12 वर्ष में विष का भय तथा 28 वर्ष की आयु में वह चोरों के द्वारा घायल होने का संकेत है।

उपरोक्त भागों में जन्म जातक, 90 वर्ष की आयु में भाद्रपद (August-September) मास के कृष्ण पक्ष की चतुर्थ तिथि को शुक्रवार के दिन जब भरणी नक्षत्र का प्रभाव होगा तब उसकी मृत्यु होगी।

मंगल

इस नक्षत्र में स्थित मंगल पर यदि सूर्य की दृष्टि हो तो जातक पत्नी, सन्तान तथा धन के साथ सुखी जीवन व्यतीत करेगा। वह काले रंग तथा रूखे स्वभाव का होगा। यदि चन्द्रमा की दृष्टि हो तो वह माता के सुख से वंचित होगा, किसी एक ही व्यक्ति से देर तक मित्रता नहीं रखेगा तथा यथेष्ठ रूप से धनी होगा। यदि बुद्ध की दृष्टि हो तो वह मृदुभाषी, यात्राओं से सम्बन्धित व्यवसाय अथवा व्यवसायिक झूठ बोलेगा। उसमें काफी शारीरिक शक्ति होगी। यदि बृहस्पति की दृष्टि हो तो वह दीर्घायु, अच्छे गुणों वाला, अपने परिजनों की देखभाल करने वाला तथा शासक के निकट सर्म्पक में होगा। शुक्र की दृष्टि होने पर उसे यौन-सुख प्राप्त करने के बहुत अवसर प्राप्त होंगे। झगडालु प्रवृति का तथा भाग्यशाली होगा। यदि शनि की दृष्टि हो तो शासक द्वारा लाभान्वित होगा, स्त्री वर्ग से घृणा करेगा। वह बुद्धिमान तथा प्रसिद्धि प्राप्त करेगा।

प्रथम भाग (293.20 डिग्री से 296.40 डिग्री)–मंगल के लिए सबसे अच्छी स्थिति/जातक धन प्रसिद्धि तथा सुख प्राप्त करेगा। वह शाही वैभव का उपभोग करेगा।

द्वितीय भाग (296.40 डिग्री से 300.00 डिग्री)–सूर्य, चन्द्रमा और बृहस्पति पर इस भाग में स्थित मंगल की दृष्टि हो तो जातक निम्नस्तर पर उत्पन्न होकर भी सम्पूर्ण विश्व पर राज करेगा। जब अश्लेष नक्षत्र के चतुर्थ भाग में चन्द्रमा के साथ इस भाग में मंगल स्थित हो तो जातक शत्रुओं पर विजय पाने वाला, प्रमुख व्यक्ति, मन्त्रों का ज्ञाता, शस्त्र विद्या में दक्ष किसी राज्य का शासक अथवा प्रशासक होगा। 70 वर्ष की आयु में उसकी मृत्यु शस्त्र अथवा अग्नि के द्वारा होगी।

तृतीय भाग (300.00 डिग्री से 303.20 डिग्री)–जातक चतुर और धूर्त होगा। वह यथेष्ट भूमि-सम्पत्ति का स्वामी होगा। इस भाग में मंगल की स्थिति से वह रसायन मशीन इंजीनियरिंग से सम्बन्धित व्यवसाय में होगा। यद्यपि चन्द्रमा और बुद्ध संयुक्त हो तो जातक डॉक्टर होगा। मंगल पर बृहस्पति की दृष्टि होने पर जातक शिक्षक होगा।

चतुर्थ भाग (303.20 डिग्री से 306.40 डिग्री)–इस भाग में स्थित मंगल पर यदि शनि की दृष्टि हो तो जातक मिरगी, क्षयरोग से ग्रस्त होगा। कुछ मामलों में गम्भीर मिरगी के कारण पागलपन तक भी हो सकता है। सामान्यतः ऐसे जातक लोहे या स्टील की फैक्टरी में काम करते हैं।

बुध

इस नक्षत्र में स्थित बुद्ध पर यदि सूर्य की दृष्टि हो तो जातक कुशल पहलवान, अपनी शक्ति के कारण जिद्दी (उद्दण्ड) और धूर्त होगा। यदि मंगल की दृष्टि हो तो जातक धनी होते हुए भी पैसे के लिए निम्न किस्म के कार्य करने में भी संकोच नहीं करेगा। वह क्रूर हृदय का होगा। चन्द्रमा की दृष्टि होने पर जलीय उत्पादनों से कमायेगा, यथेष्ट धन होगा तथा डरपोक होगा। यदि बृहस्पति की दृष्टि हो तो वह गांव या कस्बे का प्रमुख व्यक्ति अथवा किसी सरकारी विभाग अथवा फैक्ट्ररी का अध्यक्ष होगा। शुक्र की दृष्टि होने पर जातक के कुरूप सन्तान होंगे। वह विद्वानों द्वारा त्यागा हुआ बुरे रास्ते पर चलने वाला व्यक्ति होगा। शनि की दृष्टि हो तो वह क्रूर कार्य करेगा, सुखी नहीं होगा तथा निर्धन होगा।

प्रथम भाग (293.20 डिग्री से 296.40 डिग्री)–जातक अधिकतर अधीनस्त पदों पर नियुक्त होगा। संगीत और कला में रूचि। सदैव कर्जों में दबा रहेगा। वह उदरशूल, श्वास तथा रक्त दोष की बिमारियों से पीड़ित होगा।

द्वितीय भाग (296.40 डिग्री से 300.00 डिग्री)–इस भाग में बिना किसी अन्य ग्रह की दृष्टि के बुद्ध अकेला स्थित हो तो जातक शहरों और कस्बों का शासन करेगा। यद्यपि वह सुखी विवाहित जीवन नहीं पा सकेगा इसके पीछे उसका नीच स्त्रियों के साथ अधिक काम-सम्बन्ध तथा उसका मदिरा व्यसनी होना है। 44 वर्ष की आयु में उसके स्वास्थ्य में गतिरोध उत्पन्न होगा। उसे दिल का दौरा पड़ने का भी संकेत है।

तृतीय भाग (300.00 डिग्री से 303.20 डिग्री)–उपरोक्त द्वितीय भाग वाले परिणाम यहां भी लागू होंगे। यद्यपि जातक बहुत अधिक धनी नहीं होगा और उसके 45 वर्ष की आयु में पागल होने का संकेत है।

चतुर्थ भाग (303.20 डिग्री से 306.40 डिग्री)–शुक्र के साथ संयुक्त होने पर जातक का विवाह प्रतिस्पर्धात्मक रूप में होगा अर्थात लड़की से विवाह करने के बहुत लोग इच्छुक होंगे, फिर भी वह इनसे अपना रास्ता साफ कर लेगा। सात वर्ष के वैवाहिक जीवन के बाद वह विलक्षण समस्याओं का सामना करेगा अर्थात उसके विवाह का अन्त तलाक अथवा लम्बे समय तक के अलगाव की परिणति में होगा। यदि सूर्य और शनि की दृष्टि हो तो विवाह के पांच वर्ष के भीतर उसकी पत्नी की मृत्यु हो जायेगी।

बृहस्पति

इस नक्षत्र में स्थित बृहस्पति पर यदि सूर्य की दृष्टि हो तो जातक का आर्कषक व्यक्तित्व, ओजस्वी स्वरूप योग्य वक्ता तथा दूसरों की सहायता करने की प्रवृति वाला होगा। यदि चन्द्रमा की दृष्टि हो तो वह अपने समाज या नेता अथवा मन्त्री होगा। मंगल की दृष्टि होने पर शासक का विश्वासपात्र होगा तथा उसके द्वारा धन प्राप्त करेगा। यदि बुद्ध की दृष्टि हो तो वह शन्तिप्रिय, स्त्रियों में पसन्द किया जाने वाला तथा धार्मिक अनुष्ठान करने में रूचि लेगा। यदि शुक्र की दृष्टि हो तो अति विद्वान, सर्वगुणसम्पन्न, शासक का समीपवर्ती अथवा मंत्री होगा। यदि शनि की दृष्टि हो तो उसके जीवन की सभी आकाक्षाएं पूरा होंगी।

प्रथम भाग (293.20 डिग्री से 296.40 डिग्री)–चन्द्रमा की दृष्टि से रहित बृहस्पति जातक को निर्धन तथा दयनीय स्थित में डालेगा तथा वह सेवक के रूप में कार्य करेगा।

द्वितीय भाग (296.40 डिग्री से 300.00 डिग्री)–अकेले बृहस्पति के स्थित होने पर जातक शिक्षक, टाइपिस्ट या कलर्क होगा। शुक्र की दृष्टि के साथ बुद्ध संयुक्त हो तो वह शास्त्रों और ज्योतिष में प्रवीणता प्राप्त करेगा। विभिन्न सांस्कृतिक और धार्मिक समारोहों में वह अपने समुदाय का प्रतिनिधित्व करेगा। वह विदेश यात्राएं भी करेगा।

तृतीय भाग (300.00 डिग्री से 303.20 डिग्री)–यदि सूर्य और चन्द्रमा की दृष्टि हो तो जातक अपने जन्म स्थान से दूर जाकर रहेगा। प्रभावित दशा अनुकूल न हो तो जातक 24 वर्ष की आयु तक विदेशों में भटकेगा। उसके बाद ही वह किसी तकनीकी पद पर नियुक्त होगा।

चतुर्थ भाग (303.20 डिग्री से 306.40 डिग्री)–जातक सुखों का उपभोग करेगा। बृहस्पति के लिए यह स्थिति अपेक्षाकृत शुभ होगी। जातक का स्वास्थ्य बहुत अच्छा होगा। बुध की दृष्टि होने पर वह सरकार में प्रशासन विभाग में अच्छे पद पर होगा।

शुक्र

इस नक्षत्र में स्थित शुक्र पर सूर्य की दृष्टि होने पर जातक धनी, साहसी तथा स्थायी चरित्र का व्यक्ति होगा। यदि चन्द्रमा की दृष्टि हो तो मुस्कराते चेहरे के साथ आर्कषक व्यक्तित्व होगा। मंगल की दृष्टि हो तो जातक मेहनत करके हारा हुआ होगा। वह आर्थिक और मानसिक पेरशानियों का सामना करेगा। यदि बुद्ध की दृष्टि हो तो वह धार्मिक शास्त्रों में कुशल होगा और अपने इसी ज्ञान के द्वारा आय अर्जित करेगा। बृहस्पति की दृष्टि हो तो वह कला-संगीत प्रेमी तथा धनी होगा। यदि शनि की दृष्टि हो तो वह सुन्दर, भाग्यशाली तथा काम-क्रीडा में ज्यादा रूचि रखेगा।

प्रथम भाग (293.20 डिग्री से 296.40 डिग्री)–इस भाग में शुक्र तथा हस्ता नक्षत्र में लग्न के साथ बृहस्पति की दृष्टि हो तो विवाह के बाद जल्दी ही जातक की पत्नी की मृत्यु हो जायेगी। अकेले शुक्र के होने पर उसकी पत्नी की मृत्यु तो नहीं होगी मगर वह सदा ही रोगी होगी। उसके दो बच्चे होंगे।

द्वितीय भाग (296.40 डिग्री से 300.00 डिग्री)–बृहस्पति के साथ संयुक्त होने पर जातक न केवल व्यवसायिक क्षेत्र में बल्कि समाज में भी उन्नत स्थिति में होगा। वह धार्मिक अनुष्ठानों से सक्रिय रूप से सम्बद्ध होगा और इसी के द्वारा विपुल धन अर्जित करेगा, फिर भी विवाहित जीवन की खुशियां उसके लिए स्वप्न मात्र होगी।

तृतीय भाग (300.00 डिग्री से 303.20 डिग्री)–यदि यह भाग शनि व चन्द्रमा की दृष्टि के साथ लग्न युक्त भी हो तो जातक की माता को खतरा होगा। अकेला शुक्र जातक को यथेष्ट धन और सुख प्रदान करेगा। 26 वर्ष की आयु में उसका विवाह होगा।

चतुर्थ भाग (303.20 डिग्री से 306.40 डिग्री)–जातक कुंवारी लड़कियों का व्यस्नी होगा। एक तरफ तो वह बहुत दयालु और उदार होगा मगर दूसरी तरफ उसकी इस उदारता व दयालुपन के पीछे उसका कोई उद्देश्य छिपा होता है अर्थात जैसा कि पहले कहा गया है कि वह भलाई का कोई काम करते हुए भी उससे प्राप्त लाभों के ऊपर उसकी दृष्टि होगी।

शनि

इस नक्षत्र में स्थित शनि पर यदि सूर्य की दृष्टि हो तो जातक की पत्नी बदसूरत होगी। वह निर्धन होगा तथा दूसरे के ऊपर निर्भर होगा। यदि चन्द्रमा की दृष्टि हो तो वह माता की देखभाल से वंचित होगा। उसका उच्च नैतिक चरित्र होगा। उसके दो नाम होंगे तथा पत्नी, धन व सन्तान से सम्पन्न होगा। यदि मंगल की दृष्टि हो तो वह लकवे से पीड़ित होगा, दूसरों के विपरीत कार्य करेगा और विदेशों में रहेगा। यदि बुध की दृष्टि हो तो वह नेक, धनी तथा सरकार अथवा समाज में प्रतिष्ठित लोगों से लाभान्वित होगा। यदि बृहस्पति की दृष्टि हो तो जातक मन्त्री या समकक्ष पद पर अथवा सुरक्षा प्रमुख होगा। उसका शरीर मजबूत होगा। वह संवेदनशील होगा।

प्रथम भाग (293.20 डिग्री से 296.40 डिग्री)–इस भाग में बुद्ध के साथ शनि, जातक को अत्यन्त धनी बनायेगा तथा वह हर तरफ से समृद्धि का आनन्द लेगा। इस भाग में शनि और अश्लेष नक्षत्र के तीसरे भाग में चन्द्रमा के स्थित होने पर जातक सेना-नायक (सुरक्षा-अध्यक्ष) होगा। उसके बाहर को निकले दांत, चंचल चित तथा माता के प्रति समर्पित होगा। यदि

वह सुरक्षा विभाग में नहीं होगा तो किसी कस्बे या राज्य का प्रशासक होगा। 70 वर्ष तक की उसकी आयु होगी।

द्वितीय भाग (296.40 डिग्री से 300.00 डिग्री)–डरावना रूप, मगर अपने क्रोध पर काबू रखेगा। उसमें एक विशेषता यह पायी जाती है, कि हालांकि वह दिखने में डरावना प्रतीत होता है, मगर जब उसके साथ बैठकर बातचीत की जाये तो प्रतीत होता है कि उस जैसा मिलनसार और सज्जन व्यक्ति कोई और नहीं। तब मिलने वाले के मन पर उसके डरावने रूप का कोई असर नहीं रह जाता और उसके प्रति लोगों के मन में स्वयंमेव आदर उत्पन्न हो जाता है।

तृतीय भाग (300.00 डिग्री से 303.20 डिग्री)–लम्बा कद, साफ रंग बड़े चेहरे व सिर वाला। सौजन्यतापूर्ण व्यक्तित्व, विज्ञान तथा कला विषयों में शिक्षित होगा। स्त्रियों और शराब का व्यसनी। वाणी में रूखा तथा क्रोधित स्वभाव।

चतुर्थ भाग (303.20 डिग्री से 306.40 डिग्री)–जातक सामान्यता अच्छी स्थिति में होगा। यदि बृहस्पति की दृष्टि हो तो जातक किसी शहर या गांव का प्रमुख या किसी सरकारी विभाग का अध्यक्ष होगा। ससुराल की ओर से जमीन जायदाद प्राप्त होगी। उसकी पत्नी भी रोजगार युक्त होगी।

राहू

प्रथम भाग (293.20 डिग्री से 296.40 डिग्री)–इस भाग में स्थित राहू जातक को अति शिक्षित और धनी बनायेगा। फिर भी वह क्रूर और धूर्त होगा। परिवार द्वारा त्याग दिया जायेगा।

द्वितीय भाग (296.40 डिग्री से 300.00 डिग्री)–इस भाग में स्थित राहू जातक को अति शिक्षित और धनी बनायेगा। यदि शनि की दृष्टि हो तो उसे त्वचा के रोग होंगे। कुछ मामलों में कुष्ट रोग भी पाया गया है।

तृतीय भाग (300.00 डिग्री से 303.20 डिग्री)–इस भाग में स्थित राहू जातक को घमण्डी, क्रूर तथा दूसरों को कष्ट देने वाला बनाता है। यदि सूर्य अथवा बुद्ध की दृष्टि हो तो जातक अप्रत्याशित रूप से उच्च स्थिति प्राप्त करेगा और इसी प्रकार अचानक उसका पतन होगा। नकारात्मक रूप में महत्वपूर्ण वर्ष 24, 31 व 47 वर्ष की आयु के होंगे।

चतुर्थ भाग (303.20 डिग्री से 306.40 डिग्री)–हस्ता नक्षत्र में लग्न के साथ चन्द्रमा के संयुक्त होने पर सात वर्ष की आयु में जातक की माता को खतरा होगा। इस स्थिति में नर जातक के एक भाई तथा मादा जातक के एक बहन होगी।

केतू

प्रथम भाग (293.20 डिग्री से 296.40 डिग्री)–जातक धार्मिक प्रवृति का होगा। सहजातकों से अच्छे सम्बन्ध नहीं होंगे। जमीन जायदाद पर परिवार में झगड़े होंगे। शुभ ग्रहों के संयोग से जातक इन झगड़ों से लाभान्वित होगा।

द्वितीय भाग (296.40 डिग्री से 300.00 डिग्री)–उसका कोई आप्रेशन होगा। बार-बार दुर्घटनाएं होगी। अतः उसे स्वयं गाड़ी नहीं चलानी चाहिए।

तृतीय भाग (300.00 डिग्री से 303.20 डिग्री)–घर में चोरी होगी। मादा जातकों के बार-बार गर्भपात तथा राजोनिवृति की समस्याएं होंगी।

चतुर्थ भाग (303.20 डिग्री से 306.40 डिग्री)–स्थिति कुछ अच्छी होगी। जातक सरकारी नौकरी में होगा। उसकी सन्तान में से एक धनी और प्रसिद्ध होगा।

श्रविष्ठा नक्षत्र में उत्पन्न जातकों को पूर्व-भाद्रपद, रेवती, भरणी तथा अनुराधा नक्षत्रों में उत्पन्न व्यक्तियों से कोई सम्बन्ध नहीं बनाना चाहिए।

इस नक्षत्र का दशा स्वामी मंगल है, जिसके बाद राहू, बृहस्पति, शनि, बुद्ध, केतु तथा शुक्र का क्रम है।

IV. उपचार

1. मूंगा नौ रत्ती का चांदी या तांबे की अंगूठी में जड़वाकर मंगलवार को पूर्वाह्न 10.30 से 1.30 के बीच तीसरी (सूर्य) अंगुल में धारण करें। तथा मोती चार रत्ती का चांदी की अंगूठी में जड़वा कर अगले सोमवार को प्रातः 6 से 7 बजे के बीच चौथी (बुद्ध) अंगुल में धारण करें।

2. मन्त्र संख्या 36 तथा शनि के लिए दिये गये मन्त्र का नियमित जाप करें।

अध्याय-25
''शताभिषज नक्षत्र''

25वें राशिचक्र में 306.40 डिग्री से 320.00 डिग्री तक का विस्तार क्षेत्र शताभिषज नक्षत्र कहलाता है। अरब मंजिल में इस नक्षत्र को 'सद्-अल अखूषियो (त्म्बू का परम सुख) तथा 'साद-अल-मेलिक' (राजा का भाग्यशाली सितारा); ग्रीक भाषा में इसे 'अक्वेरी' कहते हैं। चीनी मतानुसार यह 'गोइ' है। 'शताभिषज' शब्द पर एक सन्देह है कि इसे "चत या षट" अर्थात "सौ" और अभिषजस अर्थात चिकित्सक सही शब्द "अभिषजस" होना चाहिए, "अभिषज" नहीं। इसके शब्दार्थ से देखा जाये तो शताभिषज नक्षत्र के प्रतीक फूल के आकार के सौ सितारे होते हैं। खण्डकातक में इस नक्षत्र का प्रतीक एक सितारा ही माना जाता है।

शताभिषज नक्षत्र का अधिष्ठाता देवता वरूण है, जो वर्षा का देवता तथा आदित्यों में से एक है। सम्पूर्ण बाह्य जगत-भूमि, समुद्र तथा वायुमण्डल-वरूण से सम्बद्ध है। अकाल की स्थिति में वर्षा के लिए वरूण देवता की पूजा की जाती है। विश्वास किया जाता है कि वरूण अन्तरिक्ष में घूमता है तथा अधिमुख आरोहित रेडियोधर्मिता शक्तियों को मूलतत्व से नियन्त्रित करता है। वह 'निरिति' जो कि शुभ कार्यों और मांगलिक समारोहों में बाधक मानी जाती है, से बचाने के लिए शक्ति ग्रहण करता है। उसे चिकित्साशास्त्र का देवता भी माना गया है।

I. शताभिषज नक्षत्र में उत्पन्न जातकों के सामान्य परिणाम–

(क) पुरुष जातक

1. शारीरिक गठन–उसका कोमल शरीर, अत्युत्तम स्मरण शक्ति, चौड़ा माथा, आकर्षक नेत्र, चमकदार चेहरा, ऊँची नाक तथा उभरा हुआ पेट होता है। पहली दृष्टि में ही वह देखने पर शाही परिवार से सम्बन्धित नजर आता है।

2. स्वभाव तथा सामान्य घटना–वह 'सत्यमेव जयते' प्रकार का व्यक्ति है अर्थात सत्य के लिए वह प्राण भी देने में संकोच नहीं करता। उसके कुछ जन्मजात सिद्धान्त होते हैं और अपने जीवन के इन सिद्धान्तों से न हट पाने

के कारण उसका लोगों से प्रायः टकराव होता रहता है। उसका उद्देश्य निस्वार्थ सेवा हैं। वह धार्मिक मान्यताओं को अपनाने पर बल देता है। वह अड़ियल प्रकार का व्यक्ति भी होता है। वह एक बार जो निर्णय कर लेता है फिर उसे कोई हटा नहीं सकता। जीवन के प्राय हर क्षेत्र में वह मेधावी तथा सक्षम होता है साथ ही वह नरम दिल भी होता है। वह अच्छे और बुरे का मिश्रण है।

जब उसे उत्तेजित किया जाता है तो वह सुखांर हो जाता है, लेकिन जल्दी ही उसका क्रोध बैठ जाता है। जैसा कि वह दिखावेबाजी में विश्वास नहीं रखता वह अपनी विद्वता का प्रदर्शन करने में संकोच करता है हालांकि बातचीत के दौरान उसकी विद्वता उसके उपदेशों तथा शिक्षाओं के रूप में प्रकट होती है।

3. शिक्षा, रोजगार/आय के साधन–व्यवसायिक क्षेत्र में उसका 34 वर्ष तक की आयु का समय मुश्किलों का समय होता है। इस अवस्था के बाद उसके लिए सतत प्रगति का योग है। वह ज्योतिष मनौवैज्ञानिक तथा चिकित्सा के पेशे के लिए उपयुक्त है। उसकी छोटी से उम्र में ही उसकी साहित्यक प्रतीभा तथा महानता प्रकाश में आयेगी। वह श्रेष्ठ तथा उच्च शिक्षा प्राप्त में सक्षम होगा। इस नक्षत्र में उत्पन्न जातक अच्छा डॉक्टर तथा चिकित्सा के क्षेत्र में उत्तम अनुसन्धान छात्र होता है।

4. पारिवारिक जीवन–सामान्यता उसे अपने प्रियजनों के द्वारा उत्पन्न समस्याओं का सामना करना पड़ता है। फिर भी वह बिना उनके याचना किये उन्हे भरपूर सहायता प्रदान करता है। यह भी देखा गया है कि वह अपने भाइयों के कारण अधिकतम मानसिक वेदना सहता है। उसे अपने पिता से भी कोई लाभ प्राप्त नहीं हो सकेगा, जबकि उसे माता से भरपूर स्नेह और देखभाल मिलेगी।

5. स्वास्थ्य–देखने में तो वह पूर्ण स्वस्थ नजर आता है, मगर वास्तव में ऐसा नहीं है। वह अपने शरीर पर छोटा-सा भी दुष्प्रभाव सह नहीं पाता। उसे मूत्र की बिमारियां, सांस की तकलीफ तथा मधुमेह होने का संकेत है। उसके मैथुन क्रिया में अधिक इच्छा रखने के कारण वह यौन रोगों से भी ग्रस्त हो सकता है। फिर भी उसके गुप्त रूप से अन्य स्त्रियों के साथ अवैध सम्बध होंगे। उसे अपने जबड़े की भी परेशानी होगी। वह उदरशूल से ग्रस्त होगा।

उसे स्वयं को ठन्डे मौसम के कारण होने वाले रोगों से बचाव के लिए सावधानी अपनानी चाहिए।

(ख) स्त्री जातक

1. शारीरिक गठन–पतली तथा लम्बे कद की मनोहर तथा साफ रंग, सुरूचिपूर्ण स्वभाव। प्रफुल्ल होठ, चौड़े गाल, उन्नत सिर तथा कूल्हों वाली होगी।

2. स्वभाव और सामान्य घटना–शान्त स्वभाव की होगी लेकिन कभी-कभी वह क्रोधित व उत्तेजित भी हो जाती है। धार्मिक स्वभाव की होने के कारण धार्मिक अनुष्ठान, व्रत उपवास आदि करेगी। उसके तेज स्वभाव के कारण उसका अपने परिवार के लोगों से झगड़ा होता रहेगा तथा मानसिक रूप से शान्ति नहीं पा सकेगी।

उसकी स्मरण-शक्ति काफी तेज होगी। अति सहानुभूतिपूर्ण व दयालु। अपने मानवता के प्रति निस्वार्थ भलाई करने पर भी उसे आम लोग ही नहीं बल्कि घर के लोग भी गलत समझेंगे।

3. शिक्षा, रोजगार/आय के साधन–विज्ञान विषयों के अध्ययन में रूचि/आकंलन करने पर पता चलता है कि अधिकतर महिला डॉक्टर इसी नक्षत्र में उत्पन्न हुई होती है।

4. परिवारिक जीवन–वह अपने पति को प्यार तथा आदर देगी फिर भी उसका जीवन समस्याओं से पूर्ण होगा। कभी-कभी लम्बा बिछड़ाव अथवा विधवा होना भी पाया जाता है। इस नक्षत्र के प्रभाव के समय यौवन (रजोधर्म) को प्राप्त स्त्रियों के पुत्रियां अधिक होगी।

5. स्वास्थ्य–उसका स्वास्थ्य उसकी चिंता का विषय रहेगा। मूत्राशय तथा गर्भाशय की खराबी, उदरशूल तथा छाती के दर्द से परेशान रहेगी।

II. शताभिषज नक्षत्र में ग्रहों की स्थिति से उत्पन्न परिणाम–

सूर्य

इस नक्षत्र में स्थित सूर्य पर यदि चन्द्रमा की दृष्टि हो तो जातक स्त्रियों के सानिध्य के द्वारा धन गंवायेगा और अन्त में खुशियों से वंचित होगा। यदि मंगल की दृष्टि हो तो वह दूसरों के झगड़ों द्वारा धन कमायेगा

अर्थात वकील का कार्य करेगा। कुछ मामलों में स्वयं भी ऐसे झगड़ों में पड़ कर धन गवाएंगा। उसका बिमार शरीर होगा तथा पागलपन की अवस्था में रहेगा। बुद्ध की दृष्टि होने पर पागलों की भांति व्यवहार करेगा, सदैव दूसरों को सताने में रूचि लेगा। भले लोग उससे दूर रहेंगे। यदि बृहस्पति की दृष्टि हो तो समाज के लिए अच्छे कार्य करेगा और बुद्धिमान तथा दयालू होगा। उसे समय पर हर तरफ से सहायता मिलेगी। यदि शुक्र की दृष्टि हो तो ध ान सम्पत्ति के साथ प्राप्ति होगी। शनि की दृष्टि होने पर वह जिद्दी स्वभाव का शत्रुओं पर विजय पाने वाला शासक का निकटवर्ती रहकर उनसे लाभ प्राप्त करेगा।

प्रथम भाग (306.40 डिग्री से 310.00 डिग्री)–इस भाग में सूर्य के साथ पूर्व-फाल्गुनी नक्षत्र में शनि के स्थित होने पर जातक अपने परिवार पर किसी श्राप के कारण अपने बच्चों के विनाश का कारण बनेगा।

द्वितीय भाग (310.00 डिग्री से 313.20 डिग्री)–इस भाग में सूर्य और चन्द्रमा के साथ उत्तरभाद्रपद नक्षत्र में लग्न पड़ने पर जातक अंधा होगा। यदि इस संयोजन पर मंगल की दृष्टि हो तो पूर्ण अंधता होगी।

तृतीय भाग (313.20 डिग्री से 316.40 डिग्री)–मृगशीर्ष नक्षत्र में लग्न होने के साथ इस भाग में सूर्य, मंगल तथा शनि के स्थित होने पर जातक विदेश या परदेश में किसी अग्निकांड या अन्य दुर्घटना के कारण मृत्यु को प्राप्त होगा।

चतुर्थ भाग (316.20 डिग्री से 320.00 डिग्री)–जातक धूर्त, क्रूर, नीच तथा अशिक्षित होगा। वह छोटा-मोटा दुकानदार अथवा निम्नस्तर की नौकरी में होगा तथा गरीब होगा। वह दूसरों के धन पर ऐश करने वाला होगा, फिर भी बृहस्पति की दृष्टि होने पर जातक धन-ऐश्वर्य के साथ उच्च स्थिति में होगा।

चन्द्रमा

इस नक्षत्र में स्थित चन्द्रमा पर यदि सूर्य की दृष्टि हो तो जातक राजा के समकक्ष शक्तियां, अधिकार तथा धन दौलत का भोग करेगा। मंगल की दृष्टि होने पर विद्वान तथा बृहस्पति की दृष्टि होने पर वह मन्त्री हो सकता है। यदि बुध की दृष्टि हो तो वह अमीर हो सकता है। शुक्र की दृष्टि होने पर गरीब तथा शनि की दृष्टि होने पर वह भूमिपति जन्मेगा।

प्रथम भाग (306.40 डिग्री से 310.00 डिग्री)–जातक डॉक्टर होगा। वह अति साहसी लेकिन दुखी, मृदुभाषी तथा धार्मिक प्रवृति का होगा। उसकी दो से अधिक पत्नियां होगी। उसके बांये बाजू पर कोई पहचान चिन्ह होगा। उसकी आयु का 5वां, 12वां और 28वां वर्ष खतरे वाला होगा।

वह दिखने में संभ्रान्त होगा मगर जिद्दी और दुस्साहसी होगा। उसके अन्तर्मन की थाह पाना कठिन होगा। अपनी माता के अतिरिक्त किसी की भी परवाह नहीं करेगा वह अच्छे व्यवहार तथा नैतिकता से हीन होगा।

द्वितीय भाग (310.00 डिग्री से 313.20 डिग्री)–चन्द्रमा की इस स्थिति से जातक मान्यता प्राप्त ज्योतिषी होगा। प्रथम भाग में उत्पन्न जातको के विपरीत उसकी एक ही पत्नी होगी जो उसके प्रति समर्पित होगी और जिसे वह बहुत चाहेगा। उनके एक ही सन्तान होगी। उसकी आयु के 28वें वर्ष में उसे सावधानी बरतनी चाहिए क्योंकि इस अवस्था में उसके किसी मोटर दुर्घटना अथवा बदमाशों के कारण घायल हो जाने का संकेत है।

जातक के मिश्रित परिणाम होंगे। कुछ समय तक वह शीर्ष स्थान पर होगा तो कुछ समय तक वह पतन में होगा। अपनी जुआरी आदत के कारण वह दयनीय दशा में होगा।

तृतीय भाग (313.20 डिग्री से 316.40 डिग्री)–पतले शरीर के साथ दुसाहसी व्यक्तित्व। वह सरकार के द्वारा अथवा राजनीतिज्ञों से अथवा व्यवसाय में अच्छे स्थान पर स्थित लोगों से लाभान्वित होगा। अपनी आय का बड़ा भाग मदिरापान तथा अन्य उपभोग में खर्च करेगा। उसकी आयु का 5वां, 12वां तथा 28वां वर्ष घातक होगा।

बारम्बार के प्रयासों के बावजूद वह अपनी निम्न स्थिति से उबर नहीं पायेगा। अपने विरूद्ध अपराधिक अभियोजनों का सामना करेगा। फिर भी शुभ ग्रहों की दृष्टि होने के कारण वह दुष्परिणामों से बचा रहेगा। जातक काफी सम्पत्ति अर्जित करेगा।

चतुर्थ भाग (316.20 डिग्री से 320.00 डिग्री)–उत्तरफाल्गुनी नक्षत्र के प्रथम भाग में सूर्य और मंगल की स्थिति के कारण बालक केवल एक सप्ताह तक जीवित रहेगा। अकेले चन्द्रमा के स्थित रहने पर उसका दीर्घ जीवन होगा। फिर भी उसके 5 वर्ष की आयु में अग्नि दुर्घटना में घायल होने का

संकेत है, 12 वर्ष की आयु में पानी से भय होगा तथा 30 वर्ष की आयु में दुर्घटना ग्रस्त होगा।

मंगल

इस नक्षत्र में स्थित मंगल पर यदि सूर्य की दृष्टि हो तो जातक पत्नी, सन्तान तथा धन के साथ सुखी जीवन व्यतीत करेगा। वह काले रंग तथा रूखे स्वभाव का होगा। यदि चन्द्रमा की दृष्टि हो तो वह माता के सुख से वंचित होगा, किसी एक ही व्यक्ति से देर तक मित्रता नहीं रखेगा तथा यथेष्ठ रूप से धनी होगा। यदि बुद्ध की दृष्टि हो तो वह मृदुभाषी, यात्राओं से सम्बन्धित व्यवसाय अथवा व्यवसायिक झूठ बोलेगा। उसमें काफी शारीरिक शक्ति होगी। यदि बृहस्पति की दृष्टि हो तो वह दीर्घायु, अच्छे गुणों वाला, अपने परिजनों की देखभाल करने वाला तथा शासक के निकट सर्म्पक में होगा। शुक्र की दृष्टि होने पर उसे यौन-सुख प्राप्त करने के बहुत अवसर प्राप्त होंगे। झगडालु प्रवृति का तथा भाग्यशाली होगा। यदि शनि की दृष्टि हो तो शासक द्वारा लाभान्वित होगा, स्त्री वर्ग से घृणा करेगा। वह बुद्धिमान तथा प्रसिद्धि प्राप्त करेगा।

प्रथम भाग (306.40 डिग्री से 310.00 डिग्री)–जातक दुष्ट लोगों की संगति में रहेगा, जिसके कारण वह परेशान और दुखी रहेगा। वैसे व्यक्तिगत रूप से वह अच्छे चरित्र का, सम्मानित और उदार हृदय होगा। बड़ी-बड़ी सुस्पष्ट आँखों वाला होगा और अपने परिवार व समुदाय के लिए कर्त्तव्यों का निर्वाह करेगा।

द्वितीय भाग (310.00 डिग्री से 313.20 डिग्री)–इस भाग में लग्न के साथ माध नक्षत्र में शुक्र के होने पर मंगल के इसी भाग से दुबारा गुजरने पर बालक की मृत्यु हो जायेगी।

तृतीय भाग (313.20 डिग्री से 316.40 डिग्री)–इस भाग में लग्न के साथ माध नक्षत्र में मंगल और शुक्र के होने पर जातक की जन्म के फौरन बाद ही मृत्यु हो जायेगी।

चतुर्थ भाग (316.40 डिग्री से 320.00 डिग्री)–जातक अधिकतर व्यवसाय के क्षेत्र में होगा। व्यापार में सदैव लाभ होगा। उसका बड़ा भाई

उसको उन्नति प्राप्त करने में सहायता और मार्गदर्शन करेगा। वह अस्थमा अथवा फेफड़ों की समस्या से ग्रस्त होगा।

बुध

इस नक्षत्र में स्थित बुद्ध पर यदि सूर्य की दृष्टि हो तो जातक कुशल पहलवान, अपनी शक्ति के कारण जिद्दी (उद्दण्ड) और धूर्त होगा। यदि मंगल की दृष्टि हो तो जातक धनी होते हुए भी पैसे के लिए निम्न किस्म के कार्य करने में भी संकोच नहीं करेगा। वह क्रूर हृदय का होगा। चन्द्रमा की दृष्टि होने पर जलीय उत्पादनों से कमायेगा, यथेष्ट धन होगा तथा डरपोक होगा। यदि बृहस्पति की दृष्टि हो तो वह गांव या कस्बे का प्रमुख व्यक्ति अथवा किसी सरकारी विभाग अथवा फैक्ट्ररी का अध्यक्ष होगा। शुक्र की दृष्टि होने पर जातक के कुरूप सन्तान होंगे। वह विद्वानों द्वारा त्यागा हुआ बुरे रास्ते पर चलने वाला व्यक्ति होगा। शनि की दृष्टि हो तो वह क्रूर कार्य करेगा, सुखी नहीं होगा तथा निर्धन होगा।

प्रथम भाग (306.40 डिग्री से 310.00 डिग्री)–हस्ता नक्षत्र में लग्न पड़ने पर बालक का जीवन केवल 11 वर्ष का होगा। जातक अपने भाई के साथ व्यवसाय शुरू करेगा। 33 वर्ष की आयु के बाद उसके व्यवसाय में स्थिरता आयेगी।

द्वितीय भाग (310.00 डिग्री से 313.20 डिग्री)–जातक का भाई शक्तिशाली धन-योग का आनन्द लेगा। बड़ा भाई उसकी सहायता करेगा। शुक्र के साथ संयुक्त होने पर नर जातक का विवाह 25वें वर्ष की आयु में तथा मादा का 22वें वर्ष में होगा।

तृतीय भाग (313.20 डिग्री से 316.40 डिग्री)–शनि के साथ संयुक्त होने पर जातक सरकार में उच्च पद पर होगा। मंगल के साथ संयुक्त होने पर 31वें वर्ष की आयु तक अविदित कष्ट पायेगा। उसके बाद जीवन स्थिर और समृद्धशाली होगा। वह अपनी पत्नी की सम्पत्ति का उपभोग करेगा मगर विवाहित जीवन की खुशियां नहीं होगी।

चतुर्थ भाग (316.40 डिग्री से 320.00 डिग्री)–यदि सूर्य, चन्द्रमा तथा बृहस्पति भी संयुक्त हो तो जातक अमीर घर में उत्पन्न होने के बावजूद भी

धनहीन होगा। राजा से रंक बनने की परिणति होगी। बुद्ध के अकेले अथवा शनि या शुक्र के साथ होने पर प्रचुर धन प्राप्त करेगा। उसे अपनी आयु के 23वें तथा 28वें वर्ष में सावधानी अपनानी चाहिए।

बृहस्पति

इस नक्षत्र में स्थित बृहस्पति पर यदि सूर्य की दृष्टि हो तो जातक का आर्कषक व्यक्तित्व, ओजस्वी स्वरूप योग्य वक्ता तथा दूसरों की सहायता करने की प्रवृति वाला होगा। यदि चन्द्रमा की दृष्टि हो तो वह अपने समाज या नेता अथवा मन्त्री होगा। मंगल की दृष्टि होने पर शासक का विश्वासपात्र होगा तथा उसके द्वारा धन प्राप्त करेगा। यदि बुद्ध की दृष्टि हो तो वह शन्तिप्रिय, स्त्रियों में पसन्द किया जाने वाला तथा धार्मिक अनुष्ठान करने में रूचि लेगा। यदि शुक्र की दृष्टि हो तो अति विद्वान, सर्वगुणसम्पन्न, शासक का समीपवर्ती अथवा मंत्री होगा। यदि शनि की दृष्टि हो तो उसके जीवन की सभी आकाक्षाएं पूरा होंगी।

प्रथम भाग (306.40 डिग्री से 310.00 डिग्री)–बचपन में जातक और उसकी माता बहुत तंगहाल में होंगे। दोनों का भरण-पोषण जातक के पिता द्वारा न करके अन्य रिश्तेदारों द्वारा किया जायेगा। जातक सरकारी नौकरी करेगा। 31वें वर्ष की आयु में उसे सावधानी बरतनी चाहिए क्योंकि इस समय में अग्नि अथवा वाहन दुर्घटना ग्रस्त होने का संकेत है।

द्वितीय भाग (310.00 डिग्री से 313.20 डिग्री)–जब माध नक्षत्र में शनि के साथ इस भाग में बृहस्पति स्थित हो तो जातक अपने से बड़ी आयु की स्त्री से विवाह करेगा। इसी संयोजन में शुक्र रोहिणी नक्षत्र में स्थित हो तो जातक अच्छे पद पर नियुक्त होगा। 35 वर्ष की आयु तक विवाहित जीवन कलह पूर्ण होगा।

तृतीय भाग (313.20 डिग्री से 316.40 डिग्री)–जातक परिवार में सबसे बड़ा होगा। अश्लेष नक्षत्र में लग्न के साथ इस भाग में स्थित बृहस्पति पर यदि दुष्ट ग्रहों की दृष्टि हो तो बालक की 11 दिन के भीतर मृत्यु हो जायेगी।

चतुर्थ भाग (316.40 डिग्री से 320.00 डिग्री)–उपरोक्त तीसरे भाग वाले परिणाम यहां भी लागू होंगे। केवल भिन्नता यह होगी कि बृहस्पति

अकेला किसी दृष्टि के बिना स्थित होने की दशा में बालक दीर्घायु होगा तथा सामान्य जीवन व्यतीत करेगा।

शुक्र

इस नक्षत्र में स्थित शुक्र पर सूर्य की दृष्टि होने पर जातक धनी, साहसी तथा स्थायी चरित्र का व्यक्ति होगा। यदि चन्द्रमा की दृष्टि हो तो मुस्कराते चेहरे के साथ आर्कषक व्यक्तित्व होगा। मंगल की दृष्टि हो तो जातक मेहनत करके हारा हुआ होगा। वह आर्थिक और मानसिक पेरशानियों का सामना करेगा। यदि बुद्ध की दृष्टि हो तो वह धार्मिक शास्त्रों में कुशल होगा और अपने इसी ज्ञान के द्वारा आय अर्जित करेगा। बृहस्पति की दृष्टि हो तो वह कला-संगीत प्रेमी तथा धनी होगा। यदि शनि की दृष्टि हो तो वह सुन्दर, भाग्यशाली तथा काम-क्रीडा में ज्यादा रूचि रखेगा।

प्रथम भाग (306.40 डिग्री से 310.00 डिग्री)–शुक्र के उत्कर्ष स्थान की ओर बढ़ने के कारण जातक अच्छा जीवन व्यतीत करेगा। उसका विवाह 20 वर्ष की छोटी आयु में होगा, जिसके बारे में, आधुनिक समाज में, सफल होने पर संदेह किया जाता है। मैने गुप्त रूप से एक युवक के बारे में ज्ञात किया कि वह 15 वर्ष की आयु में ही कई बार मैथुन-क्रिया कर चुका था। अतः हम ज्योतिष के कथन को गलत नहीं कह सकते।

द्वितीय भाग (310.00 डिग्री से 313.20 डिग्री)–जातक डॉक्टर या कैमिस्ट होगा। मादा जातक नर्स या स्वागत कर्मचारी देखी गयी है। यहां भी विवाह छोटी आयु में हो जाता है।

तृतीय भाग (313.20 डिग्री से 316.40 डिग्री)–जातक का आकर्षक व्यक्तित्व होता है। वह व्यवहार कुशल होता है। अधिक मैथुन क्रिया में लिप्त होगा। नर जातक का 26 वर्ष की आयु में पहले तथा मादा का 19 वर्ष से पहले विवाह नहीं हो पाता।

चतुर्थ भाग (316.40 डिग्री से 320.00 डिग्री)–बुद्ध के संयोजन से जातक सरकारी नौकरी में होगा। वह छोटी आयु में ही छोटे पद पर नियुक्त होगा और उन्नति करके शीर्ष स्थान पर पहुंचेगा। कुछ मामलों में शिक्षा में व्यवधान भी होता देखा गया है।

शनि

इस नक्षत्र में स्थित शनि पर यदि सूर्य की दृष्टि हो तो जातक की पत्नी बदसूरत होगी। वह निर्धन होगा तथा दूसरे के ऊपर निर्भर होगा। यदि चन्द्रमा की दृष्टि हो तो वह माता की देखभाल से वंचित होगा। उसका उच्च नैतिक चरित्र होगा। उसके दो नाम होंगे तथा पत्नी, धन व सन्तान से सम्पन्न होगा। यदि मंगल की दृष्टि हो तो वह लकवे से पीड़ित होगा, दूसरों के विपरीत कार्य करेगा और विदेशों में रहेगा। यदि बुध की दृष्टि हो तो वह नेक, धनी तथा सरकार अथवा समाज में प्रतिष्ठित लोगों से लाभान्वित होगा। यदि बृहस्पति की दृष्टि हो तो जातक मन्त्री या समकक्ष पद पर अथवा सुरक्षा प्रमुख होगा। उसका शरीर मजबूत होगा। वह संवेदनशील होगा।

प्रथम भाग (306.40 डिग्री से 310.00 डिग्री)–जातक धन-सम्पत्ति, नेक पत्नी व सन्तान से सम्पन्न होगा। शिष्ट व्यवहार। अति ईमानदार तथा मेहनती। अधिकतर समय वैज्ञानिक अनुसंधान में व्यतीत करेगा तथा आदर और मान अर्जित करेगा।

द्वितीय भाग (310.00 डिग्री से 313.20 डिग्री)–काम-वासना में लिप्त होगा तथा दूसरों की पत्नियों पर कुदृष्टि रखेगा। बोलने में रूखा तथा क्रोधित स्वभाव का होगा।

तृतीय भाग (313.20 डिग्री से 316.40 डिग्री)–बहुमुखी प्रतिभा का योग्य तथा व्यवहार कुशल व्यक्ति। कठिनतम कार्य को करने की क्षमता होने के कारण वह सुरक्षा या पुलिस अथवा सैनिक विभाग में कार्यरत होगा।

चतुर्थ भाग (316.40 डिग्री से 320.00 डिग्री)–सामान्यतया जन्मस्थान से दूर स्थान पर रहेगा। प्रचुर सम्पत्ति अर्जित करेगा। वृद्धावस्था में अपने जन्म स्थान पर स्थापित होगा। नेक पत्नी और संतान से युक्त। 55 वर्ष की आयु में उसकी पत्नी उन्मादी हो जायेगी, जिसके इलाज पर बहुत धन खर्च करेगा।

राहू

प्रथम भाग (306.40 डिग्री से 310.00 डिग्री)–इस भाग में राहू पर सूर्य और बुद्ध की दृष्टि होने पर जातक की क्षय रोग से मृत्यु हो जायेगी।

द्वितीय भाग (310.00 डिग्री से 313.20 डिग्री)–इस भाग में अशुभ दृष्टियों के साथ लग्न भी पड़ता हो तो जातक की मृत्यु 10 वर्ष की आयु में हो जायेगी। यदि बृहस्पति की दृष्टि हो तो जातक उच्च स्थिति में होगा। उसका विवाहित जीवन भी स्नेहपूर्ण होगा।

तृतीय भाग (313.20 डिग्री से 316.40 डिग्री)–इस स्थिति में राहू के साथ शनि सम्मिलत हो तो जातक चोर और तस्कर होगा। लेकिन वह गरीबों के प्रति उदार होगा तथा शहर या कस्बे का प्रमुख होगा।

चतुर्थ भाग (316.20 डिग्री से 320.00 डिग्री)–इस भाग में राहू और चन्द्रमा इकट्ठे स्थित हो और हस्त और अश्लेष नक्षत्र में लग्न भी पड़ता हो तो जातक की माता की उसकी छोटी आयु में मृत्यु हो जायेगी। उसका पिता जातक की माता की मृत्यु के कारण उन्मादी हो जायेगा अथवा वह जातक को त्याग देगा।

केतू

प्रथम भाग (306.40 डिग्री से 310.00 डिग्री)–शुभ दृष्टि से रहित होने की दशा में जातक जीवन के सभी संभावी कष्ट पायेगा। सूर्य और बुद्ध पर बृहस्पति की दृष्टि के साथ विपरीत परिणाम होंगे अर्थात जातक को जीवन में कोई कष्ट नहीं होगा। सामान्य लोगों से अलग अति विद्वान और शिक्षा के क्षेत्र में विशिष्टता प्राप्त करेगा। वह कुशल इंजीनियर भी हो सकता है।

द्वितीय भाग (310.00 डिग्री से 313.20 डिग्री)–उपरोक्त प्रथम भाग में वर्णित परिणामों के अतिरिक्त जातक पेट के अल्सर, तेज खांसी और जुकाम से पीड़ित होगा।

तृतीय भाग (313.20 डिग्री से 316.40 डिग्री)–घर में चोरी होने के कारण भारी हानि होगी। जातक सरकार से दण्ड प्राप्त करेगा। सब तरफ से निराशा होगी। यदि बृहस्पति की दृष्टि हो तो ये बुरे प्रभाव क्षीण हो जायेंगे।

चतुर्थ भाग (316.40 डिग्री से 320.00 डिग्री)–उसे धन की भारी हानि होगी, शक्तियां और अधिकार छिन जायेंगे। निम्न वर्ग की स्त्रियों, दासियों आदि से काम-सम्बन्ध रखेगा। उसके इन कृत्यों का परिजनों को पता चलेगा तो वह पलायन कर जायेगा। 40 वर्ष की आयु में स्थिरता प्राप्त करेगा, तब

तक वह मुसीबत ग्रस्त रहेगा। उसे इस अध्याय के अन्त में दिये गये उपायों को अपनाना चाहिए।

शताभिषज नक्षत्र में उत्पन्न जातकों को उत्तर-भाद्रपद, अश्विनी, कृतिका और श्रविष्ठा (घनिष्ठा) नक्षत्रों में उत्पन्न व्यक्तियों से सम्बन्ध नहीं बनाने चाहिए। शताभिषज नक्षत्र का दशा स्वामी राहू है, जिसके बाद बृहस्पति, शनि, बुद्ध, केतू तथा शुक्र का क्रम है। इस नक्षत्र में उत्पन्न व्यक्तियों की अधिकतम आयु 88 वर्ष आंकी गई है।

III. शताभिषज नक्षत्र में कुछ विशेष अक्षांशों पर कुछ ग्रहों की उपस्थिति घातक अक्षांश होते हैं। विभिन्न ग्रहों के लिए ये घातक अक्षांश इस प्रकार है :

बुद्ध – शताभिषज नक्षत्र की 0.20 डिग्री (परिक्रमा कक्षा की 307.00 डिग्री)
मंगल – शताभिषज नक्षत्र की 4.20 डिग्री (परिक्रमा कक्षा की 311.00 डिग्री)
बृहस्पति– शताभिषज नक्षत्र की 8.20 डिग्री (परिक्रमा कक्षा की 315.00 डिग्री)
शनि – शताभिषज नक्षत्र की 6.20 डिग्री (परिक्रमा कक्षा की 313.00 डिग्री)
राहू – शताभिषज नक्षत्र की 11.20 डिग्री (परिक्रमा कक्षा की 318.00 डिग्री)
केतू – शताभिषज नक्षत्र की 6.20 डिग्री (परिक्रमा कक्षा की 313.00 डिग्री)
चन्द्रमा– शताभिषज नक्षत्र की 13.20 डिग्री (परिक्रमा कक्षा की 320.00 डिग्री)

उपरोक्त ग्रहीय आकृति में जातक का जन्म उसकी दीर्घायु के लिए बाधक होता है। उपरोक्त घातक अक्षांशों से इन ग्रहों के गुजरने के सयम कोई मांगलिक कार्य नहीं करना चाहिए। जब भी उपरोक्त ग्रह अपने से सम्बन्धित घातक अक्षांशों से गुजरे तो जातक को सावधानी बरतनी चाहिए।

IV. उपचार

1. नीलम पांच रत्ती का चांदी की अंगूठी में जड़वा कर शनिवार को दोपहर 1.30 से 4.30 से 4.30 के बीच चौथी (बुध) अंगुल में धारण करें। तथा पन्ना तीन रत्ती का सोने की अंगूठी में जड़वा कर अगले बुद्धवार को सूर्योदय से 3 घन्टे बाद तथा दूसरी (शनि) अंगुल में धारण करें।

2. शनि के लिए दिये गये मन्त्र तथा मन्त्र संख्या 36 का नियमित जाप करें।

अध्याय – 26

पूर्व भाद्रपद नक्षत्र

26 वें राशिचक्र के विस्तार में 320.00 डिग्री से 333.20 डिग्री तक का क्षेत्र पूर्वभाद्रपद नक्षत्र कहलाता है। अरब मंजिल में इसे "अल-फरग-अल-मुकदिम" (पानी के मर्तबान की चार टोंटिया;) ग्रीक "पेगसी" कहते हैं। चीनी मतानुसार यह "चे" है। 'पूर्व' अर्थात "पहलेवाला" + "भाद्र" "सुन्दर" + 'पद' अर्थात पांव। पूर्व भाद्रपद नक्षत्र के प्रतीक चौकी के आकार के दो सितारे होते हैं।

इस नक्षत्र का अधिष्ठाता देवता "अज-एकापथ" (रूद्र अथवा शिव का एक रूप) जिसका अर्थ एक पांव की बकरी होता है। यह पुराणों में वर्णित एक देवता है।

(I) पूर्व भाद्रपद नक्षत्र में उत्पन्न जातकों के सामान्य परिणाम

(क) पुरुष जातक

1. शारीरिक गठन–जातक में एक शारीरिक विलक्षणता यह पाई जाती है कि उसके पांव का नली (ankle) उभरा हुआ होता है। कद तथा डीलडोल दोनों में मध्यम आकार का शरीर, चौड़े गाल तथा लाल होंठ होते हैं।

2. स्वभाव तथा सामान्य घटना–जातक शान्त स्वभाव का होता है मगर उसमें प्रचण्ड क्रोध भी पाया जाता है। वह कुछ मूर्ख प्रकार का होता है। उसके अति सिद्धान्ती व्यक्ति होने के कारण, उसे मानसिक उत्पीड़न का शिकार होना पड़ता है, क्योंकि वह छोटी-छोटी बातों या समस्याओं को मन में बिठा लेता है। वह अच्छा भोजन पसन्द करता है और अति भक्षक होता है। पहनावे के मामले में उसकी कोई विशेष पसन्द या पहचान नहीं होती।

उसके विचार निष्पक्ष होते हैं। वह धर्मान्धता के सिद्धान्तों को नहीं मानता। जरूरतमन्दों को सहायता देने में तत्पर होता है। इस पर भी उसे बदले में टकराव और घृणा ही मिलती है। वह आर्थिक रूप से कमजोर होने के बावजूद दूसरों से सम्मान और विश्वास प्राप्त करेगा। धार्मिक स्वभाव का होगा तथा वेद-शास्त्रों के अनुसार धार्मिक अनुष्ठान सम्पन्न करेगा। जबकि वह यथेष्ट रूप से धनी होगा, वह धन संचय करने की बजाए इज्जत और मान अर्जित करने का इच्छुक होगा। अपने विचार निष्पक्ष ढ़ंग से प्रस्तुत करेगा।

3. शिक्षा, रोजगार/आय के साधन–वह जन्मजात बुद्धिमान और व्यापार कौशल व्यक्ति होने के कारण किसी भी व्यवसाय में दीप्तिमान होगा। यदि वह सरकारी नौकरी में होगा तो सरकार से अप्रत्याक्षित रूप से पदोन्नति और अन्य लाभ प्राप्त करने की आशा कर सकता है। वह आर्थिक और सामाजिक रूप से स्वतन्त्र जीवन व्यतीत करने में सक्षम होगा। उसकी आयु के 24 से 33 वर्ष का समय उसके जीवन में विशिष्ट उन्नति और प्रगति का समय होगा। फिर भी इस समय में मानसिक परेशानियों को नकारा नहीं जा सकता। उसकी आयु के 40 से 54 वर्ष का समय जीवन का सुनहरी समय होगा जबकि वह पूर्णरूप से सुव्यवस्थित होगा। अपने खर्चों पर नियन्त्रण रखेगा।

वह व्यवसाय, बैंकिग, सरकारी नौकरी अथवा शिक्षक, अभिनेता या लेखक, अनुसंधान कर्मचारी तथा ज्योतिषी या खगोलशास्त्री के रूप में दीप्तिमान होगा। यदि सरकारी नौकरी में होगा तो देखा गया है कि पूर्व-भाद्रपद नक्षत्र में उत्पन्न जातक प्रायः राजस्व वसूली विभाग में अथवा ऐसे विभाग में जहां रोकड़ विनिमय का काम होता है, किसी भी पद पर होते हैं।

4. पारिवारिक जीवन–वह अपनी माता का स्नेह और देखभाल पूर्ण रूप में प्राप्त नहीं कर सकेगा। ज्योतिष के विद्वानों के अनुसार जातक अपनी माता की मृत्यु अथवा उससे अलग होने का कारण बनेगा। मेरे निजी अनुभव के अनुसार जातक अपनी माता से पूर्ण स्नेह और देखभाल प्राप्त नहीं कर सकेगा क्योंकि वह रोजगार में लगी होगी। और यह स्वाभाविक है कि रोजगार युक्त माता होने के कारण वह स्वयं बालक से अधिकतर समय दूर रहेगी। अतः हमारे प्राचीन ऋषियों की यह धारणा कि बालक माता से पृथक रहेगा काफी हद तक ठीक थी न कि मृत्यु की धारणा। माता की मृत्यु के लिए इस नक्षत्र में बालक के जन्म के साथ अन्य ग्रहीय प्रभावों का भी होना आवश्यक है।

एक विशेषता यह होगी कि कई मामलों में जातक अपने पिता पर गर्व कर सकता है। यदि अन्य ग्रहों की अनुकूल स्थिति हो तो उसका पिता प्रसिद्ध तथा नैतिक रूप से चरित्रवान पाया गया है। ललितकलाओं, भाषण अथवा लेखन के क्षेत्र में उसके पिता को लोकप्रियता प्राप्त होगी मगर पिता की इतनी विशेषताओं के बावजूद भी उनमें (पिता-पुत्र) मतभेद रहने के कारण विवाद उत्पन्न होगा।

5. स्वास्थ्य–उसे लकवे का प्रकोप, अम्लता, मधुमेह आदि से ग्रस्त होने का योग है। उसे पसलियों, बगल तथा पांव के तलवो में भी शिकायत होगी।

(ख) स्त्री जातक

इस नक्षत्र में उत्पन्न स्त्री जातकों के परिणाम कमोबेश पुरुष जातकों वाले ही होंगे। इनके अतिरिक्त निम्न परिणाम इस प्रकार होंगेः

1. शारीरिक गठन–वह न तो पतली होती है और न ही मोटी। इसी प्रकार वह न तो लम्बी होती है और न ही नाटी। कुछ मामलों में पतले शरीर की स्त्रियां भी पाई जाती हैं, हालांकि वे देखने में सुन्दर होती हैं।

2. स्वभाव तथा सामान्य घटना–ईमानदारी तथा सत्यता उसके चरित्र की विशेषता होती है। उसका विश्वास होता है कि चाहे जान चली जाये मगर अपने सिद्धान्तों और ईमान पर आंच नहीं आनी चाहिए। उसमें जन्मजात नेता के गुण होते हैं। वह दूसरों से काम लेने में सक्षम है। जब उसे शक्ति और अधिकार प्राप्त होते हैं तो वह पूर्णतया सफल होती है। वह पूर्ण आशावादी होती है।

हांलाकि वह मानवतावादी दृष्टिकोण को मानने वाली होती है, फिर भी वह तब तक किसी की सहायता नहीं करती जब तक उसे यह विश्वास न हो जाये कि सहायता पाने वाला उसकी दयालुता, उदारता तथा सहानुभूति का पात्र है। उसके व्यवहार में विलक्षण प्रकार की नम्रता पायी जाती है।

3. शिक्षा, रोजगार/आय के साधन–वैज्ञानिक और तकनीकी क्षेत्र में शिक्षित होगी। अतः वह अध्यापिका, Statistician, ज्योतिषी या अनुसंधान कर्मचारी के रूप में सफल होगी।

4. पारिवारिक जीवन–वह अपने पति के प्रति समर्पित होगी तथा संतानवती होगी। गृह-प्रशासन में योग्य। सन्तान से पूर्ण लाभ प्राप्त करेगी। यदि उसका विवाह रोहिणी नक्षत्र में उत्पन्न युवक से हो तो उसके कई बच्चे होंगे।

5. स्वास्थ्य–उसे निम्न रक्तचाप, जलोदर, घुटनों में सूजन रक्ताघात, घबराहट, तलवों में पसीना आना, अपेन्टिसैटिस तथा जिगर के बढ़ने की बिमारियां होने का संकेत है।

II पूर्व भाद्रपद नक्षत्र में ग्रहों की स्थिति से उत्पन्न परिणाम

सूर्य

इस नक्षत्र में स्थित सूर्य पर यदि चन्द्रमा की दृष्टि हो तो जातक स्त्रियों के सानिध्य के द्वारा धन गंवायेगा और अन्त में खुशियों से वंचित होगा। यदि मंगल की दृष्टि हो तो वह दूसरों के झगड़ों द्वारा धन कमायेगा अर्थात वकील का कार्य करेगा। कुछ मामलों में स्वयं भी ऐसे झगड़ों में पड़ कर धन गवाएंगा। उसका बिमार शरीर होगा तथा पागलपन की अवस्था में रहेगा। बुद्ध की दृष्टि होने पर पागलों की भांति व्यवहार करेगा, सदैव दूसरों को सताने में रूचि लेगा। भले लोग उससे दूर रहेंगे। यदि बृहस्पति की दृष्टि हो तो समाज के लिए अच्छे कार्य करेगा और बुद्धिमान तथा दयालू होगा। उसे समय पर हर तरफ से सहायता मिलेगी। यदि शुक्र की दृष्टि हो तो धन सम्पत्ति के साथ प्राप्ति होगी। शनि की दृष्टि होने पर वह जिद्दी स्वभाव का शत्रुओं पर विजय पाने वाला शासक का निकटवर्ती रहकर उनसे लाभ प्राप्त करेगा।

प्रथम भाग (320.00 डिग्री से 323.20 डिग्री)–यहां पर अकेला सूर्य, जातक को अपने बच्चों से दूर रहकर जीवन व्यतीत करने को बाध्य करता है। वह निम्नवृति का गरीब व्यक्ति होगा। शुभ दृष्टियों के होने पर उसे यथेष्ट धन, पत्नी तथा संतान के सुख की प्राप्ति होगी। इस मामले में बच्चे उसके अलग रहेंगे।

द्वितीय भाग (323.20 डिग्री से 326.40 डिग्री)–जातक ससुराल से धन प्राप्त करेगा। वह जल के द्वारा उत्पादित वस्तुओं का (पेय पदार्थों) व्यवसाय करेगा।

तृतीय भाग (326.40 डिग्री से 330.00 डिग्री)–इस भाग में शनि, मंगल और चन्द्रमा के संयोजन से बालक की आयु केवल तीन वर्ष होगी। श्रावण नक्षत्र में लग्न के साथ इस भाग में सूर्य और चन्द्रमा की स्थिति से बालक की मृत्यु 3 दिन में हो जायेगी।

चतुर्थ भाग (330.00 डिग्री से 333.20 डिग्री)–जातक व्यग्र स्वभाव वाला का होगा। उसमें प्यार, संवेदना तथा अत्मिक शक्तियां अर्न्तनिहित होगी। वह गुप्त शक्तियों में विश्वास रखने वाला तथा पानी से सम्बन्धित वस्तुओं में रूचि लेगा।

चन्द्रमा

इस नक्षत्र में स्थित चन्द्रमा पर यदि सूर्य की दृष्टि हो तो जातक राजा के समकक्ष शक्तियां, अधिकार तथा धन दौलत का भोग करेगा। मंगल की दृष्टि होने पर विद्वान तथा बृहस्पति की दृष्टि होने पर वह मन्त्री हो सकता है। यदि बुध की दृष्टि हो तो वह अमीर हो सकता है। शुक्र की दृष्टि होने पर गरीब तथा शनि की दृष्टि होने पर वह भूमिपति जन्मेगा।

प्रथम भाग (320.00 डिग्री से 323.20 डिग्री)–श्रवण नक्षत्र में लग्न और यहां पर सूर्य और मंगल चन्द्रमा के साथ संयुक्त हो और दोनों (लग्न तथा इन ग्रहों) पर हितकारी दृष्टि न हो तो जातक की नौवें वर्ष की आयु में मृत्यु हो जायेगी। इस भाग में सूर्य, शनि तथा मंगल संयुक्त हो और ये बृहस्पति की दृष्टि के बिना लग्न युक्त भी हो तो जन्मते ही बालक की मृत्यु होगी। प्रथम डिग्री में चन्द्रमा के होने पर 21 वर्ष के भीतर जातक की मृत्यु हो जाने का संकेत।

द्वितीय भाग (323.20 डिग्री से 326.40 डिग्री)–जातक का शरीर पतला प्रतीत होगा। वह निर्भीक वक्ता होगा। अपनी जिद्दी आदत के कारण लोगों के लिए मानसिक परेशानी उत्पन्न करेगा। किसी भी मामलें में किसी की नहीं सुनेगा। उसके अनुसार जो वह सोचता है और करता है वही ठीक है। 33 वर्ष की आयु में दुर्घटना ग्रस्त होगा। उसके झगड़े में घायल होने का योग है अतः उसे अनावश्यक विवादों में नहीं पड़ना चाहिए।

तृतीय भाग (326.40 डिग्री से 330.00 डिग्री)–जातक बाहर से देखने में तो दुष्ट या हानिकर प्रतीत होता है, मगर उसके विचार तथा कृत्य इस प्रकार के नहीं होते।

पुरुष जातक के दो पत्नियां होंगी जबकि स्त्री जातक के विवाह-पूर्व प्रेम सम्बन्ध होंगे, जो विवाह की परिणति तक नहीं पहुंच सके थे। उसका वास्तविक विवाह स्थिर और सुखी होगा। वह पति तथा बच्चों के प्रति समर्पित होगी।

चतुर्थ भाग (330.00 डिग्री से 333.20 डिग्री)–जातक धनी, सम्मानित तथा बुजुर्गों का, विशेषकर अपने माता-पिता का सम्मान करने वाला होगा। 5 वर्ष की अवस्था में पानी से डूबने का खतरा तथा 22 वर्ष का होने पर मानसिक

तनाव से ग्रस्त होगा। प्राचीन धारणाओं के अनुसार 24 वर्ष का होने पर जातक अपने जन्मस्थान को छोड़कर रोजगार के लिए पूर्व की ओर जायेगा।

प्राचीन ज्योतिष के विशेषज्ञों के अनुसार जातक की आयु 90 वर्ष होगी और उसकी मृत्यु आश्विन कृष्ण पक्ष की द्वित्तीया को बृहस्पतिवार की शाम को होगी जबकि कृतिका नक्षत्र का प्रभाव होगा।

मंगल

इस नक्षत्र में स्थित मंगल पर यदि सूर्य की दृष्टि हो तो जातक पत्नी, सन्तान तथा धन के साथ सुखी जीवन व्यतीत करेगा। वह काले रंग तथा रूखे स्वभाव का होगा। यदि चन्द्रमा की दृष्टि हो तो वह माता के सुख से वंचित होगा, किसी एक ही व्यक्ति से देर तक मित्रता नहीं रखेगा तथा यथेष्ठ रूप से धनी होगा। यदि बुद्ध की दृष्टि हो तो वह मृदुभाषी, यात्राओं से सम्बन्धित व्यवसाय अथवा व्यवसायिक झूठ बोलेगा। उसमें काफी शारीरिक शक्ति होगी। यदि बृहस्पति की दृष्टि हो तो वह दीर्घायु, अच्छे गुणों वाला, अपने परिजनों की देखभाल करने वाला तथा शासक के निकट सर्म्पक में होगा। शुक्र की दृष्टि होने पर उसे यौन-सुख प्राप्त करने के बहुत अवसर प्राप्त होंगे। झगडालु प्रवृति का तथा भाग्यशाली होगा। यदि शनि की दृष्टि हो तो शासक द्वारा लाभान्वित होगा, स्त्री वर्ग से घृणा करेगा। वह बुद्धिमान तथा प्रसिद्धि प्राप्त करेगा।

प्रथम भाग (320.00 डिग्री से 323.20 डिग्री)–दुखी तथा चिड़चिड़े स्वभाव होगा। रोजगार के सिलसिलें में बारबार यात्राएं करेगा। जन्मजात पाखण्डी होगा। फिर भी 40 वर्ष की अवस्था के बाद स्थिरता आयेगी। विवाह भी देर से होगा।

द्वितीय भाग (323.20 डिग्री से 326.40 डिग्री)–पूर्व फाल्गुनी नक्षत्र में शुक्र के साथ यहां पर मंगल और लग्न पड़ने पर जातक की मृत्यु जब मंगल उसी भाग से गुजरते समय होगी, जिस भाग पर मंगल उसके जन्म के समय था।

तृतीय भाग (326.40 डिग्री से 330.00 डिग्री)–जातक बाहर से देखने में तो दुष्ट या हानिकर प्रतीत होता है मगर उसके विचार अथवा जो उसके अर्न्तमन में है वो हानिकर नहीं होता। दूसरे शब्दों में वह सोचता कुछ है और

करता कुछ है। जातक निर्भीक, साहसी तथा खोजी प्रवृति का होगा और अंत में नाम, यश और प्रतिष्ठा अर्जित करेगा।

चतुर्थ भाग (330.00 डिग्री से 333.20 डिग्री)–जातक लुहार, मशीन इंजीनियर, भवन निर्माण अथवा कसाई का कार्य करेगा और प्रचुर धन अर्जित करेगा। यदि दुष्ट ग्रहों से आक्रान्त नहीं होगा तो सुखी विवाहित जीवन व्यतीत करेगा।

बुध

इस नक्षत्र में स्थित बुद्ध पर यदि सूर्य की दृष्टि हो तो जातक कुशल पहलवान, अपनी शक्ति के कारण जिद्दी (उद्दण्ड) और धूर्त होगा। यदि मंगल की दृष्टि हो तो जातक धनी होते हुए भी पैसे के लिए निम्न किस्म के कार्य करने में भी संकोच नहीं करेगा। वह क्रूर हृदय का होगा। चन्द्रमा की दृष्टि होने पर जलीय उत्पादनों से कमायेगा, यथेष्ट धन होगा तथा डरपोक होगा। यदि बृहस्पति की दृष्टि हो तो वह गांव या कस्बे का प्रमुख व्यक्ति अथवा किसी सरकारी विभाग अथवा फैक्ट्ररी का अध्यक्ष होगा। शुक्र की दृष्टि होने पर जातक के कुरूप सन्तान होंगे। वह विद्वानों द्वारा त्यागा हुआ बुरे रास्ते पर चलने वाला व्यक्ति होगा। शनि की दृष्टि हो तो वह क्रूर कार्य करेगा, सुखी नहीं होगा तथा निर्धन होगा।

प्रथम भाग (320.00 डिग्री से 323.20 डिग्री)–जब उत्तर-भाद्रपद नक्षत्र में बृहस्पति के साथ इस भाग में बुध स्थित हो तो जातक कानून विशेषज्ञ होगा। जैसा कि इस पेशे की प्रवृति है वह दूसरों के झगड़े निपटाने में सफल होगा, वहीं वह स्वयं झगड़ों में फंसा रहेगा।

द्वितीय भाग (323.20 डिग्री से 326.40 डिग्री)–इस भाग में बुध और हस्त नक्षत्र में लग्न पड़ने पर ग्यारह वर्ष की आयु में जातक की मृत्यु होगी। वह उपन्यासकार, प्रकाशक या सलाहकार होगा, गम्भीर अपच के कारण उसके पेट का आपरेशन भी होगा।

तृतीय भाग (326.40 डिग्री से 330.00 डिग्री)–इस खण्ड में बुध के साथ लग्न भी पड़ता हो तो जातक कैंसर से पीड़ित होगा। अकेला बुध जातक को गणितज्ञ, इंजीनियर और ज्योतिषी बनायेगा। उसकी पत्नी उससे अधिक बुद्धिमान होगी।

चतुर्थ भाग (330.00 डिग्री से 333.20 डिग्री)–जातक अनैतिक और अवैध कार्यों द्वारा धन कमायेगा। दास दासियों तथा अन्य निम्न श्रेणी के व्यक्तियों के साथ घनिष्टता होगी।

बृहस्पति

इस नक्षत्र में स्थित बृहस्पति पर यदि सूर्य की दृष्टि हो तो जातक का आर्कषक व्यक्तित्व, ओजस्वी स्वरूप योग्य वक्ता तथा दूसरों की सहायता करने की प्रवृति वाला होगा। यदि चन्द्रमा की दृष्टि हो तो वह अपने समाज या नेता अथवा मन्त्री होगा। मंगल की दृष्टि होने पर शासक का विश्वासपात्र होगा तथा उसके द्वारा धन प्राप्त करेगा। यदि बुद्ध की दृष्टि हो तो वह शन्तिप्रिय, स्त्रियों में पसन्द किया जाने वाला तथा धार्मिक अनुष्ठान करने में रूचि लेगा। यदि शुक्र की दृष्टि हो तो अति विद्वान, सर्वगुणसम्पन्न, शासक का समीपवर्ती अथवा मंत्री होगा। यदि शनि की दृष्टि हो तो उसके जीवन की सभी आकाक्षाएं पूरा होंगी।

प्रथम भाग (320.00 डिग्री से 323.20 डिग्री)–दार्शनिक, अध्यापक अथवा सर्जन होगा। कमर दर्द, कूल्हों के दर्द से पीड़ित होगा। जातक साधारण परिवार में उत्पन्न होकर अपने मेहनत और प्रयासों से उच्च स्थिति प्राप्त करेगा। इस भाग में बृहस्पति और चित्रा नक्षत्र के चतुर्थ भाग में शुक्र के स्थित होने पर जातक की पत्नी (मादा का पति भी) डाक्टर अथवा कैमिस्ट होंगे।

द्वितीय भाग (323.20 डिग्री से 326.40 डिग्री)–जातक अदालत में नौकरी करेगा अथवा इससे सम्बन्धित पेशे में होगा। उसके पैरों में सूजन होगी। अपनी विशेषज्ञता के क्षेत्र में प्रमुख होगा। यदि अश्लेष नक्षत्र में सूर्य स्थित हो तो जातक 45 वर्ष की आयु में राजनीति में प्रवेश करेगा और मन्त्री का पद पायेगा।

तृतीय भाग (326.40 डिग्री से 330.00 डिग्री)–जातक अच्छे परिवार तथा प्रचुर बैंक बैलेंस से समृद्ध होगा। आरम्भ में वह अच्छी स्थिति में नियुक्त होगा फिर वह व्यवसाय में प्रवेश करेगा। वह किसी एक क्षेत्र में प्रशिक्षित होगा मगर कार्य किसी अन्य क्षेत्र में करेगा।

चतुर्थ भाग (330.00 डिग्री से 333.20 डिग्री)–जातक वैज्ञानिक अथवा किसी औद्योगिक क्षेत्र या सरकार में किसी प्रशासनिक विभाग का प्रमुख होगा। वह तत्वमिमांसक अथवा वित्तीय प्रशासक भी हो सकता है।

शुक्र

इस नक्षत्र में स्थित शुक्र पर सूर्य की दृष्टि होने पर जातक धनी, साहसी तथा स्थायी चरित्र का व्यक्ति होगा। यदि चन्द्रमा की दृष्टि हो तो मुस्कराते चेहरे के साथ आर्कषक व्यक्तित्व होगा। मंगल की दृष्टि हो तो जातक मेहनत करके हारा हुआ होगा। वह आर्थिक और मानसिक परेशानियों का सामना करेगा। यदि बुद्ध की दृष्टि हो तो वह धार्मिक शास्त्रों में कुशल होगा और अपने इसी ज्ञान के द्वारा आय अर्जित करेगा। बृहस्पति की दृष्टि हो तो वह कला-संगीत प्रेमी तथा धनी होगा। यदि शनि की दृष्टि हो तो वह सुन्दर, भाग्यशाली तथा काम-क्रीडा में ज्यादा रूचि रखेगा।

प्रथम भाग (320.00 डिग्री से 323.20 डिग्री)–जातक माता-पिता के प्रति समर्पित होगा तथा विद्वान होगा। यह स्थिति अनुसंधान कार्य तथा उसके विदेश यात्राओं के अनुकूल होगा अथवा वह विदेश में स्थापित होगा।

द्वितीय भाग (323.20 डिग्री से 326.40 डिग्री)–कवि, संगीतकार या चित्रकार बनने के लिए शुभ स्थिति। उसे त्वचा के रोग, जलोदर, एग्जीमा या दांतों की समस्याओं से पीड़ित होने का योग है।

तृतीय भाग (326.40 डिग्री से 330.00 डिग्री)–जातक समाज सेवक और आन्तरिक सज्जाकार होगा। स्त्रियोपयोगी चमड़े की वस्तुओं के व्यवसाय से सम्बन्धित होगा।

चतुर्थ भाग (330.00 डिग्री से 333.20 डिग्री)–वह अपने समकक्ष शिक्षित तथा स्तर की जीवनसाथी पसन्द करेगा। वह बच्चों के रोगों का विशेषज्ञ डाक्टर होगा।

शनि

इस नक्षत्र में स्थित शनि पर यदि सूर्य की दृष्टि हो तो जातक की पत्नी बदसूरत होगी। वह निर्धन होगा तथा दूसरे के ऊपर निर्भर होगा। यदि चन्द्रमा की दृष्टि हो तो वह माता की देखभाल से वंचित होगा। उसका उच्च नैतिक चरित्र होगा। उसके दो नाम होंगे तथा पत्नी, धन व सन्तान से सम्पन्न होगा। यदि मंगल की दृष्टि हो तो वह लकवे से पीड़ित होगा, दूसरों के विपरीत कार्य करेगा और विदेशों में रहेगा। यदि बुध की दृष्टि हो तो वह नेक, धनी तथा सरकार अथवा समाज में प्रतिष्ठित लोगों से लाभान्वित होगा। यदि

बृहस्पति की दृष्टि हो तो जातक मन्त्री या समकक्ष पद पर अथवा सुरक्षा प्रमुख होगा। उसका शरीर मजबूत होगा। वह संवेदनशील होगा।

प्रथम भाग (320.00 डिग्री से 323.20 डिग्री)–बुध की दृष्टि होने पर जातक प्रतिष्ठित निजी संस्थान में नियुक्त होगा और 35 वर्ष की अवस्था में नाम और प्रसिद्धि प्राप्त करेगा। 39 वर्ष की आयु में जमीन जायदाद प्राप्त करेगा। उसके दो बच्चे होंगे।

द्वितीय भाग (323.20 डिग्री से 326.40 डिग्री)–लम्बा शरीर तथा स्थूल सा चेहरा होगा। प्रत्येक करने वाले कार्य में अच्छी और स्पष्ट जानकारी होगी। पत्नी के द्वारा धन प्राप्त करेगा अथवा उसकी पत्नी रोजगार युक्त होगी, जिससे अच्छी आय प्राप्त होगी।

तृतीय भाग (326.40 डिग्री से 330.00 डिग्री)–मध्यम डील डोल, व्यवहार कुशल तथा कूटनीति में प्रवीण होगा। स्त्रियों और मदिरा का व्यसनी। इस भाग में शनि के साथ लग्न पड़ने पर जातक के आर्कषक अंग होगे तथा विद्वान होने के साथ मन्त्री होगा। गांव अथवा शहर में प्रशासक होगा।

चतुर्थ भाग (330.00 डिग्री से 333.20 डिग्री)–प्रमुख स्थिति प्राप्त करेगा। बृहस्पति की दृष्टि होने पर वह इंजीनियर या वास्तुकार होगा। दूसरों को धोखा देने की प्रवृति होगी। अपने नियोक्ता की धन दौलत हड़प कर जायेगा।

राहू

प्रथम भाग (320.00 डिग्री से 323.20 डिग्री)–यदि इस भाग में लग्न पड़ता हो और अनिष्टकारी दृष्टि हो तो बालक की सात वर्ष में मृत्यु हो जायेगी।

द्वितीय भाग (323.20 डिग्री से 326.40 डिग्री)–देखा गया है कि यदि यहां पर सूर्य और शनि की दृष्टि के साथ चन्द्रमा सम्मिलत हो तो जातक की 10 वर्ष की आयु से पहले उसकी माता की मृत्यु हो जायेगी। अकेला राहू बहुत सी दौलत तथा मान प्रदान करेगा और उसका सुखी विवाहित जीवन होगा।

तृतीय भाग (326.40 डिग्री से 330.00 डिग्री)–अनिष्टकारी दृष्टियों के साथ राहू सात वर्ष के भीतर जातक की मृत्यु का कारण बनेगा। बृहस्पति के

साथ होने पर वह रोजगार की तलाश में स्थान-स्थान पर भटकेगा। रास्ते में कई प्रत्याशित घटनाओं का सामना करेगा। फिर भी वह 34 वें वर्ष की आयु में व्यवस्थित हो पायेगा।

चतुर्थ भाग (330.00 डिग्री से 333.20 डिग्री)–राहू के लिए कुछ श्रेष्ट स्थिति होगी। बृहस्पति के साथ होने पर जातक भूमिपति तथा विभिन्न उद्योगों का मालिक होगा।

केतू

प्रथम भाग (320.00 डिग्री से 323.20 डिग्री)–मंगल के साथ संयोजन होने पर जातक ग्राम प्रमुख होगा। यदि आर्द्रा नक्षत्र में सूर्य के साथ इस भाग में केतू स्थित हो तो जातक की दो पत्नियां होगी। उसका एक भाई डाक्टर होगा।

द्वितीय भाग (323.20 डिग्री से 326.40 डिग्री)–जातक काफी धन अर्जित करेगा। पत्नी का स्वास्थ्य उसकी स्थायी समस्या होगी।

तृतीय भाग (326.40 डिग्री से 330.00 डिग्री)–जातक श्वास रोग अथवा क्षय से ग्रस्त होगा। मानसिक दबाव से भी पीड़ित पाया गया है। बच्चों से भी उसे सुख नहीं मिलेगा।

चतुर्थ भाग (330.00 डिग्री से 333.20 डिग्री)–जातक बुरी तरह से सट्टे बाजी से फंसा होगा। दिल के रोग, मधुमेह से पीड़ित होगां यथेष्ट धन होगा।

पूर्वभाद्रपद नक्षत्र में उत्पन्न जातकों को रेवती, भरणी तथा मूल नक्षत्रों में उत्पन्न व्यक्तियों के साथ सम्बन्ध नही बनाने चाहिए।

इस नक्षत्र का दशा स्वामी बृहस्पति है, जिसके बाद शनि, बुध, केतू, शुक्र, सूर्य, चन्द्रमा तथा राहू का क्रम है ?

(iii) पूर्व भाद्रपद नक्षत्र में कुछ विशेष अक्षांशो पर कुछ ग्रहों की उपस्थिति के परिणाम

इस नक्षत्र में केवल शुक्र ही घातक अक्षांश से प्रभावित है। इस नक्षत्र की 9 वीं डिग्री (परिक्रमा कक्षा की 329.00 डिग्री) में शुक्र के स्थित होने पर जातक का जन्म हो और यदि शनि की दृष्टि न हो तो, यह उसकी दीर्घायु के लिए अवरोधक होगा। जब भी शुक्र अपने वार्षिक चक्र में इस घातक अक्षांश

से गुजरे तो कोई मांगलिक कार्य नहीं करना चाहिए तथा जातक को शुक्र के इस घातक डिग्री से गुजरने के दिनों में सावधानी बरतनी चाहिए।

(iv) उपचार

(1) लाल मूंगा साढ़े सात रत्ती का ताबें की अगूंठी में जड़वा कर मंगलवार को सूर्योदय से पहले धारण करें। तथा पुखराज पांच रत्ती का सोने की अंगूठी में जड़वा कर बृहस्पतिवार को प्रातःकाल में धारण करें।

(2) बृहस्पति तथा शनि के लिए दिये गये मन्त्रों तथा मन्त्र संख्या 36 का नियमित जाप करें।

अध्याय – 27

उत्तर भाद्रपद नक्षत्र

27 वें राशिचक्र में 333.20 डिग्री से 346.40 डिग्री तक का विस्तार क्षेत्र उत्तरभाद्रपद नक्षत्र कहलाता है। अरब मंजिल में इसे "अल-परग -अल-मुखिर" (पानी के जग की पीछे की टूटियां); ग्रीक इसे "एन्ड्रोमेडे" कहते हैं। चीनी मतानुसार इसे "पाइ" कहते हैं। उत्तर-भाद्रपद का अर्थ है "सुन्दर-बाया पैर"।

जबकि पूर्व-भाद्रपद अचानक क्रोध का संकेत करता है तो उत्तर-भाद्रपद उस क्रोध को नियंत्रित करने की शक्ति का संकेत है। उत्तर-भाद्रपद नक्षत्र सब कुछ पीछे छोड़कर आध्यात्मिक जगत की ओर प्रगति के अनजाने समर का भी प्रतीक है।

(I) उत्तर-भाद्रपद नक्षत्र में उत्पन्न जातकों के सामान्य परिणाम

(क) पुरुष जातक

1. शारीरिक गठन–अति आकर्षक तथा मासूम सा दिखाई देने वाला व्यक्ति। उसकी दृष्टि में जन्मजात चुम्बकीय शक्ति होती है। यदि वह किसी को मुस्कुरा कर देख ले तो वह सब कुछ छोड़कर उसका गुलाम बन जायेगा।

2. स्वभाव तथा सामान्य घटना–वह अमीर-गरीब, सबसे बिना उनके स्तर को देखे, एक जैसा व्यवहार करता है। वह साफ दिल होता है और किसी को कष्ट नहीं देता। उसके व्यवहार में केवल एक ही कमी पायी जाती है। कि उसे क्रोध बहुत जल्दी आता है। लेकिन वह क्रोध स्थायी नहीं होता। जो लोग उसे प्यार करते हैं उनके लिए वह जान भी देने में संकोच नहीं करता। साथ ही एक बार छेड़े जाने पर अथवा ठेस लगने पर वह उग्र हो जाता है। उसमें बुद्धिमता, ज्ञान तथा व्यक्तित्व होता है।

वह लुभावनी भाषण कला में दक्ष होता है। शत्रुओं को परास्त करके उच्च स्थिति प्राप्त करने में सक्षम है। वह यौन सुख की लालसा वाला तथा सदैव स्त्रियों की संगत का इच्छुक होता है।

3. शिक्षा, रोजगार/आय के साधन–वह एक समय में विभिन्न विषयों में दक्षता प्राप्त कर सकता है। हालांकि वह अधिक शिक्षित नहीं होता मगर

उसका ज्ञान तथा विभिन्न विषयों के बारे में उसके विचार किसी अच्छे पढ़े लिखे व्यक्ति के समकक्ष होते हैं। वह ललित कलाओं में रूचि लेता है तथा विस्तृत लेख और पुस्तके लिखने में सक्षम होगा।

अपनी असाधारण योग्यता और क्षमता के कारण वह अपने कार्य क्षेत्र में दीप्तिमान हो सकता है। आलस्य का उसके जीवन में कोई महत्व नहीं है। जब वह किसी काम को करने की ठान लेता है तो उसे पूरा करके ही रहता है। असफलता की स्थिति में भी वह निराश नहीं होता। यदि नौकरी में होगा तो शीर्ष पर पहुंचेगा। प्रायः मामलों में देखा गया है कि उत्तर भाद्रपद नक्षत्र में उत्पन्न व्यक्ति आरम्भ में छोटे या मध्यम पदों पर नियुक्त होते हैं मगर बाद में वे अच्छी स्थिति प्राप्त करके सदा दूसरों से प्रशंसा तथा पुरस्कार प्राप्त करते हैं।

देखा गया है कि उनके जीवन में स्थायीपन अथवा प्रगति उनके विवाह के बाद ही आती है। 18 या 19 वर्ष की उर्म में वे रोजगार रत हो जाते हैं। व्यवसायिक क्षेत्र में प्रमुख बदलाव उसकी आयु के 19 वें, 21 वें, 28 वें, 30 वें, 35 वें तथा 42 वें वर्ष में होगा।

4. **पारिवारिक जीवन**–जहां एक तरफ वह अपने पिता के उच्च व्यक्तित्व और धार्मिक दृढ़ता की तारीफ करेगा, वहीं उसे अपने पिता से कोई लाभ प्राप्त नहीं होगा। उसका बचपन उपेक्षित होगा। सामान्यता अपने पैतृक शहर से दूर रहकर जीवन यापन करेगा।

उसका विवाहित जीवन खुशियों से भरा होगा। उसकी अत्यन्त योग्य पत्नी होगी। उसकी संतान ही उसकी पूंजी होगी जो आज्ञाकारी, समझदार तथा आदर करने वाले होंगे। उसके पौत्र भी होगें। वह अपने परिवार में रत्न होगा।

5. **स्वास्थ्य**–उसका स्वास्थ्य बहुत अच्छा होगा लेकिन इसके प्रति वह लापरवाह होगा। जब वह गम्भीर रूप से विद्वान होगा तभी डाक्टर के पास जायेगा। उसे लकवे का प्रकोप, पेट की समस्याएं, बवासीर तथा हरनिया रोग होने का संकेत है।

(ख) स्त्री जातक

उत्तर भाद्रपद नक्षत्र में उत्पन्न मादा जातकों के इस नक्षत्र में उत्पन्न नर जातकों वाले कमोबेश वही परिणाम होगें। इनके अतिरिक्त निम्न परिणाम और होंगे :

1. शारीरिक गठन–वह मध्यम कद व स्थूल शरीर की होगी। बड़ी तथा बाहर को निकली हुई आंखे होगी।

2. स्वभाव तथा सामान्य घटना–वह अपने परिवार में वास्तविक लक्ष्मी का रूप होगी। दूसरे शब्दों में वह गृहलक्ष्मी का प्रतिरूप होगी। उसका व्यवहार अत्यन्त स्नेहपूर्ण, आदरयुक्त तथा प्रशंसनीय होगा। परिस्थितियों के अनुसार स्वयं को ढ़ालने की प्रवृति होगी। अवसर के अनुकूल पात्रता और देश की आवश्यकतानुसार निष्पक्षता उसके चरित्र की विशेषता होगी। जब एक व्यक्ति में आज की आवश्यकतानुसार उपरोक्त तीनों विशेषताएं विद्यमान हो तो और अधिक उसके चरित्र का क्या वर्णन कर सकता हूं।

3. शिक्षा, रोजगार/आय के साधन–नौकरी में लगी हुई स्त्रियां अपने प्रयत्नों से अच्छी स्थिति में पहुंचेगी। वह वकील या अधिवक्ता के कार्य के लिए सर्वथा उपयुक्त होगी। वह एक अच्छी नर्स और डाक्टर भी हो सकती है।

4. पारिवारिक जीवन–इस नक्षत्र में उत्पन्न स्त्रियां जिस परिवार में उत्पन्न होगी या विवाह करके जायेगी, उस घर परिवार को रोशनी कर देगी। दूसरे शब्दों में घर में उसका पदार्पण लक्ष्मी के प्रवेश के समान होगा। उसे पुनर्वसु नक्षत्र में उत्पन्न युवक से विवाह नहीं करना चाहिए अन्यथा उसके विधवा होने का भय है।

5. स्वास्थ्य–वह गठिया के दर्द से ग्रस्त होगी। अपच, कब्ज, हारनिया और कुछ मामलों में मामूली किस्म का क्षय रोग भी पाया जाता है।

II उत्तर-भाद्रपद नक्षत्र में विभिन्न ग्रहों की उपस्थिति से उत्पन्न परिणाम

सूर्य

इस नक्षत्र में स्थित सूर्य पर चन्द्रमा की दृष्टि हो तो जातक के सुन्दर पुत्र होगा। उसमें आर्कषण भाषण-कला होगी। यदि मंगल की दृष्टि हो तो वह पुलिस या सुरक्षा विभाग में होगा तथा नाम और यश अर्जित करेगा। मगर वह अपने परिवार के लोगों द्वारा उपेक्षित होगा। यदि बुध की दृष्टि हो तो वह धनी होगा तथा सोना, चांदी, हीरे-जवाहरात आदि के संगह में रूचि लेगा। वह शास्त्रों, मन्त्रों आदि में विद्वान होगा। बृहस्पति की दृष्टि होने पर वह मन्त्री या समकक्ष पद पर होगा। यदि शुक्र की दृष्टि हो तो वह बहुत धनी होगा

मगर अपनी काम-वासना की पूर्ति के लिए बहुत सा धन खर्च कर देगा। यदि शनि की दृष्टि हो तो वह बुरे लोगों की संगति में रहेगा तथा मवेशियों द्वारा कमायेगा।

प्रथम भाग (333.20 डिग्री से 336.40 डिग्री)–दुष्टग्रहों से आक्रान्त होने पर जातक गर्भाशय के कैंसर से पीड़ित होगा। इस भाग में अकेले सूर्य के स्थित होने पर जातक समाज में अच्छी स्थिति तथा सुखों व अच्छे परिवार से सम्पन्न होगा।

द्वितीय भाग (336.40 डिग्री से 340.00 डिग्री)–जातक कृषि योजना सिचांई से सम्बन्धित उद्योगों द्वारा सम्पन्न होगा। इस भाग में सूर्य के साथ लग्न पड़ने और हस्त नक्षत्र में चन्द्रमा के स्थित होने पर नर जातक की मृत्यु का कारण एक स्त्री होगी।

तृतीय भाग (340.00 डिग्री से 343.20 डिग्री)–बुध के साथ होने पर जातक अति बुद्धिमान और विद्वान होगा। यहां पर शुक्र के साथ स्वाति नक्षत्र में शनि के होने पर वह सरकारी नौकरी में होगा लेकिन उसके कार्यों तथा पेशे में बदलाव होता रहेगा।

चतुर्थ भाग (343.20 डिग्री से 346.40 डिग्री)–इस भाग में सूर्य और मंगल के साथ हस्त नक्षत्र में लग्न जातक की संतान के लिए खतरा उत्पन्न करेगा।

चन्द्रमा

इस नक्षत्र में स्थित चन्द्रमा पर यदि सूर्य की दृष्टि हो तो जातक प्रसिद्धि प्राप्त तथा राजसी वैभव का आनन्द लेगा। यदि मंगल की दृष्टि हो तो वह किसी सुरक्षा संस्थान या सेना में नियुक्त होगा। बुध की दृष्टि होने पर वह शिल्पकार तथा कुशल ज्योतिषी होगा और उसे नेक सेवको का सुख प्राप्त होगा। यदि बृहस्पति की दृष्टि हो तो वह सुन्दर व्यक्तित्व का तथा उच्च स्थिति में होगा। वह विभिन्न औद्योगिक संस्थाओं का स्वामी होगा। यदि शुक्र की दृष्टि हो तो जातक धार्मिक विचारों का, धनी तथा नेक सन्तान से सम्पन्न होगा। शनि की दृष्टि होने पर वह देखने में क्रूर मगर शास्त्रों तथा धार्मिक मामलों में अति विद्वान होगा।

प्रथम भाग (333.20 डिग्री से 336.40 डिग्री)–इस भाग में चन्द्रमा के साथ हस्त नक्षत्र के द्वितीय या तृतीय भाग में शुक्र की स्थिति जातक की जन्मकुण्डली के सभी दुष्प्रभावों को समाप्त कर देगी और वह सुखी, स्वस्थ तथा ऐश्वर्य पूर्ण जीवन व्यतीत करेगा।

द्वितीय भाग (336.40 डिग्री से 340.00 डिग्री)–विद्वानों का कथन है कि जब चन्द्रमा परिक्रमा कक्षा की 340 की डिग्री (उत्तर-भाद्रपद की 7 वीं डिग्री) पर स्थित हो तो जातक की मृत्यु उसकी आयु के 10वें वर्ष में अथवा 10 वर्ष के भीतर हो जायेगी। हालांकि मैने एक जन्म कुण्डली नीचे दिये अनुसार, इसी उपरोक्त स्थिति में दुष्प्रभावी से ग्रस्त है, का अध्ययन किया है, लेकिन व्यक्ति, जिसकी कि यह जन्म-कुंडली है, अब तक जीवित है और वह 41 वर्ष का है तथा सरकार में अधिकारी नियुक्त हैः

चन्द्रमा 9.40 राहू 9.00			सूर्य 20.30 बुध 14.00
बृहस्पति 14.08			
			लग्न 7.20 शनि 21.37
			मंगल 17.20 केतू 9.00

मेरे अनुभव के अनुसार देखा गया है कि जब चन्द्रमा ऐसी घातक डिग्री में हो तो यह तभी अनिष्टकारी होगा जब यह अकेला स्थित हो या इस पर हितकारी दृष्टि हो, इस पर भी यह हास्यास्पद माना जायेगा। दुष्टग्रहों की दृष्टि अथवा इनका संयोजन अनिष्टों को हटा देता है। यह "ऊषणम ऊष्णेन शमयते" अर्थात गर्मी ही गर्मी को मारती हैं के अनुसार है। अगर उपरोक्त जन्मकुण्डली को देखें तो पाते हैं कि ग्रह तन्त्र के अनुसार चन्द्रमा और राहू 8वें घर में स्थित हैं और इन पर मंगल और केतू की दृष्टि है, फिर बालक कैसे बचा? (यदि किसी पाठक के पास इसका कोई उत्तर हो तो वह कृपया श्री नरेन्द्र सागर, सागर पब्लिशर्ज, 72-जनपथ, नई दिल्ली-110001 के पते पर सचित करे)। यह भी बता दें कि बृहस्पति की दृष्टि लग्न पर है। क्या इस कारण दुष्प्रभाव नष्ट हो गये? अगर ऐसा है तो हमारी प्राचीन धारणाएं गलत हो जाती है।

तृतीय भाग (340.00 डिग्री से 343.20 डिग्री)–जातक उदार तथा शिष्ट स्वभाव का और विद्वान होगा। इस भाग में चन्द्रमा के साथ रोहिणी नक्षत्र में शुक्र स्थित हो तो जातक के 7वें वर्ष की आयु में उसकी माता की मृत्यु हो जायेगी। उसका पालन पोषण पिता के रिश्तेदारों द्वारा किया जायेगा। उसे पिता से भी कोई लाभ नही मिलेगा। जातक कलर्क के रूप में सरकारी नौकरी करेगा और 35 वर्ष की आयु में वह अच्छी स्थिति में उन्नति करेगा।

चतुर्थ भाग (343.20 डिग्री से 346.40 डिग्री)–जातक धनी, सुखों से सम्पन्न होगा तथा उसकी नेक और निष्ठावान पत्नी होगी, जिसके कम गर्भपात होंगे, एक पुत्र और एक पुत्री होगी जो दीर्घायु होगें। उसे अपनी आयु के 5 वें वर्ष में पानी से खतरा होगा, 8 वर्ष की आयु में पेचिस और तेज बुखार होगा, 22 वर्ष की आयु में अप्रत्याशित समस्याओं का सामना करेगा तथा 24 वर्ष की आयु में रोजगार के सिलसिले में पूर्व दिशा में जायेगा

प्राचीन मान्यताओं के अनुसार किसी पूर्व भाद्रपद नक्षत्र में उत्पन्न जातकों की भांति इस नक्षत्र के किसी भी भाग में उत्पन्न जातक, यदि किसी अनिष्टकारी ग्रह का तीक्षण दुष्प्रभाव न हो तो, 90 वर्ष तक की आयु प्राप्त करेगा और उसकी मृत्यु अश्विन मास के कृष्णपक्ष की द्वितीया को बुधवार की शाम (गोधूली के समय) होगी, जबकि कृतिका नक्षत्र का प्रभाव होगा।

मंगल

इस नक्षत्र में स्थित मंगल पर यदि सूर्य की दृष्टि हो तो जातक दुनिया द्वारा सम्मानित और भाग्यशाली होगा मगर व्यवहार में क्रूर होगा। यदि चन्द्रमा की दृष्टि हो तो शारीरिक अपंगता से पीड़ित, विद्वान होगा और किसी अपराध के अभियोग का सामना करेगा। बुध की दृष्टि होने पर वह विभिन्न कलाओं और विषयों मे विद्वान तथा बहुत से विषयों में अच्छे स्तर की प्रवीणता प्राप्त करेगा। यदि बृहस्पति की दृष्टि हो तो उसके धनी तथा सुखी जीवन के लिए सभी साधनों से सम्पन्न होने के बावजूद उसका विवाहित जीवन सुखी नहीं होगा। शुक्र की दृष्टि हो तो वह दान-धर्म करेगा मगर इस दान-धर्म के पीछे यदि वह किसी स्त्री के लिए करेगा तो उसमें काम-वासना की भावना प्रधान होगी। यदि शनि की दृष्टि हो तो उसमें शारीरिक अपंगता तथा आवारा स्वभाव दिखाई पड़ेगा।

प्रथम भाग (333.20 डिग्री से 336.40 डिग्री)–जातक दूरस्थ स्थानों तक विदेशों में भटकता रहेगा। वह धोखे-बाजी का शिकार। आर्थिक हानि उठायेगा और जब अपने रिश्तेदारों के पास सहायता के लिए जायेगा तो उसके परिजन उसे घर से निकाल देंगे।

द्वितीय भाग (336.40 डिग्री से 340.00 डिग्री)–यह खण्ड मंगल के साथ लगन युक्त भी हो तो वह कैंसर से पीड़ित होगा। उसे बहुत कष्ट सहने पडेगें। उसका स्वार्थी व्यवहार तथा बुजुर्गों का सम्मान न करने वाला होगा।

तृतीय भाग (340.00 डिग्री से 343.20 डिग्री)–जातक का स्वास्थ्य अच्छा नही होगा। वह परदेश में भटकेगा। कम संतान होगी। धोखेबाजी अथवा चोरी के कारण आर्थिक हानि होगी। चापलूसी पसन्द होगा।

चतुर्थ भाग (343.20 डिग्री से 346.40 डिग्री)–जातक स्वस्थ, चुस्त तथा चौकन्ना होगा। बुध के साथ सम्मिलत होने पर वह इंजीनियर होगा। दम्पती में मनमुटाव व मारपीट होगी।

बुध

इस नक्षत्र में स्थित बुध ग्रह पर सूर्य की दृष्टि हो तो जातक शान्त स्वभाव का होगा और मूल सम्बन्धी परेशानी से ग्रस्त होगा। यदि चन्द्रमा की दृष्टि हो तो विश्वासपात्र व्यक्ति होगा, मिलनसार स्वभाव तथा विख्यात लेखक होगा। यदि मंगल की दृष्टि हो तो वह लेखक के रूप में कमायेगा मगर उसके लेखन कार्य समाज को उचित नहीं लगेगें। बृहस्पति की दृष्टि होने पर वह अत्यन्त बुद्धिमान, आकर्षक व्यक्तित्व का कुलीन और उच्च राजनीतिक स्तर प्राप्त करेगा। यदि शुक्र की दृष्टि हो तो वह मृदुभाषी तथा शिक्षक होगा। शनि की दृष्टि होने पर वह क्रूर तथा धूर्त होगा और उसका दुखी अस्तित्व होगा।

प्रथम भाग (333.20 डिग्री से 336.40 डिग्री)–जातक कल्पनाशील तथा धाराप्रवाह अभिव्यक्तिशील होगां आयु के बढ़ने के साथ उसकी कल्पनाशक्ति तथा अन्तर्दृष्टि में सुधार होगा।

द्वितीय भाग (336.40 डिग्री से 340.00 डिग्री)–जातक विधि, वाणिज्य या गणित के क्षेत्र में नाम अर्जित करेगा। वह अच्छा ज्योतिषी भी हो सकता है। अपने साहित्यक ज्ञान के द्वारा काफी धन कमायेगा।

तृतीय भाग (340.00 डिग्री से 343.20 डिग्री)–अति विद्वान। आडिटिंग या सिविल इंजीनियरिंग का पेशा होगा। वह कोई स्वतन्त्र व्यवसाय करेगा। यदि बृहस्पति सम्मलित हो तो वह प्रतिष्ठित लेक्चरार होगा अथवा प्राचीन परम्पराओं के क्षेत्र में अनुसंधान कार्य में लगा होगा।

चतुर्थ भाग (343.20 डिग्री से 346.40 डिग्री)–वह धन, अच्छे परिवार और संतान के साथ जीवन व्यतीत करेगा। सरकारी नौकरी में होगा। यदि दुष्ट ग्रहों से प्रभावित होगा तो सेवक या मजदूर होगा।

बृहस्पति

इस नक्षत्र में स्थित बृहस्पति पर यदि सूर्य की दृष्टि हो तो जातक निर्धन होगा और कोई भी उसे पसन्द नहीं करेगा। यदि चन्द्रमा की दृष्टि हो तो बहुत भाग्यवान स्थिति होगी, प्रचुर धन तथा ऐशो-आराम के साथ अच्छा परिवारिक जीवन होगा। मंगल की दृष्टि होने पर वह क्रूर होगा और दूसरों के लिए समस्याएं उत्पन्न करेगा,। शत्रु के हाथों घायल होगा। यदि बुध की दृष्टि हो तो वह मन्त्री के समकक्ष पद पर होगा। शुक्र की दृष्टि होने पर दीर्घ जीवन होगा तथा हर प्रकार से भाग्यशाली होगा। शनि की दृष्टि होने पर जातक में चीजें चुराने की आदत होगी तथा वह समाज द्वारा त्याग दिया जायेगा।

प्रथम भाग (333.20 डिग्री से 336.40 डिग्री)–इस भाग में लग्न भी पड़ता हो तो जातक के पहले एक पुत्र तथा फिर एक पुत्री होगी। सूर्य की दृष्टि होने पर वह सरकारी नौकरी में होगा।

द्वितीय भाग (336.40 डिग्री से 340.00 डिग्री)–इस भाग में बृहस्पति के चन्द्रमा तथा मंगल के साथ और लग्न युक्त भी होने पर जातक के दिन-प्रतिदिन धन दौलत की वृद्धि होती रहेगी।

तृतीय भाग (340.00 डिग्री से 343.20 डिग्री)–पूर्व फाल्गुनी नक्षत्र में लग्न पड़ने पर तथा इस भाग में बृहस्पति पर हितकारी ग्रह अथवा कई ग्रहों की दृष्टि होने पर जातक की तीर्थ यात्रा करते समय मृत्यु होगी। यदि चन्द्रमा की इस संयोजन पर दृष्टि हो तो वह किसी पवित्र नदी में डूब कर मरेगा।

चतुर्थ भाग (343.20 डिग्री से 346.40 डिग्री)–जातक चिकित्सक बनने के लिए उपयुक्त है। मंगल की दृष्टि होने पर वह सुरक्षा विभाग में होगा। जब

इस भाग में लग्न भी पड़ता हो तो जातक मन्त्री अथवा उसके समकक्ष पद पर होगा। व्यवसाय करने का भी संकेत है।

शुक्र

इस नक्षत्र में स्थित शुक्र पर सूर्य की दृष्टि होने पर जातक विद्वान धनी मगर क्रोधी स्वभाव का होगा। यदि चन्द्रमा की दृष्टि हो तो राजसी वैभव प्राप्त करेगा। यदि मंगल की दृष्टि हो तो धन-सम्पति, वाहन और भवनों का स्वामी होगा। बृहस्पति की दृष्टि होने पर उसके एक से अधिक विवाह होंगे और बड़ा परिवार होगा। यदि शनि की दृष्टि हो तो जातक प्रचुर धन सम्पति व सौभाग्य के साथ जीवन की सभी खुशियाँ प्राप्त करेगा।

प्रथम भाग (333.20 डिग्री से 336.40 डिग्री)–यदि यहां पर शुक्र के साथ चन्द्रमा भी स्थित हो तो मादा जातक दूसरों से ईष्या करने वाली तथा खुशियों से स्नेहशील होगी। इसी संयोजन के साथ नर जातक धोखेबाज होगा।

द्वितीय भाग (336.40 डिग्री से 340.00 डिग्री)–महान सफलता तथा भाग्य उसके कदम चूमेंगे। जातक (नर और मादा) जीवन साथी अति उपयुक्त और अनुकूल होगा। जातक सदैव मुस्कराने वाला, आशावादी तथा उदार दिल का होगा। यहां पर बृहस्पति के साथ होने पर वह किसी लेखा अथवा वित्तीय विभाग का अध्यक्ष होगा। अथवा उद्योगों में प्रमुख व्यक्ति होगा।

तृतीय भाग (340.00 डिग्री से 343.20 डिग्री)–जातक लेखा कार्यों, वाहन उद्योग, व्यवसाय तथा सट्टेबाजी के द्वारा कमायेगा। महान सफलता तथा सौभाग्य प्राप्त होगा। बुध के साथ होने पर वह गणितज्ञ या ज्योतिषी होगा। यदि सूर्य भी सम्मिलत हो तो वह वेदों और अध्यात्मवाद में कुशल होगा।

चतुर्थ भाग (343.20 डिग्री से 346.40 डिग्री)–जातक निर्माण कार्यों में ठेकेदार अथवा निर्माण सामग्री का व्यापारी होगा। प्रचुर मात्रा में धन और सुख प्राप्त करने में भाग्यशाली होगा। हितकारी ग्रहों के संयोजन से विभिन्न उद्योग-धन्धों का स्वामी होगा।

शनि

इस नक्षत्र में स्थित शनि पर यदि सूर्य की दृष्टि हो तो यह स्थिति अन्य नक्षत्रों में शनि पर सूर्य की दृष्टि होने की तुलना में काफी हद तक शुभ

है। जातक ईश्वर प्रदत सुखों, धन, नाम और प्रसिद्धि प्राप्त करेगा। यदि चन्द्रमा की दृष्टि हो तो जातक की माता के लिए खतरा होगा तथा जातक का स्वयं का अच्छा परिवार होगा। यदि मंगल की दृष्टि हो तो सभी उसे नापसन्द करेंगे वह कानूनी सजा प्राप्त होगा तथा वह धूर्त व क्रूर होगा। यदि बुध की दृष्टि हो तो अच्छी प्रतिष्टा प्राप्त मन्त्री या उसके समकक्ष स्तर पर होगा। बृहस्पति की दृष्टि होने पर वह शिक्षक या शोधक्षात्र होगा। यदि शुक्र की दृष्टि हो तो जातक का पालन पोषण माता द्वारा न करके अन्य स्त्री द्वारा किया जायेगा। उस पर बहुत सी जिम्मेदारियां होगी।

प्रथम भाग (333.20 डिग्री से 336.40 डिग्री)–इस खण्ड में बृहस्पति की दृष्टि के साथ शनि स्थित हो तो जातक प्रमुख शासक अथवा किसी महत्वपूर्ण पद पर होगा।

द्वितीय भाग (336.40 डिग्री से 340.00 डिग्री)–जब हस्त नक्षत्र में सूर्य के साथ लगन पड़ता हो और इस भाग में शनि स्थित हो तो विवाह के बाद 3 वर्ष में जातक की पत्नी की मृत्यु हो जायेगी तथा विवाह के 5 वर्ष के भीतर मादा जातक के पति की मृत्यु का संकेत है।

तृतीय भाग (340.00 डिग्री से 343.20 डिग्री)–चन्द्रमा के साथ जातक विज्ञान विषयों में दक्षता प्राप्त करेगा। बुध के साथ होने पर वह इंजीनियर, स्टेनोग्राफर टाइपिस्ट या वैज्ञानिक होगा।

चतुर्थ भाग (343.20 डिग्री से 346.40 डिग्री)–इस भाग में शनि की उपस्थिति बहुत कष्ट देगी। यदि यहां पर मंगल की दृष्टि के साथ सूर्य भी स्थित हो तो जातक 28 से 30 वर्ष की आयु में हवाई दुर्घटना में मारा जायेगा, फिर भी यदि हितकारी ग्रहों की दृष्टि हो तो वह साधारण मोटर दुर्घटना में गंभीर रूप से घायल होगा।

राहू

प्रथम भाग (333.20 डिग्री से 336.40 डिग्री)–जातक को दृष्टि दोष होगा, कम संतान, सिद्धान्तहीन और दुश्चरित्र होगा। फिर भी वह दूसरों के प्रति सहायक होगा।

द्वितीय भाग (336.40 डिग्री से 340.00 डिग्री)–धनी तथा जमीन जायदाद व भवनों का मालिक होगा। विद्वान व्यक्ति। मंगल की दृष्टि के साथ चन्द्रमा के होने पर छोटी आयु में उसकी माता की मृत्यु होगी।

तृतीय भाग (340.00 डिग्री से 343.20 डिग्री)–जातक अति धनशाली होगा। विधवाओं की संगति में रहना पसन्द करेगा। हकला कर बोलने वाला, ठोडी पर तिल। यदि बृहस्पति की दृष्टि हो अथवा यह संयुक्त हो तो जातक बहुत से भवनों का मालिक होगा।

चतुर्थ भाग (343.20 डिग्री से 346.40 डिग्री)–जबकि वह धनी होगा, उसका नीच व्यवहार तथा हठी प्रकृति उसके लिए आर्थिक हानि अथवा पत्नी या संतान पर जीवन के खतरे का कारण बनेगी। यदि मंगल और शनि की दृष्टि बिना किसी हितकारी दृष्टि के साथ हो तो उसका पूरा परिवार दुर्घटना ग्रस्त होगा।

केतू

प्रथम भाग (333.20 डिग्री से 336.40 डिग्री)–जातक बार-बार अपना निवास बदलता रहेगा। वह घर से भाग जायेगा। उसका प्रारम्भिक समय 24 वर्ष की आयु तक कष्टपूर्ण तथा असफलताओं से भरा होगा वह मानसिक रूप से अशान्त होगा। 24 वर्ष की आयु के बाद वह अपने पद पर व्यवस्थित हो जायेगा और उसे पूर्ण संतुष्टि प्राप्त होगी।

द्वितीय भाग (336.40 डिग्री से 340.00 डिग्री)–विभिन्न तरीकों से जातक को भारी हानि होगी। उसे 30 वर्ष तक की आयु में निवेश करने से बचना चाहिए। हितकारी ग्रहों से सयुंक्त होने पर केतू जातक को जेल करायेगा। अनिष्टकारी प्रभाव होने पर वह 30 वर्ष की आयु के बाद सूखी होगा।

तृतीय भाग (340.00 डिग्री से 343.20 डिग्री)–वह कृषि के द्वारा कमायेगा। छोटी आयु में परिवार के सदस्यों की मृत्यु हो जाने के कारण उस पर बहुत सी जिम्मेदारियां आ जायेगी। कुछ मामलों में यह भी देखा गया है कि वह मुकदमें बाजी के कारण हरजाने में भारी रकम देने से दिवालिया हो जायेगा।

चतुर्थ भाग (343.20 डिग्री से 346.40 डिग्री)–जातक परदेश में रहेगा। माता-पिता से झगड़ा होगा। शिक्षा अधूरी होगी लेकिन बाद में अच्छी शिक्षा प्राप्त करके उच्च स्थिति में पहुंचेगा और शक्ति अधिकार प्राप्त व्यक्ति होगा।

उत्तर भाद्रपद नक्षत्र में उत्पन्न जातकों को अश्विनी, कृतिका मृगशीर्ष तथा पूर्व-आषाढ़ नक्षत्रों में उत्पन्न व्यक्ति से सम्बन्ध नही बनाना चाहिए।

इस नक्षत्र का दशा स्वामी शनि है, जिसके बाद बुध, केतू, शुक्र, सूर्य, चन्द्रमा, मंगल तथा राहू का क्रम है। जातक की अधिकतम आयु 95 वर्ष होगी।

(iii) उत्तर भाद्रपद नक्षत्र में कुछ विशेष अक्षांशो पर कुछ ग्रहों की दृष्टि से उत्पन्न परिणाम

उत्तर भाद्रपद नक्षत्र में कुछ ग्रहों के लिए कुछ घातक अक्षांश होते है। विभिनन ग्रहों के लिए ये घातक अक्षांश इस प्रकार हैः

मंगल – उत्तर भाद्रपद नक्षत्र की 2.40 डिग्री (परिक्रमा कक्षा की 336.00 डिग्री)

बुध – उत्तर भाद्रपद नक्षत्र की 1.40 डिग्री (परिक्रमा कक्षा की 335.00 डिग्री)

शनि – उत्तर भाद्रपद नक्षत्र की 11.40 डिग्री (परिक्रमा कक्षा की 345.00 डिग्री)

राहू – उत्तर भाद्रपद नक्षत्र की 4.40 डिग्री (परिक्रमा कक्षा की 338.00 डिग्री)

केतू – उत्तर भाद्रपद नक्षत्र की 10.40 डिग्री (परिक्रमा कक्षा की 344.00 डिग्री)

चन्द्रमा – उत्तर भाद्रपद नक्षत्र की 6.40 डिग्री (परिक्रमा कक्षा की 340.00 डिग्री)

उपरोक्त ग्रहीय आकृति में जातक का जन्म उसकी दीर्घायु के लिए अवरोधक है। जब भी ये ग्रह उपरोक्त घातक अक्षांशो से गुजरें तो कोई मांगलिक कार्य नहीं करना चाहिए। उपरोक्त ग्रहों के सम्बन्धित घातक अक्षांशो से गुजरने के समय जातक को सावधानी बरतनी चाहिए।

(iv) उपचार

(1) नीलम 5 रत्ती का चांदी की अंगूठी में जड़वा कर शनिवान को दोपहर 1. 30 से 4.30 बजे के बीच चौथी (बुध) अंगुल में धारण करें। तथा पन्ना 3 रत्ती का सोने की अगूंठी में जड़वा कर आगामी बुधवार को सूर्योंदय से 3 घन्टे के बीच दूसरी (शनि) अंगुल में धारण करें।

(2) क्रम संख्या 19 पर दिये बृहस्पति के मन्त्र का नियमित जाप करें।

अध्याय – 28

रेवती नक्षत्र

28 वें राशिचक्र में 346.40 डिग्री से 360.00 डिग्री तक के विस्तार का क्षेत्र रेवती नक्षत्र कहलाता है। अरब मंजिल में इस नक्षत्र को "बत्न-अल-हुत" (मछली का पेट) अथवा "अर-रिष" "बैण्ड" तथा ग्रीक "पिसियम्" कहते हैं। चीनी मतानुसार यह "कोई" है। रेवती का अर्थ 'धनवान' या 'प्रचुर' है। श्रविष्टा नक्षत्र की भांति इसके प्रतीक ड्रम के आकार के 32 सितारें होते हैं।

रेवती नक्षत्र का अधिष्ठाता देवता "पुशान" अर्थात समृद्धि का देवता है, जो आदित्यों में से एक है। कहा जाता है कि पुशान या पूसवान आकाश में आरम्भ से अन्त तक चलायमान रहता है।

(I) रेवती नक्षत्र में उत्पन्न जातकों के सामान्य परिणाम

(क) पुरुष जातक

1. शारीरिक गठन–रेवती नक्षत्र में उत्पन्न जातक अच्छे डील-डौल के यथेष्ट रूप से लम्बे तथा संतुलित तथा संतुलित शरीर और साफ रंग के होते है।

2. स्वभाव तथा सामान्य घटना–वह दिल का साफ, व्यवहार में ईमानदार तथा मृदुभाषी होता है। परिस्थिती अनुसार उसमें दूसरों से व्यवहार करने का कौशल है। वह दूसरों पर अनावश्यक रूप से अधिक ध्यान नही देता। उसका जीवन पूर्णता स्वतन्त्र होने के कारण उसके मार्ग में बाधाएं उत्पन्न होने पर उसे ठेस लगती है। वह लम्बे समय तक किसी बात को गुप्त नहीं रख सकता। वह अपने प्रिय व्यक्ति पर भी आंख मूंद कर विश्वास नहीं करता। लेकिन जब वह किसी पर विश्वास कर लेता है तो फिर उसे उस व्यक्ति से दूर करना आसान नहीं होता।

वह अति क्रोधी स्वभाव का होता है। कुछ भी हो जाये, अपनी अन्तर्तात्मा के अनुसार आचरण करना उसका सिद्धान्त है। वह किसी भी सिद्धान्त को पहले परखता है और उसके ठीक जंचने पर ही दृढ़ता पूर्वक उस पर अमल करता है। किसी भी मामले का पूर्व निष्कर्ष निकल लेता है। वह

धार्मिक, अन्धविश्वासी, धर्मान्ध तथा रूढ़ीवादी संस्कृति और सिद्धान्तों को दृढ़तापूर्वक पालता है।

वह हठीला तथा महत्वाकांक्षी होता है। उसके विचारों या योजनाओं की तनिक सी असफलता उसे बहुत कुंठित करती है। 28 नक्षत्रों में से केवल रेवती नक्षत्र में उत्पन्न जातक सबसे अधिक धार्मिक तथा धर्मान्ध होते हैं। अतः वे ही ईश्वरीय कृपा को सबसे अधिक प्राप्त करते हैं।

3. शिक्षा, रोजगार/आय के साधन–वह वैज्ञानिक समाधान, ऐतिहासिक खोजों तथा प्राचीन संस्कृतियों में रूचि लेता है। इन तीनों क्षेत्रों में से किसी में भी वह विख्यात होगा। प्राचीन संस्कृतियों में ज्योतिष और खगोलशास्त्र भी सम्मिलत है।

वह अच्छा चिकित्सक, कवि या ज्योतिषी बन सकता है। यदि वह सरकारी नौकरी में होगा तो बहुत सफल होगा। रेवती नक्षत्र में उत्पन्न व्यक्ति प्रायः विदेशों में जा बसते हैं। विदेश से मेरा तात्पर्य जन्मस्थान से दूर (परदेश) भी हो सकता है। वह अपने प्रयासों से जीवन में उन्नति करेगा। उसमें जन्मजात बुद्धिमता तथा योग्यता होती है। वह लम्बे समय तक किसी एक पद या कार्य पर नहीं रहेगा।

50 वर्ष की आयु तक उसे किये गये प्रयत्नों के अनुसार वांछित मात्रा में लाभ अथवा फल नहीं मिलेगा। उसकी आयु के 23 से 26 वर्ष का समय अच्छा समय होगा जबकि 26 से 42 वर्ष का समय उसके लिए आर्थिक, सामाजिक व मानसिक परेशानी से भरा होगा। केवल 50 वर्ष की आयु के बाद स्थायी व निश्चिन्त जीवन होगा।

4. पारिवारिक जीवन–अपने सम्बन्धियों यहां तक कि पिता से भी कोई सहायता प्राप्त नहीं होगी। दूसरे शब्दों में वह अपने परिजनों से कोई सहायता पाने योग्य भाग्यशाली नहीं होगा। हालांकि उसका विवाहित जीवन ठीक होगा। उसकी पत्नी सामन्जस्यपूर्ण होगी।

5. स्वास्थ्य–उसे बुखार, पेचिस, दांतों के रोग, आंतों का अल्सर तथा कान की पीड़ा होगी।

(ख) स्त्री जातक

1. शारीरिक गठन–वह अत्यन्त सुन्दर होगी। अपने आकर्षक, मनोहर व्यक्तित्व के कारण वह हजारों में पहचानी जाती है।

2. स्वभाव तथा सामान्य घटना–वह कुछ हठीले स्वभाव की होती है। दूसरों पर आधिपत्य जमाने की इच्छुक। नर जातकों की भांति यह भी धार्मिक, अन्ध विश्वासी तथा प्राचीन रूढ़ीवादी संस्कृति और सिद्धान्तों का दृढ़तापूर्वक पालन करती है।

3. शिक्षा, रोजगार/आय के साधन–उसकी शिक्षा, कला, साहित्य अथवा गणित के क्षेत्र में होगी। वह व्यवसाय तथा अन्य क्षेत्रों में भी कार्यरत होगी अर्थात वह टेलीफोन आपरेटर, टाइपिस्ट, अध्यापिका या कम्पनियों की प्रतिनिधि के रूप में कार्य करती होगी। जब हितकारी ग्रहों की शुभ दृष्टि हो तो वह राजदूत के या सांस्कृतिक रूप में देश का प्रतिनिधित्व करेगी।

4. पारिवारिक जीवन–उसे आर्द्रा नक्षत्र में उत्पन्न युवक से विवाह नहीं करना चाहिए, क्योंकि दम्पति में आपसी सामन्जस्य नहीं हो पायेगा और तलाक की नौबल आ सकती है। वह अत्यन्त स्नेहपूर्ण और सामन्जस्पूर्ण विवाहित जीवन व्यतीत करेगी।

5. स्वास्थ्य–उसके पैर में कुछ रोग हो सकता है। आंतों का अल्सर पेट की गड़बडी तथा कुछ मामलों में बहरापन भी देखा गया है।

II रेवती नक्षत्र में विभिन्न ग्रहों की स्थिति से उत्पन्न परिणाम

सूर्य

इस नक्षत्र में स्थित सूर्य पर चन्द्रमा की दृष्टि हो तो जातक के सुन्दर पुत्र होगा। उसमें आर्कषण भाषण-कला होगी। यदि मंगल की दृष्टि हो तो वह पुलिस या सुरक्षा विभाग में होगा तथा नाम और यश अर्जित करेगा। मगर वह अपने परिवार के लोगों द्वारा उपेक्षित होगा। यदि बुध की दृष्टि हो तो वह धनी होगा तथा सोना, चांदी, हीरे-जवाहरात आदि के संगह में रूचि लेगा। वह शास्त्रों, मन्त्रों आदि में विद्वान होगा। बृहस्पति की दृष्टि होने पर वह मन्त्री या समकक्ष पद पर होगा। यदि शुक्र की दृष्टि हो तो वह बहुत धनी होगा मगर अपनी काम-वासना की पूर्ति के लिए बहुत सा धन खर्च कर देगा। यदि

शनि की दृष्टि हो तो वह बुरे लोगों की संगति में रहेगा तथा मवेशियों द्वारा कमायेगा।

प्रथम भाग (346.40 डिग्री से 350.00 डिग्री)–वह लोकप्रिय, धनी, भेदक समझ का स्वामी, सुखदर्शी, जानकार तथा जन्मजात बुद्धिमान होगा। वीर होगा तथा अपने शत्रुओं के विरूद्ध युद्धों में अच्छे परिणाम देने में सक्षम होगा। वह सही मायनों में जीवन के सुख भोगेगा मगर वह दूसरों के धन तथा स्त्रियों का लोलुप नहीं होगा।

द्वितीय भाग (350.00 डिग्री से 353.20 डिग्री)–श्रविष्ठा नक्षत्र के दूसरे भाग में लग्न के साथ इस भाग में सूर्य चन्द्रमा के साथ स्थित हो तो बालक जन्म से ही रोगी होगा और केवल 3 दिन जीवित रहेगा।

तृतीय भाग (353.20 डिग्री से 356.40 डिग्री)–जब यह भाग लग्न युक्त हो और चित्रा नक्षत्र में चन्द्रमा तथा रोहिणी में शुक्र स्थित हो तो जातक अपने घर में अपनी ही पत्नी द्वारा मारा जायेगा।

चतुर्थ भाग (356.40 डिग्री से 360.00 डिग्री)–सूर्य के अधिग्रहण के लिए सबसे अच्छी स्थिति। बृहस्पति की दृष्टि होने पर जातक उच्च स्थिति, यथा मंत्री के समकक्ष पर, प्राप्त करेगा। उसकी आयु का 44वां वर्ष सुनहरी समय होगा।

चन्द्रमा

इस नक्षत्र में स्थित चन्द्रमा पर यदि सूर्य की दृष्टि हो तो जातक प्रसिद्धि प्राप्त तथा राजसी वैभव का आनन्द लेगा। यदि मंगल की दृष्टि हो तो वह किसी सुरक्षा संस्थान या सेना में नियुक्त होगा। बुध की दृष्टि होने पर वह शिल्पकार तथा कुशल ज्योतिषी होगा और उसे नेक सेवको का सुख प्राप्त होगा। यदि बृहस्पति की दृष्टि हो तो वह सुन्दर व्यक्तित्व का तथा उच्च स्थिति में होगा। वह विभिन्न औद्योगिक संस्थाओं का स्वामी होगा। यदि शुक्र की दृष्टि हो तो जातक धार्मिक विचारों का, धनी तथा नेक सन्तान से सम्पन्न होगा। शनि की दृष्टि होने पर वह देखने में क्रूर मगर शास्त्रों तथा धार्मिक मामलों में अति विद्वान होगा।

प्रथम भाग (346.40 डिग्री से 350.00 डिग्री)–इस भाग में चन्द्रमा और हस्त नक्षत्र में सूर्य और मंगल स्थित हो तो जातक 14 वर्ष तक जीवित रहेगा।

उसके शरीर पर कोई बडा सा निशान होगा। जातक मंत्रणा में चतुर, सर्वप्रिय, पुत्र-परिवार तथा मित्रों से सम्पन्न स्थायी समृद्धि और वैभव का आनन्द लेगा।

द्वितीय भाग (350.00 डिग्री से 353.20 डिग्री)–जब यह भाग लग्नयुक्त हो और सूर्य तथा शनि भी इस भाग में स्थित हो और मंगल हस्त नक्षत्र में स्थित हो तो जातक की मृत्यु मशीन दुर्घटना से हो सकती है।

तृतीय भाग (353.20 डिग्री से 356.40 डिग्री)–इस भाग में चन्द्रमा होने पर जातक के विषय में कोई भी भविष्यवाणी एक वर्ष से पूर्व नहीं करनी चाहिए, क्योंकि प्रथम वर्ष में जातक के जीवन को खतरा है।

चतुर्थ भाग (356.40 डिग्री से 360.00 डिग्री)–इस भाग में चन्द्रमा नर जातक का पिता तथा मादा की माता की मृत्यु का कारण होगा। पुनर्वसु नक्षत्र में लग्न, कृतिका में सूर्य, इस भाग में चन्द्रमा होने पर बालक केवल एक रात तक जीवित रहेगा।

मंगल

इस नक्षत्र में स्थित मंगल पर यदि सूर्य की दृष्टि हो तो जातक दुनिया द्वारा सम्मानित और भाग्यशाली होगा मगर व्यवहार में क्रूर होगा। यदि चन्द्रमा की दृष्टि हो तो शारीरिक अपंगता से पीड़ित, विद्वान होगा और किसी अपराध के अभियोग का सामना करेगा। बुध की दृष्टि होने पर वह विभिन्न कलाओं और विषयों मे विद्वान तथा बहुत से विषयों में अच्छे स्तर की प्रवीणता प्राप्त करेगा। यदि बृहस्पति की दृष्टि हो तो उसके धनी तथा सुखी जीवन के लिए सभी साधनों से सम्पन्न होने के बावजूद उसका विवाहित जीवन सुखी नहीं होगा। शुक्र की दृष्टि हो तो वह दान-धर्म करेगा मगर इस दान-ध र्म के पीछे यदि वह किसी स्त्री के लिए करेगा तो उसमें काम-वासना की भावना प्रधान होगी। यदि शनि की दृष्टि हो तो उसमें शारीरिक अपंगता तथा आवारा स्वभाव दिखाई पड़ेगा।

प्रथम भाग (346.40 डिग्री से 350.00 डिग्री)–भूमि-सम्पति के द्वारा आर्थिक लाभ। जातक स्वस्थ, चुस्त और चालाक होगा। आधुनिक तरीकों द्वारा कार्य करने की योग्यता।

द्वितीय भाग (350.00 डिग्री से 353.20 डिग्री)–जातक स्वयं तो उत्तेजित होता ही है, अपने व्यवहार द्वारा दूसरों की भी उत्तेजित कर देता है।

उसे दौरे पड़ना, (मिरगी) तथा दिमागी असन्तुलन होने का संकेत है। जातक धोखेबाज होता है तथा स्वयं भी दूसरों के द्वारा ठगा जाता है।

तृतीय भाग (353.20 डिग्री से 356.40 डिग्री)–बृहस्पति और मंगल के यहां पर स्थित होने पर जातक हर इच्छित वस्तु प्राप्त करेगा। वह अपनी सेवा के दौरान किसी विभाग का अध्यक्ष होगा। उसका अपने मतहतों के प्रति व्यवहार समस्याएं उत्पन्न करेगा।

चतुर्थ भाग (356.40 डिग्री से 360.00 डिग्री)–इस भाग शुक्र की उच्च स्थान होने के कारण, इस भाग में स्थित मंगल धन-सम्पति तथा प्रसिद्धि प्रदान करता है। लेकिन विवाहित सुख प्रदान नहीं करता। कुछ मामलों में तलाक अथवा लम्बे समय तक अलगाव भी पाया गया है।

बुध

इस नक्षत्र में स्थित बुध ग्रह पर सूर्य की दृष्टि हो तो जातक शान्त स्वभाव का होगा और मूल सम्बन्धी परेशानी से ग्रस्त होगा। यदि चन्द्रमा की दृष्टि हो तो विश्वासपात्र व्यक्ति होगा, मिलनसार स्वभाव तथा विख्यात लेखक होगा। यदि मंगल की दृष्टि हो तो वह लेखक के रूप में कमायेगा मगर उसके लेखन कार्य समाज को उचित नहीं लगेगें। बृहस्पति की दृष्टि होने पर वह अत्यन्त बुद्धिमान, आकर्षक व्यक्तित्व का कुलीन और उच्च राजनीतिक स्तर प्राप्त करेगा। यदि शुक्र की दृष्टि हो तो वह मृदुभाषी तथा शिक्षक होगा। शनि की दृष्टि होने पर वह क्रूर तथा धूर्त होगा और उसका दुखी अस्तित्व होगा।

प्रथम भाग (346.40 डिग्री से 350.00 डिग्री)–जातक हाजिरजवाब और युक्तिपूर्ण होता है। विभिन्न भाषाओं को सीखने की रूचि होगी। सट्टेबाज होगा। लेखाकार अथवा प्रशासन प्रमुख होगा।

द्वितीय भाग (350.00 डिग्री से 353.20 डिग्री)–बृहस्पति की दृष्टि होने पर जातक दूरदर्शी, सही सोचने वाला तथा अनुकूल निर्णय करने वाला होगा। वह समझदार और विवेकशील होगा। दार्शानिक विचारधारा होगी। वह लेखक, आडीटर, अथवा सवांददाता के रूप में सफल हो सकता है।

तृतीय भाग (353.20 डिग्री से 356.40 डिग्री)–जातक कानून में विशेषज्ञ। पत्नी के कारण अदालत से दण्ड प्राप्त करेगा। क्रूर और धूर्त

व्यक्ति। पत्नी की तरफ से काफी धन प्राप्त करेगा। यदि दो या अधिक दुष्ट ग्रहों की दृष्टि अथवा संयोजन हो तो पत्नी की मृत्यु का कारण होगा।

चतुर्थ भाग (356.40 डिग्री से 360.00 डिग्री)–वह सरकारी नौकरी में होगा। मंगल के साथ होने पर सुरक्षा विभाग में तकनीकी व्यक्ति होगा। शुक्र के साथ होने पर बहुत विदेश यात्राएं करेगां बृहस्पति के साथ होने पर सरकार में अथवा राजनीतिक क्षेत्र में उच्च पद पर होगा।

बृहस्पति

इस नक्षत्र में स्थित बृहस्पति पर यदि सूर्य की दृष्टि हो तो जातक निर्धन होगा और कोई भी उसे पसन्द नहीं करेगा। यदि चन्द्रमा की दृष्टि हो तो बहुत भाग्यवान स्थिति होगी, प्रचुर धन तथा ऐशो-आराम के साथ अच्छा परिवारिक जीवन होगा। मंगल की दृष्टि होने पर वह क्रूर होगा और दूसरों के लिए समस्याएं उत्पन्न करेगा,। शत्रु के हाथों घायल होगा। यदि बुध की दृष्टि हो तो वह मन्त्री के समकक्ष पद पर होगा। शुक्र की दृष्टि होने पर दीर्घ जीवन होगा तथा हर प्रकार से भाग्यशाली होगा। शनि की दृष्टि होने पर जातक में चीजें चुराने की आदत होगी तथा वह समाज द्वारा त्याग दिया जायेगा।

प्रथम भाग (346.40 डिग्री से 350.00 डिग्री)–अनुराधा नक्षत्र के दूसरे भाग में लग्न पड़ने पर मादा जातक के पांच पुत्र होंगे। नर जातक किसी से विश्वासघात नहीं करेगा। स्थूल शरीर। अपने व्यवसायिक क्षेत्र में उच्च स्थिति प्राप्त करेगा।

द्वितीय भाग (350.00 डिग्री से 353.20 डिग्री)–जब इस भाग में बृहस्पति के साथ मूल नक्षत्र में पूर्व-आषाढ नक्षत्र में लग्न पड़ता हो तो जातक सभी अनिष्टताओं से बचा रहेगा तथा दीर्घायु होगा।

तृतीय भाग (353.20 डिग्री से 356.40 डिग्री)–जातक धार्मिक और सामाजिक होगा। लम्बी यात्राएं करेगा। विदेश में जीवन व्यतीत करने का संकेत। गुप्तोपासना प्रेमी होगा। कथा-साहित्य का लेखक। वह पीलिया, हरनिया, अनुमस्तिष्कीय रक्तसंकीर्णता, नजला, फौड़े, फुंसी तथा बादी से ग्रस्त होगा।

चतुर्थ भाग (356.40 डिग्री से 360.00 डिग्री)–हस्त नक्षत्र में चन्द्रमा व यहां बृहस्पति स्थित हो तो जातक की हथेली और तलुओं पर त्रिशूल, मछली,

तीर आदि के जन्मजात निशान होगें। वह जल-क्रीड़ाओं में रूचि लेगा। लाल तथा सुन्दर चेहरे वाला गांवों या शहरों पर शासन करेगा। सौ वर्ष की आयु होगी तथा जंगल में मृत्यु होगी।

शुक्र

इस नक्षत्र में स्थित शुक्र पर सूर्य की दृष्टि होने पर जातक विद्वान धनी मगर क्रोधी स्वभाव का होगा। यदि चन्द्रमा की दृष्टि हो तो राजसी वैभव प्राप्त करेगा। यदि मंगल की दृष्टि हो तो धन-सम्पति, वाहन और भवनों का स्वामी होगा। बृहस्पति की दृष्टि होने पर उसके एक से अधिक विवाह होंगे और बड़ा परिवार होगा। यदि शनि की दृष्टि हो तो जातक प्रचुर धन सम्पति व सौभाग्य के साथ जीवन की सभी खुशियाँ प्राप्त करेगा।

प्रथम भाग (346.40 डिग्री से 350.00 डिग्री)–चित्रा नक्षत्र के प्रथम भाग में लग्न व यहां पर शुक्र के होने पर मादा जातक अत्यन्त सुन्दर होगी, अपने पति से प्यार पायेगी तथा अपने ससुराल में एक नगीने के समान होगी।

द्वितीय भाग (350.00 डिग्री से 353.20 डिग्री)–जब हस्ता नक्षत्र में लग्न पड़ता हो मादा जातक का पति बहुत प्रसिद्ध होगा तथा सुरक्षा से सम्बन्धित होगा। वह मनमोहक चेहरे के साथ अति सुन्दर होगी, ललित कलाओं में रूचि लेगी तथा आभूषणों और धन सम्पति से सम्पन्न होगी।

तृतीय भाग (353.20 डिग्री से 356.40 डिग्री)–अनुराधा नक्षत्र में लग्न व यहां पर चन्द्रमा के होने पर जातक भाग्यवान पुत्रियों का पिता होगा जो उसके पुत्रों से कहीं ज्यादा अच्छी होंगी।

चतुर्थ भाग (356.40 डिग्री से 360.00 डिग्री)–यहां पर बृहस्पति भी हो और कृतिक नक्षत्र के दूसरे भाग में चन्द्रमा होने पर जातक उच्चतम राजनीतिक पद पर होगा। वह राष्ट्रपति प्रधानमन्त्री या इन दोनों के बाद क्रम में आने वाला कोई मन्त्री भी बन सकता है। यह भी कहा जाता है कि उसकी सेना के चलने से उड़ी धूल सूर्य को ढ़क लेगी तथा सूर्यास्त का सा भ्रम उत्पन्न हो जायेगा कि कमल भी अपनी पंखुड़ियों को समेट लेगा। शुक्र के साथ होने पर जातक की आयु 70 वर्ष की होगी।

शनि

इस नक्षत्र में स्थित शनि पर यदि सूर्य की दृष्टि हो तो यह स्थिति

अन्य नक्षत्रों में शनि पर सूर्य की दृष्टि होने की तुलना में काफी हद तक शुभ है। जातक ईश्वर प्रदत सुखों, धन, नाम और प्रसिद्धि प्राप्त करेगा। यदि चन्द्रमा की दृष्टि हो तो जातक की माता के लिए खतरा होगा तथा जातक का स्वयं का अच्छा परिवार होगा। यदि मंगल की दृष्टि हो तो सभी उसे नापसन्द करेंगे वह कानूनी सजा प्राप्त होगा तथा वह धूर्त व क्रूर होगा। यदि बुध की दृष्टि हो तो अच्छी प्रतिष्टा प्राप्त मन्त्री या उसके समकक्ष स्तर पर होगा। बृहस्पति की दृष्टि होने पर वह शिक्षक या शोधक्षात्र होगा। यदि शुक्र की दृष्टि हो तो जातक का पालन पोषण माता द्वारा न करके अन्य स्त्री द्वारा किया जायेगा। उस पर बहुत सी जिम्मेदारियां होगी।

प्रथम भाग (346.40 डिग्री से 350.00 डिग्री)–हस्त नक्षत्र में लग्न पड़ने पर जातक का देर से विवाह होगा तथा नर और मादा (दोनों का) जीवन साथी उनसे बड़ी आयु का होगा। जब मैं बड़ी आयु का कहता हूं तो मेरा तात्पर्य यह है कि नर जातक की पत्नी उससे एक से तीन वर्ष तक बडी होगी तथा मादा का पतिं उससे 10 वर्ष से अधिक बड़ा होगा। वे निराशावादी होंगे अतः वे सामंजस्य के लिए तैयार नहीं होंगे। शनि अकेला अथवा हितकारी ग्रहों की दृष्टि से युक्त होने पर अच्छी धन सम्पति तथा यथेष्ठ सुख प्रदान करेगा।

द्वितीय भाग (350.00 डिग्री से 353.20 डिग्री)–जातक भूगर्मशास्त्र, खनिज विज्ञान, गणित तथा सांख्यकी में ध्यानमग्न, व्यवहारिक तथा ओजस्वी होगा।

तृतीय भाग (353.20 डिग्री से 356.40 डिग्री)–वह नौ परिवहन, पर्यटन, परिवहन तथा सिनेमा अथवा मनोरंजन गृहों के द्वारा कमायेगा।

चतुर्थ भाग (356.40 डिग्री से 360.00 डिग्री)–वह प्रसाधनों, संगीत और रेडियों अथवा अन्य इलैक्ट्रोनिक माध्यमों, आभूषणों अथवा चित्रकारी द्वारा कमायेगा। उसकी याददाश्त अच्छी होगी और वह अपने काम करने में सुव्यवस्थित होगा।

राहू

प्रथम भाग (346.40 डिग्री से 350.00 डिग्री)–पुनर्वसु नक्षत्र में लग्न होने तथा यहां पर राहू के होने पर जातक कैंसर का रोगी होगा। यहां पर राहू के साथ मंगल पर बुध की दृष्टि होने पर उसका इंजीनियरिंग होगा अथवा सरकारी नौकरी में होगा। पानी से सम्बंधित व्यवसाय का भी संकेत है।

द्वितीय भाग (350.00 डिग्री से 353.20 डिग्री)–पूर्व फाल्गुनी नक्षत्र में लग्न हो तो कैंसर का कारण बनेगा। यदि राहू मंगल की दृष्टि से रहित हो तो बालक 7 वर्ष तक जीवित रहेगा।

तृतीय भाग (353.20 डिग्री से 356.40 डिग्री) तथा चतुर्थ भाग (356.40 डिग्री से 360.00 डिग्री)–यहां पर राहू अनप्रभावी होगा तथा कोई भी सकारात्मक अथवा नकारात्मक परिणाम नहीं देगा। अन्य ग्रहों की स्थिति तथा उनकी राहू पर दृष्टि से कुछ परिणाम पाये जा सकते हैं।

केतू

प्रथम भाग (346.40 डिग्री से 350.00 डिग्री)–यदि शुक्र यहां पर सम्मिलत हो तो वह डाक्टर विशेषता स्त्री रोग विशेषज्ञ होगा। सूर्य भी हो तो वह आंखों का सर्जन होगा। जब वह उच्च व्यवसायिक विशिष्टता प्राप्त करेगा अथवा सम्मानित होगा तब उसका परिवारिक जीवन अशान्त होगा।

द्वितीय भाग (350.00 डिग्री से 353.20 डिग्री)–40 वर्ष की आयु तक उसके पास स्वास्थ्य और धन तो होगा मगर खुशी नहीं होगी। 35 वर्ष की आयु तक वह परिवार से दूर रहेगा। उसे अपनी पत्नी पर सन्देह करने की आदत को छोड़ना चाहिए क्योंकि इसी कारण से वह परिवार से अलग रहेगा। 35 वर्ष की आयु के बाद उसका अपने परिवार से पुर्नमिलन होगा।

तृतीय भाग (353.20 डिग्री से 356.40 डिग्री)–बार-बार की यात्राओं द्वारा धन अर्जित करेगा। आराम और सुख का जीवन होगा।

चतुर्थ भाग (356.40 डिग्री से 360.00 डिग्री)–देखा गया है कि इस भाग में केतू के साथ व्यक्ति ठेकेदारी से सम्बन्धित कार्य करते हैं। वे किसी के आधीन कार्य नहीं कर सकते इसलिए उनका व्यवसाय या पेशा स्वतन्त्र होता है।

रेवती नक्षत्र में उत्पन्न जातकों को भरणी, रोहिणी, श्रावण तथा पूर्व-आषाढ़ नक्षत्रों में उत्पन्न व्यक्तियों से सम्बन्ध नहीं बनाना चाहिए।

रेवती नक्षत्र का दशा स्वामी बुध है, जिसके बाद केतू, सूर्य, चन्द्रमा, मंगल, राहू, बृहस्पति तथा शनि का क्रम है।

(iii) रेवती नक्षत्र में कुछ विशेष अक्षांशो पर कुछ ग्रहों की उपस्थिति के परिणाम

रेवती नक्षत्र में कुछ ग्रहों के लिए कुछ घातक अक्षांश होते हैं।

विभिन्न ग्रहों के लिए ये घातक अक्षांश इस प्रकार हैं :

बृहस्पति – रेवती नक्षत्र की 11.40 डिग्री (परिक्रमा कक्षा की 358.00 डिग्री)

शुक्र – रेवती नक्षत्र की 2.40 डिग्री (परिक्रमा कक्षा की 349.00 डिग्री)

सूर्य – रेवती नक्षत्र की 6.40 डिग्री (परिक्रमा कक्षा की 353.00 डिग्री)

उपरोक्त ग्रहीय आकृति में जातक का जन्म उसकी दीर्घायु के लिए अवरोधक है। जब भी ये ग्रह इन घातक अक्षांशो से गुजरें तो कोई भी मांगलिक कार्य नही करना चाहिए। जब भी उपरोक्त ग्रह सम्बन्धित घातक अक्षांशो से गुजरें तो जातक को सावधानी बरतनी चाहिए।

(iv) उपचार

(1) पन्ना सात रत्ती का सोने की अंगूठी में जड़वा कर बुधवार को सूर्योदय से 3 घन्टे बाद तक दूसरी (शनि) अगुंल में धारण करें।

(2) क्रम संख्या 19 पर दिये तिलिस्मी यन्त्र को पहनें तथा उस में दिये मन्त्रों का जाप करें। इनके अतिरिक्त मन्त्र संख्या 36 का नियमित जाप करें।

अध्याय-29

"विविध"

अपने जन्म नक्षत्र को 12 बराबर वर्गों में विभक्त करें। अपने जन्म नक्षत्र से सम्बन्धित वर्ग की खोजें तथा प्रत्येक वर्ग के आगे दिये गये परिणाम देखें। सुविधा तथा संदर्भ के लिए मैंने इनको इस प्रकार रखा है–

वर्गीकरण संख्या	नक्षत्र d.m.s. से	विस्तार d.m.s. तक	परिणाम
1.	0.00.00	1.06.40	विदेश में रहेगा।
2.	1.06.40	2.13.20	उच्चस्थिति तथा शक्ति
3.	2.13.20	3.20.00	खतरा, दुर्घटना की जोखिम
4.	3.20.00	4.26.40	राजसी स्थिति
5.	4.26.40	5.33.20	परिवार में उच्च स्थिति
6.	5.33.20	6.40.00	बिमार प्रकृति
7.	6.40.00	7.46.40	स्थिति से वंचित
8.	7.46.40	8.53.20	किसी वस्तु से भयभीत
9.	8.53.20	10.00.00	गरीब अस्तित्व
10.	10.00.00	11.06.40	छोटी आयु की युवती से विवाह
11.	11.06.40	12.13.20	सभी सुख
12.	12.13.20	13.20.00	अच्छा और काफी मात्रा में भोजन।

अपने जन्म नक्षत्र को 60 बराबर वर्गों में विभक्त करें। देखें कि किस वर्ग में आपका जन्म नक्षत्र पड़ता है। प्रत्येक वर्ग (विभाजन) के आगे दिये गये परिणाम इस प्रकार है :

वर्गीकरण संख्या	नक्षत्र d.m.s. से	विस्तार d.m.s. तक	परिणाम
1.	0.00.00	0.13.20	पद त्याग स्थिति की हानि
2.	0.13.20	0.26.40	तपस्या
3.	0.26.40	0.40.00	अन्य स्त्रियों से काम सम्बन्ध
4.	0.40.00	0.53.20	चोरी होना
5.	0.53.20	1.06.40	वाहन, हाथी, सवारी
6.	1.06.40	1.20.00	राजसी स्थिति
7.	1.20.00	1.33.20	राजा, राष्ट्रपति, प्रधानमंत्री या समकक्ष पद
8.	1.33.20	1.46.40	शत्रुओं पर विजय
9.	1.46.40	2.00.00	कानून विशेषज्ञ, वकील या बोधगम्य
10.	2.00.00	2.13.20	नेक और भाग्यवान
11.	2.13.20	2.26.40	सबके प्रति दयालू
12.	2.26.40	2.40.00	सिरोच्छेद (मृत्युदण्ड)
13.	2.40.00	2.53.20	हाथ या पांव में चोट
14.	2.53.20	3.06.40	कारावास
15.	3.06.40	3.20.00	बरबादी
16.	3.20.00	3.33.20	राजसी स्थिति
17.	3.33.20	3.46.40	वेदों में विद्वान
18.	3.46.40	4.00.00	नशेबाज (व्यसनी)
19.	4.00.00	4.13.20	धार्मिक प्रकृति
20.	4.13.20	4.26.40	धर्म न्याय संगत तथा ईमानदारी

वर्गीकरण संख्या	नक्षत्र d.m.s. से	विस्तार d.m.s. तक	परिणाम
21.	4.26.40	4.40.00	भाग्यशाली अस्तित्व
22.	4.40.00	4.53.20	पैतृक अथवा गुप्त धन
23.	4.53.20	5.06.40	वजनधारक
24.	5.06.40	5.20.00	लेखक तथा अनुवादक
25.	5.20.00	5.33.20	शत्रुओं का विनाशक
26.	5.33.20	5.46.40	रोग
27.	5.46.40	6.00.00	शत्रुओं के कारण असफलता से पीड़ित
28.	6.00.00	6.13.20	जन्म स्थान का त्याग
29.	6.13.20	6.26.40	सेवक होगा
30.	6.26.40	6.40.00	धन की होनि
31.	6.40.00	6.53.20	महत्वपूर्ण स्थिति
32.	6.53.20	7.06.40	स्थायीत्व
33.	7.06.40	7.20.00	दूसरे की भूमि पर अधिग्रहण
34.	7.20.00	7.33.20	कई पत्नियाँ
35.	7.33.20	7.46.40	पशुओं, विशेषकर हाथी से खतरा
36.	7.46.40	8.00.00	युद्ध से खतरा अथवा इससे भयभीत
37.	8.00.00	8.13.20	किसी वस्तु से भय
38.	8.13.20	8.26.40	ईमानदारी के कारण प्रगति
39.	8.26.40	8.40.00	गरीब लोगों का भरण-पौषण
40.	8.40.00	8.53.20	अग्नि से खतरा
41.	8.53.20	9.06.40	सबके द्वारा परेशान
42.	9.06.40	9.20.00	व्यवसाय
43.	9.20.00	9.33.20	बहुतायत में यात्राएं
44.	9.33.20	9.46.40	मासांहारी
45.	9.46.40	10.00.00	शस्त्रों से घायल

वर्गीकरण संख्या	नक्षत्र d.m.s. से	विस्तार d.m.s. तक	परिणाम
46.	10.00.00	10.13.20	विवाह के लिए योग
47.	10.13.20	10.26.40	खिलाड़ी-फुटबाल
48.	10.26.40	10.40.00	जुआरी
49.	10.40.00	10.53.20	राजसी स्थिति
50.	10.53.20	11.06.40	दुखी व्यक्तित्व
51.	11.06.40	11.20.00	काहिल और नशे का व्यसनी
52.	11.20.00	11.33.20	द्रोह करने वाला/विश्वास घाती
53.	11.33.20	11.46.40	रिश्तेदारों का निजी सामान
54.	11.46.40	12.00.00	पूजा ध्यान मग्न
55.	12.00.00	12.13.20	कई पत्नियाँ
56.	12.13.20	12.26.40	अच्छा और यथेष्ट भोजन
57.	12.26.40	12.40.00	शराबी/व्यसनी
58.	12.40.00	12.55.20	धार्मिक कृत्य
59.	12.55.20	13.06.40	शान्त स्वस्थ तथा उच्च स्थिति
60.	13.06.40	13.20.00	सभी आराम तथा उच्च स्थिति

मूल, माघ तथा अश्विनी नक्षत्रों के प्रथम भाग में उत्पन्न जातक के पिता की मृत्यु होने का योग है, लेकिन रेवती, ज्येष्ठ अथवा अश्लेष नक्षत्रों के अंतिम भाग में उत्पन्न होने पर माता-पिता और स्वयं जातक की मृत्यु का संकेत है।

यदि बालक का जन्म उसी नक्षत्र में हुआ है जिसमें उसके पिता का हुआ था, अथवा पिता के नक्षत्र से 10वें नक्षत्र में बालक का जन्म अपने पिता को खो देगा। बालक का जन्म उसी जन्म लग्न और नक्षत्र नवमासा में हुआ हो जिनमें पिता का भी हुआ था तो बालक के जन्म लेने वाले दिन ही उसके पिता की मृत्यु हो जायेगी।

जातक के जन्म के समय चन्द्रमा जिस नक्षत्र में हो, वही स्थान प्रथम

नक्षत्र है। इसे जन्मार्क्ष कहते है; 10वें स्थान पर हो तो कर्मार्क्ष; 16वें स्थान पर हो तो संघातिका; 18वें स्थान पर समुदय; 19वें पद अधन; 23वें पर विनाशिका; 25 वें, 26वें तथा 27वें नक्षत्र को क्रमशः जाति, देश तथा अभिषेक कहा जाता है।

यदि जन्मार्थ तथा उपरोक्त अन्य नक्षत्र जन्म के अनिष्टकारी ग्रहों से ओझल रहते हैं तो वे जन्म लेने वाले दिन ही उसकी मृत्यु का कारण बनते हैं। यदि ये हितकारी ग्रहों से ओझल रहते हैं तो शुभ प्रभाव डालते हैं।

यदि ठीक 180 डिग्री स्थिति से चन्द्रमा पर बृहस्पति की दृष्टि हो तो 'गजकेसरी' योग बनता है, जिसका परिणाम अच्छी बुद्धि, दीर्घायु, लोक-प्रियता तथा प्रसिद्धि प्राप्त करना है।

सारावली के अनुसार मूल, अश्लेष, विशाखा तथा ज्येष्ठ इन नक्षत्रों में जन्म लेने वाले लड़कों के लिए घातक नहीं है। अतः चारों नक्षत्रों में उत्पन्न लड़कों को अपनी पुत्री के लिए स्वीकार करने में डरना नहीं चाहिए।

जब लग्न स्वामी शक्तिशाली और सुव्यवस्थित न हो तथा जन्म नक्षत्र से तीसरे, पाँचवे तथा सातवें राशिचक्रों में स्थित हो तो अनिष्टकारी संकेत तीव्र हो जाते हैं। यदि लग्न स्वामी शक्तिशाली हो तथा उपरोक्त राशिचक्रों में स्थित हो तो अष्टिताओं की मात्रा कम हो जाती है।

यदि भाई अथवा माता-पिता के नक्षत्रों में जन्म हो तो निसन्देह भाई, पिता अथवा माता की मृत्यु अथवा तड़पते हुए जीवन का संकेत है।

जब चन्द्रमा, मंगल और केतू एक ही नक्षत्र में स्थित हो अथवा जन्म कुण्डली में चन्द्रमा और केतू एक ही नक्षत्र में हो और परोक्ष में मंगल स्थित हो तो आत्महत्या की प्रवृति का संकेत मिलता है। जब चन्द्रमा मृगशीर्ष, चित्रा, शताभिषज नक्षत्रों में से किसी एक में से गुजरता हो और उसी समय मंगल रोहिणी, हस्ता और श्रावण नक्षत्रों में स्थित हो अथवा ठीक इसकी विपरीत स्थित होने पर भी आत्महत्या की प्रवृति अधिक प्रबल पायी जाती है। सोमवार तथा मंगलवार दो ऐसे प्रमुख दिन हैं जबकि मन पर इस प्रवृति का अत्याधिक दुष्प्रभाव होता है।

यदि जातक का जन्म उसी नक्षत्र मंडल या राशिचक्र में हुआ हो

जिसमें कि उसके बड़े भाई तथा माता-पिता का जन्म हुआ था तो यह एक ही नक्षत्र में होने के कारण प्रत्येक की मृत्यु का कारण होगा। ऋषि वशिष्ठ के अनुसार पिता या माता के नक्षत्र में जन्म होने पर दोनों में से किसी एक की जल्दी मृत्यु होगी। कुछ धारणाओं का मत है कि ये परिणाम तब होंगे जब इन सभी का जन्म उसी नक्षत्र के एक ही भाग में हो।

माता-पिता से भिन्न नक्षत्र में उत्पन्न बालक उनका अधिकतम स्नेह तथा प्यार प्राप्त करेंगे।

यदि चन्द्रमा और लग्न एक ही नक्षत्र में हो और बुध तथा शुक्र अथवा शुक्र और बृहस्पति एक ही नक्षत्र में किसी भी पद को अधिपत्य किये हो लेकिन उसी नक्षत्र में जिसमें कि लग्न और चन्द्रमा इकट्ठे स्थित हों तो जातक का अत्युत्तम चरित्र, सुखी विद्धान, बुद्धिमान तथा आभूषणों, भवनों, अच्छे पति और सन्तान के साथ अपने जीवन के सुख प्राप्त करेगी।

यदि चन्द्रमा और लग्न एक ही नक्षत्र में तथा एक ही भाग में हो तथा शुक्र भी उसी नक्षत्र में स्थित हो तो जातक के पास काफी स्वर्ण-आभूषण होंगे तथा सुखों का इच्छुक लेकिन उत्तेजित स्वभाव का होगा।

यदि बुध और चन्द्रमा लग्न नक्षत्र में आधिपत्य किये हो तो वह सुखी तथा नेक सन्तान से सम्पन्न होगा। यदि बृहस्पति चन्द्रमा के साथ लग्न में हो तो वह प्रचुर धनी और पुत्र-पौत्रों वाला होगा।

गण्डान्त तारा–गण्डान्ता, जो 3.20 डिग्री के समय पर मूल और ज्येष्ठ; माघ और अश्लेष; रेवती और अश्विनी तीनो जोड़ी नक्षत्रों के मिलन (सन्धि) से तथा विषघाती (घातक भाग) अर्थात अश्लेष, ज्येष्ठ और रेवती के अंतिम भाग तथा अश्विनी, माघ तथा मूल नक्षत्रों के प्रथम भाग सजीव प्राणियों के लिए अनिष्टताओं को उत्पन्न करने वाला है। ज्येष्ठ और मूल नक्षत्रों का संयोजन जिस भाग पर होता है उसे "अभुक्त" कहा गया है। इस भाग में उत्पन्न कोई भी प्राणी (नर, मादा या पशु) अपने परिवार के विनाश का कारण बनता है।

'अभुक्त मूल' के बाद वाले अर्धांशं में उत्पन्न व्यक्ति जन्मते ही अपने पिता की मृत्यु का कारण बनते हैं। अभुक्त मूल में जन्मा व्यक्ति यदि जीवित रहता है तो वह अपने परिवार के उत्कर्ष का कारण होगा। उसकी प्रतिष्ठा

बढ़ती है तथा वह सम्पन्न होगा। जातक सेनानायक (जनरल) भी हो सकता है।

गण्डा–(खतरा/जोखिम)–गण्डा समय में उत्पन्न व्यक्ति यदि दिन के समय पैदा होता है तो पिता की मृत्यु होती है और यदि रात के समय पैदा होता है तो माता की यदि उसका जन्म, दिन और रात के सन्ध्या समय में उत्पन्न होता है तो स्वयं जातक की मृत्यु होती है।

गण्डान्त की समाप्ति पर गण्ड होता है जैसे रेवती, अश्लेष अथवा ज्येष्ठ रात के सयम तथा गण्डांतरा के आरम्भ में जैसे अश्विनी माध अथवा मूल दिन के समय तथा गण्डांतरा की जोड़ी के संयोजन (दिन और रात के मध्य) यह गण्ड समय की पहचान है।

गण्डा समय–अर्थात यदि अश्विनी नक्षत्र के प्रथम भाग में जन्म हो तो खतरे का समय 16 वर्ष तक है; माध के प्रथम भाग में जन्म 8 वर्ष तक का खतरा, ज्येष्ठ में 1 वर्ष का; चित्रा और मूल में 4 वर्ष का, अश्लेष में 2 वर्ष का; रेवती में 1 वर्ष का; उत्तरफाल्गुनी में 3 मास का; पुष्य में 3 मास का; पूर्व आषाढ़ में 9 मास का विशेषकर जातक के पिता के लिए खतरे का समय; तथा हस्त नक्षत्र में 12 वर्ष का है।

नक्षत्र गण्डान्त में जातक का जन्म अपने माता-पिता के लिए अनिष्टकारी होता है। तिथि गण्डान्त में जन्म बडे भाइयों तथा बहनों के लिए अनिष्टकारी होता है। लग्न गण्डान्त में जन्म जातक के स्वयं के लिए अनिष्टकारी है। यदि उपरोक्त तीन गण्डान्तों में जन्म होता है तो जातक अपने प्रियजनों के विनाश का कारण होगा।

मांगलिक कार्य करने के लिए शुभ समय

1. मन्त्रियों तथा अन्य प्रमुख व्यक्तियों द्वारा शपथ ग्रहण समारोह; नगर, भवनों आदि का शिलान्यास; फसल की बोआई आदि के लिए रोहिणी; उत्तरफाल्गुनी, उत्तरआषाढ़ और उत्तरभाद्रपद नक्षत्र शुभ है।
2. उद्योगों आदि के मुर्हुत के लिए अश्विनी, पुष्य, हस्त तथा अभिजीत नक्षत्र शुभ है।
3. वाहन लेने के लिए श्रवण, श्रविष्ठा, शताभिषज तथा पुर्नवसु नक्षत्र शुभ है।

4. विवाह को छोड़ कर अन्य कार्यों के लिए पुष्य।
5. नवजात शिशुओं का नामकरण जन्म के 10वें, 12वें या 16वें दिन अनुराधा, पुर्नवसु, माध, उत्तरफाल्गुनी, उत्तरआषाढ़, उत्तरभाद्रपद, शताभिषज, स्वाति, श्रविष्ठा, श्रवण, रोहिणी, अश्विनी, मृगशीर्ष, रेवती, हस्ता तथा पौष नक्षत्रों में सोमवार, बुद्धवार, बृहस्पतिवार और शुक्रवार के दिन शुभ होते हैं।
6. अन्नप्राशन के लिए शिशु के जन्म के 6, 8 तथा 9वें मास में अश्विनी, मृगशीर्ष, पुनर्वसु, श्रविष्ठा, पौष, हस्ता, स्वाति, अनुराधा, श्रवण, शताभिषज तथा चित्रा नक्षत्रों में सोमवार, बुद्धवार, बृहस्पतिवार और शुक्रवार के दिन शुभ होते हैं।
7. कनधेदन–शिशु के जन्म के 12वें या 16वें दिन अथवा यह सम्भव न हो तो जन्म के 6, 7 या 8वें मास में प्रातःकाल अथवा अपराह्न में (रात को नहीं) करना चाहिए। जिस दिन दो नक्षत्रों का प्रभाव हो उस दिन को छोडकर सोमवार, बुद्धवार, बृहस्पतिवार तथा शुक्रवार के दिन शुभ है।
8. मुंडन संस्कार–बालक के तीसरे और पांचवे वर्ष की आयु में पुर्नवसु, मृगशीर्ष, श्रविष्ठा, श्रवण, रेवती, पौष, चित्रा, अश्विनी, हस्ता नक्षत्रों में सोमवार, बुद्धवार, बृहस्पतिवार तथा शुक्रवार के दिन शुभ हैं। अमावस और पूर्णमासी के दिन यह संस्कार नहीं करना चाहिए।
9. बालक की प्रथम शिक्षा का आरम्भ 5 वर्ष, 5 मास तथा 5 दिन में आयु में करना चाहिए। दिन की गणना जन्म नक्षत्र के अनुसार 5वें वर्ष में, न की कलैन्डर वर्ष के, करनी चाहिए। अश्विनी, पुनर्वसु, आर्द्रा, हस्ता, चित्रा, स्वाति, श्रवण तथा रेवती नक्षत्रों में सोमवार, बुद्धवार, बृहस्पतिवार तथा शुक्रवार के दिन शुभ है।
10. निवास बदलना–अपने तथा परिवार के जन्म राशि के दिन को छोड़ना चाहिए। अनुराधा, मृगशीर्ष तथा हस्ता नक्षत्र शुभ है।
11. मकान की मरम्मत–शुक्रवार। जब बृहस्पति रोहिणी, मृगशीर्ष, अश्लेष, उत्तरफाल्गुनी, उत्तरआषाढ़, श्रवण तथा उत्तरभाद्रपद नक्षत्रों से गुजरें।
12. शल्य चिकित्सा–आपरेशन, यदि संभव हो तो कृष्णपक्ष में, पूर्णमासी

का दिन छोड़ कर, कराना चाहिए। अपने जन्म नक्षत्र को छोड़ना चाहिए। मंगलवार या शनिवार का दिन जब आर्द्रा, ज्येष्ठा, अश्लेष या मूल नक्षत्र चन्द्रमास की चतुर्थी, नौमी अथवा चौदहवी तिथि को पड़ते हों, शुभ है। जब मंगल और शनि की एक दूसरे पर दृष्टि हो तो उस दिन को भी छोड़ देना चाहिए।

मांगलिक कार्यों के लिए अशुभ समय–

1. शनि स्थित नक्षत्र से सातवां नक्षत्र 'कालदोष' कहलाता है। तथा 20वां नक्षत्र 'गण्ड' होता है। अतः इन दोनों नक्षत्रों को शुभ कार्यों के लिए टालना चाहिए।
2. जन्मकुण्डली में सूर्य स्थित नक्षत्र से मूल नक्षत्र तक के सभी नक्षत्रों की गणना करके मूल नक्षत्र से उतनी हो संख्या पर आने वाला नक्षत्र 'कण्डक' कहलाता है। इसे भी शुभ कार्यों से अलग रखना चाहिए।
3. इसी प्रकार मंगल द्वारा अधिकृत नक्षत्र से मूल नक्षत्र तक गणना करके मूल नक्षत्र से उतनी ही संख्या पर आने वाला नक्षत्र 'स्थून' होता है यह भी शुभ कार्यों के लिए उपयुक्त नहीं है।
4. अपने जन्म नक्षत्र से फलित दिन अर्थात जिस दिन कोई मांगलिक कार्य करने की धारणा हो, को प्रभावित नक्षत्र तक गिने तथा जो संख्या आये उसे 9 से विभक्त करें। (यदि यह संख्या 9 से कम हो तो इसे ऐसे ही रहने दें)। विभक्त करने के बाद यदि शेष। आये तो शारीरिक खतरा; 2 आये तो धन सम्पत्ति की प्राप्ति होगी; 3 हो तो हानि अथवा दुर्घटना; 4 शेष हो तो सम्पन्नता; 5 हो तो रुकावटे; 6 हो तो मनोकामना पूरी होगी; 7 शेष आने पर खतरे; 8 शेष आने पर शुभ तथा शून्य आये तो बहुत ही अनुकूल होगा। जब गणना के बाद संख्या 9 से कम आये तो मूल नक्षत्र से तीसरा नक्षत्र खतरे, हानि तथा दुर्घटनाओं का बोधक है, यदि 5वां नक्षत्र है तो बाधांए उत्पन्न करेगा। अतः कोई भी मांगलिक कार्य करने से पहले अथवा यात्रा आरम्भ करने से पूर्व प्रतिकूल अथवा नकारात्मक नक्षत्रों को टाल देना चाहिए।
5. श्रविष्टा नक्षत्र के तीसरे भाग से रेवती नक्षत्र तक किसी भी शुभ कार्य

के लिए उपयुक्त नहीं है। अपवाद के रूप में उत्तरभाद्रपद नक्षत्र शपथ ग्रहण समारोह, नगरों के शिलान्यास तथा फसलों की बौआई के लिए शुभ है।

6. भरणी, कृतिका, अश्लेष का अंतिम भाग, ज्येष्ठा तथा रेवती नक्षत्रो को टाल देना चाहिए।

7. जब सूर्य एक नक्षत्र से गुजर रहा हो तो उस नक्षत्र की 12वीं डिग्री से अगले आने वाले नक्षत्र की दूसरी डिग्री को छोड़ना चाहिए।

8. प्रथम पुत्र अथवा पुत्री (जेठे) का विवाह ज्येष्ठ मास में, जबकि ज्येष्ठ नक्षत्र का प्रभाव होता है, नहीं करना चाहिए।

9. राहूकाल को छोड़ दे। यदि सूर्योदय का समय 6.00 बजे हो तो राहू काल इस प्रकार होगा :

रविवार – सायं 4.30 से सायं 6.00 बजे तक।

सोमवार – प्रातः 7.30 से प्रातः 9.00 बजे तक।

मंगलवार – दोपहर 3.00 से सायं 4.30 बजे तक।

बुधवार – दोपहर 12.00 से दोपहर 1.30 बजे तक।

बृहस्पतिवार – दोपहर 1.30 से दोहर 3.00 बजे तक।

शुक्रवार – प्रातः 10.30 से दोपहर 12.00 बजे तक।

शनिवार – प्रातः 9.00 से प्रातः 10.30 बजे तक।

10. जन्म नक्षत्र से 88 भाग पर पड़ने वाले समय पर कोई शुभ कार्य नहीं करना चाहिए।

11. चैत्र मास में अश्विनी तथा रोहिणी; ज्येष्ठ मास में चित्रा, पुष्य, उत्तर-आषाढ़ तथा स्वाति; आषाढ़ मास में पूर्व-फाल्गनी और श्रविष्ठा; श्रावण मास में पूर्व-आषाढ़ और उत्तर-आषाढ़; भाद्रपद मास में शताभिषज तथा रेवती और कार्तिक मास में मृगशीर्ष, अनुराधा, कृतिका तथा पुष्य नक्षत्रों का प्रभाव पड़ता हो तो इन्हें शुभ कार्यों से अलग करना चाहिए।

विवाह के लिए जन्मकुण्डली मिलाने के लिए कुछ संकेत–

यदि लड़के और लड़की की जन्मकुण्डली मिलाते समय निम्न नक्षत्र दोनो के समान होते है तो जोड़ी उत्तम मानी जाती है :

1. रोहिणी 2. आर्द्रा 3. माध 4. हस्त
5. विशाखा 6. श्रवण 7. उत्तर-भाद्रपद 8. रेवती

निम्नलिखित नक्षत्र समान हो तो जोड़ी मध्यम मानी जाती है :

1. अश्विनी 2. कृतिका 3. मृगशीर्ष 4. पुर्नवसु
5. पूर्व-फाल्गुनी 6. उत्तर-फाल्गुनी 7. चित्रा
8. अनुराधा 9. पूर्व-आषाढ़ तथा 10. उत्तर-आषाढ़

यदि लड़के और लड़की की कुंडली में निम्नलिखित नक्षत्र समान हो तो उनका विवाह नहीं होना चाहिए :

1. भरणी 2. पुष्य 3. अश्लेष 4. स्वाति 5. ज्येष्ठा
6. मूल 7. श्रविष्ठा 8. शताभिषज 9. पूर्वभाद्रपद

निम्नलिखित नक्षत्रों का संयोग विवाह के लिए अशुभ है अतः इन्हें निरस्त कर देना चाहिए :

लड़कियां–कालम 1 नक्षत्र में उत्पन्न लड़कियों का विवाह कालम 2. नक्षत्र में उत्पन्न लड़को से नहीं करना चाहिए :

कालम-1	कालम-2	कालम-1	कालम-2
1 कृतिका	– अश्लेष	5. अनुराधा	– श्रविष्ठा
2 अश्लेष	– स्वाति	6. ज्येष्ठा	– शताभिषज
3 चित्रा	– पूर्व-आषाढ़	7. उत्तर-फाल्गुनी	– मृगशीर्ष
4 शताभिषज	– कृतिका	8. हस्ता	– मूल

ज्येष्ठ और शताभिषज नक्षत्रों का मिलाप परिवार के लिए अनिष्टकारी होगा। इसी प्रकार उत्तर-फाल्गुनी और कृतिका तथा हस्ता और मूल नक्षत्रों का मिलाप दोनों की मृत्यु का कारण होगा।

विशाखा तथा माघ अथवा विशाखा तथा श्रवण का संयोग शत्रुता उत्पन्न करेगा। अश्विनी और श्रवण अथवा उत्तर-भाद्रपद और मृगशीर्ष का संयोग होने पर लड़की के विधवा होने का परिणाम देगा।

उत्तम-संयोग–रेवती और उत्तर-आषाढ़, जो पूर्ण संतुष्टि देगा; पूर्व-भाद्रपद और मूल, यह सम्पन्नता देगा; उत्तर भाद्रपद और पूर्व-आषाढ़ यह दोनों में प्यार उत्पन्न करेगा तथा पौष और भरणी जो सुख प्रदान करेगा।

लड़के–लड़कों के मामले में कालम-1 नक्षत्र में उत्पन्न लड़कों का विवाह कालम-2 नक्षत्र में उत्पन्न लड़कियों से उत्तम माना जाता है :

कालम-1	**कालम-2**	**कालम-1**	**कालम-2**
1. आर्द्रा –	उत्तरफाल्गुनी	5. पूर्वभाद्रपद –	रेवती
2. रोहणी –	माघ	6. अश्विनी –	पुनर्वसु
3. माघ –	अनुराधा	7. पुष्य –	चित्रा
4. स्वाति –	उत्तरआषाढ़	8. रैवती –	माघ
		9. पुनर्वसु –	हस्त

हमारे महाऋषियों ने लड़की के प्रथम बार ऋतुवती होने तथा विवाह के बीच कुछ अन्तराल का विधान दिया है। यदि विवाह लड़की के ऋतुवती होने से पहले किया गया हो, उसका अपने पति से मिलन नक्षत्रानुसार निम्नलिखित कालोपरान्त होना चाहिए–

भरणी	–	10 मास;
कृतिका और अश्लेष तथा ज्येष्ठ	–	4 मास;
पूर्व- आषाढ़ तथा पूर्व भद्रपद	–	8 मास;
आद्र	–	6 मास
माघ	–	12 मास;
पुनर्वसु	–	5 मास

मूल नक्षत्र के अंतिम भाग तथा अश्लेष नक्षत्र के प्रथम भाग में उत्पन्न लड़कियां किसी के लिए हानिप्रद नहीं होती।

दूल्हा-दूल्हन के सामजंस्यपूर्ण विवाहित जीवन के लिए दूल्हे का नक्षत्र दुल्हन के नक्षत्र से गिनने पर 9वें, 18वें तथा 27वें क्रम पर आना चाहिए।

ॐ गणपतये नमः
ॐ नमः शिवाय
ॐ नारायणाय नमः
ॐ ब्रह्माय नमः
ॐ आदित्याय नमः